中国大学法学教科书

刑法原理

(第二版)

张明楷◎著

图书在版编目(CIP)数据

刑法原理/张明楷著.—2版.—北京:商务印书馆,
2017(2021.11重印)
(中国大学法学教科书)
ISBN 978-7-100-15387-4

Ⅰ.①刑… Ⅱ.①张… Ⅲ.①刑法—法的理论—中国—高等学校—教材 Ⅳ.①D924.01

中国版本图书馆 CIP 数据核字(2017)第 234226 号

权利保留,侵权必究。

中国大学法学教科书
刑 法 原 理
(第二版)
张明楷 著

商 务 印 书 馆 出 版
(北京王府井大街 36 号 邮政编码 100710)
商 务 印 书 馆 发 行
北京艺辉伊航图文有限公司印刷
ISBN 978-7-100-15387-4

2017 年 12 月第 1 版　　　　开本 710×1000　1/16
2021 年 11 月北京第 2 次印刷　印张 35¾
定价:160.00 元

目录

第一章 刑法概说 … 1
第一节 刑法的概念、渊源与分类 … 1
第二节 刑法的性质、机能与目的 … 5
第三节 刑法的规范、体系与解释 … 10

第二章 罪刑法定原则 … 20
第一节 罪刑法定原则的法律渊源与思想基础 … 20
第二节 罪刑法定原则的形式侧面与实质侧面 … 24
第三节 罪刑法定原则的贯彻与实现 … 35

第三章 刑法的适用范围 … 45
第一节 刑法的空间适用范围 … 45
第二节 刑法的时间适用范围 … 54

第四章 犯罪概说 … 59
第一节 犯罪的一般概念 … 59
第二节 犯罪的基本分类 … 65
第三节 犯罪的成立条件 … 69

第五章　不法 ······ 74
第一节　构成要件符合性 ······ 74
第一款　构成要件概述 ······ 74
第二款　行为主体 ······ 86
第三款　行为 ······ 95
第四款　行为对象 ······ 119
第五款　结果 ······ 123
第六款　因果关系与结果归属 ······ 135
第二节　违法性 ······ 151
第一款　违法性的基本理论 ······ 151
第二款　违法阻却事由概述 ······ 156
第三款　正当防卫 ······ 162
第四款　紧急避险 ······ 192
第五款　因法益性的阙如阻却违法的事由 ······ 200
第六款　基于法益衡量阻却违法的事由 ······ 212

第六章　责任 ······ 217
第一节　责任概述 ······ 217
第二节　故意 ······ 225
第三节　过失 ······ 256
第四节　目的与动机 ······ 278
第五节　责任能力 ······ 283
第六节　违法性认识的可能性 ······ 303
第七节　期待可能性 ······ 314

第七章　犯罪的特殊形态 ······ 321
第一节　犯罪的特殊形态概述 ······ 321
第二节　犯罪预备 ······ 324
第三节　犯罪未遂 ······ 329
第四节　犯罪中止 ······ 349

第八章　共同犯罪 363
- 第一节　共同犯罪的理论前提 363
- 第二节　共同犯罪的基础理论 370
- 第三节　共同正犯 377
- 第四节　间接正犯 383
- 第五节　狭义的共犯 389
- 第六节　承继的共同犯罪 406
- 第七节　片面的共同犯罪 410
- 第八节　不作为的共同犯罪 413
- 第九节　共犯与身份 416
- 第十节　共犯与认识错误 421
- 第十一节　共犯与犯罪形态 426
- 第十二节　共犯人的处罚原则 431

第九章　罪数 438
- 第一节　罪数的区分 438
- 第二节　单纯的一罪 441
- 第三节　包括的一罪 454
- 第四节　科刑的一罪 460
- 第五节　并罚的数罪 472

第十章　刑罚的观念 475
- 第一节　刑罚的地位与条件 475
- 第二节　刑罚的概念与根据 479
- 第三节　刑罚的目的 482

第十一章　刑罚的体系 489
- 第一节　刑罚的体系概述 489
- 第二节　主刑 493
- 第三节　附加刑 503

第十二章 刑罚的裁量 …………………………………… 511
第一节 量刑概述 ……………………………………… 511
第二节 量刑情节 ……………………………………… 519
第三节 数罪并罚 ……………………………………… 534
第四节 缓刑 …………………………………………… 539

第十三章 刑罚的执行 …………………………………… 545
第一节 刑罚执行概述 ………………………………… 545
第二节 减刑 …………………………………………… 547
第三节 假释 …………………………………………… 551

第十四章 刑罚的消灭 …………………………………… 557
第一节 刑罚消灭概述 ………………………………… 557
第二节 时效 …………………………………………… 558
第三节 赦免 …………………………………………… 564

第一章　刑法概说

第一节　刑法的概念、渊源与分类

一、刑法的概念

刑法是规定犯罪及其法律后果（主要是刑罚）的法律规范。

"刑法"（penal law，Strafrecht，droit penal）与"犯罪法"（criminal law，Kriminalrecht，droit criminel）所指称的法律相同。虽然国外刑法规定了不同于刑罚的保安处分，但并没有因此将刑法改称"刑法与保安处分法"。我国刑法也规定了非刑罚的法律后果（包括保安处分），但约定俗成的缘故，仅使用"刑法"概念。又由于刑随罪至，罪因刑显，故无必要将刑法改称"罪刑法"。

刑法是一门独立的法律。刑法虽然具有补充性，但不能据此认为刑法从属于民法、行政法等法律。首先，犯罪行为是刑法的特有规制对象。其次，刑法并不是对违反其他法律的行为直接给予刑罚处罚，而是根据特定目的评价、判断对某种行为是否需要给予刑罚处罚。再次，从世界范围来看，刑法自古以来就作为独立的法律发挥着自己的机能。最后，刑法上的概念大多有其特定含义，不一定受其他法律概念的制约。

在刑事法与民事法（广义）的分类中，刑法属于刑事法；在实体法与程序法的分类中，刑法属于实体法；在母法与子法的分类中，刑法属于子法，刑法的解释应以符合宪法为准则，不得做出违反宪法的解释；在强行法与任意法的分类中，刑法属于强行法；在公法与私法的分类中，一般认为刑法属于公法，公法的特点决定了刑法的制定与适用都受到限制；在固有法与继受法的分类中，我国刑法基本上属于固有法，但刑法典在一定程度上受到了外国刑法的影响，故也含有继受法的成分；在立法法、司法法与行政法的分类中，刑法属于司法法。

二、刑法的渊源

一般认为，刑法的渊源有以下几种：

第一是刑法典。刑法典是国家以刑法名称颁布的、系统规定犯罪及其法律后果的法律。我国1979年颁布、1997年修订的《中华人民共和国刑法》，可谓刑法典。① 当人们说"刑法第××条"或"根据《刑法》有关规定"等时，其中的"刑法"是指刑法典。

第二是单行刑法。单行刑法是国家以决定、规定、补充规定、条例等名称颁布的、规定某一类犯罪及其法律后果或者刑法的某一事项的法律。现行刑法颁布后，全国人大常委会于1998年12月29日颁布的《关于惩治骗购外汇、逃汇和非法买卖外汇犯罪的决定》，是现行有效的单行刑法。

第三是附属刑法，即附带规定于民法、经济法、行政法等非

---

① 本书通常所称的刑法与刑法典，是指1997年3月修订的《中华人民共和国刑法》；在需要比较说明等情况下，将1979年颁布的《中华人民共和国刑法》称为旧刑法或旧刑法典，将1997年3月修订的《中华人民共和国刑法》称为刑法或现行刑法。

刑事法律中的罪刑规范。我国当前没有附属刑法，因为民法、经济法、行政法等法律中并没有真正意义上的罪刑规范。

三、刑法的分类

对刑法进行分类，有助于进一步理解和适用刑法。

（一）刑法的形式分类

1. 广义刑法与狭义刑法

广义刑法，是指所有关于犯罪及其法律后果的法律规范，即包括刑法典、单行刑法与附属刑法。狭义刑法是指刑法典。

2. 普通刑法与特别刑法

普通刑法（也称主刑法）是指具有普遍适用的性质与效力的刑法，刑法典便是普通刑法。特别刑法（也称辅刑法）是仅适用于特别人、特别时、特别地或特别事项（犯罪）的刑法。一般来说，单行刑法与附属刑法属于特别刑法。香港、澳门、台湾刑法仅适用于中国的特别地，可谓中国的特别刑法。当某种行为同时符合普通刑法与特别刑法的规定时，应根据特别法优于普通法的原则适用特别刑法；如果某一行为同时符合两个同等效力的特别刑法的规定，则应根据新法优于旧法的原则仅适用新的特别刑法；如果某一行为同时符合两个效力不同的特别刑法，则应适用效力更高的特别刑法。

3. 形式刑法与实质刑法

形式刑法（也称纯粹刑法）是从外形或名称上（形式上）便可得知其为刑法的法律，刑法典与单行刑法即是。实质刑法（也称不纯粹刑法）是指外形或名称上不属刑法，但其内容规定了犯罪与刑罚的法律或条款，附属刑法即是。

4. 固有刑法与行政刑法

一般来说，规定自然犯及其法律后果的刑法，是固有刑法

（或称刑事刑法）。国外通常称刑法典为固有刑法。行政刑法则是指行政法律中的罪刑条款的总称，即为了实现行政管理目的，立法者在行政法律中设置相关命令与禁令；为了保证有令必行、有禁必止，便规定违反行政法的罚则（行政罚），其中包括刑罚方法与行政制裁方法。广义的行政刑法，是关于行政罚的法规的总称；狭义的行政刑法，则是行政法中有关刑罚方法的法规的总称。一般所说的行政刑法，仅限于狭义的行政刑法。从形式上说，我国现在没有行政刑法，因为我国行政法律中没有直接设置刑罚方法，行政刑法的内容全部纳入到了刑法典中。尽管如此，我们仍应意识到固有刑法与行政刑法的区别。[1]

（二）刑法的性质分类

1. 权威刑法与自由刑法

权威刑法以保护国家权威为侧重点，它立足于全体主义的观点，重点保护国家与全体的法益，过于限制公民自由。自由刑法以保障公民自由为侧重点，它以自由主义为基干，重在限制国家刑罚权的发动，旨在保障个人自由。

2. 侵害刑法与意志刑法

侵害刑法（或结果刑法）将刑法或刑罚的对象侧重于客观行为及其法益侵害结果；与此相对，意志刑法（或危险刑法）将刑法或刑罚的对象侧重于犯罪人的危险的恶意。如果是彻底的侵害刑法，则该刑法只处罚既遂犯，而不处罚未遂犯与预备犯；如果是彻底的意志刑法，则该刑法处罚所有的预备犯与未遂犯，甚至连没有行为的恶意也成为刑法的处罚对象。

---

[1] 即便是同一条文，也可能同时包含了固有刑法与行政刑法。例如，刑法第125条规定的非法储存爆炸物罪，既包括为了实施恐怖活动而非法储存爆炸物的行为，也包括为了开采矿山而非法储存爆炸物的行为。针对前者适用时，本条属于固有刑法；针对后者适用时，本条可谓行政刑法。所以，在法定刑幅度内，对二者应当区别对待，而不得仅根据储存数量科处刑罚。

3. 行为刑法与行为人刑法

行为刑法以客观的违法行为及结果作为刑罚的根据，因此，刑法将行为及其结果规定为构成要件的内容，并针对该行为及其结果规定法律后果；行为人刑法直接以犯罪人的危险性格作为刑罚的依据，所以，刑法将特定的行为人规定为构成要件的内容，并在处罚上重视行为人的性格。事实上，各国刑法基本上都是行为刑法，只有少数国家的个别刑法条文表现为行为人刑法。[①] 所以，可以认为，行为刑法与行为人刑法并非对刑法整体的分类，而是对刑法条文的分类：当刑法条文所规定的法律后果以行为为前提时，就被认为是行为刑法；当其以行为人的性格、倾向等为前提时，则被认为是行为人刑法。

4. 国内刑法与国际刑法

国内刑法是适用于一国领域内的刑法。国际刑法一词则有三种不同含义：一是国际刑事法或世界刑法，是指超国家的、在整个世界范围内予以适用的刑法，世界上还不存在这种国际刑法。二是规定违反国际公法原则（或违反人类共同利益）的犯罪及制裁的法律。我国刑法理论一般在此意义上使用国际刑法概念。三是关于国内刑法适用范围的法律，即关于国内刑法的空间效力、管辖权、外国刑事判决的效力、国际刑事司法协助的法律。最早意义上的国际刑法，就是指这种刑法适用法。

第二节 刑法的性质、机能与目的

一、刑法的性质

刑法具有区别于其他法律的特有属性。

---

① 参见意大利刑法第108条、第109条。

刑法是规定犯罪及其法律后果的法律规范，换言之，刑法禁止的是犯罪行为；而其他法律规定的是一般违法行为及其法律后果。[1] 规制内容的特定性，是刑法得以成为特殊法律的重要原因。

一般部门法对一般违法行为也适用强制方法，如赔偿损失、警告、行政拘留；而刑法规定的法律后果主要是刑罚，刑罚是国家最严厉的强制方法。制裁手段的严厉性，使得刑法很早就形成了其独特的规则。

一般部门法都只是调整和保护某一方面的社会关系，刑法则保护人身、经济、财产、婚姻家庭、社会秩序等许多方面的法益。可以认为，一般部门法所保护的法益，刑法都要予以保护。法益保护的广泛性，决定了刑法与其他部门法都具有密切关系。

虽然刑法保护的法益范围相当广泛，但其处罚范围具有不完整性。首先，由于刑法是保护法益的最后手段，所以，刑法并非将所有侵害法益的行为都规定为犯罪，而只是将其中部分严重侵害法益（包括侵害重要法益）的行为规定为犯罪。其次，即使是严重侵害法益的行为，由于刑事政策等方面的原因，立法者也可能不将其规定为犯罪。最后，成文刑法总是具有局限性，一些严重侵害法益的行为可能被遗漏。刑法的不完整性，要求司法机关恪守罪刑法定原则。

刑法具有补充性。补充性的基本含义是，只有当一般部门法不足以抑止某种法益侵害行为时，才由刑法禁止。这是因为，刑法的强制方法主要是刑罚，而"刑罚如两刃之剑，用之不得其当，则国家与个人两受其害"。[2] 所以，应当限制而不能扩张刑

---

[1] 本书所称一般违法行为，是指违反其他法律但不违反刑法的行为。
[2] 耶林（Jhering）之语，转引自林山田：《刑罚学》，台湾商务印书馆1985年版，第127页。

罚的适用，使刑罚成为保护法益的最后手段（ultima ratio）。在能够以其他手段实现法益保护的目的时，务必放弃刑罚。宽严相济的基本刑事政策，也指导着刑事立法与司法将刑罚处罚控制在尽可能小的范围。这充分说明，刑法具有补充性，而其他法律则不具有这一特点。

由于其他法律在不能充分保护法益时需要刑法保护，刑法的制裁方法又最为严厉，这就使得刑法实际上成为其他法律的保障。亦即，其他法律调整的社会关系和保护的法益，也都借助于刑法的调整和保护。例如，倘若刑法没有规定走私罪，海关法就难以得到实施。再如，倘若刑法没有规定拒不执行判决、裁定罪，其他法律的实施就没有保障。这一点既是刑法与其他法律的联系所在，也是刑法与其他法律的区别之一。

刑法的上述法律性质，使其在法律体系中处于一种特殊地位。刑法与其他部门法都是处于宪法之下的子法，但刑法与其他部门法又不是平行并列关系，刑法保障宪法与其他部门法的实施，故刑法在法律体系中处于保障法的地位。

二、刑法的机能

刑法具有两个基本机能：(1) 法益保护机能，即刑法具有保护法益不受犯罪侵害与威胁的机能。犯罪是侵害或威胁法益的行为，刑法禁止和惩罚犯罪，是为了保护法益并且能够保护法益。(2) 人权保障机能（或自由保障机能），即刑法具有保障公民的人权不受国家刑罚权不当侵害的机能。根据罪刑法定原则，只要行为人的行为不构成刑法所规定的犯罪，他就不受刑罚处罚，这便限制了国家对刑罚权的发动；对犯罪人也只能根据刑法的规定给予处罚，不得超出刑法规定的范围科处刑罚，这便保障犯罪人免受不恰当的刑罚处罚。因此，刑法既是"善良人的大宪章"，又是"犯罪人的大宪章"。①

表面上看，刑法还具有行为规制机能，即刑法具有使对犯罪行为的规范评价得以明确的机能。其具体内容为，刑法将一定的行为规定为犯罪并给予刑罚处罚，表明该行为是被法律禁止的、不被允许的（评价的机能）；同时命令人们做出不实施这种犯罪行为的决定（决定的机能），据此防止犯罪的发生。但是，行为规制机能与法益保护机能、人权保障机能并非并列关系。因为规制国民的行为是为了保护法益，而不是为了单纯地限制国民的自由。所以，仅将刑法的机能归纳为法益保护机能与人权保障机能即可。其中，法益保护机能由来于刑法的目的与任务（法益保护主义）；人权保障机能的实现依赖罪刑法定主义、责任主义的贯彻，换言之，罪刑法定主义与责任主义从行为的客观面与主观面限制了刑罚权的恣意行使。

如何认识和处理法益保护机能与人权保障机能之间的关系，是刑法理论长期探索和争论的问题。因为法益保护机能主要依靠刑罚的宣示与适用来实现；人权保障机能则主要依赖限制刑罚的适用而实现。可以认为，刑罚的适用，与保护法益成正比，与人权保障成反比。如何既最大限度地保护法益，又最大限度地保障自由，就成为难题。结局是，刑法必须在法益保护机能与人权保障机能之间进行调和。但这种调和没有明确的标准，只能根据适用刑法时的客观背景与具体情况，在充分权衡利弊的基础上，使两个机能得到充分发挥。

---

① 法益侵害说中的"法益"包括刑法所保护的一切法益；当人们说犯罪的本质是侵害法益、刑法的目的是保护法益时，其中的"法益"是广义的。保护法益机能中的"法益"是指除了行为人自由以外的法益。即在讨论刑法机能时，法益侵害说将法益概念分为两个方面：一是可能受到个人侵害的法益，二是可能受到国家刑罚权侵害的法益（参见张明楷：《法益初论》，中国政法大学出版社2003年修订版，第322页以下）。

三、刑法的目的

立法活动与司法活动都具有目的性。将什么作为禁止对象，是由以什么为目的而禁止来决定的。"目的是全部法律的创造者。每条法律规则的产生都源于一种目的，即一种实际的动机。"① 司法活动是实现立法内容的活动，其目的与立法目的相一致。

刑法的目的是保护法益。因为各种犯罪都是侵犯法益的行为，运用刑罚与各种犯罪行为作斗争，正是为了抑止犯罪行为，从而保护法益；刑罚的目的是预防犯罪，之所以要预防犯罪，是因为犯罪侵犯了法益，预防犯罪是为了保护法益，这正是刑法的目的。由此可见，刑法第 2 条关于刑法任务的规定，同时也是关于刑法目的的规定。

研究刑法目的有利于促使司法人员时刻考虑自己的司法活动是否符合刑法目的，从而有利于将刑法目的贯穿于刑事司法活动的始终。研究刑法目的有利于对刑法进行目的论解释。不管法条的文字表述如何，都不能脱离法条的目的做出解释。换言之，法律解释应以贯彻立法目的为根本任务，当出现了不同的解释结论时，最终起决定性作用的是目的论解释。显然，如果不研究刑法目的，则不可能进行目的论解释。研究刑法目的有利于立法与司法上合理控制处罚范围，将没有侵犯法益的行为排斥在犯罪之外。

---

① 此系耶林（Jhering）的著名观点，转引自〔美〕E. 博登海默：《法理学：法律哲学与法律方法》，邓正来译，中国政法大学出版社 1999 年版，第 109 页。

第三节　刑法的规范、体系与解释

一、刑法规范

以禁止、处罚犯罪行为为内容的法律规范，就是刑法规范。刑法规范与刑法条文具有密切联系。刑法条文表达刑法规范，是刑法规范的载体；刑法规范是刑法条文的内容与实质。但规范与条文并非等同。由于规范的内容是禁止做什么、允许做什么、应当做什么，故刑法总则中的许多一般性、原则性规定，并不属于刑法规范；一个条文可能表达几个规范，几个条文可能表达一个规范；刑法条文是直观的，而刑法规范则不是直观的。

刑法规范首先是裁判规范，即是指示或命令司法工作人员如何裁定、判断行为是否构成犯罪、对犯罪如何科处刑罚的法律规范。裁判规范所指向的对象是司法工作人员，旨在限定司法权力，故司法工作人员必须遵守裁判规范，违反裁判规范者将受到法律制裁。例如，刑法第263条前段规定："以暴力、胁迫或者其他方法抢劫公私财物的，处三年以上十年以下有期徒刑，并处罚金。"这一规定首先表现为裁判规范，它指示司法工作人员如何认定和处罚抢劫罪；如果司法工作人员故意作枉法裁判，就要承担徇私枉法罪的法律后果。

刑法规范也是行为规范。行为规范主要通过假定条件与法律后果之间的密切关系体现出来，即以"……的，处……"的表述方式明确告诉人们，犯罪后将受到刑事制裁，从而使人们做出不实施犯罪行为的意识决定，从而保护法益。由此可见，行为规范存在于刑法规范之中，而不是独立于刑法规范之外。① 此外，刑

---

① 刑法规范是否为行为规范，在国外刑法理论上存在不同观点。

法还能明确告诉国民：国民可以制止哪些行为。

　　刑法的总则规范与分则规范各具特色。总则规范基本上是裁判规范，分则规范当然也是裁判规范，但大多同时是行为规范。分则规范可以分为两大类型，即完备刑法与空白刑法。完备刑法的特点是，刑法条文对于犯罪构成要件有明确、完备的规定，适用时无需参照其他法律。空白刑法的特点是，刑法条文对于犯罪构成要件没有做出完备规定，适用时需要参照其他法律；或者说，犯罪构成要件的具体内容委任于其他法律时，就是空白刑法。司法人员在适用空白刑法时，一定要参照该空白刑法所指明的相关法规，从而准确界定犯罪构成要件的内容；又由于相关法规经常变化，使得相关犯罪的构成要件内容处于经常变化的状态，因而需要及时根据相关法规的变化确定有关犯罪的构成要件内容。

二、刑法体系

　　广义的刑法体系，是指刑法的各种渊源及其相互关系；狭义的刑法体系，是指刑法典的组成和结构。

　　刑法典由两编组成：第一编为总则，第二编为分则，① 另有一条附则。总则内容是一般规定，分则内容为具体规定；总则规定不仅适用于分则，而且适用于其他有刑罚规定的法律（但其他法律有特别规定的除外）。编下为章。总则共五章，分则共十章。章下为节，但只有部分章之下设立节。节（章）下是条，条是表达刑法规范的基本单位，也是刑法典的基本组成单位。刑法典的全部条文用统一的顺序号码进行编排，从第 1 条至第 452 条统一

---

① 将刑法典分为总则与分则，是在 17 世纪意大利刑法学的影响下，经过 18 世纪德国各州刑法典、奥地利刑法典，直至 1791 年和 1810 年的法国刑法典而最终形成。

编号，不受编、章、节划分的影响。通过修正案在刑法典中增加规定时，在相关的条文后采取第××条之一、之二的编号方式。条下为款。款是条的组成单位，没有编号，其标志是另起一段。如引用某条的第二段，则称为"第××条第2款"。但许多条文只设立了一款，在这种情况下便只称作"第××条"，而不称为"第××条第1款"。款（条）下是项。项是某些条或款之下设立的单位，其标志是另起一段且用括号内的基数号码编写。如刑法第34条第1款下设有3项。

刑法条款表述立法意图，同一条（款）可能表达两个或三个意思。如刑法第29条第1款规定："教唆他人犯罪的，应当按照他在共同犯罪中所起的作用处罚。教唆不满十八周岁的人犯罪的，应当从重处罚。"本款表达了两个意思，理论上称表达前一意思的为前段，称表达后一意思的为后段。如果同一条（款）表达三个意思，则分别称为前段、中段、后段。

刑法为成文法，故其表达理应符合语法。当同一条款的后段要对前段内容做出相反、例外、限制或补充规定时，往往使用"但是"一词予以表示，"但是"开始的这段文字称为"但书"（但书前的内容称为"本文"）。但书主要有以下情况：（1）对前段表示了相反关系，如刑法第13条的但书；（2）对前段表示了例外关系，如刑法第8条的但书；（3）对前段表示了限制关系，如刑法第73条第1、2款的但书；（4）对前段表示了补充关系，如刑法第37条的但书。不难看出，但书对准确表达立法意图起着重要作用，解释和适用刑法时不可忽视但书。由于但书具有表示与前段相反、例外等功能，故不能轻易指责条文前后矛盾。例如，不能认为刑法第13条的但书与本文相矛盾。

三、刑法解释

(一) 刑法解释的概念

刑法解释是指对刑法规定意义的说明。像贝卡里亚那样，要求刑法规定明确到不允许解释的程度，① 固然是最理想的，但这只是一种幻想，任何刑法都有解释的必要。

首先，刑法内容由文字表达，以普通用语为基础，这就决定了需要解释。因为任何用语尽管核心意义明确，但总会向边缘扩展，使其外延模糊，需要通过解释界定刑法用语的扩展边际；绝大多数用语总是具有多义性，需要通过解释明确刑法用语应取何种含义；用语随着时代发展会产生新的含义，需要通过解释说明刑法是否接受新的含义；许多用语也存在"言不尽意"的情况，需要通过解释揭示其未尽之意。不仅如此，"法律也不是仅由简单的日常用语意义取得其概念，因为法律必须在构成要件中定位、决定和评价，即法律必须以当为作基础，故法律概念经常都会或多或少地表现出规范意义。"② 除了规范的概念之外，刑法中甚至还存在纯粹的价值概念。只有通过解释，规范概念与纯粹的价值概念的含义才得以明确。

其次，作为法律规范，刑法应力求简短，因此，刑法所规定的各种犯罪类型，都是对犯罪现象进行抽象的结果，而不可能详尽叙述各种犯罪的具体表现，但现实的案件都是具体的，于是刑法规定与个案之间便存在距离。在这种情况下，要将刑法规定适用于具体个案，必须解释刑法的规定。

再次，刑法不可避免存在缺陷，有的是文字表述的缺陷，有

---

① 参见〔意〕贝卡里亚：《论犯罪与刑罚》，黄风译，中国大百科全书出版社1993年版，第12页以下。
② Arthur Kaufmann, Rechtsphilosophie, C. H. Beck, 1997, S. 97ff.

的是立法原意的缺陷,要克服刑法缺陷就必须进行解释。"对法律文件的解释,有助于消除(确切地说是减少)法律文件形式上的缺点。通过解释,可以消除对法律技术手段和方法使用错误或不当的情况,消除法律文件文体的缺点。"①

最后,刑法具有相对稳定性,但同时又必须适应保护法益的需要。要使稳定的刑法适应不断发展变化的社会生活,就依赖解释。一方面,刑法条文的真实含义是在社会生活中发现的,面对不断变化的社会生活,需要不断地对刑法条文做出解释。另一方面,要使过去制定的刑法适应现在的社会需要,使刑法成为具有实效的法律,也需要根据现在的社会需要解释刑法。

刑法解释的必要性说明了刑法解释的重要意义:刑法解释有助于人们正确理解刑法规定的含义与精神;有利于刑法的正确实施;有利于克服刑法表述的某些缺陷;有利于刑法的发展和完善。

刑法解释的必要性与重要意义说明了刑法解释是一种创造性的活动,而不是消极地、被动地去发现立法者的原意。刑法解释的目标应是存在于刑法规范中的客观意思,而不是立法者制定刑法规范时的主观意思或立法原意。(1)立法原意并不十分明确,② 因为立法者不是一个人,而是一个集体。即使是一个人立法,探求立法原意也是一个自我认识的过程,自我认识也是一种解释,并不比其他的解释容易。(2)立法者在制定刑法时,常常以过去已经发生的案件作为模型来表述犯罪构成要件,而难以甚至不可能想象到刑法在适用过程中发生的形形色色的案件,面对立法时未曾发生过的案件,立法者不可能有立法原意。(3)刑法

---

① 〔苏〕C.C. 阿列克谢耶夫:《法的一般理论》(下册),黄良平等译,法律出版社1991年版,第675页。
② 许多人认为,在立法初期,立法原意肯定是明确的。其实,在立法初期,充其量只是立法动机明确,以及起草者的本意明确,而不是"立法原意明确"。

是成文法,它通过语词表达立法精神与目的,因此,解释者应当通过立法者所使用的语词的客观意义来发现立法精神与目的,而不是根据立法者的事前或者事后的想法发现立法精神与目的。(4)刑法一经制定,就是一种客观存在,与立法原意产生距离,需要根据用语的客观含义做出解释。(5)刑法具有稳定性,但它同时必须适应社会发展的需要,追求立法原意必然不能适应社会发展的需要,从而影响刑法的生命力。(6)探求立法原意,往往导致探求起草者的原意,起草者成为刑法的有效解释者,这容易形成人治,而不利于法治。(7)立法原意也可能存在缺陷,探求立法原意就不利于克服立法原意的缺陷;只有进行客观解释,才有利于刑法的完善。(8)进行客观解释,并不违反罪刑法定原则。因为具有法律效力的是用文字表达出来的、具有外部形式的刑法,而不是存在于立法者大脑中的内心意思。总之,应当采取客观解释论。

刑法是以文字表述其内容的,刑法解释不能超出刑法用语可能具有的含义,否则便有违反罪刑法定原则之嫌。刑法以保护法益为目的,刑法解释不能违背保护法益的目的。刑法是根据宪法制定的,刑法解释不仅不能违反宪法,而且必须自觉地以宪法为指导。合宪性解释不只是一种解释方法,更重要的是解释原则:对刑法条文的解释结论必须符合宪法;如果对刑法条文的解释,无论如何都得出违反宪法的结论,那么该条文就是违宪的;对于公民行使宪法所赋予的权利的行为,即使行使方式、程序不当,也不得轻易解释为犯罪。

(二)刑法解释的效力

对刑法的解释结论并非都具有效力。非正式的刑法解释,即未经国家授权的机关、团体、社会组织、学术机构以及公民个人对刑法所作的解释,没有法律效力,但对刑事司法乃至立法活动具有重要参考价值，对提高公民法律意识具有重大作用。正式的刑法解释，即由被授权的国家机关在其职权范围内所做出的解释，具有法律效力。正式的刑法解释主要指立法解释与司法解释。

立法解释是由立法机关所作的解释，即在刑法施行过程中，立法机关对发生歧义的规定所作的解释。现行刑法颁布后，全国人大常委会先后对刑法第30条、第93条、第228条、第294条、第313条、第342条、第384条第1款、第410条中的有关规定、渎职罪的主体以及信用卡、发票、文物等概念等做过立法解释。刑法或相关法律中所作的解释性规定，不宜等同于立法解释。因为刑法中的解释性规定本身就是刑法文本的组成部分，而立法解释是对法律文本的解释。关于刑法的起草说明与修改说明，也不是立法解释。我国关于刑法的起草说明与修改说明，旨在使审议者了解制定、修改刑法的目的，便于立法机关通过刑法。但立法机关所审议和通过的是刑法本身，而不是起草说明与修改说明。

不过，立法解释并不符合法治的要求。法治与人治的对立表现在：统治的主体是不是人？统治的方法是否恣意？是根据预先制定的合理的法进行统治，还是根据不同场合的不同统治者的恣意进行统治？不言而喻，法治意味着统治的主体是法而不是人，统治的方法不是恣意的，而是依据事先制定的明确的、合理的法进行的。因此，要实现法治，首先必须有预先制定的法；其次要确保统治是依法进行的。为了确保统治依法进行，最好的方法是将法的制定者与执行者相分离；而在发生法的纠纷时，最好的方法是让第三者进行裁判。所以，法的制定者、执行者与裁判者必须分离。三者的分离使得法的制定者与具体的利害关系产生一定的距离，从而使其制定的法能够更好地代表一般人的利益。[①] 具

---

① 参见〔日〕高桥和之："立法、行政、司法的观念的再探讨"，载《ジュリスト》1998年第5期。

体地说，当法的制定者不再是法的执行者、裁判者时，法的规则必须适用于制定法的人；制定者一旦知道法制定后适用于自己，就不会对自己合理希望做的事项也予以禁止或者限制。如果立法机关就刑法条文进行立法解释，则有立法者介入司法活动之嫌。诚然，根据相关的法律规定，解释法律属于全国人大常委会行使的职权之一，全国人大常委会对法律、法令条文本身需要进一步明确界限的问题予以解释，最高人民法院和最高人民检察院就审判和检察工作中如何具体应用法律的问题进行解释。但事实上，刑法条文需要明确界限的问题与具体应用法律的问题难以甚至不可能区分。而且，呼吁立法解释的人们，常常是因为担心自己的解释违反罪刑法定原则而向立法机关提出解释要求，这实际上是通过立法解释的方式使类推解释"合法化"。可是，立法解释仍然是对刑法的概念、用语、条文等进行解释，同样必须遵守罪刑法定原则。所以，本书认为，立法机关不宜做出立法解释。①

司法解释是指国家司法机关所作的解释。根据有关规定，在我国具有普遍效力的司法解释，只能是最高人民法院和最高人民检察院就审判和检察工作中如何具体应用法律的问题所作的解释。近年来，司法解释对正确适用刑法起到了一定作用。但是，司法解释泛化也存在弊端：司法解释使刑法条文的含义固定化，不利于发现、发展刑法的真实含义；司法解释导致二审终审制度形同虚设；司法解释的表述方式如同成文刑法，人们仍然需要对之进行解释；司法解释也不可避免会出现解释不当的现象，在其具有法律效力的情况下，必然导致全国性的适用法律不当；由于司法解释来源于最高司法机关，下级司法机关的判决面临着上级司法机关的监督、审查，即使下级司法机关认为司法解释存在错误也只能遵守，于是造成司法解释的效力与权威高于成文刑法的

---

① 参见张明楷："立法解释的疑问"，载《清华法学》2007年第1期。

不正常现象；下级司法机关成为适用司法解释的机器，而没有任何主观能动性。本书认为，合适的做法应是，最高人民法院以及高级法院开庭审理案件，制作有充分理由的判决书，以其中的判决理由以及判决理由所形成的规则指导下级法院。

（三）刑法解释的方法

通常所说的解释方法，实际上包含了解释技巧与解释理由。解释技巧主要包括平义解释、扩大解释、缩小解释、类推解释与反对解释，其中的不利于被告人的类推解释属于罪刑法定原则禁止的解释技巧。解释理由主要有文理解释、历史解释、体系解释、目的论解释。

文理解释，是指根据刑法用语的文义及其通常使用方式阐释刑法意义的解释方法。文理解释的根据主要是语词的含义、语法、标点及标题。文理解释是一种基本的但并非简单的解释方法。社会生活事实的不断变化，使得历史解释的意义有限。体系解释是一项重要的解释理由，使刑法的所有条文保持协调，使刑法与其他法律相协调，成为重要的解释方法。

任何解释都必须符合刑法的目的。"正确的解释，必须永远同时符合法律的文言与法律的目的，仅仅满足其中一个标准是不够的。"[①] 目的解释，是指根据刑法规范的目的，阐明刑法条文的真实含义。任何解释都或多或少包含了目的解释；当不同的解释方法得出多种结论或不能得出妥当结论时，就以目的解释来最终决定；刑法分则规定具体犯罪与刑罚的条文，都有其特定的法益保护目的；在确定具体犯罪的构成要件时，必须以其保护法益为指导。目的解释的前提是正确确定刑法规范的目的。就刑法而言，难以确定的是分则具体条文的目的。例如，规定盗窃罪的第

---

① Claus Roxin, Strafrecht Allgemeiner Teil, Band Ⅰ, 4. Aufl., C. H. Beck, 2006, S. 151.

264条的目的，是保护财产的所有权，还是保护财物的占有？规定受贿罪的第385条的目的，是保护职务行为的公正性，还是职务行为的不可收买性？对此，又需要根据宪法原则和刑法理念与现实，采取多种解释方式来确定。概言之，刑法的解释就是要从刑法的文言出发（在刑法用语可能具有的含义内），通过各种解释方法，得出符合刑法目的的结论，从而发挥刑法的人权保障机能与法益保护机能。

为了使解释结论符合刑法的目的，解释者必须善于做出同时代的解释。刑法是国民意志的反映，因此，刑法解释必然受国民意志的拘束。但是，这并不意味着受制定刑法时国民意志的拘束，而是受解释时国民意志的拘束。虽然刑法在制定时是国民意志的体现，但解释者的根本标准，是解释时的国民意志。[①] 例如，刑法制定于1997年，反映了当时的国民意志，但不一定反映了2017年时（解释时）国民的意志，即使国民在这两个时期的意志没有发生变化，也应以解释时的国民意志为标准；如果国民意志发生变化，即立法当时的国民意志不能表现解释时的国民意志，就必须通过解释来使之变更。所以，解释者要在解释中反映不断变化的国民意志。

[①] 参见〔日〕渡边洋三：《法社会学与法解释学》，岩波书店1959年版，第109页以下。

第二章　罪刑法定原则

第一节　罪刑法定原则的法律渊源与思想基础

一、罪刑法定原则的法律渊源

对罪刑法定原则的经典表述是,"法无明文规定不为罪""法无明文规定不处罚"。刑法第 3 条规定:"法律明文规定为犯罪行为的,依照法律定罪处刑;法律没有明文规定为犯罪行为的,不得定罪处刑。"

一般认为,从法律规定上看,罪刑法定原则的最先来源是 1215 年英王约翰签署的《大宪章》第 39 条的规定,即"对于任何自由人,不依同一身份的适当的裁判或国家的法律,不得逮捕、监禁、剥夺领地、剥夺法的保护或放逐出境,不得采取任何方法使之破产,不得施加暴力,不得使其入狱。"这一规定奠定了"适当的法律程序"的思想基础。英国 1628 年的《权利请愿书》、1688 年的《人身保护法》也从不同角度巩固了罪刑法定主义思想。上述思想后来在美国广为传播,美国的《权利宣言》及宪法都肯定了罪刑法定主义,并且在某些方面使罪刑法定原则具体化。不过,现代意义上的罪刑法定原则的法律渊源是法国

1789年的《人权宣言》、1791年的《法国宪法》与1810年的《法国刑法典》。《人权宣言》第8条规定："在绝对必要的刑罚之外不能制定法律,不依据犯罪行为前制定且颁布并付诸实施的法律,不得处罚任何人。"这一规定确立了罪刑法定原则的基本方向。1810年的《法国刑法典》第4条进一步规定："没有在犯罪行为时以明文规定刑罚的法律,对任何人不得处以违警罪、轻罪和重罪。"这是最早在刑法典中规定罪刑法定原则的条文,它的历史进步意义在于使罪刑法定原则从宪法中的宣言式规定转变为刑法中的实体性规定。受1810年《法国刑法典》的影响,大陆法系国家刑法典纷纷规定了罪刑法定原则。罪刑法定主义推动了法治原则的形成。

罪刑法定原则被写进了国际条约,得到了国际法的承认。例如,《世界人权宣言》第11条第2款规定："任何人的任何行为或不行为,在其发生时依国家法或国际法均不构成刑事罪者,不得被判犯有刑事罪。刑罚不得重于犯罪适用的法律规定。"《公民权利和政治权利国际公约》第15条第1款也作了几乎完全相同的规定。《关于战俘待遇之日内瓦公约》第99条第1款规定："战俘之行为,在其犯此行为时,非为当时有效之拘留国法律或国际法所禁止者,不得因此而受审判或处刑。"从这些条约中可以清楚地认识到,规定罪刑法定都是为了防止罪刑擅断,使国民免受不可预测的刑罚惩罚,从而保障国民的自由。因此,这些条约在规定罪刑法定原则之前,都强调了人人有权享有生命、自由和人身安全;任何人不得施以酷刑,或施以残忍的、不人道的或侮辱性的刑罚。如果没有罪刑法定原则,国民就不可能享有人权,故罪刑法定是人权的最有力保障。

罪刑法定不仅是一个刑法原则,也是宪法原则。英国史学家亨利·哈兰德曾经将英国中世纪结束之时英国社会公认的宪法基本原则概括为5条,其中的第3条是："除非根据法院的专门令状,不得逮捕任何臣民;被捕者必须迅速交付法庭审判。"这实际上是罪刑法定原则。韦德对于构成英国宪政基础的法治提出了5个原则:合法性原则、裁量限制原则、平等原则、特权禁止原则和罪刑法定原则。①魏玛宪法第116条规定:"任何行为,只有当制定法事先已经规定了可罚性时,才能判处刑罚。"这一规定与德国1871年刑法典第2条关于罪刑法定原则的规定的表述基本相同。德国基本法第103条第2款也明文规定了罪刑法定原则。意大利宪法第25条第2款规定:"如果不是根据行为实施前生效的法律,不得对任何人进行处罚。"日本宪法第31条规定:"任何人非依法律所定程序,不得剥夺其生命或自由,或科以其他刑罚。"第39条规定:"任何人如其行为在实行时实属合法,或经认为无罪时,不得追究其刑事上之责任。"

二、罪刑法定原则的思想基础

罪刑法定原则沿革意义上的思想渊源,是三权分立思想与心理强制说。三权分立思想要求由立法机关制定刑法,由司法机关适用刑法;心理强制说要求事先明文规定犯罪及其法律后果,从而促使人们做出趋利避害的选择,以免实施犯罪行为。但是,三权分立的僵硬学说并不符合大陆法系各国的法制现状,不能说明罪刑法定原则的现实,没有为罪刑法定主义的基本内容提供依据;心理强制说的内容并不完全符合事实。现在一般认为,罪刑法定原则的思想基础主要是民主主义与尊重人权主义,或者说是民主与自由。

(一)民主主义

民主主义要求,国家的重大事务应由国民自己决定,各种法

---

① 参见陈新民:《德国公法学基础理论》(上册),山东人民出版社2001年版,第60页。

律应由国民自己制定。刑法的处罚范围与程度直接关系着每一个人的生命、身体、自由、财产与名誉，属于特别重大的事项。"在特别重大的问题上，公民继续保留其否决权：这属于人权与基本权利，可以被理解为民主的创造性存在（而非像在传统自由主义中被作为对民主的提防）。"[①] 所以，应当由国民决定什么行为是犯罪、对犯罪科处何种刑罚。然而，国民不可能直接决定犯罪与刑罚；妥当的做法是由国民选举其代表组成立法机关，由立法机关制定刑法；由于立法机关代表国民的意志，故其制定的刑法也反映了国民的要求。刑法一经制定，便由司法机关适用，司法机关适用刑法的过程，也是实施国民意志的过程。这理所当然形成了罪刑法定主义中的法律主义（或成文法主义）。由于刑法是国民意志的体现，故司法机关不能随意解释刑法，尤其不能类推解释。又由于刑法是国民意志的体现，它要尽最大可能、最大限度地保护国民的利益，如果扩大处罚范围，就必然侵害国民的自由。这便要求禁止处罚不当罚的行为。正义与公平是国民的当然要求，立法机关根据国民意志制定的刑法，必须体现正义与公平。所以，刑法必须规定与犯罪相均衡的刑罚，同时禁止残酷的刑罚；而均衡的标准是同时代的一般人的价值观念。

（二）尊重人权主义

为了保障人权，不致阻碍国民的自由行动，不致使国民产生不安感，就必须使国民事先能够预测自己行为的性质与后果，必须事先明确规定犯罪与刑罚。因为当国民事先能够根据成文刑法预测自己的行为性质时，就不会因为不知道自己的行为是否会受到刑罚处罚而感到不安，也不会因为不知道自己的行为是否会受到刑罚制裁而不敢实施合法行为，而导致行为萎缩。在此意义

---

① 〔德〕乔治·恩德勒等主编：《经济伦理学大辞典》，李兆雄、陈泽环译，上海人民出版社2001年版，第89页。

上,尊重人权主义与使国民具有预测可能性(预测可能性原理)是一个含义。但是,国民对自己行为的性质与后果具有预测可能性的前提是事先有成文法的规定,这便是法律主义;事后法不能使国民具有预测可能性,因此,必须禁止刑法溯及既往;如果在具有成文法的前提下实行类推解释,国民也不能预测自己的行为是否会被类推解释为犯罪,导致自由受到侵犯,故必须禁止类推解释。刑法是裁判规范与行为规范,如果含混不清、模棱两可或者前后矛盾,法官就无法裁判,导致国民因为不能预测自己行为的性质而左右为难,由此产生了刑罚法规的明确性原则;刑法是通过限制自由的手段来保护自由的,二者之间始终存在一个平衡问题,故刑法的处罚范围必须合理,否则便与刑法的宗旨相矛盾。

此外,一般预防与责任主义也能为罪刑法定提供思想基础。如果刑法追求一般预防的目的与效果,就必须在事前明确规定被禁止的行为,从而使人们不实施犯罪行为。所以,从一般预防原理,可以引申出成文法主义、刑法的明确性、禁止溯及既往等内容。根据责任主义原理,刑罚以行为人具有非难可能性为条件;然而,只有当行为人在事前已经知道或者至少有机会知道自己的行为被刑法所禁止时,才能讨论行为人是否具有非难可能性。因此,责任主义要求事前明确规定被禁止的行为,也引申出罪刑法定主义的部分内容。

第二节 罪刑法定原则的形式侧面与实质侧面

一、形式的侧面

法律主义、禁止事后法、禁止类推解释、禁止不定(期)刑,是罪刑法定原则的传统内容,被称为"形式的侧面"。形式侧面的主旨是限制司法权,但也会限制立法权。

(一)法律主义

法律主义,是指规定犯罪及其后果的法律必须是成文的法律;法官只能根据成文法律定罪量刑。其基本要求是,只能由立法机关以本国通用的文字规定犯罪及其法律后果。

1. 行政法规不能制定罚则

根据我国宪法及有关法律规定,行政机关所制定的行政法规,不能设立刑罚;与此同时,我国立法机关也没有委任行政机关制定刑法规范。

2. 习惯法不能成为刑法的渊源

习惯法在一定范围内最能体现民意。如果罪刑法定主义的思想基础只是民主主义,习惯法似乎应当成为刑法的渊源。然而,根据预测可能性的原理,必须排斥习惯法。习惯法形成于社会生活简单、价值单一的时代,在社会复杂化、价值多元化的当下,习惯法作为刑法的法源已不可能;习惯通常缺乏明确表达,人们难以据此预测自己的行为性质与后果;习惯法通常适用于狭窄限定的各类人和关系范畴而不是极其普遍的各阶级,因此不具有一般性;习惯法也不可能被归纳为一套规则,使之法典化则意味着令其面目全非。[①] 最关键的是,习惯法的上述特点,决定了它难以起到限制司法权力的作用。"刑法比其他法的领域更需要法的安定性,因为只有成文法才能保证法的安定性,故此每部现代刑法典都将刑法完全浇注为成文法的形式。"[②]

习惯法虽然不能成为刑法的渊源,但它仍然是人们在解释犯

[①] 参见〔美〕昂格尔:《现代社会中的法律》,吴玉章、周汉华译,中国政法大学出版社1994年版,第44页。
[②] 〔德〕古斯塔夫·拉德布鲁赫:《法律智慧警句集》,舒国滢译,中国法制出版社2001年版,第38页。

罪构成要件和判断违法性、有责性时必须考虑的因素。另一方面，当存在有利于行为人的习惯法，行为人以习惯法为根据实施行为时，可能以行为人缺乏违法性认识的可能性为由，排除犯罪的成立。

3. 判例不能成为刑法的渊源

罪刑法定原则，要求司法机关只能根据已经公布的刑法定罪量刑。但是，在同样实行法治的国家，理论上与实践上对其中的"刑法"理解不同、要求不同。近年来，有许多人士倡议将判例作为法源即确立判例法。如有人建议：要建立以成文法为主、以判例为辅的具有中国特色的法律体系。① 刑法规定了罪刑法定原则，也必然遗漏了一些犯罪，故仍然存在这样的问题：怎样处理新出现的"犯罪行为"？有的学者主张实行刑事判例制度来解决。② 显然，主张采取刑事判例法的学者，其观点的视角并不是判例法所具有的预测可能性与对司法权力的限制，而是对成文刑法漏洞的补充。

推行刑事判例法，意味着同时将成文刑法与刑事判例作为刑法的渊源，但难以看出，这样会使成文刑法与刑事判例形成优势互补、弊害互克的格局。相反，在两种渊源同时存在的情况下，成文刑法仍然可能被随意解释，判例法的非民主性、溯及既往等缺陷各自独立地存在，因而同时表现出来。因为，判例法充其量只能填补刑法的空白或漏洞，而不能弥补成文刑法的其他缺陷。另一方面，判例法本身所具有的非民主性与溯及既往的缺陷，无论如何也不能由共存的成文刑法来克服。

现在，最高人民法院与最高人民检察院实行案例指导制度，这种做法也只不过是当前盛行的司法解释的另一种表述；前述司

---

① 参见武树臣："论判例在我国法制建设中的地位"，载《法学》1986年第6期。
② 张文："刑法学研究的几个热点问题"，载《法学研究》1997第5期。

法解释所具有的缺陷,同样存在于所谓的案例指导制度中。

(二)禁止溯及既往

溯及既往意味着适用事后法,意味着国民必须遵守行为时根本不存在的"法律",这令人不可思议。由于适用刑法的效果通常导致严厉的刑罚,故与其他部门法相比,刑法对事后法的禁止极为严格。

禁止溯及既往(禁止事后法)原则源于法律的本质。法律一方面具有安定的机能,另一方面又具有推动或塑造的机能。即法律在保障社会生活的延续,保障国民的权利和正当期盼的同时,能够使所建立的秩序与社会演变相适应,甚至在特定意义上来促进这种演变。国民相信法律规范的真实性,并将其生活计划置于刑法中,实施法律所允许实施的行为,不实施法律所禁止实施的行为;于是,法律规范起到了指引、促进或者决定人们行为的作用。显然,法律规范不可能在其付诸生效之前指引、指示人们的行为。如果法律规范溯及既往,人们对法律规范的正当期盼的失落,会导致对法律规范失去信心,进而摧毁法的社会机能。

禁止溯及既往是保障国民自由的要求。国民之所以是自由的,是因为现行有效的法律可以预见,人们完全可以在法律允许的范围内自由行事。如果现在的合法行为,会被将来的法律宣告为非法,进而给予制裁,国民就没有丝毫自由可言。正因为禁止事后法是为了保障国民自由,所以,禁止事后法只是禁止不利于被告人的溯及既往,如果新法有利于被告人,则可以溯及既往适用新法。更有甚者,在新法处罚较轻或者不处罚的情况下,对原来根据旧法所作的判决也必须改判为较轻的刑罚或者宣告无罪。[1]这是为了使刑罚的处罚范围降低到最低限度,从而扩大国

---

[1] 参见西班牙刑法第2条。

民的自由。

禁止溯及既往既是司法原则，也是立法原则。因为刑法适用上的溯及既往与刑事立法上的溯及既往都会损害国民的预测可能性；即使一般来说，新法优于旧法，但是，在修改旧法、制定新法之前，旧法也是适应当时社会的法律，不可认为新法能适应以往时代的需要。

根据预测可能性的原理，下列做法违反禁止事后法的原则：（1）对行为时并未禁止的行为科处刑罚；（2）对行为时虽有法律禁止但并未以刑罚禁止（未规定法定刑）的行为科处刑罚；（3）事后减少犯罪构成要件要素，增加犯罪可能性；（4）事后提高法定刑或者加重刑罚内容；（5）事后增加或者加重保安处分或非刑罚处罚；（6）事后将自诉罪变更为公诉罪；（7）事后延长追诉时效；（8）改变刑事证据规则，事后允许以较少或较简单的证据作为定罪根据。

（三）禁止类推解释

多数学者认为，禁止类推解释是罪刑法定原则的一个内容。罪刑法定原则所禁止的类推解释，是指解释者明知刑法没有将某种行为规定为犯罪，但以该行为具有危害性、行为人具有危险性等为由，将该行为比照刑法分则的相似条文定罪量刑。

禁止类推解释既可以由民主主义解释，也可以由预测可能性解释，还可以由责任主义解释。立法机关通过文字表述其立法意图，因此，在解释刑法时，只能在立法文字可能具有的含义内进行解释；同时，由于刑法本身有自己的体系，故在确定文字含义时，应当在维持刑法整体含义的前提下进行解释。如果可以类推解释，则意味着成文刑法丧失了意义。

国民可能通过刑法用语了解刑法禁止什么行为。在了解的过程中，国民当然会想到用语可能具有的含义；因此，在用语可能具有的含义内做出解释，就不会损害其预测可能性；如果将国民根据刑法用语所预想不到的事项解释为刑法用语所包含的事项，就超出了国民的预测可能性，从而导致国民实施原本不认为是犯罪的行为而受到刑罚处罚。所以，类推解释的结论，必然导致国民不能预测自己的行为性质与后果，要么造成行为的萎缩，要么造成国民在不能预见的情况下受刑罚处罚。

禁止类推解释原本只是从形式侧面提出的要求，意在禁止对刑法做出任何类推解释。但是，如果同时从形式法治与实质法治出发，对类推解释应当作两个方面的补充与发展。其一，不仅应禁止类推解释，而且应禁止一切违反民主主义、违反预测可能性的不合理解释。例如，即使不是类推解释，而只是扩大解释，但如果超出了国民的预测可能性，也会违反罪刑法定原则。解释方法无穷无尽，但可以肯定的是，类推解释从方法上来说，就是应当禁止的；对于其他解释方法，只能从其解释理由与结论上判断是否违反罪刑法定原则。其二，类推解释只是禁止不利于被告人的类推解释。之所以允许有利于被告人的类推解释，是因为刑法中存在一些有利于被告人的规定；而这些规定因为文字表述以及立法疏漏的缘故，按照其文字含义适用时会造成不公平现象。所以，允许有利于被告人的类推解释，正是为了克服形式侧面的缺陷，实现刑法的正义。

（四）禁止绝对不定（期）刑

法定刑必须有特定的刑种与刑度。如果刑法分则条文宣布禁止某种行为，但没有对该行为规定刑罚后果，那么，根据"没有法定的刑罚就没有犯罪"（Nullum crimen sine poena legali）的原则，该行为便不是犯罪。所以，不同时代的刑法通常都对犯罪规定了特定的刑种与刑度。所不同的是，在一段时间内，西方一些国家的刑法（如1791年的法国刑法典）规定了绝对确定的法定刑，使法官没有裁量的余地。从表面上看，这种做法有利于保障人权。但事实上，任何一种具体的犯罪都可能具有不同的情节、不同的罪行程度以及不同的预防必要性，而绝对确定的法定刑只能以该种犯罪的平均罪行程度为根据予以确定，故反而侵害那些情节轻微、预防必要性小的部分犯罪人的自由。所以，现代各国的刑法都规定了相对确定的法定刑。由于刑法规定了相对确定的法定刑，法官不仅应当以相对确定刑为依据裁量刑罚，而且必须做出具体的裁量，即必须宣告具体的刑罚，而不能宣告不定期刑。相对确定的法定刑，一方面限制了法官自由裁量的权力，另一方面也有利于实现罪刑的均衡，符合法治的要求。

二、实质的侧面

罪刑法定原则实质的侧面包括两个方面的内容：一是刑罚法规的明确性原则；二是刑罚法规的内容的适正的原则。后者又包含两个方面的要求：禁止处罚不当罚的行为；禁止不均衡的、残虐的刑罚。实质的侧面主要在于限制立法权，反对恶法亦法，但也有限制司法权的内容。

（一）明确性

一般来说，明确性"表示这样一种基本要求：规定犯罪的法律条文必须清楚明确，使人能确切了解违法行为的内容，准确地确定犯罪行为与非犯罪行为的范围，以保障该规范没有明文规定的行为不会成为该规范适用的对象"。[①]

将明确性作为罪刑法定原则实质的侧面，源于美国 1914 年确立的"法律因不明确而无效"的原则。此后，德国联邦法院于 1969 年 5 月 14 日明确表述了"必须使任何人都能够预测对何种

---

① 〔意〕杜里奥·帕多瓦尼：《意大利刑法学原理》，陈忠林译，法律出版社 1998 年版，第 24 页。

行为规定了何种刑罚"的原则。① 日本最高裁判所1975年9月10日的判决也肯定了明确性原则。②

将明确性视为罪刑法定原则的实质侧面之一,是因为明确性是限制国家权力、保障国民自由的基本要求。首先,不明确的刑法不具有预测可能性的功能,国民在行为前仍然不明白其行为的法律性质,于是造成国民行动的萎缩,限制了国民的自由。而且,随着社会的复杂化,法定犯(行政犯)日益增多,不明确的刑罚法规对国民预测可能性的侵害便越来越严重。其次,不明确的刑法还为国家机关恣意侵犯国民的自由找到了形式上的法律根据,所以,不明确的刑法比没有刑法更容易侵犯国民自由。最后,"明确性要求的首要根据在于,只有当人民代表的法意志明确地表现在条文中,从而排除法官做出主观擅断的判决时,法律保留才能发挥充分的效果。"③ 换言之,不明确的刑法意味着有意或者无意地抹杀民意。

不过,从立法上说,明确性只是一种相对的要求,要求刑法明确到无需解释的程度只是一种幻想。事实上,"法律使用明确的概念的情形,而且真正明确的,不需要解释也根本不能解释的只是数字概念(18岁)。"④ 即使是数字概念,也存在如何起算的问题。解释刑法就是为了使刑法明确,所以,实现刑法的明确性是立法者与解释者的共同任务。

明确性原则也成为司法原则。一方面,由于司法解释具有法律效力,所以,司法解释必须具有明确性。另一方面,一般人并不直接阅读刑法条文,而是通过起诉书、判决书了解刑法内容,

---

① 参见〔日〕川端博等:"罪刑法定主义的问题状况",载《现代刑事法》2001年第11期。
② 日本《最高裁判所刑事判例集》第29卷第8号,第489页。
③ H. Jescheck/T. Weigend, Lehrbuch des Strafrecht. Allgemeiner Teil, Duncker & Humblot, 5. Aufl. 1996, S. 136.
④ Arthur Kaufmann, Rechtsphilosophie, C. H. Beck, 1997, S. 70.

所以，起诉书与判决书也必须具有明确性。

（二）禁止处罚不当罚的行为

犯罪构成要件的明确性，不意味着处罚范围的合理性。倘若刑法规定："除本人住宅以外，在有三人以上的场所吸烟的，处一年以下有期徒刑。"我们虽不能否认其明确性，但它并没有实现刑罚法规内容的适正性要求。刑法由立法机关制定，但这并不意味着立法机关可以随心所欲地确定犯罪的范围。禁止处罚不当罚的行为，就是指刑罚法规只能将具有处罚根据或者说值得科处刑罚的行为规定为犯罪，从而限制立法权。

法治并不意味着一切琐细之事均由法律处理，更不意味着琐细之事由刑法处理。刑法所规定的法律后果，在具有积极作用的同时，也存在明显的消极作用，如果适用范围过宽，则不仅削弱积极效果，反而有害于国家与国民。所以，能够不使用刑罚，而以其他手段也能达到保护法益的目的时，务必放弃刑罚手段。况且，适用刑法的代价十分昂贵，对违法行为尽量适用其他法律，对国家与个人都会利多弊少。

本书认为，具备下列条件的才能作为犯罪论处：（1）这种行为不管从哪个角度而言，对法益的侵犯性都非常严重，而且绝大多数人不能容忍，并主张以刑法进行规制；（2）适用其他制裁方法不足抑止这种行为，不足以保护法益；（3）运用刑法处罚这种行为，不会导致禁止对社会有利的行为，不会使国民的自由受到不合理的限制；（4）对这种行为能够在刑法上进行客观的认定和公平的处理；（5）运用刑法处罚这种行为能够获得预防或抑止该行为的效果。[①] 从较为具体的层面而言，以下几点特别值得注意：（1）对于国民行使宪法权利的行为，不要仅因违反程序规定

---

① 参见张明楷：《刑法的基础观念》，中国检察出版社1995年版，第145页以下。

便以犯罪论处；只有在不当行使权利的行为对法益的侵害非常严重和高度现实时，才宜以犯罪论处，否则必然违反宪法精神。（2）对于没有具体被害人的不法行为以及自己是被害人的行为，不能轻易确定为犯罪。（3）对于得到了国民的容忍或者认可的行为，即使由于社会发展变迁使得该行为具有侵害法益的性质，也不宜轻易规定为犯罪。（4）对于极为稀罕的行为，即使法益侵害较为严重，也没有必要规定为犯罪。因为法律是普遍适用的规范，故不得以稀罕之事为据制定法律。

但是，我们不能走向另一极端。国外刑法规定的处罚范围相当广，特别是行政刑法的处罚范围几乎漫无边际，故有实行"非犯罪化"的必要。但在我国盲目实行"非犯罪化"，并不具有合理性。概言之，刑法的处罚范围不是越窄越好，而是越合理越好。

（三）禁止不均衡的、残虐的刑罚

禁止不均衡的刑罚，是罪刑法定原则的重要内容。① 罪刑均衡的朴素表现是以眼还眼、以牙还牙。但是这种表现不可能被普遍化。在目前，"所要求的并不是某一犯罪和对这种犯罪的惩罚之间的那种完美适应的关系。而是对不同犯罪的惩罚应当在罚与罪的标度或标准上'相当'于相应的犯罪的恶或严重性。"② 一方面，罪刑之间应保持基数的均衡性（绝对的均衡性），即科处的刑罚必须与特定的犯罪本身相均衡；另一方面，罪刑之间要保持序数的均衡性（相对的均衡性），即对各种轻重不同的犯罪所科处的刑罚必须是协调的、均衡的。

要实现刑罚与犯罪的均衡，就必然反对残虐的刑罚。残虐的刑罚，是指以不必要的精神、肉体的痛苦为内容，在人道上被认

---

① 虽然我国现行刑法将罪刑相适应原则独立于罪刑法定原则之外，但后者事实上可以包含前者。
② 〔英〕哈特：《惩罚与责任》，王勇等译，华夏出版社1989年版，第155页。

为是残酷的刑罚。既然是不必要的和残酷的,那么,它相对于任何犯罪而言都必然是不均衡的。刑罚处罚程度由重到轻,是历史发展的进步表现与必然结果;轻刑化是历史发展的必然趋势,我国当前应当反对重刑主义,实现刑罚的轻缓化。

三、积极的罪刑法定原则之否定

刑法第 3 条前段规定:"法律明文规定为犯罪行为的,依照法律定罪处刑。"如何理解这一规定,涉及罪刑法定原则的思想基础问题。

关于本规定,刑法理论上存在不同观点。一种观点认为,刑法第 3 条前段规定了积极的罪刑法定原则,从而使我国的罪刑法定原则更为全面,既注重保护社会、打击犯罪,又注重保障人权,限制司法权,是罪刑法定原则的新发展。[①] 另一种观点则认为,刑法第 3 条前段完全是画蛇添足,应当删除。[②]

前一种观点存在疑问,换言之,不应当存在所谓积极的罪刑法定原则。首先,罪刑法定原则的产生与发展的进程表明,该原则起先旨在限制司法机关的入罪权、施刑权。[③] 然而,刑法第 3 条前段的规定,并不是限制司法机关与立法机关的入罪权、施刑权与制刑权,故与罪刑法定原则没有关联。其次,从实质上说,限制司法机关与立法机关的入罪权、施刑权与制刑权,是为了保障行为人的自由。换言之,罪刑法定原则旨在对适用刑法保护法益进行制约,而刑法第 3 条前段的内容显然不是如此。最后,刑法的存在本身就是为了惩罚犯罪、预防犯罪。倘若认为"法律明文规定为犯罪行为的,依照法律定罪处刑"是罪刑法定原则的内

---

① 参见何秉松主编:《刑法教科书》(上卷),中国法制出版社 2000 年版,第 63 页以下。
② 刘艳红:"刑法的目的与犯罪论的实质",载《环球法律评论》2008 年第 1 期。
③ 人们通常说所的"限制司法权",就是指限制司法机关的入罪权、施刑权。

容，这便意味着只要存在刑法，就存在罪刑法定原则。这既不符合事实，也违背逻辑。

后一种观点一方面承认刑法第3条前段是对积极的罪刑法定原则的规定，另一方面又否认这种规定的合理性。这无异于先将第3条前段做出有缺陷的解释，然后再进行批判，其解释方法并不可取。换言之，既然解释者认为刑法第3条前段的内容不应当成为罪刑法定原则的内容，就不要将其解释为罪刑法定原则的内容。诚然，刑法第3条后段是关于罪刑法定原则的规定，但这并不意味着其前段必然是对罪刑法定原则的规定。一个条款规定两个意思的现象十分普通，反之，两个条款表达一个意思的现象也不罕见（其实，刑法第12条也规定了罪刑法定原则的内容）。

在本书看来，刑法第3条后段虽然是对罪刑法定原则的规定，但其前段并不是对罪刑法定原则的规定（不是所谓积极的罪刑法定原则），而是针对我国刑法分则的特点，防止司法人员随意出罪。易言之，刑法第3条前段，旨在突出刑法的法益保护机能，后段则旨在突出刑法的人权保障机能。我们也不必指责刑法第3条规定了两个毫不相干的含义。一方面，保护法益的机能应当受到限制，人权保障机能也不能绝对无条件地优于法益保护机能，故刑法的法益保护机能与人权保障机能总是存在冲突，刑法第3条要求司法机关对二者进行调和，在充分权衡利弊的基础上，使两个机能得到充分发挥。另一方面，总体来说，刑法第3条旨在限制司法机关自由裁量权，只不过前段与后段所限制的自由裁量权的内容不同而已。

第三节　罪刑法定原则的贯彻与实现

一、罪刑法定与类推解释

罪刑法定原则的法定化，并不等同于罪刑法定原则的现实化。罪刑法定刑原则的贯彻与实现,除了需要建立良好的司法体制、司法工作人员牢固树立法无明文规定不为罪的观念外,还要求严格禁止类推解释。而要禁止类推解释,就必须明确类推解释与扩大解释的区别。

一般认为,罪刑法定原则并不禁止扩大解释,但如何厘定扩大解释与类推解释的界限,则是一个难题。(1)从用语含义上说,扩大解释所得出的结论,没有超出刑法用语可能具有的含义,即在刑法文义的"射程"之内进行解释;而类推解释所得出的结论,超出了用语可能具有的含义,即在刑法文义的"射程"之外进行解释。"可能具有的含义",是指依一般语言用法,或者立法者标准的语言用法,该用语还能够指称的意义。① (2)从概念的相互关系说,扩大解释时没有提升概念的阶位;而类推解释是将所要解释的概念提升到更上位的概念做出的解释。② (3)从着重点上说,扩大解释着眼于刑法规范本身,仍然是对规范的逻辑解释;类推解释着眼于刑法规范之外的事实,是对事实的比较。(4)从论理方法上说,扩大解释是扩张性地画定刑法的某个概念,使应受处罚的行为包含在该概念中;类推解释则是认识到某行为不是刑法处罚的对象,而以该行为与刑法规定的相似行为具有同等的恶害性为由,将其作为处罚对象。(5)从实质上而言,扩大解释的结论在公民预测可能性之内;类推解释则超出了公民预测可能性的范围。

尽管如此,类推解释与扩大解释的界限仍然是不确定的。同一种解释,有人觉得是类推解释,有人则认为是扩大解释。本书的基本观点如下:(1)某种解释是否类推解释,在考虑用语可能

---

① 参见〔德〕卡尔·拉伦茨:《法学方法论》,陈爱娥译,台湾五南图书出版公司1996年版,第227页。
② 例如,将刑法第236条和第237条中的"妇女"解释为"人",就是类推解释。

具有的含义的同时，还要考虑处罚的必要性。处罚的必要性越大，将其解释为犯罪的可能性越大，这种解释被认定为类推解释的可能性越小。当然，无论如何不能超出刑法用语可能具有的含义。（2）某种解释是否类推解释，在考虑用语在该条文中可能具有的含义的同时，还要考虑该用语与相关条文的关系。解释结论与刑法的相关条文的内容以及刑法的整体精神相协调时，不宜认定为类推解释。（3）某种解释是否类推解释，在考虑一般人能否接受该解释的同时，还要考虑犯罪的类型。例如，对有关自然犯的法条的解释的扩大程度与范围可以略为缓和、宽泛；对于有关法定犯的法条的解释则相反。（4）判断某种解释是扩大解释还是类推解释，在考虑用语的基本含义的同时，还要考虑相关法条的保护法益。保护法益不同，对构成要件的解释就不同。所以，虽然分则的两个条文对行为对象使用了相同的概念，但是，倘若两个条文所保护的法益不同，则完全可能对这种相同的概念做出不同的解释。（5）某种解释是否类推解释，在考虑本国刑法规定的同时，还要考虑本国刑法规定与外国刑法规定的区别。例如，德国、日本刑法严格区分了财物与财产性利益，将财产性利益解释为财物无疑属于类推解释。但在我国，刑法未作此区分，故有可能将财产性利益解释为财物。（6）某种解释是否类推解释，在考虑用语现有含义的同时，还要考虑用语的发展趋势。如果解释结论符合用语的发展趋势，一般不宜认定为类推解释。（7）判断某种解释是扩大解释还是类推，不能仅考虑某个用语在其他法律中的基本含义，还要考虑该用语在刑法中应有的含义。我国刑法分则所规定的犯罪不限于自然犯，而是广泛地包括了法定犯。法定犯大多是因为违反行政法、经济法等法律，造成严重后果或者具有严重情节而成立的。于是，法定犯的成立以行为违反行政法、经济法等法律为前提。但是，不能轻易认为，只要对刑法分则所使用的概念，做出与行政法、经济法不同的解释，就属于违反罪刑法定原则的类推解释。

总之，某种解释是类推解释还是扩大解释，并不是单纯的用语含义问题。换言之，某种解释是否被罪刑法定原则所禁止，要通过权衡刑法条文的目的、行为的处罚必要性、国民的预测可能性、刑法条文的协调性、解释结论与用语核心含义的距离等诸多方面得出结论。在许多情况下，甚至不是用语的问题，而是如何考量法条目的与行为性质，如何平衡法益保护机能与人权保障机能的问题。此外，扩大解释与类推解释没有固定不变的界限。以前属于类推解释的，以后可能属于扩大解释，或者相反。相对于此条文属于类推解释的，相对于彼条文可能属于扩大解释。

司法人员，一方面要善于解释刑法，不能因为刑法规定了罪刑法定原则，就仅对刑法条文作字面解释；另一方面也要杜绝类推思维。当前，类推思维主要表现为整体思维，即不具体分析某种行为是否符合刑法规定的构成要件，而仅从整体上考察该行为的危害程度进而判断是否成立犯罪。这是缺乏罪刑法定主义观念的表现。

二、罪刑法定与判断方法

定罪不是一个标准的三段论的推理过程。其一，在三段论的推理过程中，大前提是固定的，但在定罪时，作为法律规范的大前提的含义并不是固定的，因为法律的基本含义是在社会生活中不断发现的，是通过审理案件发现的。其二，在三段论的推理过程中，小前提也是清楚明白的，但在定罪时，作为小前提的案件事实，具有多个侧面、多重属性，对之可以做出多种归纳。其三，在三段论的推理过程中，结论是最后形成的，但在定罪时，往往会出现先有结论，后寻找大前提（所谓三段论的倒置）的情况。

但是，大体而言，定罪也是一个三段论的推理过程。"从形式逻辑规则的观点来看，对法律案件的决定是根据三段论法做出的，其中法律规范是大前提，案件的情况是小前提，案件的决定是结论。把案件的决定看作是按照三段论法的规则得出的结论，对于彻底确立法制原则具有重要的意义，法制的实质就在于使所有主体的行为符合法律规范的要求。而在法的适用方面，只有当适用法的机关准确地和正确地把法律规范适用于一定的具体情况，即按照三段论法的规则决定法律案件时，才能出现这种相符合的情况。"① 因此，我们在判断构成要件符合性时，应当以法定的构成要件为大前提，以具体的事实为小前提，从而得出正确结论。具体地说，法官必须把应当判决的、具体的个案与规定犯罪构成要件、法定刑升格条件的刑法规范联系起来；刑法规范与案件事实是法官思维的两个界限；法官要从案件到规范，从规范到案件，对二者进行比较、分析、权衡。对于案件事实，要以可能适用的刑法规范为指导进行分析；反之，对于刑法规范，要通过特定个案或者案件类型进行解释；刑法规范与案件事实的比较就是事物的本质、规范的目的，正是在这一点上，形成构成要件与案例事实的彼此对应。也就是说，一方面要将案件事实向刑法规范拉近，另一方面要将刑法规范向案件事实拉近。

根据罪刑法定原则，也必须先考虑刑法的规定，即先有大前提，然后才审视现实中的某种行为是否构成犯罪，这样便限制了司法权力。司法机关总是被动的，只有发现某种行为符合刑法规定时才适用刑法；如果事先随意确定各种行为的性质，再拿来与刑法相对照，必然不利于限制司法权力，因而与罪刑法定原则的

---

① 〔苏〕C.C. 阿列克谢耶夫：《法的一般理论》（下册），黄良平、丁文琪译，法律出版社 1991 年版，第 729 页。另见〔德〕卡尔·拉伦茨：《法学方法论》，陈爱娥译，台湾五南图书出版公司 1996 年版，第 168 页以下；〔美〕E. 博登海默：《法理学：法律哲学与法律方法》，邓正来译，中国政法大学出版社 1999 年版，第 491 页以下；等等。

精神相抵触。这是因为，如果将事实作为大前提，将法律作为小前提，则可以做到为所欲为："想入罪便入罪，想出罪即出罪"。例如，当判断者想将某种行为认定为抢劫罪时，他便可以进行如下推理：该行为是抢劫行为，我国刑法规定了抢劫罪，所以对该行为应当以抢劫罪定罪处刑；又如，当判断者欲将某种行为认定为受贿罪时，他就能够进行如下推理：该行为是受贿行为，我国刑法规定了受贿罪，所以对该行为应当以受贿罪论处。反之亦然。例如，当判断者不想将某抢劫行为认定抢劫罪时，他便可以进行如下推理：该行为是一种强制行为，我国刑法没有规定强制罪，所以对该行为不得定罪处刑；当判断者不愿将溺婴行为认定为故意杀人罪时，他就能够进行如下推理：该行为属于溺婴行为，我国刑法没有规定溺婴罪，所以对该行为不得定罪处刑。

　　刑法理论上也出现了这种现象。例如，在发生了所谓单位盗窃的案件时，人们常说：这是单位盗窃，但刑法没有规定单位可以成为盗窃罪的主体，只能宣告无罪。于是认为有罪结论违反罪刑法定原则。其实，这种逻辑推理并不成立。正确的做法是，在遇到所谓单位盗窃的案件时，首先明确盗窃罪的构成要件，然后判断案件事实是否符合盗窃罪的构成要件，再得出是否构成犯罪的结论。如果按照这个顺序判断，所谓单位盗窃的案件事实就完全符合盗窃罪的构成要件，对其中的有关自然人，应以盗窃罪追究刑事责任。①

　　又如，将已满 14 周岁不满 16 周岁的人在绑架过程中故意杀人的行为认定为故意杀人罪，并不违反罪刑法定原则。绑架过程中的故意杀人行为完全符合刑法第 232 条规定的故意杀人罪的构

---

① 遇到的唯一"障碍"是，他们不是以本人非法占有为目的，而是以单位非法占有为目的。但是，这并不影响犯罪主观要素的认定。因为盗窃罪中的非法占有目的，并不限于以行为人本人非法占有为目的，而是包括以使第三者非法占有为目的，其中的"第三者"当然包含单位。

成要件，认定其行为构成故意杀人罪，并不缺少任何构成事实，相反舍弃了过剩的绑架部分。而且在判断已满 14 周岁不满 16 周岁的人是否负刑事责任时，首先要将刑法第 17 条规定的 8 种犯罪的构成要件作为大前提，然后将他们实施的具体行为作为小前提，再得出是否构成犯罪的结论。当已满 14 周岁不满 16 周岁的人单独或者共同绑架他人并故意杀害他人时，司法机关应当将故意杀人罪的构成要件作为大前提，然后将这一事实作为小前提，再得出结论。这样的判断结论必然是成立故意杀人罪，而且不违反罪刑法定原则。如果将绑架事实作为大前提，将刑法第 17 条的规定作为小前提，则必然得出否定结论，从而不当地批判肯定结论违反罪刑法定原则。

接下来需要说明的是，三段论的倒置并不违反罪刑法定原则。"在探求的过程中，法学家也经常会从答案出发。这就是推理的倒置。""在实践中，一旦事实得到确证，法律规则的适用通常是差不多自动的。司法三段论也就决定着解决方案。当事实和法律因素不确定时，法官就常常会从他直觉地认为公平的解决方案出发，只是到了司法决定的形式起草阶段才使用三段论推理。我们可以称之为倒置的三段论，'上升式的'或'逆退式的'三段论。此时法官就会运用其选择前提的自由，以使制作出能够证明已定结论的三段论。"① 换言之，司法工作人员面对案件时，即使先得出有罪结论（也可谓一种假设），再寻找适用的刑法条文，并且使案件事实与刑法条文规定的构成要件相对应，也完全符合罪刑法定原则。这是因为：三段论的大前提和小前提往往并不表现为既定的因素，而是需要认真探索、发现。在探索的过程中，司法人员必然从事实出发来寻找恰当的规则，然后又回到具

---

① 〔法〕雅克·盖斯旦、吉勒·古博：《法国民法总论》，陈鹏等译，法律出版社 2004 年版，第 41 页。

体案件中来检验二者是否一致。换言之,"法官首先凭直觉找到结果,然后形成这一结果的逻辑理由。这本身就是一种心理现象,并不奇怪。法律秩序意在促进和法官经由其职业活动十分熟悉的所有目标,可能已成为其本身天性的一部分。他成功地找到了一个理性结果,而没有事先向自己表明所有的论点,这些论点可以通过演绎推理,就结果给出理由或使结果合法化。"[①] 例如,就众所周知的许霆案而言,法学家与法官都完全可能在知道案件事实真相之后,先凭借自己经过训练的直觉得出其行为构成盗窃罪的结论(或假设),然后再论证案件事实与盗窃罪构成要件的符合性。甚至可能出现这样的现象:法学家与法官在找到适用的刑法条文之前,凭直觉认为许霆的行为肯定构成犯罪,至于构成什么犯罪,需要对相关法条所规定的构成要件进行再探索、再发现,从而使案件事实与特定犯罪的构成要件相符合。这些做法都很正常,并不违反罪刑法定原则。当然,倘若在查清事实之后,先得出有罪结论(或假定),后来没有寻找到可能适用的刑法条文,却依然定罪处刑,则违反了罪刑法定原则。同样,如果为了维护有罪结论,而歪曲法条的规范意义或者歪曲事实,也是违反罪刑法定原则的。

三、罪刑法定与择一认定

择一认定,是指虽然不能确信被告人实施了某一特定犯罪行为,但能够确信被告人肯定实施了另一处罚较轻的犯罪行为时,可以认定另一犯罪的成立。例如,警察在被告人的住处查获一辆被盗的车辆。已经确定,被告人如果不是自己盗窃了该车,就必然是故意窝藏他人犯罪所得。倘若认可择一认定,则应认定被告

[①] 〔挪威〕斯坦因·U. 拉尔森主编:《社会科学理论与方法》,任晓等译,上海人民出版社2002年版,第304页。

人构成赃物犯罪。再如，被害人被违章车辆撞死，现场留下了肇事车辆的油漆，也有人记住了肇事车辆的牌照，警察找到了该车，但该车被车主涂上了其他颜色的油漆，车主还擦掉了车上的血迹，修补了车上的痕迹。虽然可以肯定该车为肇事车辆，但车主拒不承认自己驾驶了该车，也拒不说明谁驾驶了该车。显然，如果车主没有触犯交通肇事罪，就触犯了帮助毁灭证据罪。如果认可择一认定，则应认定车主触犯帮助毁灭证据罪。

择一认定是否违反罪刑法定原则，在国外刑法理论上存在争议。禁止说认为，罪刑法定原则要求对犯罪构成要件符合性进行个别的、具体的、独立的判断，而不是综合的判断；在择一认定的场合，并没有证明行为人的行为究竟符合何罪的构成要件；所以，择一认定的做法违反了罪刑法定原则。允许说则认为，既然已经证明行为人实施了其中一罪，排除了无罪的可能性，就可以认定其中轻罪的成立。[①] 本书赞成允许说。罪刑法定原则的宗旨在于禁止将法无明文规定的行为认定为犯罪，但在择一认定的场合，已经排除了无罪的可能性，只是涉及是认定为轻罪还是认定为重罪的问题。既然如此，就应当认定为轻罪。换言之，认定为轻罪，并没有加重被告人的刑罚负担，相反，有可能减轻了被告人的刑罚负担。

当然，进行择一认定是有条件的：（1）必须充分证实，被告人肯定实施了两种行为之一，即被告人的行为要么构成此罪，要么构成彼罪，二者处于非此即彼的关系中。（2）与上一点相联系，能够排除对较轻犯罪的合理怀疑，或者说，只存在对二者做出选择的可能性。如果还有无罪的可能性，则不能做出择一的有罪判决。例如，行为人持有他人被盗的物品。在没有其他证据的

[①] H. Jescheck/T. Weigend, Lehrbuch des Strafrecht. Allgemeiner Teil, Duncker & Humblot, 5. Aufl. 1996, S. 143ff.

情况下，不能择一认定为赃物犯罪。因为既然没有其他证据，就表明有三种可能性：一是盗窃了他人财物；二是明知是赃物而窝藏；三是不明知是赃物而购买或者接受了赃物。如果合理排除了第三种可能，而不能确定是第一种可能还是第二种可能，则应择一认定为赃物犯罪；如果不能合理排除第三种可能，则只能宣告无罪。（3）在允许择一认定的情况下，应当适用处刑较轻的法律，而不能择一重罪论处。

第三章 刑法的适用范围

第一节 刑法的空间适用范围

一、刑法的空间适用范围的概念

刑法的空间适用范围（空间效力），所解决的是一国刑法在什么地域、对什么人适用的问题。在当今世界，一国刑法不仅能适用于本国领域内的行为，而且在一定条件下能适用于本国领域外的行为。决定刑法在空间上的适用范围的法原则，是刑法适用法的一种。

刑法在国外的适用受到国际法的制约。在尊重国家主权和遵从国际法的今天，不承认一个国家对发生在任何地方的任何犯罪都有行使刑罚权的权力，特别不允许为了行使刑罚权而侵害他国主权。刑法适用法历来被认为是国际刑法，刑法在空间上的适用范围，必须服从国际法的原则。

上述制约刑法在空间上的适用范围的国际法原则，就是国家自己保护与国际协同。当行为与本国具有场所、人、物的关系，侵犯了本国或其国民的利益时，本国就有适用本国刑法的权力。另一方面，防止犯罪和保障犯罪人的权利，是现代国际社会所共同关心的事项，是各国在刑事司法活动中相互协力所追求的目标。基于国际协同原则的要求，在一定条件下，一国对于与本国没有直接关系的国际犯罪，也可能行使管辖权。①

刑法在空间上的适用范围，涉及对国内犯（发生在本国领域内的犯罪）与国外犯（发生在本国领域外的犯罪）的效力。属地管辖原则与属人管辖原则是两个基本原则，其他原则都是对这两个原则的补充与发展。

二、对国内犯的适用原则

刑法对国内犯的基本适用原则是属地管辖原则。即一个国家对其领域内的人，不问其国籍，都有进行规制以维护本国法秩序的权力。因此，一个国家对于发生在本国领域内的犯罪，不管行为人是谁，都适用本国刑法。属地管辖原则以国家主权和国家刑罚权为根据，有利于维护国家主权、尊严与秩序，有利于刑罚效果的实现、诉讼程序的进行。

刑法第6条第1款规定："凡在中华人民共和国领域内犯罪的，除法律有特别规定的以外，都适用本法。"这是对属地管辖原则的规定。其中因"法律有特别规定"而不适用"本法"的情形，可分为三类：

第一类是不适用中国刑法（广义刑法）的情况。亦即，对于享有外交特权和豁免权的外国人不适用中国刑法。刑法第11条规定："享有外交特权和豁免权的外国人的刑事责任问题，通过外交途径解决。"对于这样的规定，国外刑法理论有两种观点：一种观点认为，对享有外交特权和豁免权的外国人不适用本国刑法，是属地管辖原则的例外；② 另一种观点认为，对这些人不适

---

① 参见〔日〕町野朔：《刑法总论讲义案Ⅰ》，信山社1995年第2版，第91页以下。
② 参见〔日〕团藤重光：《刑法纲要总论》，创文社1990年第3版，第516页。

用本国刑法，是因为存在诉讼障碍或犯罪阻却事由，如果这种障碍与事由消失，则仍可适用本国刑法。① 尽管说法不同，但刑法适用的结局却不存在很大差异，后一观点似乎更加维护了本国主权。

第二类是不适用大陆（内地）刑法（包括刑法典及其他仅在大陆适用的特别刑法）的情况。亦即，香港、澳门和台湾地区不适用大陆刑法。

第三类是不适用刑法典（即《中华人民共和国刑法》）部分条文的情况。（1）当刑法典颁布后国家立法机关制定的特别刑法，与刑法典的部分条文出现法条竞合的情况时，根据特别法优于普通法的原则，不适用刑法典，而适用特别刑法。（2）刑法第90条规定："民族自治地方不能全部适用本法规定的，可以由自治区或者省的人民代表大会根据当地民族的政治、经济、文化的特点和本法规定的基本原则，制定变通或者补充的规定，报请全国人民代表大会常务委员会批准施行。"据此，首先，少数民族地区只能就不能适用刑法典（事实上包括单行刑法与附属刑法）的部分情况制定变通或者补充规定，而不能自行制定刑法典，故刑法典在总体上仍然对少数民族地区具有适用效力。其次，少数民族地区的自治区或者省的人民代表大会制定的变通或者补充规定，必须与当地的政治、经济、文化的特点相适应，必须符合刑法典的基本原则。最后，少数民族地区制定的变通或者补充规定必须报请全国人大常委会批准后，方能施行。

由上可见，真正属于属地管辖原则例外的，只有上述"不适用中国刑法"的一种情况。"不适用大陆刑法"的情况，不是属地管辖原则的例外，只是一种事实上的限制；"不适用中国刑法典部分条文"的情况，也不是属地管辖原则的例外，而是适用刑

---

① 参见〔日〕大塚仁：《刑法概说（总论）》，有斐阁2008年第4版，第84页。

法典的例外。

　　一般认为，挂有本国国旗的船舶与航空器，属于本国领土，不管其航行或停放在何处，对在船舶与航空器内的犯罪，都适用旗国的刑法，这便是旗国主义，是属地管辖原则的补充。我国刑法第6条第2款规定："凡在中华人民共和国船舶或者航空器内犯罪的，也适用本法。"但其中的"中华人民共和国船舶或者航空器"是否仅限于悬挂了中华人民共和国国旗的船舶或者航空器，还值得研究。本书认为，该款中的"中华人民共和国船舶或者航空器"，当然包括悬挂了中华人民共和国国旗的船舶、航空器，但还应包括挂有中华人民共和国国徽等表明中华人民共和国所有的标志的船舶、航空器，以及没有悬挂任何国家的国旗、国徽等标志但事实上属于中华人民共和国国家、法人或者国民所有的船舶、航空器。①

　　采取属地管辖原则要求对犯罪地加以确定，即以什么因素为标准确定犯罪发生在本国领域内，对此有行为地说、结果地说、中间地说与遍在说。② 我国刑法采取了遍在说。刑法第6条第3款规定："犯罪的行为或者结果有一项发生在中华人民共和国领域内的，就认为是在中华人民共和国领域内犯罪。"据此，行为与结果均发生在我国领域内的，适用我国刑法；仅行为发生在我国领域内或仅结果发生在我国领域内的，也适用我国刑法。不仅如此，只有一部分行为或者只有一部分结果发生在我国领域内时，也应认为是在我国领域内犯罪。因为行为或者结果的其中任

---

① 对位于公海上的石油钻井台，也应与船舶适用同样的原则。
② 需要注意的是，刑法理论现在所称的中间地，是指从犯罪的实行行为到结果发生之间的通过地中，对结果发生的危险起增加作用的场所，而不是指单纯的通过地。例如，位于A国的甲，为了杀害C国的乙，而向乙邮寄毒药，运送该毒药的飞机经过了B国领空或者在B国机场停留过几小时。在这种情况下，B国不是中间地，因而不能适用B国刑法。

何一部分发生在我国领域内，就侵犯了我国国家或国民的利益；为了维护国家主权与国民的利益，应认为可以适用我国刑法。如果要求行为的全部或者结果的全部发生在我国领域内才认为是在我国领域内犯罪，则不利于维护国家主权与国民的利益；而且，如果每个国家都采取这种做法，势必造成管辖上的空隙，导致部分犯罪人逃避法律制裁。

根据遍在说，在未遂犯场合，行为地与行为人希望、放任结果发生之地、可能发生结果之地，都是犯罪地；在共同犯罪场合，共同犯罪行为有一部分发生在本国领域内或者共同犯罪结果有一部分发生在本国领域内，就认为是在本国领域内犯罪。

网络犯罪的特点是，犯罪人虽然仅在甲国实施行为，其结果却可能遍布全世界。所以，A在甲国从网络上传播淫秽作品，中国公民能够从网络上观看该淫秽作品时，就可以认为结果已发生在中国。根据遍在说，也应适用中国刑法。但是，这可能并不现实。于是，国外学者就网络犯罪对遍在说提出了不少限制主张。例如，有人提出，结果发生地，仅限于结果犯与具体危险犯中的最初结果发生地；有人提出，结果发生地，仅限于实害结果发生地；有人建议，结果发生地，仅限于行为人在行为时所认识到的结果发生地；如此等等。显然，这个问题需要国际社会共同协力来解决。

三、对国外犯的适用原则

有三种国外犯，应当或者可以适用中国刑法，却是属地管辖原则所不能解决的：一是中国公民在国外实施的某些犯罪；二是外国人在国外实施的危害中国国家或中国公民利益的某些犯罪；三是外国人在国外实施的危害各国共同利益的国际犯罪。我国刑法针对这几种情况，采取了其他一些原则。

（一）属人管辖原则

这里的属人管辖原则，是指积极的属人管辖原则，即本国公民在国外犯罪的，也适用本国刑法。关于该原则的根据，有不同学说：国家利益符合说认为，对本国公民在国外犯罪的适用本国刑法，有利于唤醒其遵守法规范的意识，从而发挥刑法预防犯罪的机能，因而与国家利益相符合。忠诚义务说认为，即使本国公民在国外，也要效忠母国，具有遵守本国刑法的义务。这是由国家与公民之间本来的道义关系决定的。代理处罚说（国家间防止犯罪的连带性说）认为，本国公民在外国犯罪时，原则上应适用所在国刑法，但当行为人未受处罚而回到本国时，根据本国公民不引渡的原则，不将本国公民引渡给国外处罚，但本国也不能成为犯罪的避风港，故应当适用本国刑法予以处罚；在这种情况下，具有代理处罚的性质（即本国为外国代理处罚）。[①] 大体而言，前两种观点引申的做法是无限制的积极属人管辖；后一种观点引申的做法是有限制的积极属人管辖。

我国刑法第 7 条规定了属人管辖原则。首先，中华人民共和国国家工作人员和军人在中国领域外犯我国刑法规定之罪的，适用中国刑法。其次，国家工作人员和军人以外的其他中国公民在中国领域外犯我国刑法规定之罪的，原则上适用中国刑法；但是按照我国刑法规定最高刑为 3 年以下有期徒刑的，可以不予追究。我国刑法规定属人管辖原则的根据是维护我国国家及公民的利益（包括避免中国公民在国外受到不当处罚），其中包含国际协同主义思想。

刑法第 7 条规定的属人管辖并没有以双重犯罪为原则。但本书认为，倘若中国公民在国外实施的行为并没有触犯所在地国的

[①] 参见〔日〕森下忠：《刑法适用法的理论》，成文堂 2005 年版，第 119 页以下。

刑法，不宜适用我国刑法。例如，日本刑法第 177 条规定，"奸淫不满 13 岁的女子的，处 3 年以上有期惩役"。中国公民甲男在日本与已满 13 岁不满 14 岁的日本籍乙女自愿发生性交的行为，虽然触犯了我国刑法，且法定最高刑为死刑，但该行为在日本并不成立犯罪。本书认为，在这种情况下，应类推适用刑法第 8 条的但书，不适用我国刑法追究甲的刑事责任。①

甲原本为外国人，取得我国国籍后（新国民），发现其以前在国外曾经犯罪，并没有超过追诉时效的，应如何处理？根据忠诚义务说，对甲不能适用我国刑法，因为新国民在行为当时并不负有忠诚义务。根据国家利益符合说与代理处罚说，对甲能够适用我国刑法。本书认为，我国刑法第 7 条中的"中华人民共和国公民"，不限于"行为时的中华人民共和国公民"，还包括"裁判时的中华人民共和国公民"，故对甲的行为应适用我国刑法。

（二）保护管辖原则

保护管辖原则的基本含义是，不论本国人还是外国人，其在国外的犯罪行为，只要侵犯了本国利益或本国公民的法益，就适用本国刑法。其实质意义在于，保护本国利益与本国公民的法益。因侵犯本国利益而适用本国刑法的，称为国家保护原则；因侵犯本国公民法益而适用本国刑法的，称为国民保护原则（消极的属人管辖原则）。

我国刑法采取了有限制的保护管辖原则。刑法第 8 条规定："外国人在中华人民共和国领域外对中华人民共和国国家或者公民犯罪，而按本法规定的最低刑为三年以上有期徒刑的，可以适用本法；但是按照犯罪地的法律不受处罚的除外。"据此，适用保护管辖原则受到三个条件的限制：(1) 所犯之罪必须侵犯了我

---

① 参见张明楷："国民对国家的忠诚与国家对国民的保护"，载《社会科学》（上海）2008 年第 4 期。

国国家或者公民的法益。做出这一限制，既有利于保护我国国家与公民的法益，又尊重了他国主权。(2) 所犯之罪按我国刑法规定的最低刑为 3 年以上有期徒刑。这便将保护管辖原则的适用范围限定在严重犯罪之内。①(3) 所犯之罪按照犯罪地的法律也应受处罚。这一限制具有必要性，因为外国人在国外时只需遵守所在国的法律，不能要求一个人在任何地方遵守一切国家的法律。

(三) 普遍管辖原则

普遍管辖原则（世界主义）以保护各国的共同利益为标准，认为凡是国际条约所规定的侵犯各国共同利益的犯罪，不管犯罪人的国籍与犯罪地的属性，缔约国或参加国发现罪犯在其领域之内时便可行使刑事管辖权。采取普遍管辖原则，主要是为了防止国际犯罪。

国外的刑法适用法，对普通管辖原则的实施存在不同做法：(1) 绝对的世界主义的做法是，不问犯罪地、犯罪人的国籍以及被害人的国籍，也不考虑行为地国的刑法如何规定，对该犯罪一概适用国内刑法。(2) 附条件的世界主义（限制的世界主义）的做法是，对于普遍管辖原则的适用做出一定限制，如要求缔约国为犯罪地、缔约国为犯罪嫌疑人的国籍国、得到非缔约国的同意等。(3) 义务的世界主义的做法是，本国只在所承担的义务范围内行使管辖权，这种义务既包括国际条约规定的义务，也包括国内法设定的义务。(4) 自主的世界主义的做法是，不考虑国际条约的规定，自主地根据犯罪性质确定普遍管辖的犯罪范围。

我国刑法第 9 条规定："对于中华人民共和国缔结或者参加的国际条约所规定的罪行，中华人民共和国在所承担条约义务的

---

① 应当注意的是，根据刑法总则与其他法律的关系，当刑法典规定的最低刑没有达到 3 年以上，而此后修改法定刑或者增加犯罪类型，最低刑为 3 年以上有期徒刑时，也可适用我国刑法（当然不得溯及既往）。

范围内行使刑事管辖权的,适用本法。"这是对普遍管辖原则的规定,据此,行使普遍管辖权受到一定限制:(1)我国行使普遍管辖权的犯罪应是国际条约所规定的罪行;(2)我国是相关条约的缔约国或参加国;(3)国内刑法也将该行为规定为犯罪。此外,原则上应要求罪犯出现在我国领域内。需要说明的是,对根据普遍管辖原则所审理的犯罪,其实体法的适用根据是国内刑法,而非国际条约,因为国际条约没有对罪行规定法定刑,而是要求缔约国或参加国将国际条约所列的罪行规定为国内刑法上的犯罪。

四、对外国刑事判决的承认

由上可见,我国刑法采取了属地管辖、属人管辖、保护管辖与普遍管辖四个原则。不难发现,如果还有国家同时采取这些原则(事实上大多数国家都同时采取了这些原则),就必然出现若干国家对同一犯罪具有刑事管辖权的现象。于是产生了如下问题:本国具有刑事管辖权的行为(如中国公民在国外犯一定之罪)受到外国确定的有罪判决或无罪判决时,本国是积极承认还是消极承认?

积极承认,是指本国具有刑事管辖权的行为,受到外国确定的有罪判决时,将该犯人移至本国后,执行外国所确定的有罪判决;如果犯罪人在外国已将确定的刑罚执行完毕,或者外国法院虽宣告有罪但免除刑罚,或者对行为人做出无罪判决,则本国不再追诉。可见,积极承认意味着将外国法院的判决与本国法院的判决同等看待。欧洲许多国家实行积极承认。

消极承认,是指外国确定的刑事判决不制约本国刑罚权的实现,即不管外国确定的是有罪判决还是无罪判决,对同一行为本国仍可行使审判权,但对外国判决及刑罚执行的事实,给予考虑。我国刑法第10条规定:"凡在中华人民共和国领域外犯罪,依照本法应当负刑事责任的，虽然经过外国审判，仍然可以依照本法追究；但是在外国已经受过刑罚处罚的，可以免除或者减轻处罚。"这一规定所采取的便是消极承认的做法。

刑法理论上对积极承认与消极承认有不同看法。有人认为，既然进行国际协作，承认普遍管辖原则，就没有必要对在外国已经受过刑罚处罚的人再发动刑罚权；为了尊重外国刑事立法与司法，为了使犯罪人顺利地重返社会，必须避免使犯罪人受到双重处罚，故应实行积极承认。① 从现实上看，随着国际交往的增进，国际性犯罪不断增加，有关证据也往往见之于犯罪地以外的国家，犯罪地国难以对居住在他国的犯罪人执行刑罚，这些事实也要求实行积极承认。② 我国刑法理论的通说认为，作为一个独立自主的国家，理当不受外国判决效力的约束；但同时又要照顾实际情况，考虑行为人在外国已经受刑罚执行的事实。据此，消极承认的做法具有妥当性。由上可见，主张积极承认的人所强调的是国际协同原则，主张消极承认的人所强调的是国家主权原则。

第二节 刑法的时间适用范围

一、刑法的时间适用范围的概念

刑法的时间适用范围，也称刑法的时间效力，所解决的问题是刑法从何时起至何时止具有适用效力，其内容包括生效时间、失效时间、溯及力与限时法效力。

根据罪刑法定原则的要求，定罪量刑应以行为时有刑法的明

---

① 参见〔日〕町野朔：《刑法总论讲义案Ⅰ》，信山社1995年第2版，第106页。
② 参见〔日〕森下忠：《国际刑法的新动向》，成文堂1977年版，第199页。

文规定为限。因此，对行为时不受处罚的行为，不能适用事后刑法给予处罚；在刑罚法规有变更时，对行为时受处罚的行为，不能适用比行为时更重的刑法；对行为时虽被禁止但法律没有规定法定刑的行为，不能事后科处刑罚。这些内容都可以概括为不溯及既往的原则。不溯及既往是罪刑法定原则的派生内容之一，故刑法的时间效力是与罪刑法定原则密切联系的问题。

二、生效时间与失效时间

从我国的刑事立法实践来看，刑法的生效时间分为两种情形：一是自公布之日起生效。如《关于禁毒的决定》第16条规定："本决定自公布之日起施行。"二是公布后间隔一段时间才生效。如现行刑法典于1997年3月14日通过并公布，同年10月1日起生效。这两种生效情形均符合罪刑法定原则，但相比之下，后一种情形更为合适。因为要使规范产生实效，就得使人们事先了解规范的存在及其内容。

刑法的失效时间，主要有两种情形：一是由立法机关明文宣布原有法律效力终止或废止；二是新法的施行使原有法律自然失效。

三、溯及力

刑法的溯及力，也称溯及既往的效力，所解决的问题是，刑法生效后，对它生效前未经审判或判决未确定的行为是否具有追溯适用效力？如果具有适用效力，则有溯及力；否则就没有溯及力。各国刑法关于溯及力的规定不完全相同，有的采取从旧原则，即一概适用行为时的法律；有的采取从新原则，即一概适用裁判时的法律；有的采取从轻原则，即一概适用对行为人有利的法律；有的采取从新兼从轻原则，即原则上适用裁判时的新法，但旧法对行为人有利时适用旧法；有的采取从旧兼从轻原则，即原则上适用行为时的旧法，但新法对行为人有利时适用新法。

我国刑法第12条关于溯及力的规定采取的是从旧兼从轻原则。从1949年10月1日至1997年9月30日这段时间所发生的行为，如果未经法院审判或判决未确定，就按不同情况分别处理：(1)行为时的法律不认为是犯罪，而现行刑法认为是犯罪的，适用行为时的法律，即不以犯罪论处，现行刑法没有溯及力。(2)行为时的法律认为是犯罪，而现行刑法不认为是犯罪的，适用现行刑法，即不以犯罪论处，刑法具有溯及力。(3)行为时的法律与现行刑法都认为是犯罪，并且按现行刑法总则第四章第八节的规定应当追诉的[①]，按照行为时的法律处理，即刑法没有溯及力（刑法关于追诉时效的规定具有溯及力）；但是，如果现行刑法处刑较轻[②]，则应适用现行刑法，即现行刑法具有溯及力。(4)现行刑法施行以前，依照当时的法律已经做出的生效判决，继续有效。应当认为，从旧兼从轻原则比较符合罪刑法定原则。因为"从旧"表明了对行为时不受处罚的行为，不能适用裁判时的法律给予处罚；即使行为时应受处罚的行为，原则上也应按行为时的法律处罚。这正体现了定罪判刑以行为时有法律的明文规定为限的思想。另一方面，罪刑法定原则包含着保障行为人的自由的观念，因此，当适用新法有利于行为人时，应例外地适用新法。

---

① 按照行为时的法律没有超过追诉时效，但按现行刑法已超过追诉时效的，不应当追诉。
② 刑法第12条规定的"处刑较轻"，是指现行刑法对某种犯罪规定的刑罚即法定刑比修订前的刑法轻。法定刑较轻是指法定最高刑较轻；如果法定最高刑相同，则指法定最低刑较轻。如果刑法规定的某一犯罪只有一个法定刑幅度，法定最高刑或者最低刑是指该法定刑幅度的最高刑或者最低刑；如果刑法规定的某一犯罪有两个以上的法定刑幅度，法定最高刑或者最低刑是指具体犯罪行为应当适用的法定刑幅度的最高刑或者最低刑。按照行为时的法律属于一罪，按照现行刑法属于二罪，或者相反，要通过罪数的考虑判断追诉期限以及现行刑法是否"处罚较轻"。

需要说明的是，如果新法既有不利于被告人的规定，也有有利于被告人的规定，则必须同时适用有利于被告人的规定。例如，《刑法修正案（九）》修改了贪污罪、受贿罪的法定刑，提高了死刑的适用标准，但同时规定："……被判处死刑缓期执行的，人民法院根据犯罪情节等情况可以同时决定在其死刑缓期执行二年期满依法减为无期徒刑后，终身监禁，不得减刑、假释。"根据从旧兼从轻的原则，对于 2015 年 10 月 31 日之前实施的贪污、受贿行为，既要适用修正后的新法，提高死刑的适用标准，又不得适用修正后的新法关于终身监禁的规定。① 由此可见，对于一个行为完全可能同时适用旧法与新法。

需要讨论的是立法解释与司法解释的效力问题。这里存在许多情况：一是原来没有立法解释与司法解释，后来有了立法解释与司法解释；二是原来已有立法解释与司法解释，但后来立法解释与司法解释相应地出现了变更；三是原来已有司法解释，后来出现了更高效力的立法解释。对此，刑法理论上有人主张有效解释（正式解释）的效力与刑法的效力一样，都必须采取从旧兼从轻的原则，禁止不利于行为人的溯及既往，其理由大多是将有效解释当作了刑法的渊源。司法实践上也采取了这种态度。如最高人民法院、最高人民检察院 2001 年 12 月 7 日《关于适用刑事司法解释时间效力问题的规定》第 3 条指出："对于新的司法解释实施前发生的行为，行为时已有相关司法解释，依照行为时的司

---

① 最高人民法院 2015 年 10 月 29 日《关于〈中华人民共和国刑法修正案（九）〉时间效力问题的解释》规定："对于 2015 年 10 月 31 日以前实施贪污、受贿行为，罪行极其严重，根据修正前刑法判处死刑缓期执行不能体现罪刑相适应原则，而根据修正后刑法判处死刑缓期执行同时决定在其死刑缓期执行二年期满依法减为无期徒刑后，终身监禁，不得减刑、假释可以罚当其罪的，适用修正后刑法第三百八十三条第四款的规定。根据修正前刑法判处死刑缓期执行足以罚当其罪的，不适用修正后刑法第三百八十三条第四款的规定。"在本书看来，这一规定不符合罪刑法定原则。

法解释办理,但适用新的司法解释对犯罪嫌疑人、被告人有利的,适用新的司法解释。"其实,正式解释并不是刑法本身,既然是对刑法的解释(而且排除了类推解释),那么,对现行正式解释之前的行为,只要是在现行刑法施行之后实施的,就得按正式解释适用刑法。不能因为没有正式解释或者正式解释不当,而否认对行为人适用刑法。或者说,不能因为没有正式解释或者正式解释不当,而对刑法作不当的解释与适用。因此,正式解释不存在从旧兼从轻的问题。否则,会出现以错误地适用刑法为代价来肯定以往的解释错误的不可思议的现象。不仅如此,承认司法解释适用禁止溯及既往的原则,还会违背立法权与司法权相分离的法治原则。

具体来说,对于从无正式解释到有正式解释以及正式解释的变更产生的问题,可以分为三类情形:其一,行为时没有正式解释,审理时具有正式解释的,应当适用正式解释。例外情形是刑法分则的空白规范。例如,刑法第 225 条第 4 项的适用基本上取决于司法解释的规定。行为人在没有正式解释时实施了某种行为,事后正式解释规定该行为构成犯罪的,也应认为行为人缺乏违法性认识的可能性,不得以犯罪论处。其二,旧的正式解释规定某种行为不构成犯罪,新的正式解释将该行为解释为犯罪。行为人在新的正式解释颁布之前根据旧的正式解释实施了该行为,但在新的正式解释颁布后才发现该行为的,可以认定为旧的正式解释导致行为人误解刑法,应根据法律认识错误的处理原则进行救济。亦即,由于行为人不具有违法性认识的可能性,而排除其有责性,不以犯罪论处。[①] 其三,旧的正式解释将某种行为解释为犯罪,但新的正式解释规定该行为不构成犯罪。行为人在新的正式解释颁布之前实施该行为的,不应以犯罪论处。这并不意味着对正式解释采取了从旧兼从轻的原则,而是因为该行为并未违反刑法。

---

① 即使行为人不知道旧的司法解释,也应认定行为人不具有违法性认识的可能性。

第四章 犯罪概说

第一节 犯罪的一般概念

一、犯罪的一般定义

刑法理论给犯罪下定义面临着许多需要考虑的情形,如有的行为应当是"犯罪",但刑法并未规定为犯罪;有的行为刑法规定为犯罪,但事实上并没有被认定为犯罪;有的行为昨天是犯罪,今天则不是犯罪,或者相反。换言之,一个犯罪定义,要顾及实然的犯罪与应然的犯罪、现在的犯罪与过去和将来的犯罪,实为难事。正因为如此,刑法理论上也出现了不同的犯罪定义。(1)依据犯罪的法律后果给犯罪下定义。通常的提法是,犯罪是依法应受刑罚处罚的行为。这种定义重点说明了如何从法律上识别犯罪。(2)按照犯罪的成立条件给犯罪下定义。如德国、日本学者通常认为,犯罪是符合构成要件的、违法的、有责的行为。[1](3)结合犯罪引起的诉讼程序给犯罪下定义。这种定义见

---

[1] H. Jeschck/T. Weigend, Lehrbuch des Strafrechts: Allgemeiner Teil, 5. Aufl., Duncker & Humblot, 1996, S. 198;〔日〕山口厚:《刑法总论》,有斐阁 2016 年第 3 版,第 23 页。

之于英美刑法理论。如有的学者指出,犯罪"是一种能够继之以刑事诉讼并具有作为这些诉讼程序的必然结果中的一种结果的行为"。① (4)根据犯罪的反社会性给犯罪下定义(实质的犯罪定义)。如有人指出,犯罪是反社会的行为或者具有社会侵害性的行为;② 犯罪的实质定义旨在说明立法者将某种行为规定为犯罪的实质根据。(5)综合犯罪的本质特征与法律特征给犯罪下定义。如早在1948年,苏联就有学者提出,犯罪的基本特征是社会危害性、违法性、罪过、应受惩罚性与不道德性,并将犯罪的实质特征与形式特征结合起来研究。③

我国刑法第13条规定:"一切危害国家主权、领土完整和安全,分裂国家、颠覆人民民主专政的政权和推翻社会主义制度,破坏社会秩序和经济秩序,侵犯国有财产或者劳动群众集体所有的财产,侵犯公民私人所有的财产,侵犯公民的人身权利、民主权利和其他权利,以及其他危害社会的行为,依照法律应当受刑罚处罚的,都是犯罪,但是情节显著轻微危害不大的,不认为是犯罪。"

二、犯罪的基本特征

(一)文理的解释

根据刑法第13条关于犯罪的一般定义的文字表述,犯罪具有两个特征:一是社会危害性,二是依照法律应受刑罚处罚性。

---

① 〔英〕J.C.史密斯、B.霍根:《英国刑法》,李贵方等译,法律出版社2000年版,第26页。这种定义与英美刑法理论的最广义刑法主张有密切联系。他们认为,"刑法从广义上来说是对刑事犯罪下定义,对嫌疑人的逮捕、起诉和审判加以规定,和对已被定罪的犯人确定刑罚和处理方式的一整套法律。"(曾庆敏主编:《刑法》,知识出版社1981年版,第1页)
② 参见〔日〕大塚仁:《犯罪论的基本问题》,冯军译,中国政法大学出版社1993年版,第1页。
③ 参见〔苏〕皮昂特科夫斯基等:《苏联刑法科学史》,曹子丹等译,法律出版社1984年版,第22页。

首先，刑法干预权的界限来自刑法的任务与目的，刑法的任务与目的是保护法益，所以刑法所干预的只能是侵犯法益的行为（危害社会的行为）。反过来说，刑法之所以将某些行为规定为犯罪，就是因为这些行为具有社会危害性（法益侵犯性）。这是法益保护主义决定的，是对一般人（包括国家、社会）的合理性。

其次，并不是任何危害社会的行为都要受刑罚处罚，只有当行为"依照法律应当受刑罚处罚"时，才成立犯罪。(1) 根据罪刑法定原则，危害社会的行为必须被法律类型化为构成要件，亦即刑法分则或其他刑罚法规明文规定处罚这种行为（对危害社会的行为规定了法定刑）。没有被类型化为构成要件的行为，即使危害了社会，也不应当受刑罚处罚。这是"依照法律应当受刑罚处罚"的第一层意思。(2) 根据刑法的谦抑性，危害社会的行为不是情节显著轻微危害不大的行为（如随地吐痰的行为），换言之，根据刑法第 13 条的规定，情节显著轻微危害不大的行为，依法不受刑罚处罚。这是"依照法律应当受刑罚处罚"的第二层意思。(3) 根据责任主义，仅有危害社会的行为还不能受刑罚处罚，只有根据刑法的相关规定，当行为人对危害社会的行为与结果具有故意（刑法第 14 条）或者过失（刑法第 15 条），行为人达到法定年龄（刑法第 17 条）、具有责任能力（第 18 条），并且具有期待可能性时（刑法第 16 条），才能受刑罚处罚。这是"依照法律应当受刑罚处罚"的第三层意思。

概言之，根据刑法第 13 条以及相关规定，被刑法类型化的严重的社会危害性（不法）与有责性（责任），是犯罪的两个基本特征。

(二) 论理的解释

要考虑犯罪概念对建构犯罪论体系的作用，还必须从论理上作实质的考察。显然，从实质的观点进行考察，只有具备以下两个条件，才能认定为犯罪：其一，发生了违法事实（违法性）；其二，能够就违法事实进行非难（责任）。据此，犯罪的实体是违法与责任。① 但是，由于刑法实行罪刑法定原则，所以，只有符合构成要件的违法行为（不法），才能成为犯罪的实体之一。责任是对不法的责任，是针对符合构成要件的违法事实的非难可能性，所以，不法是责任的前提。据此，犯罪的实体是不法与责任。

1. 不法

不法，是指符合构成要件并且违法。符合构成要件是事实，是评价的对象，违法是对符合构成要件事实的评价。所以，不法由事实与评价两部分组成。② 在此，主要联系刑法第13条的规定侧重于从违法的角度说明犯罪的基本特征。

如前所述，刑法的目的与任务是保护法益，所以刑法禁止侵犯法益的行为与结果。换言之，刑法只能将侵害或者威胁了法益的行为规定为犯罪。而且，由于其他法律也以一定的手段履行着保护法益的任务，所以，刑法只能将值得科处刑罚的侵犯法益的行为规定为犯罪。这种法益侵犯性（即刑法第13条所称的社会危害性），就是实质的违法性。行为对法益的侵犯性包括对法益的侵害性与威胁性（危险性）。③ 一般来说，侵害性是指行为造成了法益的现实损害；威胁性是指行为具有侵害法益的危险性。

---

① 参见〔德〕乌尔斯·金德霍伊泽尔：《论犯罪构造的逻辑》，徐凌波、蔡桂生译，载《中外法学》2014年第1期；〔日〕前田雅英：《刑法总论讲义》，东京大学出版会2015年第6版，第19页。
② 本书区分不法与违法两个概念，但不排除由于引用其他文献等原因，而导致不能严格区分，只能恳请读者根据语境判断。此外，在本书中，"（符合）构成要件的不法行为"与"（符合）构成要件的违法行为"是等同含义。
③ 在本书中，一般来说，使用"侵犯"一词时，包含了对法益的侵害以及造成侵害的危险（威胁）；但由于约定俗成的缘故，"法益侵害"一词也可能包含侵害的危险，这需要读者识别。

当行为没有现实地侵害法益,但具有侵害的危险性时,也具有现实的社会危害性。当然,由于侵害性与威胁性对法益的侵犯程度不同,所以,对于侵犯重大法益的行为,即使没有造成现实的法益侵害结果,但如果造成了侵害的危险,也可能被刑法禁止。

可以认为,凡是侵犯刑法所保护的法益的行为(不管行为人是否具备故意、过失与责任能力等责任要素),都具有实质的违法性。但是,根据罪刑法定原则,只有符合刑法规定的构成要件并且实质上侵犯了法益(违法)的行为,才是不法行为。违法性概念强调的是行为的性质(价值判断),是对于对象的评价;由于符合构成要件的行为是评价对象,所以,不法概念包括了违法性的评价对象与对于对象的评价。[①]

2. 责任

仅有客观的不法行为,还不足以成立犯罪。根据国民可以接受的观点,只有当行为人对所实施的客观不法行为具备有责性,应当受到谴责时,这种行为才是犯罪。或者说,只有当能够将客观不法行为及其结果归责于行为人时,才能认定该行为成立犯罪。这既是刑法的人权保障机能决定的,也是刑罚的性质与目的决定的。国民的自由以其具有预测可能性为前提。如果不管国民在行为时如何小心谨慎,只要发生法益侵害结果就受到刑罚处罚,那么,国民就没有任何自由。反过来说,只有当国民在具有实施其他行为的可能性的同时,故意或者过失造成了法益侵害(危险)结果,才能以犯罪论处。这一要求保障了国民的预测可能性,进而保障了国民的自由。刑法的手段主要是刑罚,犯罪是适合科处刑罚的行为,不管是将刑罚的正当化根据理解为报应,还是将刑罚的正当化根据理解为一般预防与特别预防,都以行为人具有非难可能性(他行为可能性)为前提。刑法理论常常将具

[①] C. Roxin, Strafrecht Allgemeiner Teil, Band Ⅰ, 4. Aufl., H. Beck, 2006, S. 600f.

有非难可能性表述为"行为人具有责任"。所以,责任(有责性或非难可能性)是犯罪的另一特征。①

责任特征同样具有法律根据。根据刑法第 13 条的规定,不法行为只有"依照法律应当受刑罚处罚"时,才是犯罪。例如,根据刑法第 14 条、第 15 条和第 16 条的规定,只有当行为人出于故意或者过失,而且处于可能抗拒的状态时(具有期待可能性),才能受刑罚处罚。换言之,不具有故意与过失的违法行为,依照法律是不应受刑罚处罚的,因而不是犯罪。再如,根据刑法第 18 条的规定,只有当行为人具有责任能力(辨认控制能力)时,其行为才可能受刑罚处罚。所以,从刑法第 13 条"依照法律应当受刑罚处罚"以及相关条文的规定中,也可以将"责任"解释为犯罪的特征。

总之,从实质上说,犯罪是不法且有责的行为。犯罪的不法与责任,正好与刑法的法益保护机能和人权保障机能相对应。不法的实质是侵犯法益,所以,禁止不法行为意味着对法益的保护;责任以具有预测可能性、他行为可能性为前提,所以,将责任作为犯罪特征意味着对国民自由的保障。在实行依法治国的时代,对不法与责任的判断,都必须以刑法为根据。

需要指出的是,"犯罪"("罪")一词具有不同的含义。一般来说,犯罪是指具备了成立犯罪的全部条件的行为。但是,犯罪的本质是法益侵害,在此意义上说,只要符合构成要件的行为侵犯了法益,就具备了犯罪的本质。而行为是否符合构成要件、是否侵犯了法益,只需要进行客观的判断。例如,已满 14 周岁的人杀人,与未满 14 周岁的人杀人,在符合构成要件与侵害了他人生命这一点上没有任何区别。只是出于有责性与刑事政策等方

---

① 请注意,这里的"责任"是犯罪的成立条件,与作为法律后果的"刑事责任"不是等同的含义。

面的理由,对后者不以犯罪论处而已。所以,在一些场合,"犯罪""罪"是指符合构成要件且违法的行为(不法行为)。

第二节 犯罪的基本分类

一、犯罪的理论分类

(一)重罪与轻罪

以法定刑为标准,将犯罪分为重罪、轻罪与违警罪,始于1791年的《法国刑法典》。我国刑法没有将犯罪分为重罪与轻罪,但理论上仍然可以对犯罪做出这种分类。刑法第67条规定,犯罪以后自首且"犯罪较轻"的可以免除处罚,也暗示了可以从理论上将犯罪分为重罪与轻罪。区分重罪与轻罪应以法定刑为标准,而不宜以现实犯罪的轻重为标准。从刑法的许多相关规定来看(参见刑法第7条、第72条),可以考虑将法定最低刑为3年以上有期徒刑的犯罪称为重罪,其他犯罪则为轻罪。

(二)形式犯与实质犯

形式犯与实质犯的犯罪分类由来已久,其分类标准也颇有争议。第一种观点认为,只要求实施构成要件行为,而不要求对法益造成侵害或者威胁(连抽象的危险也不需要)的犯罪,是形式犯;构成要件以对法益造成侵害或者威胁为内容的犯罪,是实质犯。[①] 第二种观点认为,形式犯与实质犯的区别,在于危险的程度不同。形式犯并不是只要在形式上违反法的命令与禁止就成立,也应要求某种侵害法益的危险,但这种危险是比抽象的危险犯中的危险更为轻度的、间接的危险。[②] 第三种观点认为,形式

---

① 参见〔日〕大塚仁:《刑法概说(总论)》,有斐阁2008年第4版,第130页。
② 参见〔日〕团藤重光:《刑法纲要总论》,创文社1990年第3版,第130页。

犯对法益也具有危险性,只不过实质犯的被侵害法益是比较特定的,而形式犯的被侵害法益不是很特定。① 第四种观点认为,刑法以保护法益为目的,所有的分则条文都有其保护的法益;因此,符合构成要件的行为都是对法益的侵害或者威胁;在此意义上说,所有的犯罪都是实质犯,形式犯没有存在的余地。② 本书认为,刑法以保护法益为目的,任何行为都是因为严重侵犯法益才被刑法规定为犯罪,在此意义上说,不存在形式犯;倘若一定要区分形式犯与实质犯,则宜采取上述第三种观点。

(三) 自然犯与法定犯

自然犯(与刑事犯的概念大体相同)与法定犯(与行政犯的概念大体相同)的分类得到了许多人的响应,但其区分标准却因人而异。其实,刑法理论未必只能以一个标准区分自然犯与法定犯,换言之,我们完全可以在不同场合根据不同需要以不同标准区分二者。例如,在判断行为人是否具有违法性认识的可能性时,大抵可以根据行为是否违反伦理道德为标准区分自然犯与法定犯。因为自然犯的违法性容易被一般人认识(不借助法律便可认识),法定犯的违法性可能难以被一般人认识(通常需要借助法律来认识)。再如,在判断行为的不法与责任程度(罪行)时,或许可以根据行为是否违反基本生活秩序为标准区分自然犯与法定犯。例如,为了制造爆炸事故而非法购买爆炸物的行为,违反了基本生活秩序;基于合理需要没有经过合法程序购买爆炸物的行为,只是侵犯了派生生活秩序。与之相应,前者的罪行也重于后者。此外必须承认的是,自然犯与法定犯的区分具有相对性。

在国外的刑事立法体例上,自然犯被规定在刑法典中,法定犯则被规定在附属刑法(行政法、经济法等法律)或者特别刑法

---

① 参见〔日〕平野龙一:《刑法总论Ⅰ》,有斐阁1972年版,第118页。
② 参见〔日〕町野朔:《刑法总论讲义案Ⅰ》,信山社1995年第2版,第143页以下。

中。但我国当下采取了自然犯与法定犯一体化的立法体例，亦即，一切犯罪均规定于刑法典中。于是，大量存在较重的自然犯规定中包含较轻的法定犯、较轻的法定犯规定中包含较重的自然犯的现象。在这种立法体例下，尤其应当同时遵守罪刑法定原则与罪刑相适应原则；特别需要对刑法分则条文进行实质解释，充分考虑法条的法益保护目的与法条适用的后果。对于法益侵害轻微的行为，即使其处于分则条文的字面含义之内，也应当排除在犯罪之外；对值得科处较轻刑罚的行为适用重法条明显违反罪刑相适应原则，又没有可以适用的轻法条时，只能将其排除在犯罪之外；一个行为符合了重罪法条对构成要件的表述，但实际上并不具有重罪的不法与责任，因而不应当适用重罪法条，但这种行为不仅符合轻罪法条的文字表述，且值得以轻罪处罚时，只能按轻罪论处；在严重侵害法益的行为符合重罪法条时，应当在遵循罪刑法定原则的前提下，运用想象竞合犯的原理适用重罪法条，而不能基于其他的形式理由适用轻罪法条。[1]

（四）隔隙犯与非隔隙犯

隔隙犯是指在实行行为与犯罪结果之间存在时间的、场所的间隔的犯罪。其中实行行为与犯罪结果之间存在时间间隔的犯罪称为隔时犯；实行行为与犯罪结果之间存在场所间隔的犯罪称为隔地犯。隔时犯存在犯罪时的确定问题，隔地犯则存在犯罪地的确定问题。就隔时犯而言，原则上应以行为时为犯罪时；对于隔地犯而言，行为地与结果地均为犯罪地。实行行为与犯罪结果之间没有时间、场所间隔的犯罪，则是非隔隙犯。但非隔隙犯与即成犯不是等同概念。后者与状态犯、继续犯相对，是指一旦发生法益侵害结果，犯罪便同时终了；犯罪一旦终了，法益便同时消

---

[1] 参见张明楷："自然犯与法定犯一体化立法体例下的实质解释"，载《法商研究》2013年第4期。

灭（法益受到侵害但违法状态没有继续）的犯罪。

二、犯罪的法定分类

我国刑法分则根据犯罪所侵犯的法益性质，将犯罪分为10类。此外，根据刑法的相关规定，我们还可以对犯罪进行如下分类。

（一）国事犯罪与普通犯罪

刑法分则规定了10类犯罪，其中，第一章所规定的"危害国家安全罪"属于国事犯罪，这类犯罪危害的是国家的政权、社会制度与安全。第二章至第十章规定的犯罪，相对于国事犯罪而言，属于普通犯罪。但其中的第十章所规定的"军人违反职责罪"又属于普通犯罪中的一类特殊犯罪，故也可以说刑法将犯罪分为国事犯罪、军事犯罪与普通犯罪三类。从刑法理论上说，国事犯罪与普通犯罪相结合的犯罪，称为混合犯罪。与此相关联的是，基于政治、宗教等的确信而实施的犯罪，称为确信犯。

（二）自然人犯罪与单位犯罪

自然人犯罪，是指以自然人为行为主体的犯罪，如故意杀人罪、故意伤害罪、盗窃罪等，都是自然人犯罪。单位犯罪，是指以单位作为行为主体的犯罪。在我国，许多犯罪（如票据诈骗罪、信用证诈骗罪）既可以由自然人实施，也可以由单位实施（以刑法有明文规定为前提）；当这些犯罪由单位实施时，便是单位犯罪。

（三）身份犯与非身份犯

身份犯是以特殊身份作为客观构成要件要素的犯罪（真正身份犯或构成的身份犯），如贪污罪、受贿罪、刑讯逼供罪、玩忽职守罪等。非身份犯是不以特殊身份作为客观构成要件要素的犯罪，如放火罪、故意杀人罪、盗窃罪、抢劫罪等。这种区分对正确认定犯罪具有重要意义。此外，刑法理论上还有不真正身份犯的概念，即刑法将特殊身份作为刑罚加重或者减轻事由的犯罪（加减的身份犯）。如国家机关工作人员犯诬告陷害罪的，应从重处罚，属于不真正身份犯。①

（四）亲告罪与非亲告罪

亲告罪是告诉才处理的犯罪。根据刑法第98条的规定，告诉才处理，是指被害人告诉才处理，如果被害人因受强制、威吓无法告诉的，人民检察院和被害人的近亲属也可以告诉。告诉才处理的犯罪，必须有刑法的明文规定。刑法没有明文规定为告诉才处理的犯罪，均属于非亲告罪，即不问被害人是否告诉、是否同意起诉，人民检察院均可提起公诉的犯罪。刑法将部分犯罪规定为亲告罪，主要是综合考虑了以下三个因素：首先，这种犯罪仅侵害了个人法益，而且比较轻微。其次，这种犯罪往往发生在亲属、邻居、同事之间，被害人与行为人之间一般存在较为密切的关系。最后，这种犯罪涉及被害人的名誉，任意提起诉讼有可能损害被害人的名誉。告诉才处理强调的是不能违反被害人的意愿进行刑事诉讼，故与以节省司法资源为宗旨的自诉存在本质区别。

第三节 犯罪的成立条件

一、德国、日本的犯罪成立条件

犯罪成立条件，是指行为成立犯罪所必须具备的全部成立条件。如所周知，德国、日本的多数学者采取构成要件符合性、违法性、有责性的三阶层体系（将构成要件符合性与违法性合并为

---

① 国外有学者根据身份的具体作用将身份犯分为违法身份犯与责任身份犯。参见〔日〕山口厚：《刑法总论》，有斐阁2016年第3版，第38页以下。

一个阶层的体系,则是两阶层体系)。

一般认为,构成要件是指刑罚法规规定的违法类型。有的则说,构成要件是犯罪轮廓的观念形象。应受刑罚处罚的行为,在法律规定之前有无数的类型(刑事学上的类型),立法者将这些行为进行取舍,规定为法律上的犯罪定型。例如,一般的反自然的性行为、通奸等行为,在刑事学上是犯罪类型,但通常不是刑法上的犯罪类型。另外,刑事学上被认为是几种犯罪类型的行为,在刑法上可能只是一个犯罪类型。例如,借款诈骗、找钱诈骗、赌博诈骗、金蝉脱壳诈骗等在刑事学上是不同的犯罪类型,但在刑法上只存在一个犯罪类型——"骗取他人财物"。又如,在现实社会中存在各种不同的杀人行为,如刀杀、枪杀、毒杀、绞杀等,但在刑法上也被规定为一种犯罪类型——"杀人"。这样的犯罪类型(定型),就是犯罪的构成要件。一般认为,构成要件符合性,大体是一种抽象的、定型的判断。

违法性,是指行为违反法律,即行为为法律所禁止、行为为法律所不允许。但如若追问法律为什么禁止该行为,则是实质的违法性问题。主流观点认为,实质的违法性就是法益侵害性。由于构成要件是法益侵害行为的类型化,故在通常情况下,符合构成要件的行为就具有违法性。但是,正当防卫杀人、紧急避险毁损财物等行为,虽然也符合构成要件,实际上却保护了更为重大(至少同等)的法益,因而不成立犯罪。在此意义上说,犯罪的成立除了符合构成要件之外,还要求行为具有违法性。一般认为,违法性是个别的、具体的、非定型的、客观的判断。①

有责性(责任),是指非难可能性,即能够就符合构成要件

---

① 由于符合构成要件的行为通常具有违法性(构成要件的征表机能、违法性推定机能),所以,在违法性阶段,并不是积极地判断符合构成要件的行为是否具有违法性,而是研究符合构成要件却又排除(阻却)违法性的事由(违法阻却事由,如正当防卫)。

的违法行为对行为人进行非难、谴责。例如，对于无责任能力者的行为，对于没有故意与过失的行为，就不能进行责任非难；对于没有违法性认识可能性、没有期待可能性的行为，也不能进行责任非难。换言之，幼童的行为、精神病人的行为、没有故意与过失的行为、不具有违法性认识可能性与期待可能性的行为，不成立犯罪。所以，有责性成为犯罪的成立条件。有责性是个别的、具体的、内部的、主观的判断。

在上述理论体系中，对行为是否成立犯罪的判断，是由客观（外部）到主观（内部）、由抽象（一般）到具体（个别）、由定型到非定型的逐层递进判断。这种阶层的体系，有利于克服适用刑法的恣意性；有利于检验个案，既可以节省精力，也可以避免遗漏应当检验的要件；使违法性与有责性处于不同层面，明确区分了违法阻却事由与责任阻却事由。

二、英美的犯罪成立条件

英美法系国家采取犯行→犯意→抗辩事由的体系。犯行是犯罪的客观要件或外部要件，其中讨论犯罪行为（包括不作为）、事实状态、因果关系等问题；犯意是犯罪的主观要件或内部要件，其中讨论故意、过失、严格责任、违法性认识等问题；抗辩事由包括正当化事由与免责事由。

三、我国的犯罪构成体系

我国传统刑法理论使用犯罪构成概述表述犯罪成立条件，犯罪构成由四个方面组成：（1）犯罪客体，指我国刑法所保护而为犯罪行为所侵犯的社会关系；（2）犯罪客观方面或犯罪客观要件，指犯罪活动在客观上的外在表现，其中主要包括危害行为、危害结果、因果关系等；（3）犯罪主体，指达到法定年龄、具有责任能力，实施危害社会行为的人，单位也可以成为部分犯罪的主体；（4）犯罪主观方面或犯罪主观要件，指犯罪主体对其实施的危害行为及危害结果所抱的心理态度，包括故意、过失以及目的。在论述了犯罪构成的四个要件之后，再讨论正当防卫、紧急避险等排除犯罪的事由。

这种犯罪构成体系的合理性值得研究。例如，这一体系意味着四个要件只能综合起来发挥作用，因而不能区分不法与责任。换言之，传统刑法理论否认"没有责任的不法"。这便产生了诸多难以解决的问题。例如，这种犯罪构成体系在犯罪的主观方面之后讨论正当防卫、紧急避险等违法阻却事由，这便割裂了违法性的判断，表现为先判断客观危害，接着判断主观责任，然后又回过来判断客观危害。事实上，对于没有侵害法益的行为，不需要也不应当判断所谓主观责任。

四、本书的犯罪构成体系

本书仍然使用犯罪构成的概念。由于犯罪的实体是不法与责任，所以，犯罪构成是刑法规定的，说明行为的法益侵犯性与非难可能性，而为该行为成立犯罪所必须具备的不法要件和责任要素的有机整体。易言之，犯罪构成由不法与责任组成，故本书采取不法（构成要件符合性—违法性）→责任的两阶层体系。不法是指符合构成要件且违法，构成要件符合性不等于犯罪的全部成立条件，只是成立犯罪的一个要件；构成要件是表明行为具有法益侵害性（违法性）的要件，在行为符合构成要件后，只需要判断是否存在违法阻却事由，而不需要积极地判断违法性。所以，构成要件与违法性同属一个阶层。但是，在这个阶层中，必须先判断构成要件符合性，在得出肯定结论之后，再判断是否存在违法阻却事由。① 责任是对不法的非难可能性。对不法进行非难所必需的要素,就是责任要素。责任要素中包括需要积极判断的要素(如故意、过失、目的)和只需要消极判断的要素(如责任能力、违法性认识的可能性与期待可能性)。②

---

① 构成要件所描述的内容属于禁止规范,违法阻却事由所描述的内容属于允许规范,二者处于同一个规范的逻辑层面,因而处于同一个评价阶层,只是两个审查步骤而已。参见〔德〕乌尔斯·金德霍伊泽尔:《刑法总论教科书》,蔡桂生译,北京大学出版社 2015 年版,第 51 页。
② 本书在等同意义上使用构成要件、违法构成要件、客观构成要件三个概念(但通常使用构成要件概念)。本书使用责任要素一词,原则上不使用责任要件、责任构成要件、主观构成要件的表述,旨在使构成要件这一技术性概念保持特定含义,也便于借鉴国外研究成果和从事国际学术交流。

第五章 不法

第一节 构成要件符合性

第一款 构成要件概述

一、构成要件的概念

构成要件的观念,来源于中世纪意大利的纠问程序中的"corpus delicti"概念。起初,构成要件只具有诉讼法上的意义,将它运用到实体法上来,是斯鸠别尔(C. C. Stübel)与费尔巴哈的功劳;而真正形成构成要件理论,还是20世纪初的事情。

构成要件是一个特殊的技术性概念。大体可以认为,构成要件是刑法规定的、行为成立犯罪所必须符合的违法类型。当人们问某个行为是否具备"构成要件符合性"时,需要审查的是,这个行为是否满足了刑法分则针对某个特定犯罪所规定的表明违法性的各种要素。例如,要回答行为人在法庭上撒谎的行为是否构成伪证罪的问题,就需要先判断其行为是否符合刑法第305条规定的表明违法性的要素,亦即行为是否"在刑事诉讼中",行为人是否属于"证人、鉴定人、记录人、翻译人",行为人是否"作虚假证明、鉴定、记录、翻译",撒谎的内容是否"与案件有

重要关系",这些要素的总和就是构成要件。构成要件具有以下特点:

首先,构成要件具有法定性。构成要件由刑法明文规定,我国刑法分则条文通常比较明确、具体地规定了各种犯罪的构成要件;有些犯罪由于众所周知,刑法没有详细描述其构成要件,但我们可以从刑法对简明罪状的规定中把握其构成要件。一般来说,人们容易识别刑法分则条文所规定的要素是不是构成要件要素。

其次,构成要件是表明行为具有违法性的全部前提条件,包括行为、结果、行为主体本身、特殊身份等要素;符合构成要件的事实是违法性的评价对象。所以,只有当行为具备构成要件符合性时,才需要进一步确定有无违法性。由于符合构成要件的行为通常具有违法性,所以,在行为符合构成要件后只需要判断是否存在阻却违法的事由。

最后,构成要件是成立犯罪所必须具备的条件。刑法实行罪刑法定原则,因此,即使客观行为侵害了法益,但如果不符合构成要件,也不能认定为犯罪。

二、构成要件的机能

构成要件的机能,可以归纳为以下几个方面:

第一是自由保障机能(罪刑法定主义的机能)。构成要件使得受刑罚处罚的行为具有明确的界限。只要不实施符合构成要件的行为,就不会受到国家刑罚的干预。在此意义上说,构成要件保障一般国民的自由。另一方面,刑罚只在符合构成要件的范围内适用,在此意义上说,构成要件又保障犯罪人不受不恰当的处罚。

第二是犯罪个别化机能。构成要件对于大多数犯罪都具有个别化的机能,换言之,构成要件使大多数犯罪具有自身的特点,因而与其他犯罪相区别。例如，盗窃罪、诈骗罪、放火罪的构成要件不同，不仅使这三个罪之间相区别，也使这三个罪与其他犯罪相区别。当然，在少数犯罪中，犯罪的个别化还依赖于责任要素。

第三是故意规制机能。虽然刑法总则第 14 条规定了故意的一般定义，但从刑法第 14 条以及刑法分则条文中，并不能明确各种具体犯罪的故意的认识内容与意志内容。具体犯罪的故意的认识内容与意志内容，依赖于构成要件。大体可以认为，故意是对符合构成要件的客观事实的认识、容认[①]，即构成要件的内容，就是故意的认识内容与意志内容。所以，构成要件规制了故意的认识内容与意志内容。当然，存在客观的超过要素，即构成要件的某个客观要素也可能不是故意的认识内容。

第四是违法性评价机能。只要行为符合构成要件且没有违法阻却事由，就意味着行为具有违法性。不仅如此，构成要件内容还反映出行为的违法程度差异。

三、构成要件的类型

对构成要件可以进行不同的分类，如基本的构成要件与修正的构成要件、作为犯的构成要件与不作为犯的构成要件、危险犯的构成要件与实害犯的构成要件，如此等等。

构成要件可以分为基本的构成要件、加重的构成要件与减轻的构成要件。一般认为，刑法第 263 条中的"以暴力、胁迫或者其他方法抢劫公私财物"，属于普通的构成要件，其后规定的"入户抢劫"等 8 种情形属于加重的构成要件。再如，刑法第

---

① 既然对符合构成要件的客观事实持容认态度时就是故意，持希望态度时当然也是故意。因此，没有将"希望"态度排斥在故意之外的含义；也可以说，类似这种场合的"容认"包含了"希望"。

232条中的"杀人"是普通的构成要件;"情节较轻的"是减轻的构成要件。据此,法定刑升格的条件,都是加重的构成要件;法定刑减轻的条件,则是减轻的构成要件。

本书的基本观点是,刑法分则条文单纯以情节(特别)严重、情节(特别)恶劣以及数额或数量(特别)巨大、首要分子、多次、违法所得数额巨大、犯罪行为孳生之物数量(数额)巨大作为升格条件时,只能视为量刑规则;刑法分则条文因为行为、对象等构成要件要素的特殊性使行为类型发生变化,进而导致违法性增加,并加重法定刑时,才属于加重的构成要件。相应地,当刑法分则条文因为行为、对象等构成要件要素的特殊性使行为类型发生变化,进而导致违法性减少,并减轻法定刑时,才属于减轻的构成要件。

情节严重、数额巨大、首要分子、多次(或者对多人实施)、犯罪行为孳生之物数量(数额)巨大、违法所得数额巨大,虽然是表明违法性加重的要素,但并不属于表明违法行为类型的特征。例如,盗窃他人2000元人民币、盗窃他人5万元人民币、盗窃他人50万元人民币的行为类型或特征是完全相同的,所不同的只是违法程度。①

区分量刑规则与加重的构成要件、减轻的构成要件具有重要意义,突出地表现在如何处理犯罪形态以及如何适用法定刑的问题上。② 加重的构成要件,可能存在未遂犯。例如,入户抢劫未遂的,适用入户抢劫的法定刑,同时适用刑法总则关于未遂犯的规定。再如,在公共场所当众强奸妇女未遂的,适用刑法第236条第3款规定的加重法定刑,同时适用刑法总则关于未遂犯的规定。但是,量刑规则是不可能存在未遂的。换言之,只有当案件

---

① 其中的数额较大仍然是构成要件要素。
② 实际上还涉及一罪与数罪的区分、同种数罪与不同种数罪的区分问题。

事实完全符合某个量刑规定时，才能按照该规定量刑。例如，假定盗窃罪的数额较大、巨大与特别巨大的起点分别为 1000 元、6 万元与 30 万元，甲潜入某博物馆，意图窃取价值 40 万元的一幅画，虽然已经着手，但由于意志以外的原因未得逞。对此，不应认定为盗窃数额特别巨大的未遂，只能认定为普通的盗窃未遂。①

反过来，也不能将加重的构成要件理解为量刑规则。如果将加重的构成要件理解为量刑规则，就会导致"一旦符合加重的构成要件，就没有未遂"的不当结论。例如，关于抢劫罪的法定刑升格情形，一种观点认为："对于具有第 263 条规定的 8 种情节之一的抢劫罪，属于结果加重犯和情节加重犯，只要抢劫行为具有其中任何一情节，无论财物是否抢劫到手，都应视为抢劫既遂。"② 这种观点基本上将加重的构成要件理解为量刑规则了，其结论并不可取。本书的基本观点是，刑法第 263 条所规定的 8 种情形中，第（四）项规定的"多次抢劫或者抢劫数额巨大"属于量刑规则，其他规定内容都属于加重的构成要件。所以，第（一）项至第（三）项、第（五）项至第（八）项，都存在犯罪未遂。

根据以上分析，刑法分则条文关于法定刑升格条件的规定，可以分为以下三类：（1）有的分则条文所规定的法定刑升格条件，仅属于量刑规则。如当刑法分则条文将情节严重、情节恶劣、罪行严重或者数额巨大等规定为法定刑升格条件时，它们属

---

① 在不适合以数额选择法定刑时，完全可以按照情节选择法定刑。例如，甲在博物馆窃取价值连城的国宝级文物，且在着手窃取时不小心碰掉地上摔毁了文物。对此完全可以选择"情节特别严重"的法定刑，再适用未遂犯的规定。此时适用未遂犯的规定，不是指情节尚未达到情节特别严重，而是已经符合情节特别严重的要求，但由于意志以外的原因没有取得财物。
② 高铭暄主编：《新编中国刑法学》（下册），中国人民大学出版社 1999 年版，第 769 页。

于量刑规则，而不属于加重的构成要件。(2) 有的分则条文所规定的法定刑升格条件，属于加重的构成要件（参见刑法第 121条）。(3) 有的分则条文所规定的法定刑升格条件中，既包括了加重的构成要件，也包括了单纯的量刑规则。如上述刑法第263 条。①

此外，将刑法分则规定的"情节较轻"的情形归入减轻的构成要件，也存在疑问。例如，刑法理论的通说与司法实践的做法是，将大义灭亲的杀人认定为刑法第 232 条规定的"情节较轻"的杀人。可是，从构成要件来说，情节较轻的杀人依然符合普通故意杀人罪的构成要件；从违法性的角度来说，大义灭亲的杀人与普通杀人没有区别，都是非法剥夺了他人的生命。大义灭亲之所以被认定为"情节较轻"的杀人，是因为其杀人动机导致责任减轻，进而使得特殊预防的必要性减少。既然如此，就不能认为刑法分则规定的"情节较轻"均属于减轻的构成要件。换言之，"情节较轻"其实也是量刑规则。

四、构成要件的要素

构成要件由具体要素组成。组成要件的要素，就是犯罪构成要件要素。例如，行为主体、特殊身份、行为、结果等都属于构成要件要素。

（一）记述的构成要件要素与规范的构成要件要素

"记述的要素要求一种感性的认识，相反，规范的要素要求一种精神上的理解。"② 换言之，规范的构成要件要素"是不能

---

① 参见张明楷："加重构成与量刑规则的区分"，载《清华法学》2011 年第 1 期。
② C. Roxin, Strafrecht Allgemeiner Teil, Band Ⅰ, 4. Aufl. C. H. Beck, 2006, S. 308.

进行感觉的理解,只能进行精神的理解的要素"①。所谓能够进行感觉的理解,是指通过人的感官,运用实证的方法或者测算的方法来确定(如"妇女""儿童""毒品""出售"等);所谓需要精神的理解,是指需要通过价值判断,或者由社会规范或者法律规范来确定。规范的构成要件要素分为三大类:第一类是法律的评价要素,即需要根据法律、法规进行评价的要素(如"未成年人""公私财物""司法工作人员"等);第二类是经验法则的评价要素,即需要根据经验法则进行评价的要素(如"危险""危害公共安全""情节严重"等);第三类是社会的评价要素,即需要根据社会一般人的价值观念进行评价的要素(如"淫秽物品""猥亵"等)。

规范的构成要件要素与记述的构成要件要素的区分具有相对性,或者说二者的差异不是质的差异。例如,故意杀人罪中的"人"、盗窃罪中的"财物",一直被认为是记述的构成要件要素。但是,随着脑死亡概念的产生,大脑已经死亡但心脏还在跳动时是不是"人",随着财产现象形式的复杂化,何种价值、何种形式的现象才是盗窃罪中的"财物",也在一定程度上需要解释者与司法工作人员的评价的、规范的理解。②

(二)积极的构成要件要素与消极的构成要件要素

通常的构成要件要素,是积极地、正面地表明成立犯罪必须具备的要素,这种要素就是积极的构成要件要素。否定犯罪成立的构成要件要素,便是消极的构成要件要素。例如,刑法第389条第3款规定:"因被勒索给予国家工作人员以财物,没有获得不正当利益的,不是行贿。"这便是行贿罪中的消极的构成要件要素。消极的构成要件要素可以转换成积极的构成要件要素进行

---

① 〔日〕平野龙一:《刑法总论Ⅰ》,有斐阁1972年版,第168页。
② 参见〔日〕町野朔:《刑法总论讲义案Ⅰ》,信山社1995年第2版,第115页。

理解。即在因被勒索给予国家工作人员以财物的情况下，只有获得不正当利益的，才成立行贿罪。虽然消极的构成要件要素是因为规定方式不同而产生的，其意义与积极的构成要件要素没有本质区别，但二者对相关行为的评价存在细微差别。

（三）成文的构成要件要素与不成文的构成要件要素

成文的构成要件要素，是指刑法明文规定的构成要件要素。绝大多数构成要件要素都是成文的构成要件要素。不成文的构成要件要素，是指刑法条文表面上没有明文规定，但根据犯罪的本质、刑法条文之间的相互关系、刑法条文对相关要素的描述所确定的，成立犯罪所必须具备的要素。①

介于成文的构成要件要素与不成文的构成要件要素之间的是空白要素。所谓空白要素，是指刑法分则条文明文指出需要援引其他法律、法规的规定，并由这些法律、法规来确定要素内容。例如，刑法第133条规定，交通肇事罪的成立要求行为"违反交通运输管理法规"，这一要求是交通肇事罪的构成要件要素，但只能根据各种交通运输管理法规的相关内容予以确定和判断，而不能直接根据刑法规定予以确定和判断。由于刑法没有具体规定这种构成要件要素的内容，故被称为空白要素；又由于刑法指明了援引其他法律、法规的规定，故不同于不成文的构成要件要素。

（四）真正的构成要件要素与表面的构成要件要素

为违法性提供根据的要素，可谓真正的构成要件要素。构成要件要素，一般都是真正的构成要件要素。并不是为了给违法性提供根据，只是为了区分相关犯罪（包括同一犯罪的不同处罚标

---

① 责任要素中也存在不成文的责任要素。例如，过失犯的预见可能性、盗窃等罪的非法占有目的，都是不成文的责任要素。

准）界限所规定的要素，属于表面的构成要件要素或虚假的构成要件要素，也可以称为分界要素。从实体法的角度而言，表面的构成要件要素不是成立犯罪必须具备的要素；从诉讼法的角度而言，表面的构成要件要素是不需要证明的要素。

例如，刑法第114条规定："放火、决水、爆炸以及投放毒害性、放射性、传染病病原体等物质或者以其他危险方法危害公共安全，尚未造成严重后果的，处三年以上十年以下有期徒刑。""尚未造成严重后果"显然不是为违法性提供根据的要素，更非表明"倘若造成严重后果"便不构成犯罪之意，仅仅在于说明该条规定的违法程度轻于第115条规定的违法程度（故法定刑有区别），因而属于表面的构成要件要素。因此，如果放火等行为危害公共安全，即使不能查明是否造成了严重后果，也能适用刑法第114条。

又如，刑法第270条第1款规定了委托物侵占罪的构成要件与法定刑，第2款规定："将他人的遗忘物或者埋藏物非法占为己有，数额较大，拒不交出的，依照前款的规定处罚。"倘若将该款所规定的构成要件改写为"将他人的物非法占为己有，数额较大，拒不交出"，其违法性不仅没有减少，反而会增加。那么，刑法第270第2款为什么要将行为对象限定为遗忘物与埋藏物呢？这是因为盗窃罪的对象必须是他人占有的财物，委托物侵占罪的对象是受委托而占有的他人财物，剩下的便是侵占脱离占有物了。换言之，刑法第270第2款之所以将行为对象限定为遗忘物与埋藏物，一方面是为了与盗窃罪相区别，另一方面也是为了与委托物侵占罪相区分。"遗忘"物、"埋藏"物这一构成要件要素，便是表面的构成要件要素。因此，即使行为人误将他人占有的财物当作遗忘物予以侵占的，也成立侵占罪。[①]

[①] 参见张明楷：《犯罪构成体系与构成要件要素》，北京大学出版社2010年版，第255页以下。

五、整体的评价要素

将"情节严重""情节恶劣"作为某些犯罪的成立条件,是我国刑法分则的重要特色之一。本书所称整体的评价要素,就是指作为成立犯罪条件的"情节严重""情节恶劣"。

构成要件所描述的事实的违法性,必须达到值得科处刑罚的程度。分析我国刑法分则的条文就会发现,当条文对罪状的一般性描述,不足以使行为的违法性达到值得科处刑罚的程度时,就会增加(或者强调)某个要素,从而使客观构成要件所征表的违法性达到值得科处刑罚的程度。但是,在现实生活中,有许多侵害法益的行为,虽然在一般情况下其违法性没有达到值得科处刑罚的程度,却又难以通过增加某个特定的要素使违法性达到值得科处刑罚的程度,或者难以预见具备哪些要素时,行为的违法性能够达到值得科处刑罚的程度,或者虽能预见但不能做简短表述。于是刑法条文作了一个整体性的规定,情节严重、情节恶劣,就以犯罪论处。亦即,当行为符合了构成要件中的基本要素后,并不意味着行为的违法性达到了值得科处刑罚的程度,在此基础上,还需要对行为进行整体评价。情节严重、情节恶劣就是这种整体的评价要素(以下仅以情节严重为例讨论)。

例如,刑法第246条第1款规定:"以暴力或者其他方法公然侮辱他人或者捏造事实诽谤他人,情节严重的,处三年以下有期徒刑、拘役、管制或者剥夺政治权利。"显然,并不是任何侮辱、诽谤行为的违法性都达到了值得科处刑罚的程度。在认定行为是否构成侮辱、诽谤罪时,首先要考察行为人是否实施了侮辱、诽谤行为;其次要对侮辱、诽谤进行整体判断,得出情节是否严重的结论;如果得出否定结论,则不必进一步判断有责性;只有得出了肯定结论时,才需要进一步判断有责性。所以,情节严重这种整体的评价要素,也是一种构成要件要素。

如前所述，犯罪的实体是不法与责任。但是，不法与责任不是相加关系，而是阶层关系或者限制关系。所以，一方面，行为虽然符合构成要件且具有违法性，但只要行为人对不法行为没有非难可能性，其行为就不构成犯罪；另一方面，行为人仅对其中有非难可能性的不法承担责任，对于没有非难可能性的不法并不承担责任。所以，应当得出以下两个结论：其一，如果行为本身的不法没有达到值得科处刑罚的程度，那么，即便其主观上再值得谴责，也不应当认定为犯罪。其二，责任是对不法的责任，它必须与不法相关联（责任的不法关联性），并无在内容上独立于不法之外的责任。例如，单纯的动机卑鄙，无论如何都是不能作为定罪根据的。

对情节严重也只能如此理解。亦即，因为只有当行为人对客观的侵害法益的严重情节具有非难可能性时，才能将该严重情节归责于他。既然如此，就不存在一种单纯的主观方面的情节严重的情形。质言之，作为构成要件要素的情节严重，是指表明法益侵害的客观情节严重。① 据此，动机卑鄙不属于情节严重。② 当然，根据责任主义的要求，在故意犯罪中，要求行为人对表明情节严重的前提事实具有认识；在过失犯罪中，要求行为人对表明情节严重的前提事实具有认识可能性。

六、构成要件符合性的判断

认定犯罪是从客观（不法）到主观（责任）的判断过程。犯罪的成立，首先要求行为符合构成要件。构成要件符合性，是指

---

① 我国的司法解释大多会列举情节严重的具体表现，其中有些司法解释将表明行为人特殊预防必要性较大的事实（如受过行政处罚后再次实施某种行为）纳入情节严重。本书不赞成这种解释结论。
② 在本书看来，刑法分则的"情节严重"与"情节恶劣"的含义相同。换言之，不能认为"情节恶劣"是指主观责任的情节恶劣。

案件的客观事实符合刑法所规定的具体犯罪的构成要件。构成要件符合性的判断，并不是整体的判断。面对具体个案时，法官需要判断案件事实是否具备构成要件的各个要素，而不可能离开构成要件要素进行构成要件符合性的判断。某种事实"符合"构成要件，是指某种事实具备了构成要件所要求的要素及其内在联系，或者说，某种事实并不缺少构成要件所要求的内容。例如，倒卖伪造的国库券的行为，就符合了倒卖伪造的有价票证罪的构成要件。不能以国库券属于有价证券为由，否认其也属于有价票证。因为有价证券并不缺少刑法第227条的构成要件所要求的有价票证的内容。案件事实多于构成要件要素的，并不影响构成要件符合性，只是行为是否另触犯其他罪名的问题。例如，国家工作人员利用职务上的便利骗取他人财物的，并不影响诈骗罪构成要件的符合性，只是其利用职务上便利的行为是否同时触犯其他罪名的问题。不能因为案件事实多于构成要件要素，就否认构成要件符合性。例如，甲在盗窃他人桌上的苹果手机时，同时将自己的小米手机放置于他人桌上的，依然符合盗窃罪的构成要件。

构成要件符合性的判断，是一种价值关系的事实判断，或者说既是事实判断又是价值判断，既是形式判断又是实质判断。因为构成要件所描述的是禁止素材，故不可能离开违法性的实质判断构成要件符合性。构成要件符合性的判断，是一种类型的判断，或者说是用一种类型的基准进行的判断。因为构成要件是违法行为的类型，构成要件符合性的判断，就是看事实是否符合违法行为的类型，所以是一种类型的判断。

第二款 行 为 主 体

一、自然人

（一）自然人主体概述

行为主体，是刑法规定的实施犯罪行为的主体，首先是自然人。作为构成要件要素的行为主体，只要求是自然人，而不要求其他内容。法是人类共同体的规范，只有人的行为存在违法与否的问题。另一方面，根据客观的违法性论，只要自然人的行为符合构成要件，即使其没有达到法定年龄、不具有责任能力，也不影响对其行为违法性的评价。所以，法定年龄、责任能力不是构成要件要素，而是责任要素。

（二）特殊身份的意义

构成要件要求自然人具备特殊身份或者刑罚的加重减轻以具有特殊身份为前提的犯罪，称为身份犯。身份犯包括真正身份犯与不真正身份犯。真正身份犯，是指以特殊身份作为构成要件要素的犯罪。例如，刑讯逼供罪的主体必须是司法工作人员，所以，如果主体不是司法工作人员，其行为就不可能成立刑讯逼供罪。本款所讲的特殊身份，就是指这种作为构成要件要素的特殊身份；这种特殊身份，可称为构成的身份。不真正身份犯，是指特殊身份不影响定罪但影响量刑的情形；在这种情况下，如果行为人不具有特殊身份，其行为也成立犯罪；如果具有这种身份，则从重处罚或者从轻处罚。例如，国家机关工作人员这一身份，虽然不是诬告陷害罪的构成要件要素，却是从重处罚的根据。这种特殊身份也可称为加减的身份。作为构成要件要素的特殊身份，不包括加减的身份。

特殊身份是指行为人在身份上的特殊资格，以及其他与一定的犯罪行为有关的，行为主体在社会关系上的特殊地位或者状态。如男女性别、亲属关系、国籍、国家工作人员、司法工作人员、证人等等。特殊身份必须是在行为主体开始实施犯罪行为时就已经具有的特殊资格，或者已经形成的特殊地位或状态，因此，行为主体在实施犯罪后才形成的特殊地位，不属于特殊身份。例如，在犯罪集团中起组织、策划、指挥作用的首要分子，不属于特殊身份。特殊身份是行为主体在人身方面的特殊资格、地位或状态，并具有一定的持续性，因此，特定犯罪目的与动机等心理状态，不宜归入特殊身份。特殊身份总是与一定的犯罪行为密切联系。例如，在叛逃罪中，国籍以及是不是国家工作人员与犯罪行为有密切联系，属于特殊身份；但在故意杀人罪中，国籍以及是不是国家工作人员与犯罪行为没有密切联系，因而不是特殊身份。

特殊身份既可能是终生具有的身份，也可能是一定时期或临时具有的身份。特殊身份既可能是由于出生等事实关系所形成的身份，如男女、亲属关系；也可能是由于法律规定所形成的身份，如证人、依法被关押的罪犯；还可能是同时由于事实关系与法律规定所形成的身份，对于年老、年幼、患病或者其他没有独立生活能力的人负有扶养义务的人，一方面有基于亲属关系所形成的自然身份，另一方面也有基于法律规定的法定身份。

作为构成要件要素的特殊身份，只是针对该犯罪的正犯而言。例如，受贿罪的行为主体必须是国家工作人员，但这只是就正犯而言。不具有上述特殊身份的人与上述人员相勾结伙同受贿的，成立受贿罪的共犯（教唆犯、帮助犯）。

（三）特殊身份的类别

根据刑法分则的规定，特殊身份主要包括以下几类：（1）以特定职务为内容的特殊身份，如国家工作人员、国家机关工作人员、司法工作人员等。(2) 以特定职业为内容的特殊身份,如航空人员、铁路职工等。(3) 以特定义务为内容的特殊身份,如纳税人、扣缴义务人等。(4) 以特定法律地位为内容的特殊身份,如证人、鉴定人、记录人、翻译人等。(5) 以持有特定物品为内容的特殊身份,如依法配备公务用枪的人员、依法配置枪支的人员等。(6) 以患有特定疾病为内容的特殊身份,如严重性病患者。(7) 以居住地和特定组织成员为内容的特殊身份,如境外的黑社会组织的人员。

以上都属于积极身份,此外还存在以不具有特定资格为内容的特殊身份,如未取得医生执业资格的人。这种身份在刑法理论上称为消极的身份,即欠缺一定的身份。例如,刑法第336条规定的非法行医罪,就是为了禁止未取得医生执业资格的人行医;具有医生执业资格的人当然可以行医。但具有医生执业资格的人教唆或者帮助未取得医生执业资格的人非法行医的,仍然可能成立非法行医罪的共犯。

还有一些疑似特殊身份但并不是真正的特殊身份的情形。例如,生产者、销售者(刑法第140条)、公司发起人、股东(刑法第159条)、广告经营者、广告发布者(刑法第222条)、投标人(刑法第223条)等等。以生产、销售伪劣产品为例,任何人都可以直接从事生产、销售活动,因而都可以成为刑法第140条规定的生产者、销售者。在此意义上说,任何人都可以成为生产、销售伪劣商品罪的行为主体,并无特殊之处。但上述特殊身份则并非如此。以贪污罪为例,并不是任何人都可以依法从事公务、管理或经营国有资产,因而并非任何人都可以成为贪污罪的行为主体。此外,强奸罪也是疑似身份犯,而不是真正的身份犯,因为妇女可以成为强奸罪的正犯(共同正犯与间接正犯)。

二、单位

刑法不仅将自然人规定为行为主体,而且将单位规定为部分犯罪的行为主体。由单位作为行为主体所实施的犯罪,称为单位犯罪。

(一)单位犯罪的概念与特点

一般来说,单位犯罪,是指公司、企业、事业单位、机关、团体为本单位谋取非法利益或者以单位名义为本单位全体成员或多数成员谋取非法利益,由单位的决策机构按照单位的决策程序决定,由直接责任人员具体实施,且刑法明文规定单位应受刑罚处罚的犯罪。据此,单位犯罪具有以下特点:

1. 单位犯罪是公司、企业、事业单位、机关、团体犯罪,即是单位本身犯罪,而不是单位的各个成员的犯罪之集合,不是指单位中的所有成员共同犯罪。

2. 单位犯罪是由单位的决策机构按照单位的决策程序决定,由直接责任人员实施的。单位犯罪虽然是单位本身犯罪,但具体犯罪行为需要决定者与实施者。因此,单位犯罪中实际上存在两类主体:一是单位主体,二是单位内部的自然人主体[①]。盗用、冒用单位名义实施犯罪,违法所得由实施犯罪的个人私分的,或者单位内部成员未经单位决策机构批准、同意或者认可而实施犯罪的,或者单位内部成员实施与其职务活动无关的犯罪行为的,

---

① 包括直接负责的主管人员与其他直接责任人员。直接负责的主管人员,是在单位犯罪中起决定、批准、授意、纵容、指挥等作用的人员,一般是单位的主管负责人,包括法定代表人。其他直接责任人员,是在单位犯罪中具体实施犯罪并起较大作用的人员,既可以是单位的经营管理人员,也可以是单位的职工,包括聘任、雇用的人员。但应当注意的是,根据我国的刑事政策以及单位犯罪的特点,在单位犯罪中,对于受单位领导指派或奉命而参与实施了一定犯罪行为的人员,一般不宜作为直接责任人员对待。

都不属于单位犯罪,应当依照刑法有关自然人犯罪的规定定罪处罚。

3. 单位犯罪一般表现为为本单位谋取非法利益或者以单位名义为本单位全体成员或多数成员谋取非法利益。为单位谋取合法利益的行为,不可能成立任何犯罪;仅仅为单位少数成员谋取非法利益的行为,也不成立单位犯罪。为本单位谋取非法利益,是指为单位本身谋取非法利益,违法所得由单位所有,但不排除以各种理由将非法所得分配给单位全体成员或多数成员享有。

但应注意的是,"为本单位谋取非法利益"这一特征只是为了区分单位犯罪与单位内部成员的个人犯罪,因而不是任何单位犯罪不可缺少的特征。换言之,一个单位完全可能为其他单位或者个人谋取非法利益而实施单位犯罪。例如,当甲单位为了乙单位的不正当利益,以甲单位的名义、使用甲单位的财物向国家工作人员行贿时,甲单位虽然不是为本单位谋取非法利益,但仍然构成单位行贿罪。

4. 单位犯罪以刑法明文规定单位应受刑罚处罚为前提。即只有当刑法规定了单位可以成为某种犯罪的行为主体时,才可能将单位认定为犯罪主体。公司、企业、事业单位、机关、团体等单位实施刑法规定的危害社会的行为,刑法分则和其他法律未规定追究单位的刑事责任的,对组织、策划、实施该危害社会行为的人依法追究刑事责任。

5. 单位犯罪的法律后果具有特殊性。即对于单位犯罪,除了处罚单位外,还要对单位直接负责的主管人员和其他直接责任人员定罪量刑,此即双罚制或两罚制。

需要研究的是,在刑法分则仅规定处罚直接负责的主管人员与其他直接责任人员时,如何区分单位犯罪与自然人犯罪?刑法分则法条表述的行为主体是单位,但只处罚直接负责的主管人员和其他直接责任人员(有的法条规定仅处罚直接责任人员)的情形主要有三类:(1)并非为本单位谋取利益,而是以单位名义实施的私分国家资产、私分罚没财物罪,法条表述的主体是国家机关、国有公司、企业、事业单位、人民团体与司法机关、行政执法机关,但只处罚直接负责的主管人员与其他直接责任人员;(2)将部分过失犯罪的行为主体表述为单位(如刑法第137条表述的行为主体为建设单位、设计单位、施工单位、工程监理单位),但仅处罚直接责任人员;(3)虽然将行为主体表述为单位(刑法第161条表述的行为主体为依法负有信息披露义务的公司、企业),但因处罚单位会损害无辜者的利益,因而仅处罚直接负责的主管人员与其他直接责任人员。问题是,上述几种情形是属于单位犯罪但仅采取单罚制,还是否认单位犯罪仅认定为自然人犯罪?刑法第31条前段规定了双罚制,后段规定:"本法分则和其他法律另有规定的,依照规定。"据此,上述情形似乎属于单位犯罪,只不过属于另有规定的情形不处罚单位而已。但是,人们判断一个行为是否构成犯罪,并不是只看法条对行为主体的表述,而是要看刑法是否针对该行为主体规定了刑罚。既然刑法没有针对单位规定法定刑,当然就意味着单位本身不构成犯罪。事实上,上述第(1)类情形主要是为了与贪污罪相区分,法条才将行为主体表述为单位;第(2)类情形从事实上看无法表述为个人;第(3)类情形的义务主体本身就是单位,也不可能表述为个人。所以,就上述只处罚直接负责的主管人员与其他直接责任人员的情形而言,即使刑法分则条文将行为主体表述为单位,也不宜认定为单位犯罪。

(二)处罚单位犯罪的基础理论

同一视理论认为,应当将特定的自然人的犯罪视为单位犯罪,进而处罚单位。例如,单位的法定代表人等实施逃税行为的,就应当视为单位逃税,从而追究单位的刑事责任。据此,单位犯罪以自然人犯罪为前提。组织模式理论认为，即使没有介入特定的自然人，也应当将单位本身作为处罚对象。例如，大型企业排出的废水污染环境，即使不能追究任何自然人的刑事责任，也可以追究单位的刑事责任。① 大体可以认为，同一视理论有利于处理单位经济犯罪，组织模式理论有利于处理单位公害犯罪；同一视理论有利于处罚小规模单位的犯罪，组织模式理论有利于处罚大规模单位的犯罪。

从前述单位犯罪的特点来看，我国刑法没有简单采取组织模式理论，因为刑法并没有规定仅处罚单位而不处罚自然人的单位犯罪。另一方面，我国刑法也没有完全采取同一视理论，刑法第30条关于单位犯罪主体的规定也能说明这一点。或许可以认为，我国刑法关于单位犯罪的规定，是同一视理论与组织模式理论的结合。其一，只有特定的自然人（直接负责的主管人员与其他直接责任人员）实施了刑法所禁止的行为，才可能成立单位犯罪，这是同一视理论的表现。其二，只有当特定的自然人的行为同时能够评价为单位行为时（如集体研究、以单位名义、为了单位的利益等），才能认定为单位犯罪（这又是组织模式理论的表现）。

（三）单位行为主体的一般要素

单位行为主体即单位犯罪的主体，必须是公司、企业、事业单位、机关、团体。

单位行为主体，必须是依法成立、拥有一定财产或者经费、能以自己的名义承担责任的公司、企业、事业单位、机关、团体。

单位行为主体应是依法成立的组织。个人为进行违法犯罪活动而设立的公司、企业、事业单位实施犯罪的，或者公司、企

---

① 参见〔日〕樋口亮介：《法人处罚与刑法理论》，东京大学出版会2009年版，第1页。

业、事业单位设立后，以实施犯罪为主要活动的，不以单位犯罪论处，而应以个人犯罪或者共同犯罪论处。依法成立意味着单位成立的目的与宗旨合法，而且履行了规定的登记、报批手续。单位犯罪的主体必须能以自己的名义承担责任，这意味着单位必须有自己的名称、机构与场所，意味着单位能以自己独立的资产对外承担责任。

单位行为主体，必须是相对独立的公司、企业、事业单位、机关、团体。

单位是一个外延很广的概念。有些单位明显属于独立的单位，如××总公司、××制造厂、××大学、××厅（局）、××工会等。有些单位也明显具有相对的独立性，如××分公司、××分厂。这些具有相对独立性的单位，可以成为单位犯罪的主体。有些单位没有相对独立性，如工厂的车间、国家机关中的处室、学会中的分会等等。本书认为，单位犯罪的主体，不包括没有相对独立性的"单位"。单位是否具有相对独立性，不能仅看有无自己的名称、机构与场所，更重要的是看其有无独立的财产与经费，有无独立的行为能力，能否以自己的名义承担责任；从处罚单位犯罪的目的与效果来看，是否独立的核算单位，乃是衡量是否相对独立单位的最重要标准。

需要说明的是，外国公司、企业、事业单位在我国领域内实施犯罪的，或者虽然在我国领域外实施犯罪应当适用我国刑法的，应依照我国刑法关于单位犯罪的规定定罪处罚。

（四）单位行为主体的特殊要素

单位不可能成为一切犯罪的行为主体；即使是单位可以成为行为主体的犯罪，也并非具备上述一般条件的单位都可以成为单位犯罪的行为主体；某些单位犯罪要求单位具备前述一般条件之外，还必须具备特殊条件，主要有以下情况：

一是要求单位具有特定的所有制性质。例如，刑法第327条规定的行为主体只能是国有的博物馆、图书馆等单位。再如，刑法第387条规定的单位受贿罪的主体仅限于国家机关、国有公司、企业、事业单位、人民团体。

二是要求单位具有特定的职能性质。如刑法第330条规定妨害传染病防治罪的行为主体之一就是"供水单位"。

三是要求单位具有特定义务。例如，刑法第201条规定的逃税罪的主体分别为纳税人与扣缴义务人，第211条又规定单位可以成为本罪的行为主体，这表明，只有负有纳税义务或者扣缴义务的单位，才能成为单位犯罪的行为主体。

（五）单位行为主体变更的处理

涉嫌犯罪的单位被撤销、注销、吊销营业执照或者宣告破产的，应当根据刑法关于单位犯罪的相关规定，对实施犯罪行为的该单位直接负责的主管人员和其他直接责任人员予以追诉，对该单位不再追诉。[①]

涉嫌犯罪的单位已被合并到一个新单位的，对原犯罪单位及其直接负责的主管人员和其他直接责任人员应依法定罪量刑。人民法院审判时，对被告单位应列原犯罪单位名称，但注明已被并入新的单位，对被告单位所判处的罚金数额以其并入新的单位的财产及收益为限。[②] 这样处理，既有利于防止单位犯罪后逃避法律制裁，也有利于避免株连新的单位。

[①] 最高人民检察院2002年7月9日《关于涉嫌犯罪单位被撤销、注销、吊销营业执照或者宣告破产的应如何进行追诉问题的批复》。

[②] 参见最高人民法院研究室1998年11月18日《关于企业犯罪后被合并应当如何追究刑事责任问题的答复》。

第三款 行 为

一、行为的概念与特征

犯罪是侵犯法益的行为。所以，作为犯罪的构成要件要素的行为也被我国刑法理论称为危害行为。但"危害行为"概念除了指作为构成要件要素的行为外，有时还用来指称符合法定犯罪构成的犯罪行为。后一种意义上的危害行为就是犯罪行为。本款探讨的是前一种意义的危害行为，即暂时排除责任要素的行为，仅有这种意义的行为还不能构成真正意义上的犯罪，但如果没有这种行为则不可能成立犯罪。

一般认为，行为概念具有多种功能。首先，行为概念具有界限功能。犯罪是行为，没有行为就没有犯罪；因此，任何举动，只要它不是行为，一开始便可以排除在刑法的考察范围之外。其次，行为概念具有定义功能（结合要素的机能）。例如，当人们说"犯罪是符合构成要件、违法且有责的行为"时，是由行为概念将成立犯罪的三个条件结合在一起的。最后，行为概念具有分类功能。一方面，刑法规定的具体犯罪类型，都以行为为其构成要件要素，行为不同，构成要件亦异，从而犯罪类型不同；另一方面，对犯罪的其他一些分类也离不开行为概念，如故意行为与过失行为，实行行为、教唆行为与帮助行为等。

刑法理论上对行为概念有因果行为论（包括自然行为论与有意行为说）、社会行为论、目的行为论、人格行为论以及消极的行为概念。关于行为概念的争论意义是极为有限的。从理论上说，采取何种行为理论，并不必然决定采取何种犯罪论体系。从实务上说，通过否认行为性而宣告无罪的现象极为罕见，大多是因为否认构成要件符合性而宣告无罪。更为重要的是，不能单纯期待行为概念决定罪与非罪、此罪与彼罪。行为虽然是构成要件要素，但是，一个行为是否属于构成要件的行为，并不是行为概念本身可以解决的。

本书认为，行为定义必须概括出行为的本质与构成因素，从而使没有必要作为刑法评价对象的现象排除在行为概念之外，也使行为概念囊括形形色色的犯罪行为。另一方面，必须考虑到行为是作为主体的人与外界的连接点。所以，本书认为，刑法上的行为，是指行为主体实施的客观上侵犯法益的身体活动。这一定义实际上是上述自然行为论与社会行为论的结合。据此，行为具有两个基本特征：

首先，行为是人的身体活动，包括消极活动与积极活动。这是行为的客观要素。由于行为是人的身体活动，故思想被排除在行为之外，随之被排除在犯罪之外。行为是客观的、外在的现象，它能改变客观世界，侵犯现实法益；思想是主观的、内在的东西，其本身不可能具有行为的功能。在通常情况下，容易区分行为与思想，难以区分的是有关言论的场合。[①]

其次，行为必须是客观上侵犯法益的行为，这是行为的实质要素。构成要件所规定的行为，都是侵犯法益的行为。由于法益侵犯性是行为的实质要素，故没有侵犯法益的行为被排除在行为之外，因而被排除在犯罪之外。

值得讨论的是有意性问题。一般来说，行为是基于人的意志而实施的，或者说是意志的外在表现。将有意性作为行为特征，旨在将身体的反射动作、睡梦中的举动（梦游）等无意志的举止

---

① 但可以肯定的是，发表言论也是一种行为。言论本身不是犯罪行为，但发表言论则是一种身体活动。发表有害的言论，意在实现其思想时，则符合行为的特征，可能构成犯罪。例如，在大庭广众之中发表言论，煽动群众暴力抗拒国家法律、行政法规实施的，或者诽谤他人的，就属于刑法上的实行行为。再如，一位女生见到男友正在拿刀砍人时，大喊"好！好！好！"使其男友砍人时劲头十足的，属于刑法上的帮助行为。由此可见，发表言论的行为可以构成犯罪。此外，"言论可以构成犯罪"的提法并不严谨。

排除在行为之外。问题在于,将这种举止排除在行为之外的意义何在?一个回答是,这种举止根本不构成犯罪,刑法也不可能禁止这种举止,因此其在刑法上并无意义,没有必要作为行为对待。诚然,犯罪是行为,但不能因此认为刑法上的行为必须是犯罪行为,构成要件只是成立条件之一,其中的行为并不当然等于犯罪;刑法虽然不可能禁止这种举止,但需要由刑法对之做出评价,从而使一般人知道自己面对这种举止时应当如何处理。例如,倘若梦游举止侵害法益时,只有将其评价为违法行为,一般人才能予以阻止、制止。① 另一个回答可能是,可以尽早排除犯罪的成立。然而,所谓尽早排除犯罪的成立,只存在于观念上或者逻辑上,而不具有实际意义。例如,在司法实践中,当明显存在阻却犯罪成立的事由时,没有必要完全按照犯罪成立条件的顺序否认犯罪的成立。例如,当造成他人死亡结果的行为人只有12周岁时,人们不会按照三阶层或者四要件体系逐一进行具体判断,而是直接以行为人没有达到法定年龄为由否认犯罪的成立。那么,当梦游者甲驾驶车辆造成乙死亡时,人们是说甲没有交通肇事行为而否认其构成犯罪呢?还是说没有责任而否认其构成犯罪呢?虽然结论都是无罪,但后者或许更妥当。因为甲的举止的确违反了交通运输管理法规,造成了交通事故并且致人死亡,就此而言完全符合了交通肇事罪的构成要件。再如,A不知道自己患有癫痫病,某日驾驶机动车时癫痫病发作,导致机动车驶入人行道,造成B死亡。A在癫痫病发作时完全没有意志。在这种场合,以A缺乏构成要件的行为或者缺乏责任得出无罪结论似乎没有明显区别。但是,倘若X知道自己患有癫痫病,某日驾驶机动车时癫痫病发作导致机动车驶入人行道,造成Y死

---

① 或许有人认为,不认为这种举止是行为时,一般人也可能阻止、制止。可是,我国的刑法、治安管理处罚法以及其他相关法律都是将行为作为评价对象的。

亡，就不能以无罪论处。显然，X造成交通事故的举止及其具体情形与A完全相同，既然能够肯定X的举止是符合交通肇事罪构成要件的行为，就能够肯定A的举止也是符合交通肇事罪构成要件的行为。因为有无符合构成要件的行为，不是由有没有责任决定的，我们不能以X有责任为由肯定X的举止是符合构成要件的行为，以A没有责任为由否定A的举止是符合构成要件的行为。所以，将有意性作为行为的特征并不具有现实意义。

当然，不可否认的是，在绝大多数场合，行为都是基于人的意志实施的。但是，其一，行为意志既包括支配身体进行积极活动的意志，也包括不使身体进行积极活动的意志，但不是指犯罪的故意与过失。其二，行为意志不以行为人具有责任能力为前提，所以，即使是刑法第18条第1款的没有责任能力的人所实施的举止，也可能是符合构成要件的行为。

二、实行行为

由于刑法不仅处罚犯罪既遂、未遂行为，而且处罚预备行为，所以，广义的行为概念既包含实行行为，也包含预备行为。预备行为是指为了实行犯罪，准备工具、制造条件的行为。这里讨论的是实行行为。

实行行为是刑法理论上最重要的概念之一。一般来说，刑法分则所规定的构成要件行为是实行行为，[①] 如故意杀人罪的实行行为就是"杀人"，盗窃罪的实行行为就是"盗窃公私财物"。刑法分则主要通过行为规定各种犯罪的构成要件。因此，实行行为是使各种犯罪的构成要件具有自身特色的最主要的要素。因果关系理论所要判断的是能否将某种结果归属于某种实行行为，即因

[①] 之所以表述为"一般来说"，是因为我国刑法分则的少数条文，事实上规定了预备行为。

果关系是实行行为与结果之间的引起与被引起的关系，而不是预备行为与结果之间的因果关系。

对于实行行为这一重要概念，不能仅从形式上认定，还必须从实质上考察。我国刑法理论的通说认为：犯罪的实行行为，是指"刑法分则中具体犯罪构成客观方面的行为"，如故意杀人罪中的杀害行为，抢劫罪中侵犯人身的行为和劫取财物的行为等。但这只是从形式上回答了什么是实行行为。犯罪的本质是侵犯法益，没有侵犯法益的行为不可能构成犯罪，当然也不可能成为实行行为。不仅如此，即使某种行为具有侵害法益的危险性，但这种危险程度极低，也不可能成为实行行为。因此，"在结果犯的场合，按照各犯罪类型所规定的，具有导致结果发生的危险性的行为是实行行为。所谓'杀人行为'，必须是类型性地导致他人死亡的行为，完全没有致人死亡的危险性的行为，不能叫'杀人行为'"。[①]

一方面，实行行为并不意味着形式上符合构成要件的行为，而是具有侵害法益的紧迫危险的行为（隔离犯的实行行为具有特殊性）。不可否认的是，实行行为必须是符合构成要件的行为，这是罪刑法定原则决定的。但问题在于如何判断何种行为符合刑法分则所规定的构成要件？例如，究竟何谓"杀人"？甲意欲杀乙，乙迅速逃离，甲在追赶途中，掏出手枪，然后瞄准乙，接着开枪射击，但未能打中。司法机关应从何时起认定甲"杀人"或"剥夺他人生命"？对此不可能从形式上判断，而应以对法益的侵犯程度为依据。由于我国刑法规定处罚预备行为，故实行行为必然是侵害法益的危险性达到紧迫程度的行为。即预备行为与实行行为的实质区别，在于侵害法益的危险程度不同，而不是危险的有无不同，否则就不能说明犯罪预备的处罚根据。

---

① 〔日〕前田雅英：《刑法总论讲义》，东京大学出版会2015年第6版，第77页。

至于某种行为是否具有侵害法益的紧迫危险，应以行为时存在的所有客观事实为基础，并对客观事实进行一定程度的抽象，同时站在行为时的立场，原则上按照客观的因果法则进行判断。在此需要指出的是以下几点：（1）减少或者避免了法益侵害的行为，不可能成为实行行为。① 例如，一块砖头正要砸中Ｂ的头部时，Ａ用木棍挡了一下砖头，使Ｂ头部受伤的程度减轻（纯粹的危险降低）。② 但是，先设定制造危险的因果过程，后改变该因果过程，总体上减少了危险，但未能消除全部危险时，仍然存在实行行为。制造了一种只有通过损害Ａ法益才能避免对Ｂ法益的危险的因果过程的行为，也是实行行为。（2）对结果的发生没有做出贡献的行为，不可能成为实行行为。（3）行为虽然对结果的发生做出了贡献，但行为本身不具有发生结果的危险性的，不是实行行为。例如，甲将自己的斧头借给乙劈柴，乙在劈柴时不小心导致自己受伤的，不能认为甲借斧头的行为是伤害的实行行为。再如，Ａ劝乙坐火车旅游，乙在途中偶遇车祸身亡的，不能认为Ａ的劝说行为是杀人罪的实行行为。（4）在法益本身存在危险时，不具有防止结果发生义务的人，只要没有增加危险，就不存在实行行为。但是，在法益本身存在危险时，增加了危险的行为，可能成为实行行为。

另一方面，实行行为并不是任何与法益侵害结果具有某种联系（或条件）的行为，而必须是类型性的法益侵害行为。例如，甲希望Ａ死于航空事故劝Ａ乘坐飞机，即使Ａ碰巧在航空事故

---

① 当然，具有完全避免法益侵害义务与能力的人，只是部分地减少了法益侵害时，依然可能存在实行行为（不作为）。
② 人们常举的例子是，Ａ将Ｂ推到一边，使Ｂ的头部不会被上面落下的砖头砸中，但导致Ｂ的肩膀受伤了。Ａ的行为不是伤害罪的实行行为（危险替代）。但在此案中，Ａ的行为究竟是因为没有实行行为而不成立犯罪，还是具有违法阻却事由（基于推定的承诺）而不成立犯罪，还值得进一步研究。

中死亡，也不能认为甲的劝说行为是杀人行为。再如，乙希望 B 跑步时摔死而劝 B 跑步，即使 B 跑步时碰巧摔死，也不能将乙的劝说行为认定为杀人行为。再如，丙希望 C 遭雷击身亡，而安排 C 在露天活动，即使 C 在露天遭雷击身亡，丙的行为也不属于杀人行为。①

实行行为是一种外部活动，离不开一定的时间与地点。时间与地点是行为的存在形式，没有时间与地点的行为是不存在的。但是，大多数犯罪不要求在特定的时间、地点实施；只有少数犯罪要求在特定时间、地点实施。显然，在后一种情况下，应当说，不是对时间、地点的要求，而是对行为本身的要求，或者说是对行为存在形式的要求。

实行行为一般表现为以行为人自身的直接、积极的身体活动去实行，这种情形称为作为的直接正犯，其实行行为性容易理解。通过支配他人进而支配犯罪事实的，属于间接正犯，将在共同犯罪一章中讨论。此外，有的情形是行为人以不作为方式实现犯罪，此乃不作为犯，其实行行为的实质的内容，需要特别考察。

三、不作为

（一）作为与不作为的区别标准

行为的表现形式多种多样，刑法理论将行为概括为两种基本形式：作为与不作为。

---

① 关于这一点，以前的理由是甲、乙、丙的行为与被害人的死亡之间没有因果关系。但如果这样解释，就可以将甲、乙、丙的行为认定为杀人未遂行为，这显然不妥当。所以，现在不少学者将这种情况解释为缺乏实行行为性（或排除客观归责），因而不成立犯罪。至于客观上绝对不可能发生法益侵害结果的行为，则更不可能成为实行行为。例如，丁自认为将盐水给成年人饮用会导致死亡而实施的该行为，不是杀人行为。这种行为属于不可罚的不能犯（不构成未遂犯）。

一般来说，作为是指行为人以积极的身体活动实施刑法所禁止的行为。从表现形式上看，作为是积极的身体活动；从违反法律规范的性质上看，作为直接违反了禁止性的罪刑规范。例如，通说认为，抢劫行为必须是积极的身体动作，它直接违反了严禁抢劫的罪刑规范。作为也有多种表现形式，如利用自己的四肢等实施的作为，利用物理工具实施的作为，利用动物实施的作为，利用自然现象实施的作为等，大多数犯罪行为表现为作为。

不作为，是指行为人在能够履行自己应尽义务的情况下不履行该义务。从表现形式上看，不作为是消极的身体动作；从违反法律规范的性质上看，不作为不仅违反了禁止性罪刑规范，而且直接违反了其他法律、法规中的义务性规范或命令性规范（要求行为人履行作为义务的法规范）。如拒不救援友邻部队罪中的不救援，不仅违反了刑法第429条的禁止性规范，而且直接违反了相关法律、法规中的义务性规范。由此可见，所谓"消极的身体动作"，不是指行为人没有任何身体活动，而是指行为人没有实施法所期待的行为（没有阻止构成要件的实现）。①

以行为是违反禁止性规范，还是违反命令性规范为标准区分作为与不作为，是一种传统的观点（禁止、命令规范违反说）。这种观点并没有过时，仍然具有重要意义。例如，持有毒品、持有枪支等行为，违反了禁止性规范，因而属于作为，而非不作为。除此标准之外，刑法理论还存在形形色色的区分标准。其实，作为与不作为的区分意义是有限的。例如，人们之所以争论主治医生故意关闭患者的呼吸器导致患者死亡的行为是作为还是

---

① 不作为强调的是行为人没有履行作为义务。行为人在此期间实施的其他行为，并非不作为的内容，也不影响不作为的成立。例如，锅炉工在当班时，负有给锅炉加水的义务，但他没有加水，造成锅炉爆炸事故，这就成立不作为犯罪。至于锅炉工当班时实施了其他何种行为（如睡觉或外出游玩等）则并非不作为的内容，也不影响不作为的成立。

不作为，是以主治医生的行为构成故意杀人罪为前提的，或者说是以医生具有救助患者的义务为前提的。如果患者的仇人关闭患者的呼吸器，则没有争议地将患者的仇人认定为故意杀人罪的作为犯。再如，厂主违反生产规则，未对受到炭疽菌污染的山羊毛杀菌消毒，就把山羊毛交给工人加工，导致几名工人因感染炭疽菌死亡（山羊毛案）。人们之所以争论厂主的行为是作为还是不作为，是因为不管得出什么结论，厂主的行为均构成过失犯。反之，如果与厂主有仇的某工人将已消毒的山羊毛调换成未消毒的山羊毛，导致他人死亡的，则无疑认定为故意的作为犯。显然，在具体案件中，当行为主体具有保证人地位时，区分作为与不作为的意义不大；当行为主体不具有保证人地位时，只需要判断是否成立作为犯。

其实，作为与不作为的区别并不绝对，存在作为与不作为的竞合现象，即一个行为从一个角度来看是作为，从另一角度来看是不作为。例如，汽车司机在十字路口遇到红灯时，仍然向前行驶，导致行人死亡。从不应当向前行驶而向前行驶（不应为而为）来看，属于作为；从应当刹车而不刹车（应为而不为）的角度来看，则属于不作为。在这种情况下，如果能够肯定作为犯罪，原则上就不必考察行为是否符合不作为犯罪的成立条件（即不必认定为不作为犯罪）。换言之，应当独立地考察作为犯的成立与不作为犯的成立；通常首先判断行为是否符合作为犯的成立要件；在行为不符合作为犯的成立要件时，再判断行为是否符合不作为犯的成立要件。但是，在法益侵害结果事实上由作为与不作为共同造成时，则不能仅判断作为。

作为与不作为可能结合为一个犯罪行为。例如，抗税是逃避纳税义务的行为。在此意义上说，抗税行为包括了不作为。但是另一方面，抗税罪并非单纯的不履行纳税义务，还要求行为人实施了"抗"税的行为。根据刑法规定，以暴力、胁迫方法拒不缴纳税款的，是抗税。而上述手段行为只能表现为作为，故抗税行为同时包含了作为与不作为。即使在刑法没有明文规定的情况下，某些犯罪事实上也可能出现作为与不作为的结合。例如，值班医生不仅拒绝抢救患者，而且撤除患者身上的生命维持装置。可以认为，死亡结果要同时归属于拒绝抢救（不作为）与撤除装置（作为）两个行为。前述山羊毛案也是如此。

（二）不作为的类型

刑法理论将不作为犯区分为真正（纯正）不作为犯与不真正（不纯正）不作为犯。

第一，真正不作为犯，是指刑法分则条文明文规定了保证人与不作为内容的犯罪。认定真正不作为犯，完全符合罪刑法定原则。但应注意的是，刑法规定的真正不作为犯存在两种类型：一类是对保证人只需要进行事实判断的真正不作为犯（可谓典型的真正不作为犯）。例如，刑法第311条规定："明知他人有间谍犯罪或者恐怖主义、极端主义犯罪行为，在司法机关向其调查有关情况、收集有关证据时，拒绝提供，情节严重的，处三年以下有期徒刑、拘役或者管制。"本罪的保证人是明知他人有上述犯罪行为并受国家安全机关调查的人，对此只需要进行事实判断即可（行为人是否知道他人有上述犯罪并受国家安全机关调查），不作为内容是不提供有关情况与证据。另一类是需要对保证人进行规范判断的真正不作为犯（可谓非典型的真正不作为犯）。例如，刑法第261条规定的遗弃罪的主体是"对于年老、年幼、患病或者其他没有独立生活能力的人，负有扶养义务"的人，但是，对于保证人与被遗弃者之间是否必须具有家庭成员关系等问题（即如何确定保证人的范围），就存在明显的分歧。结局是，仍然要根据后述有关确定不真正不作为犯的保证人的原理进行规范的判断。

第二，不真正不作为犯，是指刑法分则没有规定保证人与不作为内容，但行为人以不作为实施了通常由作为实现构成要件的犯罪。虽然刑法理论认为，处罚这种不作为犯并不违反罪刑法定原则，但必须规范地确定保证人的范围，并说明具备什么条件才能认定行为符合构成要件。

不难看出，不真正不作为犯与非典型的真正不作为犯的共同点是，二者都需要法官规范地确定保证人的范围。不同点是，不真正不作为犯的保证人的确定，不会直接受到刑法分则用语的限制。例如，刑法分则关于故意杀人与放火罪的表述，都不可能直接限制这两个罪的保证人的确定。但是，非典型的真正不作为犯的保证人的确定，直接受到刑法分则用语的限制，从我国刑法第261条的规定就可以清楚地看出这一点。例如，对于年幼的人仅负有教育义务的人，就不可能成为遗弃罪的保证人。

（三）不作为犯的成立条件

就不真正不作为犯而言，并不是只要不作为与构成要件的结果之间具有因果关系，就肯定构成要件符合性。例如，在儿童溺水的场合，并不是只有父母可以救助，其他在场人员都可以救助。所以，儿童溺水身亡时，并不是只有其父母的不作为与儿童的死亡之间具有因果关系，其他在场人员的不作为都与儿童的死亡之间具有因果关系。但是，如果认为所有可能救助溺水儿童的人的不作为都符合杀人罪的构成要件，就明显扩大了处罚范围。因此，刑法理论需要进一步判断儿童溺水身亡的结果应当归属于谁的不救助行为。结局是，只能将结果归属于基于保证人地位而具有救助义务的人，基于保证人地位的作为义务，便成为不真正不作为犯的成立要件。亦即，负有防止结果发生的特别义务的人称为"保证人"，其中的特别义务就是作为义务。不难看出，不真正不作为犯实际上是身份犯。

那么，保证人地位与作为义务是什么关系呢？一体说认为，对于保证人地位与作为义务，应当在社会观念上作一体化的理解，因为难以区分二者。分离说认为，保证人地位属于构成要件的内容，作为义务属于违法性的内容。本书赞成一体说。具有作为义务的人才是保证人，反之，保证人就是作为义务人。所以，刑法理论首先要确定哪些人是负有防止结果发生的特别义务的人，即确定特别义务来源于何处（作为义务的发生根据）。其次，虽然负有作为义务，但如果保证人不能履行作为义务，也不成立不作为犯。换言之，成立不真正不作为犯需要具备"作为可能性"。最后，即使保证人能够履行义务，但客观上不可能避免结果发生时，照样不得以不作为犯论处。易言之，成立不真正不作为犯要求具备"结果回避可能性"。此外，还有如何理解不作为与作为的等价性的问题。

真正不作为犯的认定并不存在特别障碍。在此意义上说，刑法总论主要应当探讨的是不真正不作为犯的成立条件。但是，非典型的真正不作为犯，也需要规范地确定保证人的范围；任何一种不作为犯的成立，都以保证人具有作为可能性和结果回避可能性为前提。所以，下列作为义务的发生根据，同样适用于非典型的真正不作为犯；作为可能性与结果回避可能性，则适用于全部不作为犯。

（四）作为义务的发生根据

我国传统理论没有使用保证人概念，但一直探讨作为义务的来源。① 具有作为义务，是成立不真正不作为犯的第一个条件，具有作为义务的人就是保证人。关于作为义务的来源，较早的教

---

① 我国刑法理论的传统观点在讨论不作为犯的义务来源时，是将真正不作为犯放在一起说明的。其实，在刑法总论中不需要讨论典型的真正不作为犯的义务来源。因为刑法分则已经确定了典型的真正不作为犯的保证人范围。

科书采取了形式的三分说（法律、职务与先前行为），近来的教科书采取的是形式的四分说（增加了法律行为）。但是，对作为义务仅作形式的探讨，既存在理论上的缺陷，也导致实践上确定的保证人范围有时过宽、有时过窄。

如所周知，德国刑法第13条第1款规定："行为人不防止属于刑法的构成要件结果，只有当他在法律上必须保证该结果不发生，并且当该不作为与通过作为实现法律的构成要件相当时，根据本法是可罚的。"这实质上是将不真正不作为犯当作刑罚扩张事由而设立的特别规定，但是，我国刑法总则并无这样的规定，而是对不作为的故意杀人与作为的故意杀人适用同一刑法条文，既然如此，就只有当不作为致人死亡的行为本身确实符合了故意"杀人"的构成要件时，才能将其认定为故意杀人罪。

由作为导致法益侵害的过程表现为，制造危险（行为制造了他人死亡的危险性）→危险增大（他人的死亡危险性增大）→危险的现实化即实害结果的发生（他人死亡）。要使不作为犯符合作为犯的构成要件，一方面，要求有危险的产生→危险增大→实害结果发生的过程，另一方面，由于危险不一定是行为人的行为产生的（先前行为除外），故只有当行为人处于阻止危险的地位时，才可能与作为相当，从而符合作为犯的构成要件。亦即，只有应当阻止危险但未排除或者控制既存的危险，才与作为相当。[①] 本书将不作为导致法益侵害结果的过程分为三种类型：其一，由危险源产生的危险→危险增大→实害结果的发生。在这一过程中，只有切断危险源，才能避免实害结果的发生。基于对危险源的支配产生的监督义务，就是一项实质的义务来源。其二，由于某种原因（如人为的或者法益主体自身的原因等）法益处于

[①] 参见〔日〕山口厚：《从新判例看刑法》，付立庆、刘隽译，中国人民大学出版社2009年版，第38页以下。

无助（或者脆弱）状态，因而出现危险→危险增大→实害结果的发生。在这一过程中，法益的保护具体地依赖于特定人时，特定人就具有保护义务。其三，基于某种（他人或者法益主体自身的）原因，在特定领域法益出现危险→危险增大→实害结果的发生。在这一过程中，法益的保护依赖特定领域的管理者，该特定领域的管理者负有阻止义务。当然，上述区分并不绝对，有的类型可能是相互交叉的（其中第三种类型大体上是前两种类型的重合）。概言之，对结果发生原因的支配地位（如上述第一种类型）、对结果发生进程的支配地位（如上述第二种类型）以及对结果发生领域的支配地位（如上述第三种类型），是不真正不作为犯的实质法义务根据。

然而，实质的法义务根据，只是说明了具备上述实质的法义务时，才能认定不作为导致了法益侵害结果，从而能够认定不作为符合构成要件。但是，其范围是不明确的，需要辅之以形式的标准。这种形式的标准必须起到两个方面的作用：其一，进一步表明实质的法义务的合理性（起限定作用），其二，使实质的法义务范围更加明确。

1. 基于对危险源的支配产生的监督义务

危险源本身就是导致结果发生的原因，行为人处于控制危险源的地位，因而支配了结果发生的原因。但是，单纯的事实上可以控制危险源还不能成为作为义务的来源，还必须对危险源具有监督管理义务的形式根据。

（1）对危险物的管理义务。这里的危险物是广义的，包括危险动物、危险物品、危险设置、危险系统等。管理义务，既可能来自法规范，也可能源于制度或者体制，还可能源于条件。例如，动物园的管理者在动物咬人时具有阻止义务；矿山的负责人，对矿山的生产安全负有管理义务。

（2）对他人危险行为的监督义务。一般来说，他人的危险行为造成了法益侵害时，由其本人承担刑事责任。但是，在他人不可能承担刑事责任，而行为人基于法律规定、职业或者法律行为对他人负有监管、监护等义务时，要求行为人对他人的危险行为予以监督、阻止。例如，父母、监护人有义务制止年幼子女、被监护人的法益侵害行为。

（3）对自己的先前行为造成的法益侵害紧迫危险的防止义务。[①] 行为人的先前行为造成了法益侵害的紧迫危险时，具有保证人地位。第一，先前行为对刑法所保护的具体法益造成了危险。对不受刑法保护的利益造成的危险，不能成为作为义务的来源。第二，危险明显增大，如果不采取积极措施，危险就会立即现实化为实害。第三，行为人对危险向实害发展的原因具有支配性。[②] 例如，意外提供了有毒食物导致他人中毒后，提供者有救助义务；销售了危险产品的行为人具有召回产品的义务。

与此相适应，下列情形不能成为作为义务的来源：第一，行为并没有制造、增加危险的，不产生作为义务。例如，路人将路边的弃婴抱到民政机关门前的，高速公路上的司机将被前一车辆撞伤的被害人送到加油站后放置不管的，一同进餐的人将醉酒者送回其住处的，即使后来被害人因没有得到救助而死亡，行为人也不承担不作为犯的责任。特别需要指出的是，先前的行为并没有导致危险，而是被害人基于自主决定使自己陷入危险的，该先前行为不产生作为义务。例如，甲男与乙女谈恋爱，后来甲男提出分手，乙女声称如分手就自杀。尽管如此，甲男依然要与乙女

[①] 参见张明楷："不作为犯中的先前行为"，载《法学研究》2011 年第 6 期。
[②] 危险虽然由先前行为人造成，但处于优势地位的保证人更有利于保护法益时，则不应认为先前行为人具有作为义务。例如，甲在高速公路上撞伤他人时，交通警察刚好就在身边，此时应当由警察处理相关事务（如将伤者送往医院抢救）。此外，行为人制造法益危险后，第三者基于自己的意志防止结果发生时（如甲意外撞伤丙后，乙迅速将丙送往医院抢救脱险），也不要求前行为人履行结果防止义务。不过，在这种场合，并不是说甲没有救助义务，只是因为乙的自愿救助行为使甲丧失了对结果原因的支配。

分手。即使甲男看着乙女自杀而不制止，也不能认定他有作为义务。因为甲男与乙女谈恋爱以及提出分手的行为，都没有对法益造成现实的危险（没有先前行为）。第二，行为虽然制造、增加了危险，但是该危险并不紧迫或者微不足道的，不产生作为义务。例如，甲将自己的一把利刀递给乙观看时，乙突然持刀伤害丙。即使甲在现场，也不产生作为义务。第三，行为制造、增加的危险属于被害人的负责范围时，行为人不产生作为义务。例如，甲将吸食毒品的工具借给乙吸食毒品，乙因吸食过量造成身体伤害。对此，甲不承担不作为的故意伤害罪的责任。①

先前行为不要求行为人独立实施，行为人参与了奠定作为义务基础的先前行为时，就具有结果防止义务。例如，甲与乙共同以暴力抢劫丙女，在丙昏迷后乙准备对丙实施强奸行为，此时甲负有阻止义务，否则成立强奸罪的共犯。

一般来说，只要先前行为制造了法益侵害的危险，就会成为作为义务的来源。因为根据客观的违法性论，制造了法益侵害危险的行为就是违法行为。客观上实施了违法行为的人，有义务防止侵害结果的发生。尽管如此，先前行为也不以具有违法性为前提。② 例如，在阻却违法的紧急避险行为给第三者造成法益侵害

---

① 如果甲给乙注射毒品后，乙的生命处于危险状态，则甲具有救助义务。
② 德国的有力学说认为，先前行为必须具有义务违反性（义务违反性要求说）。由于立法上的区别，本书不接受这种观点，首先，当先前行为成为作为义务的来源，进而肯定不作为构成犯罪时，并不是将先前行为作为处罚根据。既然如此，就没有理由将先前行为限定为违反义务的行为。其次，义务违反的界限并不明确。再次，要求先前行为违反义务，在很大程度上是为了将正当防卫排除在先前行为之外。但如下所述，在我国，正当防卫产生了过当的危险时，同样产生作为义务。最后，从我国的相关法律规定来看，行为人基于先前行为所引起的作为义务，并不以违反义务为前提。例如，《道路交通安全法》第70条第1款前段规定："在道路上发生交通事故，车辆驾驶人应当立即停车，保护现场；造成人身伤亡的，车辆驾驶人应当立即抢救受伤人员，并迅速报告执勤的交通警察或者公安机关交通管理部门。"显然，抢救受伤人员的作为义务，并不以驾驶人违反交通运输管理法规为前提。表面上看，抢救受伤人员的作为义务源于法律规定，但该法律规定的根据则是行为人的先前行为。

的危险（紧急避险过当的危险）时，紧急避险人具有救助义务，但紧急避险行为本身并不违法。再如，X抢劫未遂后逃走，甲、乙、丙为了将X抓获归案而追赶，X在前方无路可逃时坠入深水中。甲、乙、丙的追赶行为并不违法，但的确给X的生命制造了危险，不能否认他们有救助义务。

不作为能够成为作为义务的发生根据。例如，房屋主人没有留意屋顶所铺的瓦片是否稳固，瓦片掉落下来致人受伤的，主人有救助的义务。或许有人认为，在这种场合，仅以前一个作为义务（对危险源的监督义务）为根据得出行为人对受伤者有救助义务即可。事实上并非如此。瓦片砸伤被害人时，主人就需要对该伤害负责。对该伤害负责的根据，就是主人对屋顶瓦片掉落下来会砸伤人的监督义务。而瓦片砸伤他人后，在他人有生命危险时，则是基于先前的不作为产生的救助被害人的另一作为义务。对危险源的监督义务不能直接引申出主人有救助受伤者的义务。此外，倘若仅以前一作为义务说明主人有救助义务，容易得出主人仅有过失而无故意的结论。这显然不妥当。

过失犯罪应与过失的一般违法行为一样，能够成为作为义务的发生根据。既然刑法理论肯定过失的一般违法行为可以成为作为义务的发生根据，那么，就没有理由否认过失犯罪可以成为作为义务的发生根据。例如，甲的过失行为造成了乙轻伤（尚不成立犯罪），同时产生了生命危险时，甲故意不救助因而导致乙死亡的，成立不作为的故意杀人罪。再如，A的过失行为造成了B重伤（已经成立犯罪），同时产生了生命危险，A故意不救助因而导致B死亡的，也应认定为不作为的故意杀人罪。倘若认为过失犯罪不是作为义务的发生根据，则意味着A的行为仅成立过失致人死亡罪。这显然与上例中将甲的行为认定为故意杀人罪不协调。当然，在这种情形下，需要考虑结果回避可能性的问题。

既然过失犯罪能使行为人产生作为义务，故意犯罪更能使行为人产生作为义务。诚然，甲基于杀人的故意将被害人砍成重伤，任其流血过多死亡的，认定为作为的故意杀人罪即可。对此，没有必要讨论。但是，承认故意犯罪能够成为作为义务的来源，具有合理性与必要性。

承认故意犯罪可以成为作为义务的来源，有利于实现刑法的协调。例如，甲意外地导致乙重伤，明知不抢救乙就会死亡，但仍然不抢救，导致乙死亡。如果满足其他条件（具有结果回避可能性与作为可能性），甲的行为无疑成立不作为的故意杀人罪。A故意地导致B重伤，明知不抢救B就会死亡，但仍然不抢救，导致B死亡。如果否认故意犯罪可以成为先前行为，对于A就只能认定为故意伤害（致死）罪。可是，与甲相比，A的行为应当受到更为严重的否定评价和更为严厉的谴责。所以，只有肯定故意犯罪能成为先前行为，才能肯定A的行为也成立不作为的故意杀人罪，不致形成不协调的刑法评价。

承认故意犯罪可以成为作为义务的来源，有利于解决正当防卫问题。例如，行为人安装了定时炸弹，给法益造成了危险，具有拆除的义务，不拆除的行为就是不作为的违法行为，他人当然可以实施正当防卫，迫使其履行义务（说出炸弹所在位置或拆除炸弹）。如果认为先前安装定时炸弹的故意犯罪行为并不产生作为义务，那么，因为其作为方式的违法行为没有正在进行，难以进行正当防卫。

承认故意犯罪可以成为作为义务的来源，有利于解决共同犯罪问题。例如，甲以杀人故意将被害人乙砍成重伤，随后，甲看到了乙躺在血泊之中的痛苦表情，顿生悔意，打算立即叫救护车。此时，无关的过路人丙却极力劝阻甲，唆使其放弃救助念头，乙因失血过多而死亡。如果否认故意犯罪可以成为作为义务的来源，就意味着丙不可能成立犯罪。因为不真正不作为犯实质上是身份犯，丙并不负有作为义务，不可能成立不真正不作为犯的正犯。只有认定甲的故意杀人行为引起了救助义务，其后来的不作为也属于杀人行为，才能认定丙教唆甲实施了不作为犯罪，进而成立教唆犯。①

承认故意犯罪可以成为作为义务的来源，面临罪数问题。首先，可以肯定的是，如果案件事实中的作为与不作为应当评价为两个行为，行为侵害了两个法益，行为人对两个法益侵害事实都具有责任，就应当实行并罚。例如，行为人违反森林法的规定，非法采伐珍贵树木，树木倒下时砸着他人头部，行为人明知或者应知不立即救助他人就会导致死亡结果，但未予救助。非法采伐珍贵树木是刑法第344条规定的犯罪行为，但第344条并没有就该罪规定死亡结果，换言之，造成死亡的行为以及死亡结果不能评价在非法采伐国家重点保护植物罪中。在这种情况下，应当将非法采伐珍贵树木的犯罪行为，视为导致行为人负有抢救义务的先前行为，从而视案情认定为不作为的故意杀人罪或过失致人死亡罪，与非法采伐国家重点保护植物罪实行并罚。其次，当前阶段的作为与后阶段的不作为侵害的是同一法益，或者两个行为所侵害的法益具有包容关系时，仅认定一个重罪即可。如前阶段的作为杀人与后阶段的不作为杀人，侵害了同一个人的生命法益，只能认定为一罪。再如，故意伤害他人后，产生救助他人的作为义务；如果不履行作为义务，导致他人死亡，符合不作为犯的其他成立条件，且对死亡结果具有故意的，由于生命法益包含身体

---

① 参见蔡圣伟：《刑法问题研究（一）》，元照出版公司2008年版，第223页。如果没有救助的甲离开现场后，过路人A准备救助乙，而第三者B劝说A不救助的，则B不成立任何犯罪。但是，如果B以暴力、胁迫等有形手段阻碍A的救助行为，则是独立的作为犯。

法益，即可仅认定为故意杀人罪。①

2. 基于与法益的无助（脆弱）状态的特殊关系产生的保护义务

法益处于无助或者脆弱状态的情形是经常可以见到的。在这种状态下，法益的保护依赖于可能保护法益的人。但是，仅此还不够。例如，落水儿童的生命虽然依赖于过路人，但过路人并不一定是保证人。只有当法规范、制度或体制、自愿接受使法益保护具体地依赖于特定的人时，此人才具有保证人地位。

（1）基于法规范产生的保护义务。在法规范将法益保护托付给特定行为人时，行为人的不保护就成为结果发生的原因。例如，母亲对婴儿有哺乳义务；交通警察对交通事故中的被害人具有救助义务；父母见幼女被人猥亵时具有制止他人猥亵行为的义务；如此等等。

（2）基于制度或者体制产生的保护义务。当具体的制度、体制将法益保护义务托付给特定行为人时，行为人负有保护义务。例如，国家机关工作人员在其职责范围内对无助（脆弱）的法益负有相应的保护义务。再如，游泳教练对游泳学习者具有保护义务。

（3）基于自愿承担（合同与自愿接受等）而产生的保护义务。在法益处于无助或者脆弱状态时，行为人自愿承担保护义务，使法益的保护依赖于行为人时，行为人必须继续承担保护义务。例如，将他人遗弃的女婴抱回家之后，就必须尽抚养义务，而不能放置在家中不管。又如，将幼儿带入森林游玩或者带入水

---

① 对此是否应当依然认定为故意伤害（致死），还值得进一步研究。德国刑法理论认为，在类似案件中，故意的作为犯与不作为犯属于"不纯正竞合"的关系。其中，有学者认为，二者属于法条竞合中的补充关系；有学者认为后者属于"共罚的事后行为"；有学者认为前阶段的作为与后阶段的不作为是一个单一的整体，属于行为单数。

中游泳的人，有义务保护幼儿的生命、身体安全。再如，数人登山形成了危险共同体（意味着相互关照），只要没有除外的约定，就意味着各人自愿接受了保护他人的义务。但是，数人各签生死状（在自己遇险时，他人不必救助），则意味着各人没有自愿承担法益保护义务。所以，危险共同体本身不是当然的义务来源。

3. 基于对法益的危险发生领域的支配产生的阻止义务

法益的危险发生在行为人支配的领域时，行为人具有实质的法义务。但是，如果不做出一定的限制，就会给领域的管理者造成沉重的负担。本书认为，在这种场合，只有该领域的支配者可以排除危险时（具有排他性），才能要求该领域的支配者履行义务。这种排他性的支配，既不排除同时犯，也不排除共犯。

（1）对自己支配的建筑物、汽车等场所内的危险的阻止义务。例如，自家的封闭庭院里突然闯入一个危重病人或者生活不能自理的儿童，他人不能发现和救助，庭院的支配者有义务救助（如将病人或儿童送往医院或者转移至他人可以发现的场所）。[①]又如，肇事者拦住出租车后，将受伤者搬入出租车内准备送往医院，但后又借故逃离。虽然不同于司机主动将受伤者搬入车内的情形，但在肇事者下车后，受伤者存在于司机独立支配的领域，司机具有救助义务。

（2）对发生在自己身体上的危险行为的阻止义务。最为典型的是，幼女主动对男子实施猥亵行为时，由于危险发生在男子身体上，男子负有制止义务。男子不制止而任由幼女实施猥亵行为的，成立猥亵儿童罪。

（五）作为可能性

作为可能性，是指负有作为义务的人具有履行义务的可能

---

① 如果病人、儿童的亲属或者监护人在场，则庭院的支配者没有救助义务。

性。法律规范与法律秩序只是要求能够履行义务的人履行义务，而不会强求不能履行义务的人履行义务。我国刑法分则的部分条文明确将作为可能性作为不作为犯的成立条件（参见刑法第429条、第445条）。

作为可能性的判断，既要以附随情况正常性与否为资料，也要以保证人的个人能力为资料。即使认为作为可能性是构成要件符合性的判断，因而只能以社会的一般观念为标准，也不可否认另需要根据保证人的个人能力做出判断。后者也可谓期待可能性的问题，将其作为责任要素或许是合适的。但是，由于作为可能性是对违法行为起限定作用的要素，故例外地将其纳入构成要件要素也是可以的。所以，行为人能否履行义务，应从行为人履行义务的客观条件与个人能力两方面进行判断。当履行义务面临一定危险时，不能要求行为人冒着生命危险去履行义务。履行作为义务的难易程度，表明了法益保护的难易程度，因而能够说明不作为的不法程度。

如果事实上具有作为可能性，但保证人没有认识到需要履行作为义务，或者一时未能想出作为可能性因而没有履行作为义务的，也不能否认不作为，只是阻却故意，因而可能成立过失犯。反之，如果事实上没有作为可能性，但保证人误以为有作为可能性进而没有作为的，则属于不能犯。

（六）结果回避可能性

根据结果无价值论的观点，结果回避可能性，不仅是不作为犯的成立条件，也是作为犯的成立条件。只不过在不作为犯中，这一点显得特别重要。换言之，在即使保证人履行作为义务也不可避免地发生结果的情况下，不能将保证人没有履行作为义务的行为认定为不作为犯。反过来说，行为人不履行作为义务，造成或可能造成侵害结果的，才可能成立不作为犯罪。或者说，只有当行为人履行作为义务可以避免结果发生时，其不作为才可能成立犯罪。至于是否具有结果回避可能性，只能进行事后判断。不作为之所以能成为与作为等价的行为，在于它造成或可能造成侵害结果。结果回避可能性，是不作为犯的第三个成立条件。例如，司机过失造成了交通事故，导致被害人头盖骨骨折，即使立即送往医院也不能挽救生命时，即使司机没有救助，也仅成立交通肇事罪，而不成立不作为的故意杀人罪。在客观上具有结果回避可能性，而行为人误以为没有回避可能性因而没有履行作为义务导致结果发生的，一般成立过失的不作为犯；在客观上没有结果回避的可能性，而行为人误以为具有回避可能性，但没有履行作为义务的，因为其不作为不具有导致结果发生的危险性，而属于不能犯。① 另一方面，由于不作为也可能成立未遂犯，所以，认为只有当不作为已经造成了侵害结果时才构成犯罪的观点，存在疑问。

　　正因为不作为犯的成立以结果回避可能性为前提，故可以肯定不作为与结果之间的因果关系。② 如前所述，不作为不是单纯的什么也没有实施，而是没有实施法期待的作为。在保证人实施了法所期待的作为，就可以避免结果发生的情况下，没有实施法所期待的作为，当然与结果之间具有因果关系，能够将结果归属于不作为。③ 此外，如果认为不作为犯没有因果关系问题，就可能导致不作为犯没有未遂，因而不妥当。例如，负有作为义务的甲没有履行作为义务，但第三者的行为防止了结果的发生。如果

---

① 参见〔日〕西田典之：《刑法总论》，弘文堂2010年第2版，第117页。
② 关于不作为犯的因果关系，一直存在争议。在刑法理论上，有人完全否认不作为与结果之间的因果关系；有人完全肯定不作为与结果之间的因果关系，有人则肯定部分不作为与结果之间具有因果关系（参见韩忠谟：《刑法原理》，中国政法大学出版社2002年版，第92页以下）。
③ 不作为犯完全符合条件关系公式，亦即，如果没有行为人不履行义务的不作为（如果行为人履行义务），结果就不会发生。

否认不作为犯的因果关系，就可能认为甲构成犯罪既遂，但这一结论显然与作为犯不协调。

（七）不作为与作为的等价性

德国刑法第13条要求不作为必须与作为具有等价性（同价值性）。我国刑法对此没有明文规定，但本书认为，等价性并不是具体的要求，而是不真正不作为犯的构成要件的解释原理，尤其是为实质意义的作为义务的发生根据提供基础、限制作为义务发生根据的指导原理。联系我国的刑法理论与司法实践，以下几点值得注意：

1. 由于难以明确刑法分则的某些条文在描述行为时所使用的动词能否包括不作为，所以，在判断某种不作为是否成立犯罪时，需要特别慎重。例如，刑法第316条规定："依法被关押的罪犯、被告人、犯罪嫌疑人脱逃的，处五年以下有期徒刑或者拘役。"行为人以作为方式从关押场所逃出的，无疑属于脱逃；问题是，基于正当原因离开关押场所（如因为表现好而获准回家过春节），而无故不返回关押场所的行为，是否属于脱逃？司法机关不仅要根据刑法用语判断该行为是否属于脱逃，而且应从实质上判断这种不作为对法益的侵犯程度。再如，行为人开车撞伤他人后便逃离现场，造成被害人死亡。在这种情况下，不能轻易得出"成立不作为的故意杀人罪或过失致人死亡罪"的结论，而应考虑法益基于何种原因（前行为）处于危险状态、危险的程度、法益对行为人的依赖程度、行为人履行义务的难易程度、行为人不履行义务是否造成结果的原因、是将结果归责于前行为合适还是归责于"不作为"合适等，从而得出正确结论。

2. 行为符合前述不作为的一般条件，并不直接成立犯罪，只有当某种不作为符合具体的犯罪构成时才成立犯罪。因此，即使存在某种"不作为"，但并不符合具体犯罪的构成要件或者不具备责任要素时，也不可能认定为犯罪。例如，路人发现火灾时不报警的，虽然没有履行消防法规定的报警义务，但不符合任何犯罪的构成要件，因而不可能认定为犯罪。

3. 在保证人对他人的生命具有救助义务时，并不必然成立故意杀人罪，而有可能成立遗弃罪或者其他犯罪。值勤消防人员有扑灭火灾的义务，其不履行灭火义务的行为，并不必然成立放火罪，而可能成立玩忽职守罪或者其他犯罪。概言之，对不作为（尤其出于故意时）如何定罪，是罪刑各论需要研究的问题。

第四款 行为对象

一、行为对象的概念

行为对象也叫犯罪对象（行为客体），一般是指实行行为所作用的物、人、组织（机构）、制度等客观存在的现象。

首先，行为对象是物、人、组织、制度等客观存在的现象。

其次，行为对象要么因为直接或者间接体现刑法所保护的法益（如法益的主体或者法益的物质表现）而成为构成要件要素，要么因为类型化的需要而成为构成要件要素。例如，法人的财物体现了法人对财物的占有、使用、收益、处分等权利，成为盗窃、诈骗等财产罪的行为对象。

最后，行为对象必须被行为作用。物、人、组织、制度总是客观存在的，行为没有作用于它们时，它们不是行为对象；行为作用于它们时，它们才成为行为对象。"作用"的内容主要是使对象的性质、数量、结构、状态等发生变化。

行为对象与组成犯罪行为之物不同。例如，贿赂是组成受贿罪、行贿罪之物，一般不认为是行为对象；再如，赌资是组成赌博罪之物，通常不认为是行为对象。行为对象与行为孳生之物有别。行为孳生之物，是指犯罪行为所产生的物。例如，行为人伪造的文书、制造的毒品等，不是行为对象。因此，在走私、贩卖、运输、制造毒品罪中，相对于走私、贩卖、运输而言，毒品可谓行为对象，但对于制造行为而言，所制造的毒品属于行为孳生之物。行为对象与作为犯罪行为的报酬取得之物相异。例如，行为人杀人后从雇凶者处得到的酬金或者物品，不是行为对象。此外，行为对象与供犯罪行为使用之物不是等同概念。供犯罪行为使用之物主要是指犯罪工具。例如，使用伪造的信用卡进行诈骗时，伪造的信用卡是供犯罪行为使用之物，而不是信用卡诈骗罪的对象。

  在许多犯罪中，如何确定行为对象还存在疑问。例如，在销售伪劣产品的犯罪中，究竟伪劣产品本身是行为对象，还是相应的合格产品是行为对象？在使用假币罪中，究竟假币是行为对象，还是相应的真货币是行为对象？理论上的看法并不一致。如果认为作为行为对象的物必须体现法益，就不能将犯罪行为对之施加了影响却不体现法益的物当作行为对象。据此，销售伪劣产品的行为，实际上是以伪劣产品冒充相应的合格产品，即以伪劣产品作用于合格产品，似应以合格产品作为行为对象。使用假币意味着以假币冒充真货币，即以假币作用于真货币，按理真货币才是行为对象，真货币才体现货币的公共信用。基于同样的理由，在假冒注册商标罪中，行为对象是他人已经注册的受法律保护的商标，而不是假冒的商标本身。但本书认为，行为对象虽然与法益相关联，但并不必然是体现法益的要素，有时是对行为定型的要求。联系故意的认识内容与事实（对象）认识错误来考虑，宜将上述犯罪中的伪劣产品、假币、假冒的注册商标认定为行为对象。例如，行为人误将假药作为一般伪劣产品予以销售的，属于抽象的事实认识错误；误将假币作为真币而持有的，缺乏持有假币罪的故意。倘若不将上述犯罪中的伪劣产品、假币、假冒的注册商标作为行为对象，就难以解决故意认识内容与事实认识错误问题。

就不少犯罪而言，如何表述行为对象的具体内容也需要研究。例如，故意杀人罪的行为对象是人还是人的生命？故意伤害罪的行为对象是人还是人的身体？倘若认为应当分别具体表述为人的生命与人的身体，则两罪的行为对象不同，但两罪的行为对象与各自的保护法益相同；反之，则两罪的对象相同，但两罪的行为对象与各自的保护法益不同。再如，侵犯财产罪的行为对象是财产还是其他内容？不同的回答，也影响行为对象与保护法益的关系。例如，人们完全可以说，侵犯财产罪的行为对象是财产，保护法益也是财产。

有的犯罪只有一种行为对象，有的犯罪则有数种行为对象，这通常取决于行为是侵犯一个法益还是数个法益。在行为侵犯数个法益的情况下，其行为对象也必然有数种。例如，抢劫罪不仅侵犯财产，而且侵犯人身，其对象除了财物之外，还有被害人的人身。

二、行为对象的意义

行为对象在刑法上具有一定的意义。

特定的行为对象在大多数犯罪中是构成要件的要素之一，行为只有作用于特定的对象，才能构成犯罪。① 例如，刑法第262条的拐骗儿童罪，其行为对象只能是不满14周岁的未成年人。刑法之所以规定某些行为作用于特定对象才构成犯罪，往往是因为只有作用于特定对象的行为才值得科处刑罚。

---

① 对象的"特定"性是一个相对的概念。例如，故意杀人罪的对象是人（或人的生命），相对于其他犯罪而言，该对象是特定的；但只要是人就可以成为本罪的对象，在此意义上说，该对象又不具有特定性。再如，拐骗儿童罪的对象是特定的，仅限于不满14周岁的儿童（比故意杀人罪的对象更具有特定性），但只要是儿童便可以成立本罪的对象，在此意义上说，该对象又不具有特定性。

当刑法分则基于法益的不同或者类型化的需要，针对不同行为对象规定了不同犯罪时，特定的行为对象影响此罪与彼罪的区分。例如，盗窃公私财物的行为侵犯了财产，构成盗窃罪；盗窃枪支、弹药的行为危害了公共安全，构成盗窃枪支、弹药罪；盗窃国家机关公文的行为侵犯了公文的公共信用，构成盗窃国家机关公文罪。三者的行为方式都是窃取，但窃取的对象不同，行为类型不同，罪名也不同。

行为的对象不同会影响罪行的轻重，因而影响量刑。许多犯罪虽不要求特定的对象，但行为人具体选择的对象不同或者对象的特点、数量等不同，对说明犯罪的法益侵犯程度起一定作用，从而影响量刑。例如，同是故意伤害罪，但伤害一般人与伤害孕妇、病人的危害程度就有所不同，量刑也因此有所区别。

三、行为对象与保护法益的关系

行为对象与保护法益的关系较为密切。行为对象与保护法益在某些场合也可能是同一的。换言之，有些现象，从构成要件的角度来说是行为对象，但从刑法目的的角度来说则是保护法益。我国刑法理论一般认为，行为对象反映保护法益（犯罪客体），保护法益制约行为对象。但应注意的是，相同的对象在不同情况下，也会体现不同的法益。例如，故意杀人罪与故意伤害罪的行为对象是人或者人的身体，二者是相同的，但故意杀人罪的保护法益是人的生命，故意伤害罪的保护法益是人的身体健康。反之，保护法益相同时，行为对象也不一定相同。例如，假冒注册商标罪与销售假冒注册商标的商品罪，保护法益相同，但行为对象不同。

行为对象与保护法益具有明显区别：首先，一般来说，行为对象所呈现的是事物的外部特征；而保护法益则是内在本质。其次，根据本书的观点，特定的行为对象是许多犯罪的构成要件要素；但保护法益本身不是构成要件要素。再次，行为对象并非在任何犯罪中都受到侵害；而保护法益在一切犯罪中都受到了侵犯。最后，行为对象不具有法益所具有的多种机能（法益具有刑事政策的机能、违法性的评价机能、解释论的机能、分类的机能等）。

第五款 结　果

一、结果的概念与特征

刑法理论对结果（危害结果）存在不同的表述。从结果的范围来说，分歧在于行为造成的现实危险状态是不是结果。本书认为，结果是行为给刑法所保护的法益所造成的现实侵害事实与现实危险状态。

根据本书的观点，结果具有以下特点：(1) 因果性。结果由行为造成，行为是原因，结果是原因引起的后果。结果固然是行为造成的，但不能认为任何行为都必然造成结果。(2) 侵害性与危险性。结果是表明刑法所保护的法益遭受侵害或者威胁的事实，故可以分为侵害结果与危险结果。如果某种事实现象并不反映行为对法益的侵害与威胁，即使由行为所引起，也不是结果。(3) 现实性。结果是行为已经实际造成的侵害事实与危险状态。行为本身的危险不是结果。根据因果法则与实践经验判断认为行为终了后将会出现的"结果"，只是一种推测，毕竟不是现实存在，不能归入结果。(4) 法定性。作为构成要件要素的结果，是刑法分则条文所规定的结果，而不是泛指任何结果。例如，破坏交通工具的行为，"足以使火车、汽车、电车、船只、航空器发生倾覆、毁坏危险"时（参见刑法第116条），才能认为发生了危险结果。如果破坏行为客观上不可能发生这种危险，即使造成交通工具上的人员严重心理恐惧，也不能认定为造成了结果。

(5) 多样性。结果形形色色、多种多样,结果的多样性是由行为的多样性、法益的多样性、行为对象的多样性等决定的。但不论表现形式如何,只要已经出现的事实与状态是由行为造成的,并且说明行为对刑法所保护的法益的侵犯性,该事实与状态就是结果。所以,结果并不限于物质性结果。

二、危险的性质

"危险"是否属于结果,还存在争议。要解决这一问题,首先必须明确危险的含义。

"危险概念是一个危险的概念。"[①] 这是因为危险概念具有多种含义。总的来说,危险包括"行为人的危险"与"行为(广义)的危险"。前者是指行为人的人身危险性,也可以称为再犯可能性;后者是指行为客观上对法益造成侵害的危险。显然,危险犯中的"危险"是指后一种意义上的危险,即侵害法益的可能性与盖然性。后一种危险又可分为"行为的危险"与"作为结果的危险"。行为的危险,是指行为本身所具有的导致侵害结果发生的可能性,因而也可以称为行为的属性;作为结果的危险(危险结果),是指行为所造成的对法益的威胁状态。根据这种划分,行为的危险是行为的属性,不属于结果;作为结果的危险,是行为所造成的一种可能侵害法益的状态,因而属于结果。当然,在实践中有时难以对二者做出区分。例如,在行为人持枪追杀被害人但没有击中这一过程中,难以区分行为的危险与作为结果的危险。但是,从理论上说,行为本身的危险和行为造成的危险状态是存在区别的。在许多案件中,尤其是在隔离犯中,能够而且应当区分行为本身的危险与行为造成的危险状态。例如,A 在甲地邮局寄送毒药,旨在杀害住在乙地的 B。A 在甲地寄送毒药时,

---

① 〔日〕木村龟二:《新刑法读本》,法文社 1959 年版,第 263 页。

具有行为的危险；只有当毒药已经寄送给B时，才产生作为结果的危险。从法律上说，也存在作为结果的危险。例如，根据刑法第332条的规定，"违反国境卫生检疫规定，引起检疫传染病传播或者有传播严重危险的"，构成犯罪。其中的"有传播严重危险"就是行为已经引起了传播的危险状态，因而是作为结果的危险。当然，也不能因为存在作为结果的危险，就否认行为本身的危险。刑法上的行为必须具有侵害法益的危险性，否则不是行为。

刑法理论的通说认为，结果是对法益的侵害或侵害的危险。[①] 显然，其中的"侵害的危险"不是指作为行为属性的危险，而是指作为结果的危险。以对法益的现实侵害作为处罚根据的犯罪属于侵害犯（实害犯），以对法益侵害的危险作为处罚根据的犯罪属于危险犯。危险犯还可以进一步分为具体的危险犯与抽象的危险犯，至于区分标准则并不一致。第一种观点认为，具体的危险犯是以发生危险作为构成要件要素的犯罪；抽象的危险犯虽然也以发生危险作为处罚根据，但它是不以发生危险作为构成要件要素的犯罪。第二种观点认为，具体的危险犯与抽象的危险犯都是以对法益侵害的危险作为处罚根据的犯罪，但是，前者的危险是需要司法上具体认定的，后者的危险是立法上推定的。第三种观点认为，具体的危险犯中的危险是行为所导致的一种状态，即作为结果的危险；抽象的危险犯中的危险是行为本身的属性，即行为的危险。第四种观点认为，具体的危险犯与抽象的危险犯的区别在于危险程度的差异，如前者是紧迫的危险，后者是缓和的危险。

本书认为，具体的危险犯中的危险，是在司法上以行为当时的具体情况为根据，认定行为具有发生侵害结果的紧迫（高度）

---

① 参见〔日〕平野龙一：《刑法总论Ⅰ》，有斐阁1972年版，第118页。

危险。例如，什么样的破坏行为具有足以使汽车发生倾覆、毁坏的具体危险，需要根据汽车所处的状态、破坏的部位、破坏的程度等得出判断结论。抽象的危险犯中的危险不需要司法上的具体判断，只需要以一般的社会生活经验为根据，认定行为具有发生侵害结果的危险即可。可以认为，在具体的危险犯中，没有造成实害只是一种偶然。抽象的危险实际上有不同的类型：其一，刑法分则条文类型化的紧迫危险。这种抽象的危险，实质上也是紧迫的危险，只不过不需要司法上的具体判断。① 例如，刑法第144条规定的销售有毒、有害食品行为，造成的都是紧迫危险，刑法条文将其类型化为抽象的危险犯，不需要司法上的具体判断，只需要以一般的社会生活经验为根据判断。再如，在道路上醉酒驾驶机动车的行为，具有类型化的紧迫危险。其二，刑法分则条文拟制的危险。这种抽象的危险既可能是紧迫的危险，也可能是比较缓和的危险，但由于难以预测和具体判断，刑法对其同等看待。例如，盗窃、抢夺枪支、弹药罪属于抽象的公共危险犯，该危险既可能是紧迫的，也可能比较缓和，但刑法第127条将任何情形下的盗窃、抢夺枪支、弹药的行为，都拟制为具有公共危险的行为。② 其三，预备犯的危险，也可能被称为抽象的危险，这种危险是比较缓和的危险。上述三类抽象危险表明，抽象危险也是一种构成要件的结果，主要表现为行为侵害了法益安全存在的条件或者法益主体自由支配所必要的条件。需要说明的是，虽然抽象的危险是不需要司法工作人员具体判断的危险，但

---

① 日本刑法第108条规定："放火烧毁现供人居住或者现有人在内的建筑物、火车、电车、船舰或者矿井的，处死刑、无期或者五年以上惩役。"本条所规定的犯罪被公认为抽象的危险犯，但是其对人的生命的危险是紧迫的，而不是缓和的。
② 甚至可以认为，抽象的危险犯还包括刑法拟制的实害。例如，侮辱、诽谤罪一般会造成被害人名誉的贬损，但由于这种实害无法具体判断，所以，刑法理论一般认为，侮辱、诽谤罪是抽象的危险犯。其实，这种情况下的拟制不是对危险的拟制，而是对实害的拟制。

是，如果具体案件中的特别情况导致行为根本不存在任何危险，则不能认定为抽象的危险犯。例如，危险驾驶罪中的在道路上醉酒驾驶机动车的行为属于抽象的危险犯。但是，如果行为人醉酒后深夜在没有车辆、行人通行的道路上驾驶机动车，不可能造成他人伤亡的，不应认定为危险驾驶罪。

在我国，危险犯与侵害犯不是就罪名而言，而是就犯罪的具体情形而言。例如，故意杀人既遂是侵害犯，但故意杀人未遂则是危险犯；刑法第114条所规定的放火等罪属于具体的危险犯，但刑法第115条规定的放火等罪则属于侵害犯。当人们说放火罪是具体危险犯时，是就第114条规定的放火罪而言，即只有发生具体的危险才可能成立刑法第114条的放火罪。刑法第115条规定的放火罪，则是在具备具体危险的前提下发生了严重后果的侵害犯。

三、结果与构成要件类型

以上根据法益的侵害、危险的形态，将犯罪分为侵害犯与危险犯。事实上，结果与构成要件类型具有密切关系。

（一）行为犯、结果犯与结果加重犯

1. 行为犯与结果犯的区分

行为犯是行为与结果同时发生的犯罪，因果关系不成其为问题；结果犯则是行为与结果之间具有时间间隔的犯罪，需要认定行为与结果之间的因果关系。

需要说明的是，行为犯既可能是侵害犯，也可能是危险犯。[①] 例如，非法侵入住宅罪既是行为犯也是侵害犯。再如，倘若认为伪证罪的保护法益是刑事司法的客观公正性，那么，伪证

---

① 本书不赞成行为犯都是抽象危险犯的观点。

罪就既是行为犯也是危险犯。①

2. 结果加重犯

结果加重犯，亦称加重结果犯，是指法律规定的一个犯罪行为（基本犯罪），由于发生了严重结果而加重其法定刑的情况。故意伤害致死是其适例。结果加重犯的法定刑过重，是世界范围内的普遍现象。但过重的法定刑不一定具有合理的根据，故本书主张严格限制结果加重犯的成立范围。②

(1) 实施基本犯罪行为，但造成了加重结果。根据结果加重犯的构造，结果加重犯应是对基本犯罪行为对象造成加重结果。例如，只有对故意伤害对象造成死亡的，才属于故意伤害致死。加重结果，并不是泛指不同于基本犯结果的任何结果，而是在程度与性质上重于基本犯结果的结果。在我国，加重结果主要表现为以下几种情形：其一，基本犯为抽象的危险犯，而行为导致抽象的危险发展为侵害结果时，该结果可能成为基本犯的加重结果。生产、销售有毒、有害食品，对人体健康造成严重危害结果的，属于这种情形。其二，基本犯为具体的危险犯，而行为导致具体的危险发展为侵害结果时，该结果是基本犯的加重结果。放火致人死亡的，属于这种情形。其三，基本犯为实害犯，行为导致性质相同且更为严重的实害时，该严重实害是基本犯的加重结果。伤害行为造成重伤或者死亡的，属于这种情形。其四，基本犯为实害犯，行为造成了性质更为严重的结果（对更重要的法益造成了侵害）时，该严重结果可能属于基本犯的加重结果。强奸、抢劫致人重伤、死亡的，属于这种情形。

(2) 加重结果不仅应当归属于基本犯罪行为，而且与基本犯

---

① 如若认为伪证罪的保护法益是司法证明过程的纯洁性，那么，伪证罪既是行为犯也是侵害犯。
② 参见张明楷："严格限制结果加重犯的范围与刑罚"，载《法学研究》2005年第1期。

罪行为之间具有直接性关联。结果加重犯的成立，不仅要求加重结果与基本犯罪行为之间满足后述因果关系与结果归属的要求，而且要求加重结果是基本行为的高度危险的直接现实化。如果具有高度危险的基本行为没有直接现实化为加重结果，即使产生了加重结果，也不能认定为结果加重犯。例如，刑法第117条规定："破坏轨道、桥梁、隧道、公路、机场、航道、灯塔、标志或者进行其他破坏活动，足以使火车、汽车、电车、船只、航空器发生倾覆、毁坏危险，尚未造成严重后果的，处三年以上十年以下有期徒刑。"第119条规定："破坏……交通设施……造成严重后果的，处十年以上有期徒刑、无期徒刑或者死刑。"显然，后者是前者的结果加重犯。从两条的表述就可以看出，只有当破坏交通设施的行为产生了使交通工具发生倾覆、毁坏的危险，这种危险现实化为他人的重伤、死亡等严重后果时，才能适用第119条的规定。如果破坏交通设施的行为虽然产生了使交通工具发生倾覆、毁坏的危险，但这种危险并没有现实化，或者现实所发生的实害并不是因交通工具发生倾覆、毁坏危险所致，则不成立破坏交通设施罪的结果加重犯。例如，甲在使用铁锤毁坏铁轨时，导致螺丝钉砸中行人乙的头部，造成乙的死亡结果。可以肯定的是，甲破坏交通设施的行为造成了乙死亡的加重结果。但是，该结果并不是由于交通工具倾覆、毁坏所致，因此，对甲不能适用刑法第119条，而只能认定为破坏交通设施罪的基本犯与过失致人死亡罪的想象竞合。

总的来说，就致死类型的结果加重犯而言，要以致命性的实现的有无为标准进行判断。如果是后行为或者其他因素导致基本行为与加重结果缺乏直接性关联的，不能认定为结果加重犯。其一，行为人在实施基本行为之时或之后，被害人自杀、自残或因自身过失等造成严重结果的，因缺乏直接性要件，不能认定为结果加重犯。例如，强奸行为引起被害人事后自杀身亡的，不应认定为强奸致人死亡。又如,行为人对被害人实施轻伤行为,被害人在逃跑过程中不慎从二楼窗户掉下摔死的,不成立故意伤害致死。其二,基本行为结束后,行为人的其他行为导致严重结果发生的,不应认定为结果加重犯。例如,行为人对他人实施暴力造成重伤后,随手将烟头扔在地上引起火灾将被害人烧死。基本行为与被害人的死亡之间不存在因果关系,不能认定为故意伤害致死,只能认定为故意伤害罪与失火罪(或过失致人死亡罪)。其三,在故意伤害等暴力案件中,伤害行为仅造成轻伤结果,但由于医生的重大过失行为导致死亡的,或者虽然伤害行为造成了重伤结果,但由第三者的故意或者过失行为直接造成被害人死亡的,不能认定前行为与加重结果之间具有直接性关联。例如,甲重伤乙后潜逃,并无通谋的甲的亲属阻止乙的亲属救助乙,导致乙流血过多而死亡的,甲的行为不成立故意伤害致死。其四,非法拘禁、拐卖妇女或儿童等行为,必然引起警方的解救行为,故正常的解救行为造成被害人伤亡的,应将伤亡结果归责于犯罪人。但是,如果警方由于判断失误,导致其解救行为造成被害人死亡的(如误将人质当作犯罪人而射击),则不能认定为结果加重犯。同样,在放火案件中,放火行为必然导致消防人员的灭火行为,故消防人员正常的灭火行为仍然不能避免消防人员死亡的,具备直接性要件,应认定为放火致人死亡。但是,如果消防人员对情势判断失误,异常灭火行为导致自身死亡的,则不能将该死亡结果归责于放火者。

(3)对基本犯罪具有故意或者过失,对加重结果至少有过失。首先,行为人对基本犯罪一般持故意。但对基本犯罪持过失时,也可能是结果加重犯。从理论上说,没有理由将基本犯罪限定为故意犯罪。从刑法规定来看,也存在对基本犯罪持过失的结果加重犯(如刑法第132条)。就对基本犯持故意的结果加重犯而言,行为人必须对为基本行为的高度危险性提供基础的事情具有认识。例如，行为人原本是想以木棒实施轻微的殴打行为，但实际上所使用的是锐利的凶器，进而导致被害人死亡。再如，行为人对被害人的身体进行轻微的冲撞，但背后是很陡的台阶，被害人跌倒后造成死亡结果。如果行为人没有认识到自己使用了锐利的凶器、没有认识到被害人背后有很陡的台阶时，即使对伤害行为自身具有故意，也不能认定为故意伤害致死的结果加重犯，只能认定为故意伤害罪的基本犯与过失致人死亡罪的想象竞合。①

其次，对加重结果至少有过失（预见可能性）。其中，部分结果加重犯要求对加重结果持过失，如故意伤害致死。如果行为人对死亡结果持故意，则成立故意杀人罪，而不是故意伤害罪的结果加重犯。部分结果加重犯对加重结果既可以是过失也可以是故意，如抢劫致人重伤、死亡的，属于结果加重犯，行为人对重伤、死亡既可能是过失，也可能是故意。② 这需要根据犯罪的性质以及法定刑、犯罪之间的关系进行判断，得出正确结论。在行为人对加重结果持故意的情况下，如果没有发生加重结果，就成立结果加重犯的未遂。

诚然，要在司法实践中贯彻"对加重结果至少有过失"的原则，还存在障碍。尽管如此，刑法理论与司法实践仍应坚持"对加重结果至少有过失"的原则。首先，由于责任主义是不可动摇的原则，所以，对于行为人没有过失所造成的加重结果当然不能归责于行为人，如同对意外事件不以犯罪论处一样。在伤害行为造成了死亡结果但行为人对死亡结果没有预见可能性的情况下，认定为故意伤害罪并适用重伤的法定刑，符合责任主义原则。其

---

① 参见〔日〕井田良：《讲义刑法学·总论》，有斐阁2008年版，第228页。
② 本书认为，不应存在对基本犯罪持过失，而对加重结果持故意的结果加重犯；否则会造成罪刑不协调的现象。

次，虽然刑法分则所规定的结果加重犯限于基本行为通常可能导致加重结果的情形，但不排除行为人在特殊情况下不能预见加重结果的发生。所以，司法机关仍需具体判断行为人是否对加重结果有过失。

（4）刑法就发生加重结果加重了法定刑。加重法定刑，是相对于基本犯罪的法定刑而言，即结果加重犯的法定刑高于基本犯罪的法定刑。如果刑法没有加重法定刑，结果再严重也不是结果加重犯。例如，遗弃行为致人重伤或死亡的，因为没有加重法定刑，不成立结果加重犯。再如，绑架致人死亡的，因为没有加重法定刑，也不成立结果加重犯。

由于刑法对结果加重犯规定了加重的法定刑，故对结果加重犯适用加重的法定刑，而不能实行数罪并罚。需要注意以下两点：其一，司法解释虽然没有将结果加重犯确定为独立的罪名，导致结果加重犯与基本犯的罪名相同，但刑法分则完全可能将原本应属于结果加重犯的情形规定为另一种独立的犯罪。例如，刑讯逼供过失致人死亡的，原本应属于结果加重犯，但刑法第247条将其拟制规定为故意杀人罪。其二，在对加重结果既可以持过失也可以持故意的情况下，如果行为人故意造成加重结果的，成立结果加重犯与加重犯罪的想象竞合。例如，为了抢劫财物故意杀人后立即取走财物的，是抢劫罪的结果加重犯与故意杀人罪的想象竞合。

（二）即成犯、状态犯与继续犯

从结果的发生与犯罪的终了的关系，可以将犯罪分为即成犯、状态犯与继续犯（均从既遂角度而言）。即成犯，是指一旦发生法益侵害结果，犯罪便同时终了，犯罪一终了法益就同时消灭（法益受到侵害但违法状态没有继续）的情况。故意杀人罪便是如此。状态犯，是指一旦发生法益侵害结果，犯罪便同时终了，①但法益受侵害的状态仍在持续的情况。如盗窃罪、故意伤害罪。继续犯（持续犯），是指在法益侵害的持续期间，实行行为在持续进行，或者结果在持续地发生，或者说构成要件符合性在持续的情况。非法拘禁罪是其适例。②在继续犯的场合，犯罪既遂并不等于犯罪终了。这种犯罪的分类，对于共犯与罪数的认定，以及追诉时效的计算等都具有意义。

四、结果的种类与地位

由于结果具有多样性，故有必要对其进行分类，以便深入理解结果的内涵与意义。

（一）侵害结果与危险结果

侵害结果，是指行为对法益造成的现实侵害事实。如死亡是杀人行为的侵害结果，身体的伤害是伤害行为的侵害结果。危险结果，是指行为对法益造成的现实危险状态。如杀人行为使被害人的生命处于危险状态，就意味着杀人行为发生了危险结果。在大多数情形下，结果是指侵害结果。刑法条文中的结果，多数是指侵害结果。例如，刑法第24条第1款规定："在犯罪过程中，自动放弃犯罪或者自动有效地防止犯罪结果发生的，是犯罪中止。"这里的"犯罪结果"一般是指侵害犯中的侵害结果。③

---

① 这一点并不绝对。例如，故意伤害时，一般来说造成了伤害结果时就成立既遂，犯罪也同时终了。但是，在行为人使他人服用伤害身体的毒药，虽然行为终了且造成了伤害结果时，如果毒药继续发挥作用使伤害结果扩大或者加重时，可以认为故意伤害罪尚未终了（参见〔日〕西田典之：《刑法总论》，弘文堂2010年第2版，第87页）。
② 一般认为，甲将乙拘禁在某房间后，即使其离开现场或者丧失了意识，也应认为其非法拘禁的实行行为在持续。这一点，既可以用甲一直不履行释放乙的作为义务来说明，也可以用侵害结果一直在持续发生来说明。
③ 在本书中，如无特别说明，"结果"一般是指侵害结果，但不排除有时包含危险结果，恳请读者合理判断。

(二) 物质性结果与非物质性结果

物质性结果，是指现象形态表现为物质性变化的结果，它往往是有形的，可以具体认定和测量。如致人死亡、致人伤害、毁损财物等，都是物质性结果。非物质性结果，是指现象形态表现为非物质性变化的结果，它往往是无形的，不能或难以具体认定和测量。如对名誉的毁损、对司法客观公正性的妨害等，属于非物质性结果。应当注意的是，非物质性结果也是行为造成的现实侵害事实或危险状态。不过，对非物质性结果的认定常常具有拟制或推定性质。例如，侮辱行为是否造成了毁损他人名誉的结果，几乎不可能测量，故只要行为人实施了一定的侮辱行为，就会认定发生了毁损他人名誉的结果。司法机关应当充分认识到，非物质性结果也是构成要件结果。例如，不能说侮辱罪没有结果，不能认为受贿罪没有结果，不能认为伪证罪没有结果。

(三) 严重结果与非严重结果

根据刑法分则条文的规定，严重结果，通常是指致人重伤、死亡或者使公私财产遭受重大损失，以及使其他重大法益遭受严重损害。严重结果既可能表现为严重犯罪的基本结果（如故意杀人罪中的致人死亡），也可能表现为基本犯罪的加重结果（如抢劫罪中的致人死亡）。过失行为造成严重结果的，才构成犯罪。非严重结果，一般是指致人轻伤，使公私财产遭受较小损失以及使其他一般法益遭受损害。当然，结果是否严重，还要联系具体犯罪进行分析。在故意犯罪中，结果是否严重，既可能影响犯罪的成立，也可能影响法定刑是否升格，当然也影响在同一法定刑内的量刑。同样的结果，相对于此罪而言是严重结果，相对于彼罪而言可能被认为是非严重结果。

(四) 作为选择法定刑根据的结果与在法定刑内影响量刑的
结果

在一切犯罪中,结果对量刑都起影响作用。因为结果是反映法益侵害程度的事实现象,当然会影响量刑(以行为人对结果具有责任为前提)。就与法定刑的关系而言,结果对量刑的影响作用表现为两种情况:一是作为选择法定刑幅度的根据。例如,刑法第234条根据伤害行为造成的结果不同,规定了三个幅度的法定刑。法官应根据伤害程度选择不同的法定刑。二是在既定的法定刑范围内影响量刑。当刑法没有将结果规定为法定刑升格或者降低条件时,结果的轻重便是酌定量刑情节。例如,同是过失损毁国家保护的珍贵文物,甲使大量的珍贵文物遭受损毁,乙使少量的珍贵文物遭受损毁(以构成犯罪为前提),这便是法官在量刑时应斟酌考虑的情节。

第六款 因果关系与结果归属

一、因果关系概述

一般来说,因果关系是指危害行为与危害结果之间的一种引起与被引起的关系。我国传统刑法理论将哲学上的因果关系理论运用到刑法中来,形成了必然因果关系说与偶然因果关系说的争论。必然因果关系说认为,当危害行为中包含着危害结果产生的根据,并合乎规律地产生了危害结果时,危害行为与危害结果之间就是必然因果关系;只有这种必然因果关系,才是刑法上的因果关系。偶然因果关系说的基本观点是,当危害行为本身并不包含产生危害结果的根据,但在其发展过程中偶然介入其他因素,由介入因素合乎规律地引起危害结果时,危害行为与危害结果之间就是偶然因果关系,介入因素与危害结果之间是必然因果关系；必然因果关系与偶然因果关系都是刑法上的因果关系。

国外刑法理论上存在形形色色的因果关系学说。

条件说认为，行为与结果之间存在着"没有前者就没有后者"的条件关系时，前者就是后者的原因。条件说认为，条件关系是指实行行为与结果之间的关系，因此，即使预备行为产生了结果，也不存在因果关系。

原因说主张以某种规则为标准，从导致结果发生的条件中挑选出应当作为原因的条件，只有这种原因与结果之间才存在因果关系。如有人主张最后的一个条件是原因，有人认为异常的行为是原因，有人提出决定结果发生方向的条件是原因，有人提倡最有力的条件是原因，如此等等。但是，要从对结果起作用的诸多条件中挑选一个条件作为原因，不仅是极为困难和不现实的，而且会导致因果关系认定的随意性。况且，结果的发生，并非总是依赖于一个单纯的条件，在不少情况下，应当承认复数条件竞合为共同原因。所以，原因说在大陆法系国家刑法理论中已经没有地位。

相当因果关系说认为，根据一般社会生活经验，在通常情况下，某种行为产生某种结果被认为是相当的场合，行为与结果之间就具有因果关系。"相当"是指该行为产生该结果在日常生活中是一般的、正常的，而不是特殊的、异常的。相当因果关系说具有两个特色：一是排除条件说中不相当的情况，从而限定刑法上的因果关系范围；因为相当因果关系的认定，是在行为与结果之间具有条件关系的前提下，附加了"相当性"的要求。二是以行为时一般人的认识为标准判断行为与结果之间是否具有相当性。

合法则的条件说认为，因果关系并不是"没有该行为就不会发生该结果"的关系；只有根据科学知识，确定了前后现象之间是否存在一般的合法则的关联后，才能进行个别的、具体的判断。换言之，在认定因果关系时，首先确认存在一般的因果关系（因果法则），即确认是否存在可以适用于特定个案的自然科学的因果法则；然后认定"具体的因果关系"，即确认具体的事实是否符合作为上位命题的因果法则。所以，合法则的条件说所称的"合法则"，并不是指条件说所主张的逻辑性条件，也不是指相当因果关系说所称的生活经验，而是指当代知识水平所认可的法则性关系。易言之，因果法则关系的存在，必须得到当代最高科学知识水平的认可，如果根据这种科学知识难以理解，则不能承认因果关系。当然，如果经验法则与科学法则并不矛盾，这种经验法则也包含在"合法则"中。

重要说明确区分由条件说认定的因果关系与具体结果的发生在法律上的重要性。重要说不像相当因果关系说那样，将因果关系限定在相当的范围内，而是在承认条件说所确定的条件关系的基础上，按照具体的构成要件的意义与目的，以及构成要件理论的一般原理，确定结果归责的范围。换言之，因果关系包含两个问题，一是行为与结果之间的因果关系，根据条件说确定；二是该因果关系是否具有法的重要性，由具体的构成要件确定。重要说区分了因果的思考与归责的思考：根据条件说判断有无因果关系，根据一定的标准判断应否实行客观归责。这与后述的客观归责理论采取了相同的态度。但由于重要说仅将构成要件作为客观归责的标准，因而受到了客观归责理论的批判。

事实因果关系与法律因果关系说是英美刑法理论采取的学说。英美刑法对因果关系的判断分为两步：第一步是判断事实因果关系，第二步是判断法律因果关系。事实因果关系主要以条件关系作为判断标准，在适用条件关系不能得出妥当结论时，则补充适用实质因素标准。例如，在多因一果（并发原因或者共同原因）的场合，要根据生活经验与常识判断哪一个因素对结果的发生起到了实质作用（实质因素标准），进而肯定该行为与结果之间具有事实因果关系,将没有意义的"条件"排除在事实因果关系范围之外。法律因果关系,是法律确认的作为行为人对其行为所造成的结果承担刑事责任的客观根据的因果关系。换言之,法官要从引起结果的事实原因中,根据法律的标准挑选出应当承担刑事责任的部分。其中的基本标准是近因原则,亦即,与结果发生相接近的原因才能承担刑事责任。[①]

近年来流行的是客观归责理论。客观归责理论将因果关系与归责问题相区别,因果关系以条件说为前提,在与结果有条件关系的行为中,只有当行为制造了不被允许的危险,而且该危险是在符合构成要件的结果中实现(或在构成要件的保护范围内实现)时,才能将该结果归责于行为。所以,实行客观归责必须具备三个条件:一是行为制造了不被允许的危险;二是行为实现了不被允许的危险;三是结果没有超出构成要件的保护范围。

二、本书立场

如前所述,在行为犯的场合,由于行为与结果同时发生,所以,不需要判断因果关系与客观归责的问题。

在许多结果犯中,构成要件要素及其关系解决了因果关系与客观归责问题,故不需要另行判断。例如盗窃罪,被害人的财产损害当然可谓法益侵害结果,但是并不需要利用因果关系与客观归责理论,而是通过对客观构成要件的具体解释与判断,就可以得出妥当结论。首先,所谓窃取,是指违反被害人的意志,将他人占有的财产转移给自己或者他人占有,其中当然包含了对象的同一性。亦即,行为人占有的财物正是他人丧失占有的财物。于是,他人丧失财物占有的结果,当然归属于行为人的盗窃行为。

[①] 参见〔美〕约书亚·德雷斯勒:《美国刑法精解》,王秀梅等译,北京大学出版社2009年版,第167页以下。

由于杀人、伤害等罪的实行行为缺乏定型性,所以,当结果表现为他人伤亡时,引起该结果的行为是否属于刑法上的杀人、伤害行为,就难以下结论。于是,需要讨论因果关系与结果归属问题——伤亡结果是否由行为人的行为所引起。但是,将具有条件关系的行为宣布为不法的杀人、伤害行为不一定是有意义的,因为将一个行为宣布为不法的目的是禁止这种不法行为,或者说使一般人不实施这种不法行为。说一个行为造成了他人死亡(事实),并不意味着该行为是违反规范的(价值);将一个有重大因果偏离的结果归属于行为人,并不利于预防一般人造成这种结果。所以,必须目的性地判断什么行为是不法行为。这正是客观归责理论的要义。概言之,广义的客观归责理论首先从存在论的角度判断伤亡结果与行为之间具有因果关系,在得出肯定结论的前提下,再通过规范评价,得出能否将该结果归责于该行为的结论。

本书主张在构成要件符合性一章中,分别讨论各种构成要件要素(行为主体、实行行为、行为对象、结果、因果关系等),同时将传统刑法理论所讨论的因果关系分为两个部分——因果关系与结果归属。其中的因果关系,是基于存在论的事实判断;结果归属则是基于刑法目的的规范判断。不过,由于案件与判断的复杂性,很难将二者完全分离。事实上,因果关系的判断就可能包含规范判断,规范判断中也可能包含因果关系的判断。①

三、因果关系的判断

(一)基本前提

因果关系所讨论的是实行行为与法益侵害结果之间的因果关

---

① 由于"因果关系"有广义与狭义之分,本书在其他场合所称的因果关系也可能包含结果归属,恳请读者识别。

系。行为本身是否具有造成法益侵害结果的危险性，是对实行行为的判断，原则上不应当作因果关系的判断。① 换言之，因果关系中的原因，只能是类型化的实行行为，而不包括预备行为。② 因此，如果行为本身不具有法益侵害的危险甚至减少了法益侵害的危险，就不是实行行为，其与结果之间的关系就不是刑法上的因果关系。基于同样的理由，因果关系的判断以具有结果回避可能性为前提。如果缺乏结果回避可能性，就可以直接否认实行行为，因而可以直接否认因果关系。③

另一方面，因果关系中的"结果"是指具体的、特定样态、特定规模、特定发生时间与地点的法益侵害结果（具体结果观），而不是抽象意义上的结果。例如，即使是被害人死亡，也要分清是毒死还是渴死，是流血过多死亡还是窒息死亡，是被合法处死还是被非法杀害，如此等等。

在整个客观世界中，各种现象普遍联系，相互制约，形成了无数的因果链条。一种现象相对于被它引起的结果而言是原因，而它本身又是被某种现象引起的结果。所以，在认定因果关系时，一方面要善于从无数因果链条中抽出行为与结果这对现象；另一方面又不能割断事物之间的联系。例如，司法机关发现某种结果时，要查出谁的行为引起了该结果，先研究这一孤立的行为与结果之间的因果关系。但仅此还不够，还要注意普遍联系，查明该行为是否由他人的行为引起，查明该结果是否导致了其他结果。

在客观事物不断更替的运动中，一般表现为原因在先，结果

---

① 但事实上，某些情形下因果关系的判断已经包含了对实行行为的判断。
② 当然，此罪的预备行为可能是彼罪的实行行为。
③ 从刑法第 16 条关于不可抗力的规定也可以看出，结果回避可能性是成立犯罪的前提。

在后,结果不可能在原因之前存在。① 因此,司法机关只能在结果发生之前的行为中寻找原因。

因果关系总是特定条件下的客观联系,故不能离开客观条件认定因果关系。例如,甲在协和医院门前造成了乙濒临死亡的伤害,但由于抢救及时,乙幸免于难。A在荒山野外对B造成的伤害明显轻于乙受到的伤害,但由于抢救不及时而死亡。显然,不能否认A的行为与B的死亡之间具有因果关系。严格地说,被害人的特殊体质,并不是介入因素,而是行为时已经存在的特定条件。因此,由于被害人存在某种疾病或属于特殊体质,行为人所实施的通常情形下不足以致人死亡的暴力,导致了被害人死亡的,也应当肯定因果关系。例如,甲对乙实施伤害行为,虽然伤害行为本身不足以致乙死亡,但伤害行为导致乙心脏病发作而死亡的,应当肯定甲的行为与乙的死亡结果之间具有因果关系。② 再如,A刺伤B,伤势并不严重,但B因为患血友病而不治身亡,应当肯定A的行为与B的死亡结果之间具有因果关系。至于行为人是否认识到或者是否应当预见被害人存在疾病或者具有特殊体质,只是有无故意、过失的问题,不影响因果关系的判断。③

---

① 事实上存在原因与结果同时出现、同时存在的情况。
② 需要指出的是,在此例中得出具有因果关系的结论,并不意味着甲的行为成立故意伤害致死。因为结果加重犯的成立需要具备直接性要件。换言之,即使进一步肯定应当将死亡结果归属于甲的行为,甲也可能仅成立故意伤害罪与过失致人死亡罪的想象竞合,而不成立故意伤害致死。
③ 附带说明的是,在判断行为人对死亡具有故意、过失时,不以行为人认识或者可能认识到被害人的具体疾病为前提,而应综合各种情况进行判断。例如,对老年人实施伤害行为时,当然应当预见到被害人可能因为某种疾病的诱发而死亡,可以肯定故意伤害(致死)罪的成立。又如,行为人与被害人发生争吵时,或者对被害人实施暴力时,发现被害人生理反应异常。此时,行为人至少应当预见甚至已经预见实施或者继续实施暴力会造成被害人死亡。如果行为人实施或者继续实施暴力导致有特殊体质的被害人死亡的,应视具体情形认定为故意伤害(致死)罪或者故意杀人罪。

（二）基本标准

行为与结果之间有无因果关系首先要以条件说为标准进行判断。亦即，当能确定没有实行行为就没有侵害结果时，就可以肯定二者之间具有因果关系。

但是，条件说公式事实上是以人们已经认识到行为与结果之间的合法则关系为前提的。例如，当甲射击的子弹击中乙的心脏导致乙死亡时，人们之所以得出"如果没有甲的射击行为乙就不会死亡"的结论，进而肯定因果关系，是因为人们根据经验法则乃至科学法则知道子弹击中心脏是造成死亡的原因。然而，当A将花生给B吃导致B死亡时，如果不查明死亡的具体原因，人们不可能得出"如果没有A的行为B就不会死亡"的结论。另一方面，一种合法则地导致结果发生的行为，也可能不存在条件关系（如后述假定的因果关系）。于是出现了奇怪的现象：条件关系原本形成于经验法则或者科学法则，但符合经验法则或者科学法则时却又可能不具有条件关系。究其原因，主要是人们对结果过于抽象化。例如，甲让丙喝了致死量的毒药，在毒药起作用之前，乙使用铁棒殴打丙的头部造成丙颅脑损伤进而死亡。就甲的行为而言，如果采用条件关系的公式，可以说"即使没有甲的投毒行为丙也会死亡"，故甲的行为与丙的死亡没有因果关系（因果关系的断绝）。这一结论具有妥当性。就乙的行为而言，如果采用条件关系的公式，也可能说"即使没有乙的行为丙也会死亡"，故乙的行为与丙的死亡没有因果关系。但是这一结论明显不当。倘若将结果具体化，便可以说"如果没有乙的殴打行为，丙就不会因颅脑损伤而死亡"，故乙的行为与丙的死亡之间具有条件关系，这一结论又是妥当的。

在本书看来，条件说与合法则的条件说并不是一种对立关系，"实际上，作为通说的条件关系公式与合法则的条件公式，在结论上是同一的。"① 这是因为，一方面，行为与结果之间的条件关系，实际上以存在因果法则上的知识为前提。例如，在乙服用了甲给他的一种尚处于实验阶段的药后心脏病发作而死亡的案件中，人们之所以难以确定条件关系，因为在这方面还不存在因果法则上的知识。如果事后查明这种药具有引发心脏病的副作用，或者服用了这种药的人通常会心脏病发作，则既能肯定条件关系，也能肯定合法则的条件关系。另一方面，如果采取具体的结果观，条件说与合法则的条件说得出的结论不会有差异。

但是，就我国刑法所规定的滥用职权、玩忽职守等渎职罪而言，如果仅采取合法则的条件说，而不适当地采取条件说，就可能导致这类犯罪不能得到认定。例如，最高人民检察院 2008 年 11 月 6 日《关于加强查办危害土地资源渎职犯罪工作的指导意见》，就做好查办危害土地资源渎职犯罪案件工作指出："实施人员、监管人员明知决策者决策错误，而不提出反对意见，或者不进行纠正、制止、查处，造成国家土地资源被严重破坏的，应当视其情节追究渎职犯罪责任。"可是，在这样的场合，要认定实施人员、监管人员的行为与结果之间具有合法则的条件关系或许相当困难，但采取条件说，则可能肯定事实的因果关系。

如果既没有条件关系，也没有合法则的条件关系，则应否定因果关系。因果关系的断绝便是如此。亦即，前条件对某一结果还没有起作用时，与此无关的后条件导致了该结果的发生的，前条件与结果之间的因果关系被切断，前条件不是结果的原因。例如，甲以杀人故意向丙的食物中投放了足以致死的毒药，丙虽然吃了食物，但在该毒药还没有起作用时，乙开枪杀死了丙。一方面，乙的行为合法则地造成了丙的死亡，具有因果关系。另一方面，甲的行为与丙的死亡之间，不存在没有前者就没有后者的条

---

① 参见〔日〕井田良：《讲义刑法学·总论》，有斐阁 2008 年版，第 121 页。

件关系,更不存在合法则的条件关系,所以没有因果关系。

(三) 争议问题

1. 假定的因果关系

假定的因果关系,一般是指虽然某个行为导致结果发生,但即使没有该行为,由于其他情况也会产生同样结果。例如,死刑犯乙下午1时被执行死刑,在执行人扣动扳机的瞬间,被害人的父亲甲推开执行人,自己扣动扳机击毙了乙。是否承认甲的行为与乙的死亡结果之间具有因果关系,在理论上还存在争议。可以肯定的是,死刑犯是由甲开枪打死的,亦即,开枪行为合法则地引起了死亡结果(此时此地被非法处死的结果),对此,即使不适用条件关系的公式,也可以直接肯定因果关系。如果采用具体的结果观,适用没有前者就没有后者的条件关系公式,也能肯定因果关系。

2. 可替代的充分条件

A想杀死C,便在C准备进行穿越沙漠长途旅行的前夜,悄悄地溜进C的房间,把C水壶里的水换成无色无味的毒药。B也想杀死C,于同一夜里的晚些时候,溜进了C的房间,在C的水壶底部钻了一个小洞。次日晨,C出发了,他没有发现水壶上的小洞。两小时之后,C在沙漠中想喝水,但水壶是空的。由于没有其他水源,C在沙漠中脱水而死。这种情形与假定的因果关系并不完全相同(也有学者将其归入假定的因果关系)。如果以抽象的结果观适用条件关系的公式,A与B的行为都不是C死亡的原因,但这种结论难以被人接受。客观归责论以B没有在整体上恶化被害人的状况为由,仅将死亡结果归责于A。但本书认为,C是因脱水而死,这一具体结果是由B的行为合法则地造成的,故应当肯定B的行为与C的死亡之间具有因果关系。① 相

---

① 需要说明的是,由于B的行为不只是客观上防止了C被毒死,而且导致C脱水而死,故B的行为也不是偶然防卫。

反，A 的行为与 C 的死亡之间没有因果关系。此外，客观归责论的观点也不可能在刑事诉讼活动中得到贯彻。这是因为，如果说 C 是被 A 毒死的，就需要有被毒死的证据（如 C 的体内存在有毒物质），但事实上却并非如此。

3. 合义务的择一的举动

合义务的择一的举动，是指虽然行为人实施违法行为，造成了结果，但即使其遵守法律，也不能避免该结果的情形。德国曾有如下判例：被告人甲在一条笔直的 6 米宽的道路上驾驶着汽车，右侧的乙朝着相同的方向骑着自行车。按规则，汽车与行人应当保持 1.5 米的距离，但甲在只保持了 0.75 米距离的情况下超越骑自行车的乙，乙被车后轮轧死。事后查明，由于乙当时酩酊大醉，即使甲使汽车与乙保持法定距离，发生同样事故的盖然性仍然很高。于是，法院否认甲的行为与乙的死亡之间具有因果关系。但刑法理论上对此存在肯定说与否定说。否定说的理由是，即使甲保持法定距离，乙也会被轧死，因而不存在条件关系。本书倾向于赞成肯定说。其一，如果甲不超车，乙就不会死亡，故存在条件关系；其二，就具体的特定时间地点的死亡而言，甲的行为合法则地造成了乙死亡。其三，甲原本可以放弃超车，因而存在事实上的结果回避可能性。当然，就本案而言，既可能通过否认结果归属（乙的死亡结果与甲违反注意义务的行为之间缺乏关联性）来否认甲的行为构成犯罪，也可能以甲缺乏过失为由而不追究其刑事责任。

4. 二重的因果关系（择一的竞合）

两个以上的行为分别都能导致结果的发生，但在行为人没有意思联络的情况下，竞合在一起导致了结果的发生。例如，甲与乙没有意思联络，都意欲杀丙，并同时向丙开枪，且均打中了丙的心脏。在这种情况下，即使没有甲的行为或者没有乙的行为，丙都会死亡。否定说认为，甲、乙的行为与丙的死亡之间没有条件关系，因而没有因果关系。条件关系修正说或者整体考察说认为，应当对条件关系公式进行修正，即在数个行为导致一个结果的情况下，如果除去一个行为结果将发生，除去全部行为结果将不发生，则全部行为都是结果发生的条件。[①] 显然，这只是为了将结果归属于各人的行为而做出的修正，缺乏修正的根据与理由。根据合法则的条件说，只有证明了行为人发射的子弹或者所投放的毒药对被害人的死亡起到了作用，才能认定有因果关系。因此，至少可以肯定的是，如果存在时间先后关系，一方的行为对死亡并没有起作用，则应否定因果关系。例如，A 与 B 没有意识联络，都向 C 的食物中投放了致死量的毒药。如果证明 B 投放的毒药还没有起作用时 C 已死亡，就只能认为 A 的行为与 C 的死亡结果之间具有因果关系。

5. 重叠的因果关系

两个以上相互独立的行为，单独不能导致结果的发生（具有导致结果发生的危险），但合并在一起造成了结果时，就是所谓重叠的因果关系。例如，甲、乙二人没有意思联络，分别向丙的食物中投放了致死量 50% 的毒药，二人行为的重叠达到了致死量，丙吃食物后死亡。在这种情况下，由于甲、乙二人的行为分别都对丙的死亡起作用（可谓多因一果），故应肯定存在合法则的因果关系。

6. 因果关系的回溯禁止

争论的问题是，第三人或者被害人有意识地或者企图共同促进结果的发生时，前行为人的行为所促成的对结果具有原因力的因果关系，是否由于第三人或者被害人的行为而中断。例如，甲给丙注射了一剂毒药，在毒药刚开始发作时，乙对丙实施暴力，

[①] H. Welzel, Das Deutsche Strafrecht, 11. Aufl., Walter de Gruyter & Co., 1969, S. 41.

丙由于中毒而无力逃避乙的暴力，因而死亡。一种观点认为主张因果关系的回溯禁止，亦即，在判断因果关系时，不得追溯至前行为人的行为。据此，甲的行为与丙的死亡之间没有因果关系。另一种观点则反对因果关系的回溯禁止，因为如果禁止回溯，就不可能正确解释因果关系。① 在上例中，如果不考虑丙因中毒而导致身体虚弱这一条件，就不能解释乙为什么能顺利造成丙的死亡。换言之，正是因为甲的行为使丙身体变得虚弱，才使乙能顺利导致丙的死亡。② 在本书看来，因果关系的回溯禁止，只是一种人为的设定。根据条件关系的公式与具体的结果观，完全可以肯定甲的行为与丙的死亡之间具有条件关系。③

7. 救助性因果流程的中断

已经存在的某种条件原本可能阻止结果的发生时，行为人消除这种条件，导致结果发生的，称为救助性因果流程的中断。应当认为，中断救助性因果流程的行为，与结果之间具有因果关系。例如，一个救生圈正漂向落水的被害人，被害人可以马上抓住这个救生圈，但行为人拿走了救生圈，被害人溺死身亡。对此，应肯定拿走救生圈的行为与死亡结果之间具有因果关系。

8. 流行病学的因果关系

流行病学是研究疾病的流行、群体发病的原因与特征，以及预防对象的医学分支学科。其对原因的解明有助于刑法上因果关系的认定。根据流行病学理论，符合以下四个条件，就可以肯定某种因子与疾病之间具有因果关系：第一，该因子在发病的一定

---

① "回溯禁止"有旧学说与新学说之分。旧学说是从因果关系的角度展开讨论的，新学说是从结果归属的角度讨论的。此处是从因果关系的角度所做的说明。
② 参见〔德〕乌尔斯·金德霍伊泽尔：《刑法总论教科书》，蔡桂生译，北京大学出版社2015年版，第84—85页。
③ 恳请读者注意，这里只是讨论事实上的因果关系，显然不能据此直接得出甲对丙的死亡承担故意杀人既遂的刑事责任的结论。

期间之前起作用；第二，该因子的作用程度越明显，患病率就越高；第三，该因子的分布消长与流行病学观察记载的流行特征并不矛盾；第四，该因子作为原因起作用，与生物学并不矛盾。概言之，某种因子与疾病之间的关系，即使在医学上、药理学上得不到科学证明，但根据大量的统计、观察，能说明该因子对产生疾病具有高度的盖然性时，就可能肯定其因果关系。虽然流行病学因果关系是根据经验法则认定的因果关系，但它与科学法则并不矛盾，所以，也属于合法则的因果关系。因此，流行病学的这种因果关系论，也可以运用于公害犯罪因果关系的认定中。例如，某企业在一段时间内排放污水，随后附近居民开始患某种疾病；排放量越大，患疾病的人越多或者越严重。只要排放污水与居民患病之间的关系，与流行病学、生物学等科学法则不相矛盾，就可以认定排放污水的行为与居民患病之间具有合法则的因果关系。

四、结果归属的判断

结果归属是一种规范评价，建立在事实的因果关系基础之上。当行为与结果之间具有前述因果关系时，需要再进行结果归属的判断。只有当结果应当归属于实行行为时，行为人才对结果负责。

（一）一般规则

1. 危险的现实化

只有当行为与结果之间具有条件关系，而且行为的危险已经现实化为侵害结果时，才能将该侵害结果归属于行为。

首先，没有结果回避可能性时，不能将结果归属于行为。如护士在注射抗生素时没有为患者做皮试，患者因注射抗生素而死亡。但事后查明，即使做皮试也不能查出患者的特殊反应。由于结果不具有回避可能性，故不能将死亡结果归属于护士的行为。①

其次，危险没有现实化时，不能将结果归属于行为。例如，甲以杀人故意用枪将被害人打伤后，被害人在医院遇到火灾被烧死。在此，枪杀的危险并没有现实化，故不能将死亡结果归属于枪杀行为。在这种死因不同（中枪身亡与烧死）的案件中，只要采用具体的结果观（如毒死与渴死是两种不同的死亡结果），就容易判断行为的危险是否现实化。再如，A 将水性不好的 C 推入水库后离开现场，但 C 立即就能够抓住身边的可以保住性命的木板，此时与 A 没有意思联络的 B 迅速拿走了这块木板，导致 C 溺水身亡。不能认为 A 的行为的危险性已经现实化，而应将死亡结果归属于 B 的行为。

最后，行为没有引起注意规范的保护目的所指向的结果时，不能将结果归属于行为。亦即，行为虽然违反了注意规范，但所造成的结果并不是注意规范所禁止的结果时，排除结果归属。例如，A 酒后在封闭的高速公路上驾驶机动车，撞死了突然违章横穿高速公路的 B。禁止酒后驾驶的规范，是为了防止因丧失或减轻控制车辆的能力而造成伤亡结果，所以，不能将 B 死亡的结果归责于 A 的酒后驾驶行为。②

---

① 日本有学者认为，缺乏结果回避可能性意味着缺乏条件关系（参见〔日〕町野朔：《刑法总论讲义案Ⅰ》，信山社 1995 年第 2 版，第 155 页；〔日〕山口厚："因果关系论"，载〔日〕芝原邦尔等编：《刑法理论的现代的展开（总论）Ⅰ》，日本评论社 1988 年版，第 43 页）。如果采用合法则的条件关系说，则应肯定具有条件关系。

② 当然，在这类案件中，究竟是结果归属的问题还是实行行为的问题，还值得进一步研究。例如，当刑法分则条文所规定的构成要件行为以违反注意规范为前提时，要判断一个行为是否符合构成要件，就必须判断该行为是否违反注意规范；而在判断该行为是否违反注意规范时，就必须考虑注意规范的保护目的。所以，注意规范的保护目的，完全可以作为实行行为的内容来把握。如果仅当作危险是否实现的问题来考虑，则可能将一些原本没有实行行为的案件认定为犯罪未遂，这可能不合适。当然，也不排除另一种可能，即行为是否违反注意规范是实行行为的问题，而注意规范的保护目的则是结果归属时应当判断的问题。

2. 构成要件的效力范围

在某种意义上说，构成要件效力范围的判断，实际上是对实行行为与结果本身的判断。

首先，在防止结果的发生属于他人负责的领域时，该结果不能归属于行为人的行为。例如，机动车驾驶者甲撞伤乙后，警察立即将具有救助可能性的乙送往医院，但途中发生事故导致乙死亡。由于防止死亡结果的救助义务已经属于警察负责的范围，故不能将死亡结果归属于甲的行为。①

其次，在结果不是构成要件禁止内容时，排除结果归属。例如，刑法规定强奸罪是为了保护妇女的性行为自主权，所以，强奸行为造成的社会影响不是强奸罪构成要件禁止的内容，因而不能将社会影响归属于强奸行为。

（二）具体判断

在通常情况下，结果归属并不存在特别疑问。值得讨论的问题是，在案件存在介入因素的场合，如何判断结果归属。总的来说，需要考虑四个方面的因素：(1) 行为人的实行行为导致结果发生的危险性大小；(2) 介入因素异常性大小；②(3) 介入因素对结果发生的作用大小；(4) 介入因素是否属于行为人的管辖范围。例如，在同样是介入了医生的重大过失引起被害人死亡的案件中，如果先前的行为只是导致被害人轻伤，则不应将死亡结果归属于先前行为；如果先前行为导致被害人濒临死亡的重伤，则

---

① 如果采取具体的结果观，也可以认为缺乏条件关系与合法则的条件关系。
② 刑法第229条规定：承担资产评估、验资、验证、会计、审计、法律服务等职责的中介组织的人员，"严重不负责任，出具的证明文件有重大失实，造成严重后果的，处三年以下有期徒刑或者拘役，并处或者单处罚金"。可以肯定的是，在通常情况下，并不是出具失实证明文件的行为本身造成严重后果，而是其他人以该证明文件为根据实施的相关行为（介入行为）造成严重后果。这足以说明，介入行为的正常性不会影响结果归属。

能够将死亡结果归属于先前行为。但是，在被害人受伤后数小时，他人故意开枪杀死被害人的，则不能将死亡结果归属于先前的伤害行为。再如，如果 A 的行为已经导致 C 濒临死亡的重伤，B 后来对 C 实施殴打，只是导致 C 的死亡时间略微提前的，也应将死亡结果归属于 A 的行为（当然，也可能同时将 C 的死亡结果归属于 B 的行为）。但是，如果 B 开枪射杀已经受伤的 C，即便 C 不受伤也不能避免枪杀的，则只能将 C 的死亡结果归属于 B 的行为，而不能归属于 A 的行为。介入情况的异常与否，对判断因果关系也具有意义。前行为必然导致介入情况、前行为通常导致介入情况、前行为很少导致介入情况、前行为与介入情况无关这四种情形，对判断因果关系所起的作用依次递增。[①] 但是，如果介入因素是行为人的管辖范围，那么，通常能够将结果归属于行为人的行为。

第二节 违 法 性

第一款 违法性的基本理论

一、违法性的意义

如前所述，不法是指行为符合构成要件且违法，符合构成要件的行为通常具有违法性。所以，违法性的判断并不是积极的判断，而是消极的判断。换言之，在行为符合构成要件的前提下，只要没有违法阻却事由，该行为就具有违法性。但是，要讨论违法阻却事由，首先必须明确违法性的含义。

犯罪行为必须是实质上为法律所不允许的行为，即必须是违

[①] 参见〔日〕前田雅英：《刑法总论讲义》，东京大学出版会 2015 年第 6 版，第 134 页以下。

法的行为。如果客观上不存在违法性，就不会存在对违法行为的非难，因而不可能成立犯罪。这是将违法性与有责性分别论述的意义之所在。所谓违法，就是指行为违反法律，即行为为法律所不允许，在法律上是无价值、反价值的（这只是一般性定义，必须联系后述违法性的本质来理解）。

刑法分则的某些条文，有时也使用"违法""非法"概念。对此，应当分为不同情形：其一是对违法性的例示，如刑法第238条的"非法拘禁他人"。在这种场合，分则条文原本可以仅表述为"拘禁他人"。因为刑法所禁止的当然是非法拘禁他人的行为。分则条文之所以特别例示，也是因为客观上存在合法拘禁他人因而并不构成犯罪的情形（在此意义上说，是对可能存在违法阻却事由的提示）。这种例示同时表明，符合构成要件的行为都是具有违法性的行为。其二是要求行为违反国家规定或者行政法规的情形。例如，刑法第155条规定："直接向走私人非法收购国家禁止进口物品的，或者直接向走私人非法收购走私进口的其他货物、物品，数额较大的"，以走私罪论处。其中的"非法"就是指违反海关法规，其与刑法上的违法性不是等同概念。[①] 其三是属于责任要素的情形，如"非法占有目的"就属于主观要素，而不是客观违法性的要素。[②]

二、形式的违法性与实质的违法性

形式的违法性，意指行为违反法规范，违反法的禁止或命令。换言之，形式的违法性，是从形式上将违法定义为违反实定法。根据形式的违法性论，在德国、日本的三阶层体系中，只要

---

① 与此相似的表述是"违反……法规""违反国家规定"等，它们与刑法上的违法性也不是等同概念。
② 当然，非法占有目的中的"非法"也要求客观上具有非法性。

行为符合构成要件,而又不具备法定的违法阻却事由,即具有违法性。

将违法性解释为违反实定法规,是最容易被人们理解的。但是,形式的违法性论没有说明违法性的实体,人们不能不进一步问:"法秩序禁止什么、允许什么?"另一方面,形式的违法性论,否认了超法规的违法阻却事由。于是,出现了实质的违法性论,它是用"违反实定法规"以外的实质的根据来说明违法性的。实质的违法性,有利于考察行为的违法程度,有利于对构成要件的解释以及对构成要件符合性的判断,还有利于合理确定正当化事由的根据与范围。

现在,关于实质的违法性的理解,主要是法益侵害说与规范违反说的争论。规范违反说认为,违法性的实质是违反法规范或者违反法秩序。其中可以分为两种学说:一种是伦理规范违反说,另一种是法规范违反说。伦理规范违反说"实质的特色,在于用违反道义秩序、缺乏社会的相当性等说明法规范违反的内容。"[①] 法规范违反说认为,违法性的实质是对法规范的违反。详言之,犯罪人之所以受到谴责,是因为他虽然有能力遵守却没有遵守法规范。其中的法规范,既不是指社会伦理规范,也不限于刑法规范,而是作为一般人行动基准的行为规范。

根据我国刑法的规定,刑法的任务与目的是保护法益。反过来,对法益的侵害或者威胁,也就成为刑法禁止的根据。换言之,刑法之所以以刑罚禁止某种行为,是因为它侵害或者威胁了法益。所以,侵犯法益是违法性的实质。本书采取法益侵害说。

形式的违法性与实质的违法性不一定是相对立的概念,将二者相结合有利于说明违法性的本质。

---

① 〔日〕前田雅英:《刑法总论讲义》,东京大学出版会2015年第6版,第31页。

三、客观的违法性与主观的违法性

客观的违法性论将法律理解为客观的评价规范，不管行为人的主观能力如何，只要客观上违反法律就具有违法性。这样，无责任能力人的侵害行为也具有违法性，对之应当允许进行正当防卫。

主观的违法性论将刑法规范理解为对行为人的命令性规范，因此，违反刑法规范的人必须是能够理解规范内容的人，只有能够做出意思决定的人的行为，才谈得上有无违法性的问题（命令说）；违法性的有无，只能就有责任能力人的行为而言。于是，不能将精神病患者等无责任能力人的行为认定为违法行为。

本书采取客观的违法性论。首先，违法性的实质是对法益的侵害与威胁，而行为是否侵害或者威胁了法益，与行为人的主观能力以及有无故意、过失没有关系。如前所述，精神病人杀害他人的行为与正常人杀害他人的行为，在侵害了他人生命这一点上没有任何差异。其次，采取客观的违法性论，有利于合理区分违法性与有责性，不至于单纯从总体上判断行为是否构成犯罪。再次，客观的违法性论有利于解决刑法的诸多问题。例如，采取客观的违法性论，对精神病患者的杀人、伤害等行为就可以顺理成章地制止乃至防卫。最后，即使承认主观的违法要素（如目的、未遂犯的故意等），也不影响客观的违法性论的成立。因为在将行为人的上述内心作为违法判断的对象时，不是从责任评价的观点进行评价的，而是从有无法益侵害及其危险这种事实进行评价的。

四、结果无价值与行为无价值

结果无价值论与行为无价值论，原本是关于违法性实质（实体、根据）的对立，但现在，这种对立已经扩展到整个犯罪论领域。① 所以，国外不少学者在构成要件论中讨论结果无价值与行为无价值问题。对于行为现实引起的对法益的侵害或者威胁（危险）所作的否定评价，称为结果无价值（Erfolgsunwert）；对于与结果切断的行为本身的样态所作的否定评价，称为行为无价值（Handlungsunwert）。②

结果无价值论的基本立场是，刑法的目的与任务是保护法益，违法性的实质（或根据）是法益侵害及其危险；没有造成法益侵害及其危险的行为，即使违反社会伦理秩序，缺乏社会的相当性，或者违反了某种行为规则，也不能成为刑法的处罚对象；应当客观地考察违法性，主观要素原则上不是违法性的判断资料，故意、过失不是违法要素而是责任要素；违法评价的对象是事后查明的客观事实。结果无价值论被称为物的违法论。物的违法论所强调的是行为人的主观能力与主观意识不是违法评价对象。特别需要说明的是，结果无价值中的"结果"，不仅指现实的法益侵害，还包括法益侵害的危险。

本书采取结果无价值论的立场。结果无价值论的基本优势在于：（1）刑法的目的具有明确性：任何行为，只要没有侵害、威胁刑法所保护的法益，刑法就不得干预。换言之，结果无价值论不至于使用刑法推行伦理，从而有利于保障国民的行为自由。这一点在价值多元的时代特别重要。（2）什么行为具有违法性，什

---

① 参见〔日〕前田雅英：《现代社会与实质的犯罪论》，东京大学出版会 1992 年版，第 76 页以下；张明楷：《刑法的基本立场》，中国法制出版社 2002 年版，第 170 页以下。
② 行为无价值与结果无价值是日本学者根据德语翻译而成。有学者认为，译为行为反价值与结果反价值比较合适。但约定俗成的缘故，现在一般使用行为无价值与结果无价值的概念。所要注意的是，行为无价值与结果无价值并不只是分别说，行为、结果没有什么价值或者价值中立，而是分别说，行为、结果是恶的。行为无价值即行为"恶"，结果无价值即结果"恶"。那么，违法性的根据究竟是行为恶还是结果恶，便成为行为无价值论与结果无价值论争论的焦点问题。

么要素影响违法性，显得非常清晰。正如行为无价值论者所言："结果无价值论的功绩，在于明确了违法判断的内容及违法要素的范围，必须由该刑罚法规所预定的规制目的、保护目的予以限定。"① （3）由于客观地判断违法性，否认故意、过失是违法要素，从而使违法性的判断更为客观，将有责性的判断建立在违法性的基础之上，既有利于实现法益保护原则，也有利于贯彻责任主义。（4）结果无价值论在违法阻却事由、未遂犯、共犯等问题上，都可以妥当地处理相关难题。

五、可罚的违法性

可罚的违法性的理论认为，某种行为即使在形式上符合构成要件，并且不具有违法阻却事由，但如果不具有可罚的违法性，也不成立犯罪。

本书认为，可罚的违法性是一个不必要的概念。因为刑法上的违法性是客观的法益侵害或者威胁，这种违法性当然必须达到值得科处刑罚的程度。换言之，刑法上的违法性是判断行为是否值得处罚的要件，所以，具有刑法上的违法性，也就具有了值得科处刑罚的违法性，没有必要再使用可罚的违法性的概念。此外，只要对构成要件进行实质的解释，可罚的违法性概念就是多余的。而且，可罚的违法性概念，引起了许多混乱。

第二款　违法阻却事由概述

一、违法阻却事由的概念

不法的判断成为两个客观事实的判断：是否存在符合构成要件的事实与是否存在违法阻却事由。换言之，不法可以分为两个

---

① 〔日〕井田良：《犯罪论的现在与目的的行为论》，成文堂1995年版，第147页。

问题：一是刑法禁止什么？二是在法益之间发生冲突时，刑法允许什么优先？例如，刑法是否应当禁止公然猥亵（如裸体站在马路旁）行为？有人认为这种行为没有侵害法益，故不应禁止；有人认为这种行为侵犯了社会伦理秩序，故应予禁止。这种对立属于第一个问题，与构成要件及其解释相对应。① 又如，倘若刑法将公然猥亵规定为犯罪，那么，当特定的公然展示裸体的行为具有高度艺术性时，是否应当以艺术性优先，例外地允许这种行为？这属于第二个问题，与违法阻却事由相对应。再如，刑法规定了侮辱罪，旨在禁止贬损他人名誉的行为。这属于第一个问题。而当报道活动侵害了他人名誉时，在什么情况下该报道活动被允许因而不违法。这属于第二个问题。

如果认为构成要件是形式的、记述的类型，则上述两个问题都是构成要件符合性判断之后的实质违法性的判断问题。根据本书的观点，构成要件是违法类型，符合构成要件的行为原则上具有违法性。所以，不需要在构成要件事实之外寻找违法性的根据。否则，必然违反罪刑法定原则。换言之，构成要件之外的违法性判断，仅仅是有无违法阻却事由的判断。

二、违法阻却事由的根据

符合构成要件的行为在什么情况下阻却违法，是违法阻却事由的根据问题。显然，违法性阻却的根据与违法性的实质，是一个问题的两个方面。所以，一方面要以实质的违法性为指导解释构成要件，另一方面要以实质的违法性为根据理解和认定违法阻却事由。

---

① 在刑法没有规定公然猥亵罪的情况下，这一问题在于刑法分则应否规定公然猥亵罪的构成要件及其法定刑。在刑法分则已有规定的情况下，这一问题在于如何解释构成要件。例如，刑法第301条规定的聚众淫乱罪，是否意味着禁止数名成年人秘密实施的换偶行为？这便是如何以违法性为指导对构成要件进行解释的问题。

根据结果无价值论的观点，违法的实质是法益侵害，故只能将法益侵害的否定作为违法阻却事由的根据。一方面，如果由于特别原因或情况，不存在值得保护的法益（缺乏法益保护的必要性）时，行为就没有侵害法益，因而阻却违法性（法益性的阙如）。① 典型的是，基于被害人的承诺或推定的承诺而阻却违法的事由。另一方面，对某种法益的损害是保护另一法益所必需的手段时，对相关法益（所保护的法益与所损害的法益）进行衡量（法益衡量），在整体上的评价结论是，所保护的法益与所损害的法益相等或者优于所损害的法益时，便阻却行为的违法性（同等利益、优越利益的保护）。典型的是，正当防卫、紧急避险以及自救行为等。

法益性阙如的情形，也可能被认为阻却构成要件符合性。因为构成要件原本就是对"引起法益侵害或者危险"的违法行为的类型化。既然不存在值得保护的法益，就可以认为行为不符合构成要件。例如，盗窃罪的成立，以转移财物占有的行为违反被害人的意志为前提，如果被害人同意将财物转移给行为人占有，行为人的行为就不可能符合盗窃罪的构成要件。再如，经妇女真实同意而与之性交的行为，不可能符合强奸罪的构成要件。在此意义上说，法益性阙如时，不仅阻却违法性，而且阻却构成要件符合性。不过，在这样的场合，因为不可能形成刑事案件，一般不会进行构成要件符合性的判断。当行为人客观上损害了被害人的利益，而该利益又不值得保护时，仍然有可能认为该行为符合构成要件，只是阻却违法性。例如，甲毁坏了乙价值数十万元的财物，但该毁坏行为征得了乙的同意。在这样的场合，仍然可以说，甲的行为虽然符合故意毁坏财物罪的构成要件，但由于乙放

---

① 虽然不是法益性的阙如，而是法益性的减少，但如果减少后该法益不值得刑法保护时，也可能属于违法阻却事由。

弃了自己的利益（不需要刑法保护），故阻却行为的违法性。不难看出，在法益性阙如的场合，既可能认为阻却构成要件符合性，也可能认为阻却违法性。本书虽然主张对构成要件进行实质解释，但由于构成要件符合性的判断是一种类型性的判断，上述甲的行为客观上的确毁坏了乙的财物，所以，将上述征得乙同意的行为作为违法阻却事由处理。

法益衡量的情形，没有争议地被认为是违法阻却事由。对此，有几点需要说明：第一，法益衡量以法益之间的冲突为前提。法益冲突不仅存在于事实关系中，而且存在于规范关系中。例如，为了避免洪水造成多数人伤亡，而不得已采取淹没农田的分洪措施（紧急避险），可谓事实关系中的法益冲突。再如，甲在对乙实施不法侵害时，虽然与第三者丙不存在冲突关系，但是，当丙基于规范的允许性对甲进行正当防卫时，则应当认为丙与甲存在规范关系中的法益冲突。第二，当行为保护的法益大于（优越于）所损害的法益时，法益衡量的结论必然是阻却违法性。不仅如此，当行为保护的法益等于所损害的法益时，意味着没有造成法益侵害，同样阻却违法性。第三，法益衡量并不意味着仅考虑行为的结果、法益的价值，而是主张同时考虑事态的紧迫性、行为的必要性。因为法益必须尽可能受到保护，在事态并不紧迫，或者存在其他侵害性更低的替代手段时，原则上不应当采取符合构成要件的行为。第四，如后所述，虽然在正当防卫情况下，即使防卫行为所造成的损害似乎大于所避免的损害，也可能阻却违法性，但并不能由此否认法益衡量说。换言之，在正当防卫的场合，如果综合考虑各种因素，防卫行为所造成的损害并没有大于所避免的损害。

三、主观的正当化要素

主观的正当化要素，意味着由于存在正当化的认识、意思，而使行为正当化的要素。具体来说，正当防卫时的防卫意识、紧急避险时的避险意识，就是主观的正当化要素。但是，正当化事由的成立，是否以行为人主观上具有正当化要素为前提，存在争论。

行为无价值论肯定主观的正当化要素。基本理由是，一种行为只有在既不存在行为无价值，也不存在结果无价值时，才是合法的。行为人以犯罪故意实施的行为符合正当防卫、紧急避险的客观条件时（如后述偶然防卫），至少存在行为无价值，所以不能正当化。例如，井田良教授指出："如果对通常的积极的构成要件要素缺乏故意，就不能认定存在故意犯的严重的规范违反性；与此完全相同，就作为消极的构成要件要素的违法阻却事由而言，为了看到与之相应的法的效果，也必须将其纳入行为人的认识、行为人的实现意思中。倘若认为违法阻却事由也属于行为规范，那么，如果不是认识到属于违法阻却事由的事实而实施行为，就不能阻却行为不法。即使行为人没有认识到这种事实而偶然地造成了正当化的结果，也仅因为行为人主观上纯然的规范违反的事实，就可以肯定其故意的规范违反性。倘若行为人对违法阻却事由没有认识，仅仅因为客观上实现了正当化事情，就否定其规范违反性，那么，行为不法的有无，就由对行为人而言属于偶然的事项来左右，因而不可能期待通过给予制裁产生规范维持的效果（亦即，从一般预防的观点来看是逆机能的）。"①

本书否认主观的正当化要素。当一种行为客观上没有侵犯法益，或者在损害法益的同时保护了另一同等或者更为优越的法益时，这种行为便没有违法性。即使行为人在实施这种行为时具有犯罪的故意，也不能仅仅根据其故意内容认定犯罪，否则便是主观归罪。即使认为故意是主观的违法要素，但故意的违法性以客

---

① 〔日〕井田良：《刑法总论的理论构造》，成文堂2005年版，第140页。

观行为的违法性为前提，仅有故意不能肯定违法性的存在。如果将故意的规范违反性作为处罚根据，就意味着犯意本身成为处罚根据，这显然不合适。换言之，基于事后的判断，如果没有发生违法结果的危险性，客观上又存在正当化事实时，因为缺乏法益侵害及其危险，便阻却行为的违法性。行为不法的程度可能由偶然的事项来左右（如犯罪未遂），同样，行为不法的有无由偶然的事项来左右也并非不可能。诚然，刑法关于违法阻却事由的规定也可能属于行为规范，但是，这种行为规范并不是禁止规范与命令规范，只是允许性规范。亦即，正当防卫的规定告诉一般人，面对正在进行的不法侵害时可以进行正当防卫，而不是禁止或者命令一般人进行正当防卫。一个人碰巧做了法律上允许的事情时，即使他不知道该事情被法律所允许，或者不知道该事情的真相，也不应当以其主观内容为根据否认其行为被法律所允许。

四、违法阻却事由的分类

要对违法阻却事由进行分类，首先必须明确哪些事由是违法阻却事由，哪些事由是责任阻却事由（消极的责任要素）。一般来说，二者是容易区分的，存在争议的是紧急避险。应当认为，紧急避险既可能是违法阻却事由，也可能是责任阻却事由，但我国刑法没有明文区分这两种情形，故本书在本章一并探讨紧急避险。

刑法理论可以根据不同的标准对违法阻却事由进行不同的分类。例如，依照违法阻却的根据，可以将违法阻却事由分为基于法益性阙如（不法阙如）原理的违法阻却事由与基于优越的利益原理（法益衡量）的违法阻却事由。前者如基于被害人的承诺的行为、基于推定的承诺的行为等，后者如正当防卫、紧急避险。根据违法阻却事由是否具有刑法的明文规定，可以将违法阻却事由区分为法定的违法阻却事由与超法规的违法阻却事由。前者如正当防卫、紧急避险；后者如基于推定的承诺的行为。

我国刑法明文规定了正当防卫、紧急避险两种违法阻却事由，但除此之外，事实上还存在其他公认的违法阻却事由。例如，被害人的承诺、推定的承诺、假定的承诺、自损行为等，虽然没有刑法的明文规定，但属于因法益性的阙如阻却违法的事由（也可以说是基于自己决定权的违法阻却事由）；再如，法令行为、正当业务行为、治疗行为、自救行为、义务冲突等，虽然也没有刑法的明文规定，但属于基于法益衡量阻却违法的事由。以下先论述刑法明文规定的正当防卫与紧急避险，然后分别论述其他因法益性的阙如阻却违法的事由和基于法益衡量阻却违法的事由。

第三款　正　当　防　卫

一、正当防卫概述

根据刑法第20条的规定，正当防卫，是指为了保护国家、公共利益、本人或者他人的人身、财产和其他权利免受正在进行的不法侵害，采取对不法侵害人造成或者可能造成损害的方法，[①] 制止不法侵害的行为。正当防卫分为两种：一般正当防卫（刑法第20条第1款）与特殊正当防卫（刑法第20条第3款）。后者是针对正在进行的严重危及人身安全的暴力犯罪所进行的防卫，不存在防卫过当的问题；前者是针对正在进行的其他不法侵害所进行的防卫，具有防卫限度因而存在防卫过当的问题。

刑法第20条规定，正当防卫"不负刑事责任"。显然，这里

[①] 不法侵害正在进行时，通过造成不法侵害者的身体伤害从而制止不法侵害的，当然是正当防卫；与此同时，防卫人面临重大侵害时，向不法侵害人开枪但没有打中的行为，也是正当防卫。

的不负刑事责任,并不是指正当防卫行为违法但不具备有责性。换言之,上述"刑事责任"是指作为犯罪法律后果的刑事责任,而不是指作为犯罪成立条件的有责性(责任)。

正当防卫的特点是制止正在进行的不法侵害、保护法益,处理与正当防卫有关的一切问题时,都要把握这一特点。单纯从正当防卫行为损害了不法侵害者的利益这一点来看,正当防卫符合某些犯罪的构成要件,但是,正当防卫保护了更为优越(至少同等)的法益,刑法也明文允许正当防卫,所以,正当防卫既不具备形式违法性,也不具备实质违法性。

由于正当防卫的成立不以其造成的损害小于所避免的损害为前提,所以,刑法理论一直讨论正当防卫的正当化根据。换言之,为什么防卫行为造成的损害大于所避免的损害时,也不违法?德国的通说以个人的保全与法的确证两个原理来说明。个人的保全原理,是指法律允许个人采取各种必要的防卫性保护措施,或者说,受到不法侵害行为攻击的人可以采取必要手段保全自己。据此,个人受到不法侵害行为攻击时,没有退避义务。法的确证原理,是指对不法侵害的防卫,可以实现"法的恢复"(维护"法"本身,表明不法侵害行为被法所禁止),使国民的规范意识得以维持和强化或者抑制不法行为。[①]

本书难以赞成德国的通说。个人的保全虽然具有一定的合理性,但与我国刑法的规定不相符合。因为个人的保全原理意味着不能针对侵害公法益的行为进行防卫,而我国刑法允许为了国家利益、公共利益进行防卫。法的确证原理实际上将正当防卫作为对不法行为的报应与一般预防的手段。可是,正当防卫在性质上与适用条件上并不同于刑罚措施(如刑罚以行为人具有责任为前提,但正当防卫并不以不法侵害者具有责任为前提)。此外,法

---

① 参见张明楷:《外国刑法纲要》,清华大学出版社 2007 年第 2 版,第 155 页以下。

的确证原理只不过是一种循环论证,而且其内容也不明确,导致极度不成比例的防卫行为(如将执意窃取少量财物的小偷击毙)也可能成立正当防卫。

在本书看来,正当防卫的正当化根据依然是法益衡量说。一方面,如果防卫行为所造成的损害与不法侵害可能造成的损害悬殊,无论如何也不能认定为正当防卫,如为了保护笼中一鸟而杀害盗窃犯的,不管具有多大的必要性也不得认定为正当防卫。这是法益衡量决定的。另一方面,正当防卫是在紧急状态下实施的行为,在面临紧迫的不法侵害的情况下,防卫人没有退避的义务(具有在现场自由活动的权利),因为"正当没有必要向不正当让步";不法侵害者的法益虽然没有被完全否定(并非法益性的阙如),但在正与不正的冲突中只能通过损害不法侵害者的利益来解决冲突,故不法侵害者利益的保护价值在防卫的必要限度内被否认(法益性的减少或者保护性的降低),于是,应受保护的法益优越于不法侵害者的利益(也可以说,不法侵害者的利益实质上受到了缩小评价)。此外,在事实上,不法侵害人不仅侵害了其原本正在侵害的法益,而且通常都会针对防卫行为本身实施新的侵害行为。如果考虑到不法侵害人的双重侵害,防卫人在正当防卫限度内所造成的损害,并没有大于不法侵害人所造成的侵害。概言之,如果全面地进行综合判断,正当防卫所造成的损害并不大于其所避免的损害;人们通常所说的"正当防卫所造成的损害大于所避免的损害"只是一种表面现象。所以,正当防卫的正当化根据依然可以用优越的利益原理来说明。

二、一般正当防卫

(一)正当防卫的条件

公民在进行正当防卫的时候,不得不当地损害其他法益,否则就会造成新的不法侵害。因此,实施正当防卫必须符合一定条件。

1. 必须存在现实的不法侵害行为

正当防卫以存在现实的不法侵害为前提。现实的不法侵害，是正当防卫的起因条件。

(1) 不法性

不法侵害的"不法"即违反法律，但与刑法理论上的符合构成要件且违法意义上的"不法"，不是等同概念。可以认为，不法侵害既包括犯罪行为，也包括其他一般违法行为，但又不是泛指一切违法犯罪行为。首先，不法侵害包括犯罪行为与其他一般违法行为。其次，并非对任何违法犯罪行为都可以进行防卫，只是对那些具有攻击性、破坏性、紧迫性、持续性的不法侵害，在采取正当防卫可以减轻或者避免法益侵害结果的情况下，才宜进行正当防卫。例如，对于不履行合同的民事违法行为，不应进行正当防卫。再如，假冒注册商标罪、重婚罪、贿赂罪等虽然是犯罪行为，却不能对之进行正当防卫。基于同样的理由，对于单位犯罪本身一般不能进行正当防卫（当然也有例外）。此外，对于轻微的不法侵害，对于处于被保护、被监护地位的人的一般不法侵害，对于非暴力的敲诈勒索行为，对于自己所引发的一般侵害行为，不宜实行正当防卫。在此意义上说，正当防卫以必要性为前提。

对合法行为不得进行正当防卫是不言而喻的。因此，对正当防卫、紧急避险（除有特别的说明外，指阻却违法的紧急避险）行为不能实行正当防卫。

对于未达到法定年龄、不具有责任能力的人的侵害，能否实施正当防卫，是我国刑法理论颇有争议的问题。本书采取客观的违法性论，认为未达到法定年龄、不具有责任能力的人的法益侵害行为同样属于不法侵害，应当允许对其进行正当防卫。另一方面，正当防卫并非对不法侵害行为的制裁，而是针对不法侵害所采取的法益保护手段，故不能像制裁犯罪与其他一般违法行为那样，要求正当防卫所针对的不法侵害同时具备有责性。不过，由于法益应当尽可能受到全面保护，在对未达到法定年龄、无责任能力的人的不法侵害采取回避措施并不存在特别负担的情况下，不宜进行正当防卫。换言之，面对未达到法定年龄、无责任能力的人的不法侵害时，对防卫行为应当予以限制，虽然不要求只能在不得已的情况才进行防卫，但应尽量限制在必要的场合。

不法侵害不限于故意的不法侵害，对于过失的不法侵害，只要符合其他条件的，也可以进行正当防卫。诚然，过失行为只有造成了侵害结果时才成立犯罪，过失犯罪成立之时，也是不法侵害结束之时，似乎不能对其进行正当防卫。然而，过失犯罪也有实行行为，实行行为与结果的发生之间会有时间上的间隔；虽然行为人在实施过失行为时没有预见结果发生或者虽然已经预见但轻信能够避免，但有些过失行为在客观上包含着造成结果的极大可能性甚至必然性。在这种情况下，没有理由禁止正当防卫。① 同样，对于无过失的不法侵害行为，符合其他条件的，也可以进行正当防卫。例如，甲利用无过失的乙实施紧迫的不法侵害行为时，对乙可以实施正当防卫。概言之，根据结果无价值论的观点，故意、过失只是责任要素，而不是违法要素，所以，即使是没有故意、过失的法益侵害行为，也是不法侵害，受侵害者或者第三者当然可以进行正当防卫。至于是否存在防卫的必要以及如何确定防卫的限度，则是另外的问题。

---

① 例如，聋哑人甲在狩猎时，误将前方的 A 当作野兽正在瞄准即将射击；与甲一同狩猎、处在甲身后较远处的乙发现了甲的行为，于是向甲开枪，打伤其胳膊，保护了 A 的生命。本书认为，对乙的行为应评价为正当防卫。再如，对假想防卫也可以进行正当防卫。

（2）侵害性

作为防卫对象的侵害，一般是指对法益的威胁。① 即只有当行为威胁法益时，才能对之进行正当防卫。

对于侵害公法益的行为能否进行正当防卫，在国外存在争议。可以肯定的是，如果对公法益的侵害同时侵害了个人法益时，是允许进行正当防卫的。我国刑法明文规定可以为了保护公共的法益而进行正当防卫，但本书认为，在国家机关能够及时有效保护公法益的情况下，公民没有必要也不应当进行防卫。否则，反而不利于保护法益。

不法侵害不限于作为的不法侵害。对于不作为的不法侵害，如果只能由不作为人履行义务的，也可以进行正当防卫。例如，对进入自己的住宅、要求其退出而拒不退出的人，使用强力将其推出门外，导致其受轻伤的行为，成立正当防卫。再如，父亲见幼女落入水中，有能力救助却不救助，他人使用暴力、胁迫手段迫使父亲救助幼女的，成立正当防卫。

对自己招致的不法侵害能否进行正当防卫，也需要讨论。如后所述，防卫挑拨不成立正当防卫。而且，以不法行为引起对方的侵害行为时，对方的侵害行为本身可能构成正当防卫，对正当防卫不能再进行正当防卫。但是，如果轻微过失甚至无过错地引起了对方的侵害，或者预想只会引起对方的轻微反击，对方却对重大法益进行侵害时，仍有实行正当防卫的余地。

在野生动物侵害法益时，理当可以进行反击，但不属于正当防卫，可能成立紧急避险；② 在饲主唆使其饲养的动物侵害他人的情况下，动物是饲主进行不法侵害的工具，打死打伤该动物

---

① 侵害与威胁具有相对性。在不法行为已经致人死亡的情况下，显然不能防卫；但在杀人行为已经造成身体伤害却仍然对生命存在威胁的情况下，可以进行防卫。
② 这里也存在限度问题，例如，在国家保护的珍贵野生动物侵害较小法益时，仍然需要进行法益衡量。

的，属于以造成不法侵害人财产损失的方法进行正当防卫。基于同样的理由，如果由于饲主的过失行为导致动物侵害他人，打死打伤该动物的行为，也成立正当防卫。问题是，动物自发地侵害他人，饲主对此没有过失时，能否进行正当防卫？这便是所谓（狭义的）对物防卫问题。依照我国刑法的规定，正当防卫只能针对"不法侵害人"。但是，根据客观违法论的立场，在动物自发侵害他人时，即使管理者（如饲主等）主观上没有过失，也是其客观疏忽行为所致，仍应认为管理者存在客观的侵害行为（不作为），打死打伤该动物的行为，属于对管理者的正当防卫。

（3）现实性

不法侵害必须是现实存在的。客观上并无不法侵害，但行为人误认为存在不法侵害，因而进行所谓防卫的，属于假想防卫。假想防卫不是正当防卫，符合过失成立条件的，以过失犯罪论处；如果没有过失，则按意外事件处理。至于故意针对合法行为进行"反击"的，则不是假想防卫，而是故意的犯罪行为（如不构成犯罪，则是故意的一般违法行为）。

2. 不法侵害必须正在进行（紧迫性）

不法侵害正在进行时，才令法益处于紧迫的危险之中，从而使防卫行为成为保护法益的必要手段。不法侵害正在进行，是指不法侵害已经开始且尚未结束。

关于不法侵害的开始时间，刑法理论上有进入侵害现场说、着手说、直接面临说与综合说（一般以着手为标准判断，特殊情况以直接面临为标准判断）。[①] 首先，进入侵害现场说存在缺陷，因为进入侵害现场，并不意味着法益已经受到紧迫威胁。其次，在通常情况下，着手说与直接面临说并无明显区别。可以肯定的

---

① 参见赵秉志主编：《刑法争议问题研究》（上卷），河南人民出版社1996年版，第525页以下。

是，如果不法侵害人已经着手实行不法侵害，就应当认定不法侵害正在进行。然而，所谓"在不法侵害的现实威胁十分明显、紧迫，待其着手实行后来不及减轻或者避免结果时，也应认为不法侵害已经开始"的直接面临说，通常情况下也可以归入着手说。这是因为，既然现实威胁十分明显、紧迫，就表明不法侵害已经着手。最后，综合说实际上是综合各种情况判断法益是否面临紧迫危险。不难看出，着手说、直接面临说与综合说在通常情况下是没有明显区别的学说。但是，由于着手是相对于具体犯罪而言，而直接面临是相对于被害人面临的危险而言，在一些情况下，直接面临说与着手说的结论可能存在差异。对此，应当根据正当防卫的目的与正当化根据进行判断。例如，刑法理论一般认为，在持枪杀人案件中，瞄准被害人时就是杀人的着手。但是，当不法侵害者为了杀人而拿出手枪时，就可以进行防卫，而不是等到瞄准时才能防卫，否则就不能达到正当防卫的目的。就这种特殊案件而言，应当采取直接面临说。① 不过，应当注意的是，对不法侵害者拿出手枪的行为进行防卫，与对不法侵害者正在开枪射击的行为进行防卫，在必要限度上可能存在差异。对此虽然不能绝对化，但需要根据具体情况进行判断。一般来说，对预备行为不能进行正当防卫，但值得注意的是，甲罪的预备行为，可能是乙罪的实行行为。在这种情况下，应当认为乙罪的不法侵害已经开始，可以进行正当防卫。例如，为了杀人而侵入他人住宅的，在不法侵害人开始侵入他人住宅时，就可以针对已经开始的不法侵入住宅的行为进行正当防卫（不是针对杀人行为的防卫）。

不法侵害已经结束，是指法益不再处于紧迫、现实的侵害或威胁之中，或者说不法侵害行为已经不可能（继续）侵害或者威胁法益；不法侵害已经结束与犯罪既遂不是等同概念。(1) 在即

---

① 如果认为拿出手枪时就是杀人的着手，则直接面临说与着手说也没有差异。

成犯的情况下，不法侵害已经结束，是指不法侵害行为已经结束，主要表现为以下几种情况：不法侵害人已被制服，不法侵害人已经丧失了侵害能力，不法侵害人已经自动中止了不法侵害，不法侵害人已经逃离现场，不法侵害已经造成了侵害结果并且不可能继续造成更严重的结果，等等。(2) 在财产性不法侵害（状态犯）的情况下，行为虽然已经既遂（结束），但不法侵害状态依然存在，在现场还来得及挽回损失的，应当认为不法侵害尚未结束，可以实行正当防卫。① 换言之，不法侵害财产的行为人，在被当场发现并同时受到追捕时，其不法侵害行为一直延续到其将所取得的财物藏匿至安全场所为止；在此之前，追捕者可以使用强力将财物取回。② 例如，抢劫犯使用暴力强取财物后，抢劫罪虽已既遂，但在当场对抢劫犯予以暴力反击夺回财物的，属于正当防卫。但是，这并不意味着可以将不法侵害已经结束笼统解释为不法侵害状态已经结束。例如，不法侵害人已经离开现场将财物转移到自己家中后，就不可能针对其前面的盗窃行为进行正当防卫。③ (3) 不法侵害属于持续犯时，只要行为仍在持续，不法侵害就没有结束，因而在持续过程中均可进行正当防卫。(4) 在隔时犯的场合，即使客观行为已经实施终了，但只要结果还没有发生，就有可能进行正当防卫。例如，对于已经安置了定时炸弹的人，可以通过防卫行为迫使其说出炸弹的准确位置或者

---

① 在这种场合，或许可以认为，不法侵害正在进行，既包括不法侵害行为正在进行，也包括不法侵害状态正在进行。
② 参见〔德〕卡尔·拉伦茨：《德国民法通论》（上册），王晓晔等译，法律出版社2003年版，第361页。
③ 如果所有权人知道真情后要求不法侵害者退回财物，不法侵害者拒不退回财物的，即使认为可以进行正当防卫（根据本书观点，只能判断是否成立自救行为），也只是针对不退回财物的不作为进行防卫，而不是针对先前的盗窃行为进行正当防卫。

解除炸弹装置。①（5）在不法侵害表现为不作为的场合，只要不法侵害者履行义务就能够避免或者减轻结果的发生，便可以通过正当防卫迫使不法侵害者履行义务。

关于不法侵害正在进行的认定，除了掌握不法侵害的开始时间与结束时间外，还应注意以下几点：(1) 在某种法益已经受到了侵害的情况下，如果其他法益仍然面临着不法侵害的危险，应当认为不法侵害正在进行，可以进行正当防卫。(2) 在连续进行的不法侵害过程中，即使表面上某段时间停止了不法侵害，但从整体上看侵害行为正在进行时，仍然可以进行正当防卫。例如，三名不法侵害人以暴力轮奸妇女，其中一名侵害人奸淫后，因为担心被他人发现，三名不法侵害人强行将被害人带往另一地点，欲继续实施侵害行为。在不法侵害人将被害人带往另一地点期间，被害人与第三者均可以针对强奸行为进行正当防卫。(3) 防卫人是否预见到不法侵害的发生，以及防卫人事先是否准备或者携带了某种可用于防卫的工具，不影响不法侵害正在进行的认定；换言之，只要是客观上正在进行的不法侵害，不管防卫人事先是否已经预见，事先是否做好防卫准备，都可以进行正当防卫。因为不法侵害行为的紧迫性，是一种客观事实，并不取决于防卫人是否已经预见与是否准备防卫工具。

需要研究的是，设立防卫装置防卫将来可能发生的不法侵害的，是否属于正当防卫？本书认为，行为人在安装时，尚不存在现实的不法侵害，当然不是正当防卫；设立后，没有遇到不法侵害，防卫装置没有起到制止不法侵害的作用时，也不是正当防卫；设立后，由于某种特殊原因损害了无辜者的合法权益的，同样不是正当防卫。但是，设立防卫装置后，遇到了正在进行的不

---

① 对此，也可以用另一原理说明。亦即，在作为方式的不法行为已经结束，但因此产生了作为义务，不作为方式的不法侵害正在进行时，也有正当防卫的余地。

法侵害，该装置针对正在进行的不法侵害发挥了作用、制止了不法侵害，并且没有超过必要限度时，就应认为是正当防卫。当然，设立防卫装置的行为所造成的风险应由设立者承担。例如，防卫装置导致无辜者伤亡的，行为人应承担相应的刑事责任。

在不法侵害尚未开始或者已经结束时进行所谓"防卫"的，称为防卫不适时。防卫不适时包括事前加害与事后加害两种情形。传统观点认为对防卫不适时应以故意犯罪论处。然而，防卫不适时并不限于明知不法侵害尚未开始或已经结束而进行"防卫"的情况，还包括对不法侵害尚未开始或已经结束，应当预见但因为疏忽大意而没有预见以及完全不能预见的情况，因此，对于防卫不适时，可能分三种情况处理：一是故意犯罪，即明知不法侵害尚未开始或已经结束，而故意对不法侵害人造成侵害；二是过失犯罪，应当预见不法侵害尚未开始或者已经结束，因为疏忽大意而没有预见，对不法侵害人造成侵害；三是意外事件，客观上不能预见不法侵害尚未开始或者已经结束，因而对不法侵害人造成损害。

应当指出的是，在不法侵害虽然已经结束，但不法侵害结束后的防卫行为与结束前的防卫行为属于一体化的防卫行为时，不应认定为防卫不适时。如果没有超过必要限度的，应认定为正当防卫；如果超过了必要限度，应认定为防卫过当。首先，对于防卫人而言，判断不法侵害是否已经结束，在许多情况下是一件相当困难的事情。例如，有的不法侵害人表面上停止了不法侵害，实际上是在伺机进行更严重的不法侵害。由于这样的现象屡见不鲜，所以，不能要求防卫人随时停止防卫行为。其次，基于对不法侵害行为的愤怒等原因，在不法侵害结束后的短暂时间内持续实施防卫行为，可谓人之常情，法律不能对防卫人提出苛刻的要求。如果对此一概以故意犯罪论处，明显不利于保护防卫人的利益，也不符合常理。最后，防卫人基于一个行为意志发动的防卫行为，只要在客观上具有持续性或者连续性，就可以评价为一体化的防卫行为，而不应当进行人为的分割。如果将在不法侵害结束后的防卫行为独立地认定为故意犯罪，明显不利于防卫人进行正当防卫。所以，本书主张，对于在不法侵害结束后短暂时间内实施的一体化的防卫行为，不应认定为独立的犯罪，充其量只能认定为防卫过当（量的过当）。至于是否属于一体化的防卫行为，则应根据不法侵害人的表现、防卫行为的样态或方式，防卫人的意思等方面进行判断。例如，乙持铁棒对甲实施不法侵害，甲为了保护自己的身体而持刀砍乙，在乙受伤倒地后，甲继续用刀砍乙，导致乙死亡。由于甲的防卫行为样态、行为意思具有连续性与同一性，宜认定为一体化的防卫行为。但由于造成了不应有的损害，应认定为防卫过当，而不能认定为独立的普通故意杀人罪。① 在不能查明过当结果是由哪一行为造成时，更应当认定为防卫过当。

3. 关于防卫意识（主观的正当化要素）

现实的不法侵害正在进行时，就可以实施正当防卫。但我国传统的刑法理论认为，具有防卫意识（所谓主观的合法性要素）时，才可能成立正当防卫。

一般来说，防卫意识包括防卫认识与防卫意志。防卫认识，是指防卫人认识到不法侵害正在进行；防卫意志，是指防卫人出于保护国家、公共利益、本人或者他人的人身、财产和其他权利免受正在进行的不法侵害的目的。但是，防卫意识的重点在于防卫认识。换言之，只要行为人认识到自己的行为是与正在进行的不法侵害相对抗，就应认为具有防卫意识。这样理解，有利于将

---

① 日本刑法理论的通说与判例认为，不法侵害结束后，防卫人继续反击的行为属于"量的过当"，作为防卫过当处理，适用刑法有关减免处罚的规定（参见〔日〕西田典之：《刑法总论》，弘文堂2010年第2版，第178页以下）。

基于兴奋、愤怒等进行的防卫行为认定为正当防卫。

然而，尽管国外刑法一般对正当防卫规定了"为了排除……"或者"为了保护……"等主观要素，事实上，绝大多数防卫人都具有防卫意识，但刑法理论上对防卫意识是否必要存在激烈争论。必要说认为，行为是主观与客观的统一体，防卫行为亦如此，如果没有防卫意识就不成立正当防卫。换言之，一个行为只有在既不存在行为无价值，也不存在结果无价值时，才是合法的。例如，行为人以犯罪故意实施的行为符合正当防卫的客观条件时（偶然防卫），至少存在行为无价值，所以不能正当化。不要说则认为，只要行为符合正当防卫的客观条件，即使行为人没有防卫意识，其行为客观上也保护了法益免受不法侵害；既然如此，该行为就缺乏违法性的根据（法益侵害），不具有违法性。在本书看来，认为只有主客观相一致的正当行为才排除犯罪的成立的说法，存在疑问。首先，成立犯罪要求所谓主客观相一致，并不意味着不成立犯罪的行为也必须主客观相一致；只要不符合犯罪成立条件，就不成立犯罪，至于它是否主客观相一致，则不应在考虑之列。当行为符合正当防卫的客观条件而行为人没有防卫意识时，客观行为并没有违反法规范，因而缺乏行为无价值（充其量只有所谓"心情无价值"）。其次，退一步而言，即使将防卫意识视为正当防卫的条件，充其量也只能说不具有防卫意识的行为不成立正当防卫，而不能直接得出该行为成立犯罪的结论。例如，如果要求防卫意识，那么，当不法侵害者夜间潜入被害妇女的房间实施盗窃行为时，被害妇女以为不法侵害者意欲对自己实施强奸行为而进行反击时，也可能认为被害妇女存在认识错误，影响正当防卫的认定。最后，对刑法第 20 条中的"为了保护……"的表述，可以理解为正当防卫是客观上排除不法侵害或者保护法益的行为。换言之，应当将"为了保护……"理解为表示客观原因的表述。①

与此相关的是防卫挑拨、相互斗殴、偶然防卫问题。

防卫挑拨，是指为了侵害对方，故意引起对方对自己进行侵害，然后以正当防卫为借口，给对方造成侵害的行为。这种行为之所以成立故意犯罪，不仅因为其主观上具有犯罪故意，而且因为其行为起先引起了对方的攻击行为，后来又造成了法益侵害事实。况且，挑拨行为往往本身就是不法侵害，是行为人的犯罪行为的一部分；防卫行为在客观上是一种避免法益受到侵害的行为，故防卫挑拨在客观上就不属于防卫行为。此外，对方的攻击行为大多属于正当防卫，对正当防卫当然不能再进行正当防卫。② 可见，防卫挑拨并非仅仅由于行为人不具有防卫意识而成立故意犯罪。③

相互斗殴，是指双方以侵害对方身体的意图进行相互攻击的行为，相互斗殴的双方都不是正当防卫。一方面，在相互斗殴中，由于相互同意他人的殴打，因而对方的殴打行为是基于承诺的行为，不具有侵害对方人身法益的违法性，故任何一方都不是针对不法侵害所实施的正当防卫。换言之，相互斗殴不成立正当防卫，并非因为双方缺乏防卫意识。另一方面，在相互斗殴中，

---

① 参见张明楷：《行为无价值论与结果无价值论》，北京大学出版社2012年版，第158页以下。
② 我国刑法理论所称的防卫挑拨，并不同于对正当防卫情形负有责任的一切情形（参见〔德〕乌尔斯·金德霍伊泽尔：《刑法总论教科书》，蔡桂生译，北京大学出版社2015年版，第174页以下）。阻却正当防卫的防卫挑拨，客观上表现为引起了理性的第三者或一般人会实施反击的挑拨行为，主观上是为了借正当防卫之名进行更为严重的攻击。因此，甲轻微的不法侵害意外地引起乙的严重攻击时，不属于防卫挑拨，甲仍然具有正当防卫的余地，但在防卫的必要性与防卫限度方面会受到限制。
③ 关于否认防卫挑拨成立正当防卫的理由，国外刑法理论主要存在以下观点：(1) 权利滥用说；(2) 原因中的违法行为理论；(3) 挑拨行为＝着手实行说；(4) 不法侵害的紧迫性否定说；(5) 防卫意识否定说；(6) 必要限度否定说；(7) 社会相当性说；(8) 个人保全原理与法确证原理。

双方的行为在客观上都不是制止不法侵害、保护法益的行为，故不成立正当防卫。但是，在斗殴中，也可能出现正当防卫的前提条件，因而也可能进行正当防卫：其一，在相互斗殴中，一方明显且实际停止斗殴乃至求饶或者逃走，另一方继续侵害的，"斗殴"事实上已经结束，前者可以进行正当防卫。但这已经不是斗殴"过程中"的正当防卫了。其二，在一般性的轻微斗殴中，甲方突然使用杀伤力很强的凶器，乙方生命受到严重威胁的，由于乙方并不承诺对生命和身体的重大侵害，甲方的行为属于不法侵害，乙方可以进行正当防卫。

特别需要指出的是，不能将防卫行为认定为相互斗殴。例如，甲与乙发生争吵或者纠纷时，还不存在不法侵害。但如果此时甲突然殴打乙，就属于不法侵害。只要甲可能继续殴打乙，就必须认定乙的反击属于正当防卫，不得认定为相互斗殴。换言之，在二人客观上表现为相互攻击的场合，必须查明谁先发起攻击行为。先发起攻击的属于不法侵害，先遭受攻击的人就可以进行正当防卫；先发起攻击的人就必须忍受对方的防卫行为。如果先发起攻击的人再次攻击，则属于新的不法侵害，对方可以继续进行正当防卫。如果不能查明谁先发动攻击，就只能根据存疑时有利于被告人的原则处理（双方都可能无罪）。

偶然防卫，是指故意或者过失侵害他人法益的行为，符合了正当防卫客观条件的情况。如甲故意枪击乙时，乙刚好正在持枪瞄准丙实施故意杀人行为，但甲对乙的行为一无所知。刑法理论对此存在诸多争议，本书坚持结果无价值论，主张偶然防卫行为不成立犯罪。① 这是因为，虽然行为人主观上具有犯罪故意，但其客观行为没有侵犯刑法所保护的法益，相反刑法还允许以造成损害的方式保护另一法益。概言之，偶然防卫行为缺乏法益侵害

---

① 参见张明楷："论偶然防卫"，载《清华法学》2012年第1期。

性（类似于不可罚的不能犯）。按照结果无价值的观点，在上例中，在甲开枪射击的情况下，无辜的丙不被杀害，正在故意杀人的乙遭受枪击，甲无罪。退一步而言，从刑法第 20 条的表述来看，防卫意识似乎是正当防卫的必要条件；① 但这并非意味着不具有防卫意识的行为必然成立犯罪。换言之，即使认为偶然防卫不成立正当防卫，也不能因为它不是正当防卫便直接以犯罪论处。基于同样的理由，过失乃至意外行为制止了不法侵害的，也成立正当防卫。②

关于偶然防卫，需要说明以下两点：其一，以上观点仅限于偶然防卫人的行为与故意针对客观上的不法侵害者的情形而言。如果偶然防卫人的行为与故意是针对无辜者，而偶然造成不法侵害者伤亡时，则是需要另外讨论的问题。例如，逃犯甲、乙均持枪瞄准追逃的警察丙开枪射击，但甲的子弹射中了乙。在这种情况下，虽然甲对乙的行为属于偶然防卫，不成立犯罪，但由于甲是瞄准警察丙开枪的，其行为具有杀害警察丙的危险性，因而对丙成立故意杀人未遂。③ 其二，说偶然防卫无罪，只是就偶然防卫行为本身而言。所以，并不排除偶然防卫之前的行为成立犯罪预备。例如，甲为了杀害乙而事前准备了凶器，调查了乙的行踪。后来杀害乙时，乙正在杀害丙。说偶然防卫无罪，只是说甲杀害乙的"实行行为"无罪。至于甲此前实施的预备行为，当然可能成立杀人预备。显然，得出上述结论没有任何矛盾。

---

① 日本刑法第 36 条规定："为了防卫自己或者他人的权利，对于急迫的不正当侵害不得已所实施的行为，不处罚。"这似乎要求防卫人具有防卫意识，但日本现在的通说是不要求防卫意识。
② 例一，甲因为疏忽（或者意外）误以为受到野兽的袭击而开枪，实际上袭击甲的不是野兽，而是人。例二，丙正在非法杀丁时，在附近擦猎枪的乙因为疏忽（或者意外），枪支走火打中了丙，保护了丁的生命。根据结果无价值论的无罪说，甲、乙的行为属于正当防卫，不成立犯罪。
③ 参见〔日〕松原芳博：《刑法总论》，日本评论社 2013 年版，第 152 页。

本书虽然不赞成将防卫意识作为正当防卫的成立条件之一，但这并不意味着正当防卫人都没有防卫意识。事实上，在大多数场合，防卫人都具有防卫意识。在有关防卫意识方面，还需要注意以下几点：第一，防卫人事前与对方有矛盾（包括先前存在的矛盾）、发生争吵等，与防卫意识无关，不影响正当防卫的认定。有矛盾、争吵、拉扯等，还未形成不法侵害，也不意味着丧失防卫条件。当对方先动手对防卫人实施暴力时，不能因为该暴力由矛盾、争吵等引起，就否认其属于不法侵害（一般的故意杀人、故意伤害案件原本大多由矛盾引起）；同样，也不能因为先前的矛盾、争吵等而使遭受暴力侵害的人丧失防卫条件。第二，在防卫人与对方发生争吵时，对方试图对防卫人实施暴力，防卫人警告对方"不要动手，否则我对你不客气"，但对方仍然先动手对防卫人实施暴力的，防卫人仍然可以防卫。这种情况下，应当肯定防卫人具有防卫意识，而不能认定为相互斗殴。第三，在防卫人事先预见到他人将要进行不法侵害而做好防卫准备的案件中，当防卫人的预见变为现实，亦即他人正在进行不法侵害时，也应肯定防卫人具有防卫意识，而不能认为防卫人有相互斗殴的意识。即使认为事先做好防卫准备的行为同时具有攻击意识，也应当肯定其防卫意识与攻击意识并存，而不能否认防卫意识。

4. 必须针对不法侵害人本人进行防卫

防卫行为必须足以制止不法侵害、保护法益，在此意义上，防卫行为应当以必要性为前提。但是，防卫行为不以补充性为要件，并非只有不得已时才能实施防卫行为。当公民面临不法侵害时，不应当要求公民首先报告单位或者司法机关（在不法侵害尚未发生时，即使报告司法机关，司法机关也无能为力；在不法侵害正在进行时，即使报告司法机关也无济于事），更不得要求公民容忍不法侵害。

防卫行为本身既可能已经给不法侵害人的人身或者财产造成

了实际损害，也可能只具有造成损害的危险。根据刑法第20条第1款的规定，似乎只有"对不法侵害人造成损害的"才成立正当防卫。但根据当然解释，既然造成损害时都是正当防卫不构成犯罪；那么，没有造成损害时更不成立犯罪，理当属于正当防卫。不过，也不要认为符合正当防卫前提条件的行为都是正当防卫。刑法之所以规定正当防卫，就是因为孤立地进行判断时，正当防卫符合某些犯罪的构成要件，或者说与某些犯罪的客观行为相似，所以需要将其排除在犯罪之外。行为人在面临正在进行的不法侵害时，实施了某种行为，也制止了不法侵害，但当其行为在客观上根本不可能被视为犯罪的客观行为时，可以直接否认犯罪的成立，不需要利用正当防卫这一违法阻却事由。例如，甲为了盗窃财物于夜间不法侵入乙的住宅，乙发现后喊了一声"谁"，甲便逃走了。显然没有必要认定乙的行为是正当防卫。

防卫行为并不是"单纯避免"不法侵害的行为，也不限于"单纯制止"不法侵害的行为。例如，在不法侵害人持刀伤人时，不能将防卫行为限定为使用物品逃避伤害结果的行为，也不能将防卫行为限定为单纯夺刀的行为。事实上，在对方进行不法暴力侵害时，只有通过更为严重的暴力才能制止其不法侵害，而不可能通过比对方更为轻微的暴力制止对方的暴力侵害。例如，在乙先动手对甲胸部击一拳时，如果要求甲也使用相同力量对乙胸部反击一拳，那么，结局只能让二人一直持续相互拳击，而不可能制止不法侵害。只有当甲反击的力量大于乙的力量，或者使用有效工具压制乙的行为，才可能保护自己的法益。所以，将正当防卫理解为"单纯避免"或者"单纯制止"不法侵害是不符合生活常识的。从刑法上说，造成伤亡才需要通过正当防卫排除违法性，单纯制止不法侵害而没有造成伤亡的行为，原本就不符合任何犯罪的客观构成要件，根本不需要适用正当防卫排除违法性。

防卫行为制止了不法侵害时，当然属于正当防卫；但正当防卫的成立并不以防卫行为现实地排除了不法侵害为前提。换言之，只要具有排除不法侵害的可能性与必要性，即使客观上没有排除不法侵害，也依然成立正当防卫。例如，对正在进行的抢夺行为进行攻击的，即使不法侵害人仍然夺走了财物，攻击行为也成立正当防卫。

防卫行为只能针对不法侵害人本人进行，这是正当防卫的特点决定的。正当防卫是制止正在进行的不法侵害、保护法益的行为，不法侵害是由不法侵害人直接实施的，针对不法侵害人进行防卫，使不法侵害人不再继续实施不法侵害行为，才可能制止不法侵害、保护法益。针对不法侵害人以外的第三者进行防卫，就不可能制止不法侵害、保护法益。即使在面对共同不法侵害的情况下，也只能对客观上正在进行不法侵害的人或者具有义务防止侵害结果发生的人进行防卫。例如，A在幕后唆使B杀害C，在B正在杀害C的过程中，只能对B实施正当防卫。再如，甲唆使乙杀害丙，乙致丙重伤后逃离现场。在甲还在现场的情况下，丁使用暴力、胁迫方法强制甲救助丙的，是针对甲的不作为的防卫，而不是针对甲先前的教唆行为的防卫。

针对不法侵害人进行防卫通常包括两种情况：一是针对不法侵害人的人身进行防卫，如束缚不法侵害人的身体、造成不法侵害人伤害乃至死亡。二是针对不法侵害人的财产进行防卫，如不法侵害人使用自己的财产作为犯罪工具或者手段时，如果能够起到制止不法侵害、保护法益的作用，则可以通过损毁财产进行正当防卫。

对于针对第三者进行所谓防卫的，或者防卫行为造成第三者法益的损害的，应视不同情况处理。（1）如果故意针对第三者进行所谓防卫，应作为故意犯罪处理；如果误认为第三者是不法侵害人而进行所谓防卫的，则作为假想防卫处理。（2）甲追杀乙，乙将丙所有的花瓶砸向甲，导致花瓶毁损的，宜认定为紧急避险。(3) 甲非法将丙所有的花瓶砸向乙的头部，乙用手或者工具挡开花瓶，导致花瓶毁损时，根据因果关系与结果归属的原理，应当直接将花瓶毁损的结果归属于甲的行为，没有必要认定乙的行为是正当防卫与紧急避险。① 同样，甲将丙推向乙，乙将丙推开，导致丙受伤的，也应当直接将丙的受伤结果归属于甲的行为。

问题是，防卫行为导致第三者伤亡时应当如何处理？例如，乙侵害甲，甲为了反击而向乙投掷石块，但没有击中乙而是导致丙受伤，或者在击中乙的同时也击中丙，使丙受伤。甲的行为针对乙而言，无疑是正当防卫。就对丙的伤害而言，国外刑法理论上存在不同观点，本书的看法是，甲的行为原则上成立假想防卫。因为丙没有实施不法侵害，但甲的防卫行为导致了丙的伤害结果，所以应视为一种假想防卫，阻却故意责任。② 但在甲（职务上、业务上负有特定责任的人除外）"不得已"实施防卫行为的情况下，对丙的伤害属于紧急避险。

5. *必须没有明显超过必要限度造成重大损害*

旧刑法第 17 条第 2 款规定："正当防卫超过必要限度造成不应有的危害的，应当负刑事责任；但是应当酌情减轻或者免除处罚。"针对这一规定，理论上对正当防卫的必要限度提出了不同学说。基本相适应说认为，正当防卫的必要限度，是指防卫行为

---

① 倘若要归入违法阻却事由，也应认定为正当防卫。因为花瓶虽然并非不法侵害者甲所有，却是甲进行不法侵害的工具，刑法不可能禁止防卫人针对侵害工具进行正当防卫。将这种情形认定为正当防卫，或许不符合刑法第 20 条关于"对不法侵害人造成损害"的规定，但如前所述，防卫行为并不是必须造成不法侵害人的人身损害，只要防卫人的行为表现为符合构成要件且客观上是可能制止不法侵害的行为，就是正当防卫。

② 如果将这种情形作为事实认识错误来处理，不管是采取具体符合说还是法定符合说，也都只能在存在过失的前提下认定为过失犯（参见〔日〕松原芳博：《刑法总论》，日本评论社 2013 年版，第 235 页）。

必须与不法侵害相适应，相适应不意味着二者完全相等，而是指防卫行为所造成的损害从轻重、大小等方面来衡量大体相适应。① 必需说认为，应从防卫的实际需要出发进行全面衡量，将有效地制止不法侵害的客观实际需要作为防卫的必要限度。只要防卫在客观上有必要，防卫强度就可以大于、也可以小于、还可以相当于侵害强度。② 适当说认为，防卫的必要限度，是指防卫人的行为正好足以制止侵害人的不法侵害行为，而没有对不法侵害人造成不应有的危害，并认为应将基本相适应说与必需说结合起来进行判断。③

尽管理论上存在不同观点，但司法实践上对正当防卫必要限度的认定采取了较为严格的态度，使公民正当防卫的积极性受到了挫伤。有鉴于此，现行刑法第20条第2款与第3款放宽了正当防卫的限度。

刑法第20条第2款规定："正当防卫明显超过必要限度造成重大损害的，应当负刑事责任，但是应当减轻或者免除处罚。"这是关于防卫过当的一般规定。本书认为，其中的"必要限度"，应以制止不法侵害、保护法益的合理需要为标准。易言之，只要是制止不法侵害、保护法益所必需的，就是必要限度之内的行为。是否"必需"，应通过全面分析案件得出结论。一方面要分析不法侵害行为的危险程度、侵害者的主观内容，以及双方的手段、强度、人员多少与强弱、在现场所处的客观环境与形势等。防卫工具通常是由现场的客观环境决定的，防卫人往往只能在现场获得最顺手的工具，一般不能要求防卫人在现场选择比较缓和

---

① 参见杨春洗等：《刑法总论》，北京大学出版社1981年版，第174页。
② 参见曾宪信、江任天、朱继良：《犯罪构成论》，武汉大学出版社1988年版，第133页。
③ 参见高铭暄主编：《中国刑法学》，中国人民大学出版社1989年版，第152页以下。

的工具。① 问题在于如何使用防卫工具即防卫强度问题（包括打击部位与力度）。对此应根据各种客观情况，判断防卫人在当时的情况下应否控制防卫强度、能否控制防卫强度。另一方面，还应权衡防卫行为所保护的法益性质与防卫行为所造成的损害后果。即所保护的法益与所损害的利益之间，不能相差过大，不能为了保护微小权益而造成不法侵害者重伤或者死亡，即使是非杀死侵害人就不能保护微小权益的情况下，也不能认为杀死不法侵害人是必需的。

联系当前的司法现状，关于正当防卫必要限度的认定应当特别注意以下几点：

第一，不能过分要求手段相适应，进而将正当防卫认定为防卫过当。例如，不法侵害人没有使用刀具等凶器，而防卫人使用了刀具等工具，造成不法侵害者伤害的，并不意味着防卫行为超过了必要限度。

第二，在判断防卫行为是否超过必要限度时，不能仅将不法侵害者已经造成的侵害与防卫人造成的损害进行比较，还必须对不法侵害者的侵害行为可能造成的侵害与防卫人造成的损害相比较。这是因为，不法侵害者可能造成而没有造成的侵害，正是防卫人实施防卫行为的结果。所以，仅从法益衡量的角度来说，只要防卫人造成的损害没有明显超过不法侵害者可能造成的侵害，就不可能属于防卫过当。

第三，不能忽视不法侵害者在被防卫过程中实施的新的暴力侵害，不能仅将防卫行为及其造成的损害与不法侵害人先前的不法侵害进行对比，而应当将防卫行为及其造成的损害与不法侵害者原有的不法侵害、新的暴力侵害、可能继续实施的暴力侵害进

---

① 在防卫人事先已经预见到不法侵害的情况下，则可能要求防卫人选择适当的防卫手段。

行比较。

第四,不能误解刑法第 20 条第 1 款与第 3 款的关系,亦即,不能认为,只要不法侵害不属于刑法第 20 条第 3 款规定的情形,防卫行为造成了不法侵害者伤亡,就属于防卫行为超过必要限度。如前所述,正当防卫所造成的损害可以大于不法侵害所造成的损害。例如,身体法益明显重于财产法益,但是,防卫行为导致正在盗窃的人轻伤乃至重伤的,也可能成立正当防卫。同样,即使不法侵害者的行为仅可能造成轻微伤时,防卫人对不法侵害者造成轻伤的,或者即使不法侵害者的行为仅可能造成轻伤时,防卫人对不法侵害者造成重伤的,也不应当认定为防卫过当。不可认为,只要造成伤亡,而不法侵害又不属于正在行凶等严重危及人身安全的暴力犯罪,就属于防卫过当。①

以上说明了正当防卫的必要限度的含义,但并非凡是超过必要限度的,都是防卫过当。只有"明显"超过必要限度造成重大损害的,才是防卫过当。(1)明显超过必要限度,意味着防卫行为明显超过了防卫的客观需要,即根据所保护的法益性质、不法侵害的强度与紧迫程度等,防卫行为显然缺乏必要性。所以,轻微超过必要限度的不成立防卫过当,只是能够被清楚、容易地认定为超过了必要限度时,才可能属于防卫过当。(2)造成重大损害,一方面意味着防卫行为所造成的损害与不法侵害可能造成的损害悬殊、明显失衡,或者说,与不法侵害可能造成的损害相比,防卫行为造成的损失过于重大;另一方面也意味着造成一般损害的不成立防卫过当,只是造成不法侵害人死亡、重伤时,才可能属于防卫过当。对于防卫行为造成不法侵害者轻伤的案件,由于不符合"重大损害"的条件,不得认定为防卫过当。(3)不

---

① 参见张明楷:"故意伤害罪司法现状的刑法学分析",载《清华法学》2013 年第 1 期。

存在所谓明显超过必要限度但没有造成重大损害的情况，换言之，只是在造成重大损害的情况下，才存在明显超过必要限度的问题；不存在所谓"手段过当"而"结果不过当"或者相反的现象；"明显超过必要限度造成重大损害的"才是防卫过当。(4)关于防卫过当的必要限度不适用针对严重危及人身安全的暴力犯罪所进行的防卫。

（二）防卫过当

如上所述，对于不属于"严重危及人身安全的暴力犯罪"的不法侵害进行防卫的，才存在防卫过当问题；即对于不属于"严重危及人身安全的暴力犯罪"的不法侵害进行防卫，明显超过必要限度造成重大损害的，成立防卫过当。

防卫过当不是独立罪名。对于防卫过当应根据其符合的犯罪构成确定罪名，而不能定所谓"防卫过当罪""防卫过当致人死亡罪""防卫过当致人重伤罪"等罪名。从刑法第 20 条关于防卫过当的规定来看，通常只有在造成不法侵害人重伤或者死亡时，才存在防卫过当问题；造成他人轻伤以及针对一般财产进行防卫的，不存在防卫过当问题。因此，对防卫过当确定罪名的关键，是如何正确认识防卫过当的责任形式。

如果形式地理解构成要件与故意，即如果认为正当防卫符合犯罪的构成要件，故意是对符合构成要件的事实的认识与容认，那么，正当防卫时就具有犯罪的故意，防卫过当理所当然也属于故意犯罪。但是，这种形式的故意概念被我国刑法第 14 条所否认。所以，不能一般认为防卫过当都是故意犯罪。

对防卫过当的责任形式的讨论，必须明确以下三点：其一，刑法上的故意与一般生活意义上的"故意"不可等同，正当防卫的"故意"不是刑法上的犯罪故意，故不能认为防卫过当都是故意犯罪。其二，必须区分量的过当与典型的事前加害和事后加害。① 不能因为典型的事前加害与事后加害通常出于直接故意，就认为防卫过当也是直接故意。其三，应当根据防卫人对过当结果的心理态度确认防卫过当的责任形式。所以，总的来说，只要行为人对过当结果具有认识与希望或者放任态度，就成立故意的防卫过当；如果对过当结果仅有过失则成立过失的防卫过当。但是，由于防卫人是否具有防卫意识会影响故意、过失的认定，故有必要区分有无防卫意识以及假想防卫过当三种情形讨论。

首先，防卫人确实具有防卫意识，其行为又明显超过了必要限度造成了重大损害时，一般宜认定为过失，特殊情况下认定为故意。主张"一般宜认定为过失"的理由是：这类防卫过当的行为人在实施防卫行为时，认识到了不法侵害正在进行，并出于保护法益的意图。认定防卫人因为疏忽大意或者过于自信进而造成了防卫过当，与防卫意识相协调。另一方面，将具有防卫意识的防卫过当认定为过失，可以避免不当地限制公民的防卫权，有利于充分保护法益。所以，防卫过当致人死亡或者重伤的，一般应分别成立过失致人死亡罪与过失致人重伤罪。"特殊情况下认定为故意"，是指行为人虽有防卫意识，但同时对过当结果具有认识与希望或者放任的态度的情形。防卫意识与犯罪的故意完全可能并存。例如，面对他人实施盗窃行为时，防卫人明知只要将对方造成轻伤即可制止不法侵害、保护财产法益，却故意以造成重伤的防卫行为保护财产法益。对此，应认定为故意的防卫过当。在量的过当的场合，如果防卫人明知不法侵害者已经丧失侵害能力仍然防卫导致过当的，应认定为故意的防卫过当。如果不法侵害行为已经结束，但防卫人误以为不法侵害人会继续实施侵害行

---

① 本书认为，事前加害不可能成立量的过当。

为，则应认定为过失的防卫过当。

其次，如果行为人没有防卫意识，同时肯定偶然防卫也是正当防卫，则偶然防卫过当的责任形式既可以是过失，也可以是故意（包括直接故意）。例如，行为人过失实施的重伤行为，客观上符合了正当防卫的前提条件（如他人正在实施盗窃行为），但即使行为人认识到了事实真相，其行为也明显超过必要限度造成了重大损害，此时宜认定为过失的防卫过当。又如，行为人在故意实施杀人行为时，客观上符合了正当防卫的前提条件（如他人正在实施伤害行为），但即使行为人认识到了事实真相，其行为也明显超过了必要限度造成了重大损害，此时宜认定为故意的防卫过当。

最后，虽然假想防卫本身要么仅成立过失犯罪，要么属于意外事件，但假想防卫过当（本来不存在正在进行的不法侵害，行为人却误认为存在而实施防卫行为，但即使所误想的侵害是真实的侵害，防卫行为也过当）同样既可能是过失，也可能是故意。例如，将他人的正当行为误认为盗窃行为，即使他人是在实施盗窃行为，也只需造成轻伤，但行为人因为疏忽大意或者过于自信造成重伤的，成立过失的假想防卫过当；如果行为人故意造成重伤的，则成立故意的假想防卫过当。

无论防卫人对过当是故意还是过失，对于防卫过当均应酌情减轻或者免除处罚。一般认为，之所以减免刑罚，是因为违法性与有责性的减少，同时出于刑事政策的考虑。

对于假想防卫过当能否适用刑法第20条第2款关于防卫过当的减免处罚规定，还值得进一步研究。由于假想防卫过当并不符合刑法第20条第2款的防卫过当，故不能直接适用该款减免处罚的规定。但由于假想防卫过当与防卫过当具有部分类似性，也可能类推适用刑法第20条第2款的部分规定。本书的初步看法如下：（1）如果行为人对不法侵害事实与过当事实都没有过失，当然不成立犯罪。（2）如果行为人对不法侵害事实没有过失，但对过当事实有过失，应认定为过失犯罪，同时类推适用刑法第 20 条第 2 款减轻或者免除处罚的规定。（3）如果行为人对不法侵害事实有过失、对过当事实有故意，应认定为故意犯罪，同时类推适用刑法第 20 条第 2 款减轻处罚的规定，但不能免除处罚。（4）如果行为人对不法侵害事实没有过失，但对过当事实有故意，应认定为故意犯罪，同时类推适用刑法第 20 条第 2 款减轻处罚的规定，但不能免除处罚。（5）如果行为人对不法侵害事实与过当事实均有过失，应认定为过失犯罪，同时类推适用刑法第 20 条第 2 款减轻处罚的规定，但不能免除处罚。（6）如果行为人对不法侵害事实有过失，对过当事实没有责任，只能作为通常的假想防卫处理，同时类推适用刑法第 20 条第 2 款减轻处罚的规定，也不能免除处罚。

另需说明的是，上述对防卫过当责任形式的讨论，是以具体案件中的防卫人存在故意或者过失为前提的。倘若防卫行为虽然过当，但防卫人对过当没有故意与过失，当然不成立犯罪，只能认定为意外事件。例如，行为人不能预见过当事实的，或者一旦防卫就必然过当但又不得不防卫的，因为行为人缺乏有责性而不承担责任。

三、特殊正当防卫

刑法第 20 条第 3 款规定："对正在进行行凶、杀人、抢劫、强奸、绑架以及其他严重危及人身安全的暴力犯罪，采取防卫行为，造成不法侵害人伤亡的，不属于防卫过当，不负刑事责任。"这便是特殊正当防卫，可以称为无过当防卫。

特殊正当防卫与一般正当防卫在成立条件上有两个区别：

（1）特殊正当防卫所针对的只能是正在进行行凶、杀人、抢劫、强奸、绑架以及其他严重危及人身安全的暴力犯罪；而一般正当防卫所针对的是需要防卫的任何犯罪与其他一般违法行为（以需要防卫为前提）。因此，只有保护人身安全时，才可能属于特殊正当防卫；保护其他法益时，不得进行特殊正当防卫。（2）特殊正当防卫没有必要限度，因而不存在防卫过当；一般正当防卫具有必要限度，因而存在防卫过当。正因为如此，需要正确掌握特殊正当防卫的条件。

特殊正当防卫最重要的前提条件是，对正在进行行凶、杀人、抢劫、强奸、绑架以及其他严重危及人身安全的暴力犯罪进行防卫。如何理解这一前提条件，不仅取决于如何理解"严重危及人身安全"，也取决于如何理解本款的"造成不法侵害者伤亡的，不属于防卫过当"。显而易见的是，认为人身安全仅指生命安全，与认为人身安全包括身体安全，对前提条件的解释会不同。显然，不能对这一前提条件作过于宽泛的解释，否则会导致特殊防卫与一般正当防卫等同。另一方面，由于"伤亡"既包括伤害也包括死亡，所以，对上述前提条件宜做不同解释。现在，刑法理解基本上是着眼于造成"死亡"来解释前提条件的，这可能不妥当。总的来说，当防卫行为造成伤害时，对于上述前提条件（尤其是"行凶"）没有必要进行限制解释；反之，当防卫行为造成死亡时，则上述前提条件应适当进行限制解释。大体而言，需要注意如下几点：

第一，对于非暴力犯罪、一般违法暴力行为、轻微暴力犯罪以及一般暴力犯罪实施的防卫，不适用特殊正当防卫的规定，仍然存在防卫过当问题；只是对严重危及人身安全的暴力犯罪进行防卫，才不存在防卫过当（但不意味着对此外的暴力犯罪进行防卫造成死亡的必然过当，换言之，即使防卫行为造成了不法侵害者伤亡，也可能成立一般的正当防卫）。

第二，条文中的杀人、抢劫、强奸、绑架主要是对暴力犯罪的列举，其中的"杀人"限于故意杀人。至于对刑法规定的转化型杀人、抢劫等能否进行特殊正当防卫，则应具体分析，关键在于是否严重危及人身安全，而不能以其行为最终成立何种罪名为标准得出结论。

第三，在通常情况下，"行凶"包含了杀人与伤害界限不明，但有很大可能造成他人严重的重伤（重大伤害）或者死亡的行为。对于暴力犯罪造成一般重伤的，要区分不同情况，不能简单划一地得出是否属于"行凶"的结论。例如，根据《人体损伤程度鉴定标准》，"一手拇指离断或者缺失超过指间关节"即属于重伤。当不法侵害人只是意欲使用暴力砍掉被害人的拇指时，防卫人造成不法侵害人死亡的，有可能属于防卫过当，不适用特殊正当防卫的规定；如果防卫人只是造成不法侵害者重伤的，仍应认定为正当防卫。

第四，并不是对于行凶、杀人、抢劫、强奸、绑架等暴力犯罪进行防卫的都不存在防卫过当，只有当这些暴力犯罪严重危及人身安全时，才适用特殊正当防卫的规定。对此，也要区分不同情形进行判断。当暴力犯罪严重危及生命与重大身体安全时，防卫行为造成不法侵害者死亡的，应当适用特殊正当防卫的规定。当暴力犯罪严重危及一般身体安全时，防卫行为造成不法侵害者伤害（包括重伤）的，也应适用特殊正当防卫的规定。例一：不法侵害者以抢劫故意采用麻醉方法取得他人财物的，属于抢劫罪，但这种行为并非严重危及生命与重大身体安全，对之进行防卫造成不法侵害者死亡的，不适用特殊正当防卫的规定。例二：在抢劫犯取得财物后，现场还能挽回财产损失而实施防卫行为时，如果抢劫犯只是逃避，而没有新的严重危及生命与重大身体安全的暴力行为时，对之进行防卫造成不法侵害者死亡的，不能适用特殊正当防卫。例三：以一般暴力行为实施绑架，但并不以杀害或者重大伤害相威胁，没有严重危及生命与重大的身体安全，对之进行防卫造成不法侵害者死亡的，不适用特殊正当防卫的规定。但在上述三例中，如果防卫行为只是造成不法侵害者重伤的，仍有可能适用特殊防卫的规定（也可能适用一般正当防卫的规定），认定为正当防卫。需要说明的是，本书并不是将"行凶、杀人、抢劫、强奸、绑架以及其他严重危及人身安全的暴力犯罪"作过于宽泛的解释后，再提出防卫限度。因为刑法第20条第3款所规定的特殊防卫原本不存在防卫限度与防卫过当。但是，由于刑法第20条第3款规定的防卫结果包括造成不法侵害者伤害与死亡，所以，应当针对不同的防卫结果提出不同的前提条件。这样处理，一方面旨在说明，不能将刑法第20条第1款与第3款理解为对立或者相互独立的关系；另一方面旨在防止过度限制"严重危及人身安全的暴力犯罪"的范围，进而以造成伤亡为由将正当防卫认定为防卫过当。

第五，严重危及人身安全的暴力犯罪，并不限于刑法条文所列举的上述犯罪，还包括其他严重暴力犯罪，如抢劫枪支、弹药罪，劫持航空器罪等；也不限于直接对人的身体行使有形力的暴力犯罪，如果对物行使有形力但严重危及人身安全的，也属于严重危及人身安全的暴力犯罪，如严重放火罪、爆炸罪等。

第六，严重危及人身安全的暴力犯罪，是指符合构成要件且违法的行为，而不要求不法侵害者具备有责性。但是，应当严格限制对缺乏有责性的暴力犯罪的特殊正当防卫。

第七，即使是严重危及人身安全的暴力犯罪，但在暴力犯罪已经结束的情况下，不得因为防卫行为原本针对的是严重危及人身安全的暴力犯罪，而继续进行所谓"防卫"直至不法侵害者死亡。例如，在杀人犯已被防卫人制服的情况下，防卫人应停止防卫行为；防卫人对杀人犯实施新的侵害行为的，不能适用特殊正当防卫的规定。当然，如果后行为并非独立的新的侵害行为，而是一体化的防卫行为，则仍然可以适用特殊正当防卫的规定。

第四款 紧急避险

一、紧急避险的概念与性质

紧急避险，是指为了使国家、公共利益、本人或者他人人身、财产和其他权利免受正在发生的危险，不得已损害另一较小或者同等法益的行为。分洪是紧急避险的适例。

紧急避险的特点是避免现实危险、保护较大或同等法益。紧急避险行为虽然造成了某种法益的损害，但联系到具体事态来观察，从行为的整体来考虑，该行为没有侵害法益。

紧急避险的观念晚于正当防卫的观念。与正当防卫一样，紧急避险也是一种紧急行为。二者最大的区别在于：正当防卫是对不法侵害的防卫，即所谓"正对不正"；而紧急避险是两个法益之间的冲突，即所谓"正对正"。在"正对正"的情况下之所以阻却违法，也是因为它保护了更大或至少同等的法益。

关于紧急避险的性质，在刑法理论上存在争议。本书原则上将紧急避险作为违法阻却事由处理。首先，紧急避险通常以通过损害较小的法益保护更大的法益，故从法益衡量角度来看，阻却了违法性。其次，在不得已的情况下，即使避险行为所损害的法益与保护的法益价值相等，也表明其没有造成法益侵害，因而阻却违法。最后，不得已通过侵害生命保护其他生命的避险行为（应设置更为严格的条件），既可能成立违法阻却事由，也可能成立责任阻却事由（在此一并讨论）。我国刑法第21条第1款关于紧急避险的规定，并没有将紧急避险限定为违法阻却事由，所以，对紧急避险原则上采取违法阻却事由说，例外地承认责任阻却事由，似乎并不存在法律障碍。但是，联系本条第3款的规定就会发现，本条第1款规定的紧急避险仅限于阻却违法的紧急避险。因为职务上、业务上负有特定责任的人,在自己的生命面临紧迫危险时采取紧急避险行为的(如持枪歹徒射杀没有持枪的警察时,警察闯入民宅躲避),虽然不阻却违法(不能适用刑法第21条第1款),但因为没有期待可能性而能够阻却责任,对此只能理解为超法规的责任阻却事由。

二、紧急避险的条件

紧急避险是通过损害一种法益保护另一种法益,故其成立条件比正当防卫更为严格。

(一)必须发生了现实危险

必须发生了现实危险,是指法益处于客观存在的危险的威胁之中,或者说,法益处于可能遭受具体损害的危险之中。危险的来源有:大自然的自发力量造成的危险;动物的袭击造成的危险;疾病、饥饿等特殊情况形成的危险;人的危害行为造成的危险;等等。

面临危险的既可能是国家利益、公共利益,也可能是本人或者他人的人身、财产和其他权利。但是,如果他人愿意使自己有权处分的法益遭受危险时,则不能进行紧急避险。换言之,不能为了保护他人自愿放弃的法益而实行紧急避险。[①]

需要研究的问题是,对自己招致的针对本人的危险(即甲的行为引起了对甲本人生命、身体等的危险)能否实行紧急避险?本书的基本观点是,应根据具体情况判断是否允许紧急避险。意图利用紧急状态而招来危险时,理当不允许实行紧急避险。但

---

① 在他人自杀的情况下能否实行紧急避险,是值得研究的问题。首先,在他人自杀的情况下,不得已损害其本人的其他法益挽救其生命的,应当排除违法性,即成立紧急避险。其次,不得已损害第三者的较轻法益挽救自杀者生命的,也可能成立紧急避险(如不得已强行让驾驶车辆的人将自杀者送往医院)。

是，对因偶然的事情而招来的危险（既包括过失自招的危险，也包括故意自招的危险），应当允许实行紧急避险。换言之，对于行为人有意识地制造自己与他人的法益之间的冲突，引起紧急避险状态的，可以认为制造者放弃了自己的法益，既然如此，就不存在对自己"法益"的紧迫危险，因而不能允许制造者实施紧急避险。但是，当行为人虽然故意、过失或者意外实施了某种违法犯罪行为，但不是故意制造法益之间的冲突，却发生了没有预想到的重大危险时，存在紧急避险的余地。在这种情况下，对自己招致的危险能否进行紧急避险，要通过权衡法益、考察自己招致危险的情节以及危险的程度等进行综合评价。

至于对自己招致的针对他人的危险，应允许紧急避险。例如，甲的行为导致对乙的生命产生危险，甲便可以通过适当地损害丙的利益避免对乙的生命危险。当然，其中也存在行为人对招致危险的违法行为应否承担责任的问题（原因中的违法行为的法理）。

现实危险不包括职务上、业务上负有特定责任的人所面临的对本人的危险。例如，执勤的人民警察在面临罪犯对自己进行侵害时，不能进行紧急避险；发生火灾时，消防人员不能为了避免火灾对本人的危险，而采取紧急避险（当然，不能将通常的灭火方法视为紧急避险行为）。[①] 因此，刑法第21条第3款规定："第一款中关于避免本人危险的规定，不适用于职务上、业务上负有特定责任的人。"这是相对于阻却违法的紧急避险而言。但是，在职务上、业务上负有特定责任的人，为了保护自己的生命而实施紧急避险行为时，也可能以缺乏期待可能性为由而阻却责任。

[①] 这并不意味着业务上负有特定责任的人，在任何情况下都必须履行特定义务，只是意味着不能实行紧急避险。因为履行特定义务也以具有履行义务的可能为前提。例如，当具体的灭火行为对消防员本人的生命存在显著危险时，不能要求消防员实施该灭火行为。

如果事实上并不存在危险，而行为人误认为存在危险，实施所谓避险行为的，属于假想避险。对于假想避险，适用假想防卫的处理原则。

（二）必须是正在发生的危险

现实危险正在发生时，才能实行避险行为。危险正在发生，是指危险已经发生或迫在眉睫并且尚未消除，其实质是法益正处于紧迫的威胁之中，这要根据当时的具体情况进行综合判断。在危险尚未发生或者已经消除的情况下实行避险的，属于避险不适时，适用防卫不适时的处理原则。

（三）必须出于不得已损害另一法益

必须出于不得已，是指在法益面临正在发生的危险时，没有其他合理办法可以排除危险，只有损害另一较小或者同等法益，才能保护面临危险的法益（补充性要件）。换言之，在当时的紧急状态下，被牺牲的法益处于作为保护另一法益的手段的地位。或者说，被牺牲的法益属于危险转嫁的对象。因此，当濒临死亡的患者需要植入肾脏时，医生不得从偶尔来医院就诊的人身上摘出肾脏植入到患者体内。从行为当时来看，如果即使牺牲某种法益也不能保护其他法益时，也不得实施紧急避险。[①] 这样要求是因为，法益均受法律保护，如果能以不损害法益的方法保护法益，就不允许以损害一种法益的方法保护另一法益。这是紧急避险与正当防卫的重要区别。在可以或者具有其他合理方法避免危险的情况下，行为人采取避险行为的，应视行为的具体性质、情节以及行为人的责任形式分别认定为故意犯罪、过失犯罪或者意外事件。

损害另一法益，通常是指损害第三者的法益。但是否仅限于

[①] 当然，这并不意味着失败的避险均成立犯罪。

损害第三者的法益,还需要研究。例如,在遭遇持枪歹徒追杀的情况下,不得已破门闯入他人住宅藏匿的,固然属于紧急避险;但在同样的情况下,如果为了避险不得已破门闯入持枪歹徒的住宅,不使歹徒进入的,认定为紧急避险较为合理。①

(四)关于避险意识

避险意识由避险认识与避险意志构成。避险认识,是指行为人认识到国家、公共利益、本人或者他人的人身、财产和其他权利面临正在发生的危险,认识到只有损害另一法益才能保护较大或同等法益,认识到自己的避险行为是保护法益的正当行为。避险意志,是指行为人出于保护国家、公共利益、本人或者他人的人身、财产和其他权利免受正在发生的危险的目的。主张正当防卫需要防卫意识的,都会肯定紧急避险中的避险意识;主张正当防卫不需要防卫意识的,均会否认紧急避险中的避险意识。但无论如何,故意引起危险后,以紧急避险为借口侵犯他人法益的,是故意犯罪,而不是紧急避险。没有避险意识,其故意或者过失实施的侵害行为符合紧急避险客观要件的,属于偶然避险,与偶然防卫的处理原则相同。本书认为,偶然避险属于紧急避险。

(五)必须没有超过必要限度造成不应有的损害

由于紧急避险是用损害一种法益来保护另一种法益,故不允许通过对一种法益的无限制损害来保护另一法益,只能在必要限度内实施避险行为。

我国传统刑法理论认为,紧急避险的必要限度,是指紧急避险所引起的损害小于所避免的损害,即凡是避险行为所引起的损害小于所避免的损害时,就没有超过必要限度。本书认为,紧急

---

① 德国刑法理论将紧急避险分为防御性紧急避险与攻击性紧急避险,前者是指针对危险源实施的避险行为(如杀害正在袭击人的野生动物,或者伤害无故意过失的侵害者),后者是指针对与危险源无关的第三者的法益实施的避险行为。

避险的必要限度，是指在所造成的损害不超过所避免的损害的前提下，足以排除危险所必需的限度。由于紧急避险是两种法益之间的冲突，故应以尽可能小的损害去保护另一法益，即必须从客观实际出发，既保护一种法益，又将对另一法益的损害控制在最小限度内。因此，首先，避险行为造成的损害小于所避免的损害时，也可能超过了必要限度。例如，在发生森林火灾，为了防止火灾蔓延，不得已砍伐树木形成隔离带时，如果根据当时的客观情况，只要有10米宽的隔离带即可，行为人却下令大量砍伐树木形成50米宽的隔离带。尽管所保护的森林面积远远大于所砍伐的森林面积，但不能认为没有超过必要限度。其次，不得已损害同等法益的，也不一定超过了必要限度。即在甲法益与乙法益等值的情况下，如果保护甲法益的唯一方法是损害乙法益，那么，充其量只能认为，这种避险行为没有实质意义。因为紧急避险制度并非旨在保护相互关爱的伦理，而"是从功利主义的见地防止社会整体利益减少的制度"①。在上例中，从整体上说，法益并没有受到侵害。既然如此，就不宜将这种行为认定为犯罪。可见，紧急避险的必要限度与正当防卫的必要限度，存在重大区别。

法益价值的判断是一个重要问题。大体可以肯定，生命法益重于身体法益、身体法益重于财产利益，但现在还难以形成一般的、具体的标准，只能根据社会的一般观念进行客观的、合理的判断。此外，进行法益衡量时，还要考虑危险的紧迫性与重大性、危险源的具体情况、损害行为的程度、当事人的忍受义务等等。在进行法益衡量时，首先要通过刑法分则规定的法定刑判断所损害的法益与所保护的法益在刑法中的地位（性质）。其次，在同一种法益产生冲突时，要判断可能遭受损害的数量（为了保

---

① 〔日〕西田典之：《刑法总论》，弘文堂2010年第2版，第139—140页。

护财产而牺牲他人财产时，只能通过财产的数量进行法益价值的判断）。最后，要比较被避免的危险与避险行为对法益的危险程度。例如，如果具有抽象危险的醉酒驾驶行为挽救了他人的生命或者避免了他人身体的重大危险，就应当阻却违法。①

至于能否牺牲一个人的生命以保护其他人的生命，是有重大争议的问题。如果说生命是等价的，那么，就可以用牺牲生命的方法来保护等价的生命，尤其是可以用牺牲一个人生命的方法保护多数人的生命。可是，生命是人格的基本要素，其本质是不可能用任何尺度进行比较的，法秩序不允许将人的生命作为实现任何目的的手段。例如，在一个人的肝脏可以供五个肝病患者进行肝脏移植进而挽救五个人的生命时，也不能任意取出一个人的肝脏进行移植。② 在此意义上说，将生命作为手段的行为都是违法的。然而，如果不允许以牺牲一个人的生命保护更多人的生命，则意味着宁愿导致更多人死亡，也不能牺牲一个人的生命，这难以为社会一般观念所接受，也不一定符合紧急避险的社会功利性质。在本书看来，虽然所有人的生命是等价的，但也要区分不同情形进行综合判断，对生命的紧急避险（对"不得已"的判断应当极为严格），既有可能成立违法阻却事由，也有可能成立责任阻却事由。

本书初步认为，下列情形大体成立违法阻却事由：其一，被牺牲者同意牺牲自己以保护他人生命时，对之实施紧急避险的；其二，被牺牲者已被特定化，即使不对之实施紧急避险也会立即牺牲时，对之实施紧急避险的；其三，被牺牲者客观上不可能行

---

① 参见〔德〕乌尔斯·金德霍伊泽尔：《刑法总论教科书》，蔡桂生译，北京大学出版社 2015 年版，第 184 页。
② 也有学者认为，如果事实果真如此，医生取出一个人的肝脏进行移植的行为也是紧急避险。只不过在 99.9% 的情况下，都不存在这种"不得已"的情形（参见〔日〕西田典之：《刑法总论》，弘文堂 2010 年第 2 版，第 143—144 页）。

使自主决定权,尤其是不可能行使防卫权时,对之实施紧急避险的;其四,被牺牲者死亡的危险性大于其他人,如果不实施紧急避险,被牺牲者首先牺牲时,对之实施紧急避险的;其五,被牺牲者成为导致他人死亡的危险源时,对之实施紧急避险的;其六,为了保护多数人的生命而牺牲少数有过错地使自己的生命处于危险状态的人。在现实案件或者设例中,一个案件往往会同时存在上述几种情形。

三、受强制的紧急避险

所谓受强制的紧急避险(Nötigungsnotstand,强迫的紧急避险或胁迫的紧急避险),是指受他人强制实施紧急避险的情形。例如,绑架犯A绑架了B的儿子,要求B抢劫银行巨额现金,否则杀害其子。B为了挽救儿子的生命而实施了抢劫银行的行为。B的行为是否成立紧急避险?这涉及紧急避险的多个条件。

限定说认为,如果被强制者B实施了盗窃等较轻的犯罪,当然成立紧急避险,但在实施了抢劫等重大犯罪的情况下,不成立紧急避险。该说同时认为,如果缺乏期待可能性,则阻却责任。此说的理由是,首先,如果认为B的行为成立紧急避险,则其行为属于合法行为。果真如此,银行职员等反击B的行为反而不成立正当防卫,这显然不妥当。因为银行职员并没有忍受B的抢劫行为的义务。其次,由于A意图通过B的行为实现自己的意图,故可以认为B分担了A的不法行为。所以,在衡量被强制者B的法益(其儿子的生命)与其侵害的法益(银行财产)时,必须考虑B分担了不法行为的事实。

本书倾向于非限定说。在受强制的紧急避险的场合,虽然应当考虑被强制者B分担了不法行为的事实,但从实质上看,只有当存在紧急避险以外的保全法益的方法而B却采取了紧急避险的方法时,才能认为B分担了不法行为。因此,应当在补充性要件

（不得已）的范围内探讨 B 的行为是否成立紧急避险，而不能对此附加其他特别限制。换言之，刑法第 21 条并没有限定"危险"的来源，对于受强制者 B 而言，是谁威胁其儿子的生命，并不重要。只要 B 的行为符合紧急避险的条件，就成立紧急避险。银行职员不知真相对 B 实施的反击，属于假想防卫；① 在这种情况下，由于银行职员不可能有过失，故并不成立犯罪。再如，甲威胁乙，如果不毁坏丙的摩托车就杀害丙。如果没有其他适当途径，乙毁坏丙的摩托车的行为，属于阻却违法的紧急避险。②

四、避险过当

避险行为超过必要限度造成不应有的损害的，成立避险过当。避险过当不是独立的罪名，故不能定"避险过当罪"，也不能定"避险过当致人重伤罪""避险过当致人死亡罪"等罪名；只能根据避险行为所符合的犯罪构成确定罪名。对于避险过当的责任形式，应与防卫过当的责任形式作相同理解。对于避险过当的，应当酌情减轻或者免除处罚。

第五款　因法益性的阙如阻却违法的事由

一、被害人承诺

（一）被害人承诺的一般概念

符合一定条件的被害人承诺，可以排除损害被害人法益的行为的违法性。罗马法上就有"得承诺的行为不违法"（Volenti

---

① 根据非限定说，银行人员知道真相时，不能实行正当防卫，也难以再实施紧急避险。
② 德国有部分学者认为，受强制的紧急避险在任何情况下都只能阻却责任，而不能阻却违法。本书不赞成这种观点。但是，受强制牺牲他人以保护自己或者亲属生命时，则可能阻却责任。

non fit injuria）的格言，但不能望文生义地予以适用。被害人请求或者许可行为人侵害其法益，表明其放弃了该法益，放弃了对该法益的保护。既然如此，法律就没有必要予以保护；损害被放弃的法益的行为，就没有侵害法益，因而没有违法性。但这并不意味着只要行为得到了被害人的承诺就不成立犯罪。有些承诺并不影响犯罪的成立。如拐卖儿童的行为，即使得到儿童的承诺，也成立拐卖儿童罪。有些承诺是犯罪（如国外的得承诺杀人罪）的成立条件。由此可见，只有在以违反被害人意志为前提的犯罪中，被害人的承诺才可能阻却违法，如侵犯通信自由罪、故意毁坏财物罪等。此处讨论的仅限于这种情况。

德国、日本的部分学者主张，被害人的同意阻却构成要件符合性，被害人的承诺阻却违法。例如，经被害妇女同意与之性交的，阻却强奸罪的构成要件符合性；经被害人承诺而毁坏其财物的，则阻却故意毁坏财物罪的违法性。但是，一方面，如果经被害人同意的行为不可能符合构成要件，就没有必要另作为阻却构成要件符合性的事由予以讨论。另一方面，在许多情况下，二者的区分又是相当困难的。例如，甲应乙的请求，将乙的电视机扔到垃圾堆的行为，既可以被评价为不符合构成要件的行为，也可能评价为符合构成要件但阻却违法的行为。这是因为，在"违反被害人意志"属于构成要件要素时，被害人承诺就意味着行为不符合构成要件；在"违反被害人意志"不属于构成要件要素时，被害人承诺只能成为违法阻却事由。但是，刑法分则一般没有将"违反被害人意志"规定为构成要件要素，刑法理论只是在部分犯罪中将"违反被害人意志"解释为构成要件要素。于是，在没有明确"违反被害人意志"是否属于构成要件要素的一些犯罪中，被害人承诺既可能是阻却构成要件符合性的事由，也可能是违法阻却事由。基于上述考虑，本书没有严格区分被害人同意与被害人承诺，在此一并讨论（当然主要讨论阻却违法的被害人承诺）。

（二）被害人承诺的有效条件

经被害人承诺的行为符合下列条件时，才阻却行为的违法性（在某些情况下也可能是阻却构成要件符合性）：

1. 承诺者对被侵害的法益具有处分权限（承诺范围）。对于国家、公共利益与他人利益，不存在被害人承诺的问题，故只有承诺侵害自己的法益时，才有可能阻却违法。但即使是承诺侵害自己的法益，也有一定限度。如经被害人承诺而杀害他人的行为，仍然成立故意杀人罪。此外，承诺虽然原则上只能由法益主体做出，但在某些情况下，也可能代理承诺。就财产处理而言，只要存在民法上的有效授权，就可以代理承诺。在涉及治疗行为时，如果儿童或者丧失意志决定能力的人不能做出承诺时，其监护人或者法定代理人可以做出承诺。

2. 承诺者必须对所承诺的事项的意义、范围具有理解能力（承诺能力）。可以肯定的是，没有辨认控制能力的精神病人，缺乏承诺能力。就未成年人而言，不能单纯以年龄划定绝对的界限，必须联系承诺的事项（法益侵害的种类、程度等）进行判断。例如，17周岁的人对自己的财物以及治疗行为具有承诺能力，但不应当认为其对出卖自己的器官具有承诺能力。

3. 承诺者不仅承诺行为，而且承诺行为的结果（承诺对象）。只有当法益主体承诺法益侵害的结果时，才能认为其放弃了自己的法益。如果只是承诺了被告人的行为，但没有承诺该行为造成的法益侵害结果，则不能认为其放弃了自己的法益。例如，甲明知乙酒后驾驶，仍然坐在甲的车上，乙交通肇事导致甲重伤。对此，不能认定为被害人承诺。当然，如果某种行为必然导致结果或者具有导致结果发生的高度盖然性，被害人对行为的承诺就意味着对结果的承诺。

4. 承诺必须出于被害人的真实意志，戏言性的承诺、基于强制或者威压做出的承诺，不阻却违法。值得讨论的是基于错误的承诺的效力。全面无效说认为，任何因欺骗行为而引起的承诺，都是无效的。本质错误说（重大错误说、决定性动机错误说）认为，如果被害人没有陷入错误（或者知道真相）就不会做出承诺时，或者说，因欺骗行为引起了决定性的动机错误时，该承诺无效。法益关系错误说认为，如果仅仅是关于承诺动机的错误，应认为该承诺具有效力，阻却违法；如果因为受骗而对所放弃的法益的种类、范围或者危险性发生了错误认识（法益关系的错误），其所做出的承诺则无效。例如，行为人冒充妇女甲的丈夫实施奸淫行为时，黑夜中的甲以为对方是自己的丈夫而同意发生性关系。根据全面无效说、本质错误说与法益关系错误说，甲的承诺均无效。再如，为灾区募捐的行为人欺骗乙，导致乙捐款数额远远高于其他人的捐款数额。根据全面无效说，乙的承诺可能是无效的；但根据本质错误说与法益关系错误说，乙的承诺是有效的。又如，行为人欺骗丙将一个肾脏摘出后移植给丙的女儿，但事实上移植给他人。根据全面无效说、本质错误说，丙的承诺是无效的；根据法益关系错误说，丙的错误仅仅与承诺的动机有关，故不影响其承诺效力。在本书看来，法益关系错误说虽然原则上是妥当的，但是，（1）如何确定法益关系的错误的范围，还存在疑问，对此，需要联系具体犯罪的法益做出判断。一般来说，欺骗行为使被害人对于法益的有无、性质与范围产生错误而做出承诺的，该承诺无效。例如，欺骗行为使被害人误以为不会导致法益侵害而承诺，但事实上造成了法益侵害的，该承诺无效。又如，欺骗行为使被害人误以为只会造成轻微的法益侵害而承诺，但事实上造成了严重的法益侵害的，该承诺无效。再如，欺骗行为使被害人误以为仅损失财产，但事实上造成人身伤害的，该承诺无效。（2）需要考虑被害人承诺的重要目的是否得到实现。法益主体处分某种法益时，常常是为了保护、救助另一法益。如果其保护、救助另一法益的重要目的没有得到实现，就应当认定为法益关系的错误，难以认为其承诺有效。例如，甲欺骗乙向地震灾区捐款，乙为了救济灾民而捐款，但甲将所得捐款据为己有。乙的承诺无效，甲的行为构成诈骗罪。再如，甲欺骗乙，声称其子女需要移植眼角膜，乙献出了眼角膜，但甲将乙的眼角膜改作他用。乙的承诺无效，甲的行为成立故意伤害罪。(3) 需要考虑欺骗行为对被害人做出承诺的影响程度。亦即，欺骗行为事实上使被害人不可能行使自己决定权，因而不可避免地陷入错误时，应认为承诺无效。因为在这种情况下，被害人事实上没有行使自主决定权。例如，谎称存在紧急避险情形，使被害人做出承诺的，该承诺无效。如甲谎称乙饲养的狗是疯狗，使乙承诺甲捕杀该狗的，乙的承诺无效。再如，欺骗行为使被害人误以为不论自己同意与否法益都会受侵害而承诺的，该承诺无效。如电梯司机在被害人进入电梯后，突然将电源关闭，谎称电梯事故，使被害人同意自己被关在电梯内的，不阻却拘禁行为的违法性。①

5. 必须存在现实的承诺。刑法理论对此存在意思方向说与意思表示说之争：前者认为，只要被害人具有现实的承诺，即使没有表示于外部，也是有效的承诺；后者认为，承诺的意思必须以语言、举动等方式向行为人表示出来。行为无价值论一般主张意思表示说（但也有例外），本书采取结果无价值论，主张意思方向说。因为承诺本身是自我决定权的表现，只要存在于行为人的内心即可。相关的问题是，是否要求行为人认识到被害人的承诺？理论上也存在必要说与不要说的对立。本书认为，既然被害

---

① 需要说明的是，行为人虽然没有实施欺骗行为，但同时明知被害人由于表达或者书写错误做出了一个违背本人意志的错误承诺时，仍然按照该错误承诺对被害人实施侵害行为的，应当认定为故意犯罪。

人同意行为人的行为与法益损害结果，就不存在受保护的法益，故不必要求行为人认识到被害人的承诺。

6. 承诺至迟必须存在于结果发生时，被害人在结果发生前变更承诺的，原来的承诺无效。换言之，法益主体在结果发生前的任何时间内都可以自由撤销承诺。① 事后承诺不影响行为成立犯罪（可能影响量刑）；否则国家的追诉权就会受被害人意志的任意左右。

7. 经承诺实施的行为不得超出承诺的范围。例如，甲同意乙砍掉自己的一个小手指，而乙砍掉了甲的两个手指。这种行为仍然成立故意伤害罪。

符合上述条件的，阻却行为的违法性，即行为人对所承诺的法益造成损害的行为不具有违法性。但是，经承诺所实施的行为是否侵犯其他法益因而构成其他犯罪，则是另一问题。例如，即使妇女同意数人同时对其实施淫乱行为，但如果数人以不特定或者多数人可能认识到的方式实施淫乱行为时，虽不构成强奸罪，但不排除聚众淫乱罪的成立（就此罪而言，妇女已不再是被害人，而是犯罪主体）。

二、推定的承诺

现实上没有被害人的承诺，但如果被害人知道事实真相后当然会承诺，在这种情况下，基于对被害人意志的推定所实施的行为，就是基于推定的承诺的行为。如发生火灾之际，为了避免烧毁被害人的贵重财产，闯入屋内搬出贵重物品的行为，就是基于推定的承诺的行为。

基于推定的承诺的行为，必须具备以下条件：（1）被害人没

---

① 如果法益主体在侵害结果发生前撤销承诺，即使行为人的行为已经造成部分损害或者危险的，也阻却违法性，不能以犯罪未遂论处。

有现实的承诺。但应注意的是，推定的承诺具有补充性，只有在不可能得到被害人的现实同意时才能考虑适用推定的承诺。换言之，只要有可能通过各种途径询问被害人的意志，就不允许推定被害人承诺。（2）推定被害人知道真相将承诺。一般认为，这种推定以合理的一般人的价值观念为标准，而不是以被害人的实际价值观念为标准。但应注意的是，只有在无法确定被害人自身的价值观念时，才能按照一般人的价值观念推定。因为起决定性作用的是被害人（法益主体）自身的价值观念，当有事实根据表明被害人的价值观念不同于一般人的价值观念时，只能根据被害人的价值观念推定其意志。（3）一般是为了被害人的一部分法益牺牲其另一部分法益（不排除为了自己或第三者的利益而牺牲被害人的利益[①]），但所牺牲的法益不得大于所保护的法益。（4）必须针对被害人有处分权限的个人法益实施行为。

问题是，被害人知道真相也不承诺的，应当如何处理？换言之，事后判断推定并不成立时，是否阻却违法性？如上所述，所谓推定被害人知道真相将承诺，一般是以合理的一般人意志为标准，而不是以被害人的实际意志为标准。但是，既然推定的承诺以被害人的自我决定权为核心，那么，在事先不能知道被害人是否承诺的场合，也只能从事后的立场确认被害人的真实意志。如果事后判明行为人的介入行为违反法益主体的真实意志，就不能否认这种行为的违法性。例如，楼上的被害人因装修房屋在卫生间进行闭水试验时外出，楼下的行为人误以为被害人家没有关闭水龙头，为了防止被害人的财产遭受损失而撬门进入被害人住宅。在这种情形下，不能否认侵入住宅行为的违法性，只能作为

[①] 例如，邻居家的水管破裂浸害了自己或者第三者的家具时，砸坏邻居家的门进入邻居家中修复水管的行为，也属于基于推定承诺的行为（参见〔日〕山口厚：《刑法总论》，有斐阁2016年第3版，第180页）。

事实认识错误处理，否认行为人具有故意，因而不成立犯罪。再如，在没有亲属的患者昏迷不醒，不立即截肢就有生命危险的情况下，基于推定的承诺而截肢，患者清醒后反对截肢的，虽然也应当肯定医生的行为具有伤害罪的构成要件符合性，但是，要么可能成立紧急避险，进而否认违法性；要么通过否认医生具有伤害故意与过失宣告无罪。行为人为了自己的利益而推定被害人会承诺所实施的行为，也是如此。

此外还需要说明的是，有些案件不需要作为推定的承诺处理。例如，部分推定的承诺完全可以归入现实的承诺（默示的承诺）。例如，店员暂时离开商店时，顾客按照标明的售价将现金置于柜台内将商品拿走。对于这样的行为，不需要认定为推定的承诺，而是应当认定为现实的承诺（默示的承诺）。再如，被害人住宅发生火灾时，行为人侵入住宅抢救卧病在床的老人的，可归入紧急避险。亦即，住宅主人没有同意老人死亡的权利，因而不可适用推定的承诺。

三、假定的承诺

假定的承诺（假定的同意），一般是指在治疗过程中，医生没有充分向患者履行告知说明义务，没有得到患者的承诺，便实施相关的治疗行为；但事后查明，即使医生向患者履行告知说明义务，患者也会同意该治疗行为。例如，外科医生甲在给患者乙做肩胛骨手术时，不小心将钻针折断并遗留在乙的体内，只有再次手术才能取出钻针。但是，甲隐瞒了这一事实，向乙谎称第一次手术引起了并发症，需要第二次手术才能完全康复，因而获得了乙的同意。所要讨论的问题是，第二次手术行为是否构成故意伤害罪？

在德国，相当多的学者认为，由于医生没有履行告知说明义务，所以侵害了患者的自我决定权；这种假定的承诺不足以事后阻却第二次手术行为的违法性。但有判例认为，由于患者知道真相后原本会同意，同意的表述并不重要，故医生的行为并不违法。还有少数学者认为，医生的行为仅成立犯罪未遂。[①]

本书的初步看法是，在假定的承诺的场合，行为人原本能够取得被害人的承诺，被害人在事先原本能够做出承诺，因此，被害人实际上并不存在法益关系的错误，而且医生实施的治疗行为完全符合患者的目的，客观上也保护了更为优越的法益，故应阻却行为的违法性。

三、自损行为

自损行为，是指自己损害自己法益的行为，如自伤、自己毁损自己所有的财物等，这些行为阻却违法（当然，在许多情形下阻却构成要件符合性）。但是，当自损行为同时危害国家、社会或他人法益时，则并不阻却针对国家、社会与他人法益的违法性。如军人战时自伤的，放火烧毁自己的财物但危害公共安全的，依然成立犯罪。附带说明的是，在未成年人实施自损行为时，负有保护义务的保证人不履行保护义务的，可能成立不作为犯罪。

四、危险接受

广义的危险接受，大体分为三种类型：

其一是狭义的自发的自己危险化：被害人在认识到自己的行为对自己的法益具有危险的情况下，仍然实施该行为，进而给自己造成了实害。在这种场合，只有被害人实施了与其法益遭受侵害之间具有因果关系的行为。例如，被害人认识到摔伤的危险却

[①] 参见〔德〕乌尔斯·金德霍伊泽尔：《刑法总论教科书》，蔡桂生译，北京大学出版社2015年版，第198页以下。

爬树采果实,果真摔成重伤。显然,这种案件本身不具有刑法上的意义,① 故不需要讨论。

其二是自己危险化的参与:被害人意识到并实施了危险的行为,而且遭受了侵害结果,但被告人的参与行为与被害人的侵害结果之间具有物理的或者心理的因果性。简言之,被告人参与了被害人的自发的自己危险化。例如,德国曾发生如下案件:被害人是海洛因的持有人,让被告人将注射器给其使用,被害人利用该注射器注射海洛因,进而死亡。

其三是基于合意的他者危险化:虽然给被害人造成侵害结果的是他人的行为,但被害人认识到并且同意被告人行为给自己带来的危险(即被害人仅承诺了危险,而没有承诺侵害结果)。如德国的梅梅尔河案:在狂风暴雨之际,两位乘客不顾船工的"危险"警告,要求船工运送其过河。船工在运送乘客过河时,渡船翻沉导致乘客死亡。

自己危险化的参与的最大特征是,被害人的行为是导致侵害结果发生的直接原因,或者说,被害人自己支配了侵害结果的发生,被告人只是参与了被害人的自己危险化。本书的基本观点是,对于自己危险化的参与,只要符合危险接受的前提条件,就不能将侵害结果归属于被告人的行为(被告人的行为不成立犯罪)。换言之,可以通过否认构成要件符合性,并运用共犯从属性的原理,得出自己危险化的参与不构成犯罪的结论。例如,在校大学生甲、乙、丙相约来到一河边渡口游泳,丙提出到水最深的地方看河水到底有多深,甲、乙表示同意。因害怕危险,三人决定手牵手试水,由于三人手未拉稳,一起掉了下去,他人听到

---

① 当然,需要区分被害人的自己危险化是自发的还是由他人的行为引起的。总的来说,如果被告人的行为对被害人产生了物理的或者心理的强制,导致被害人实施自己危险化的行为时,就不能认定为自发的自己危险化。

呼救赶到时，丙被冲向沙滩边，自己爬上岸，乙被人救起，而甲则沉入水中，直到次日下午尸体才被发现。在本案中，三人手牵手试水的行为，对各自都是一种危险行为，但死者甲的行为并不符合过失致人死亡罪的构成要件。既然如此，实施了参与行为的丙、乙，就不可能成立过失的教唆犯与帮助犯。

基于合意的他者危险化与自己危险化的参与存在区别。本书的观点是，对于基于合意的他者危险化，也只能从是否具备构成要件符合性、违法性的角度展开分析。就构成要件符合性而言，由于行为人造成了他人的重伤或者死亡，客观上完全符合过失致人死亡罪或者过失致人重伤罪的构成要件。即使采取客观归责理论，也不能认为基于合意的他者危险化行为，没有制造不被允许的危险，更不能否认危险的现实化，同样不能认为超出了构成要件的保护范围。在违法性层面，基于合意的他者危险化，也并没有保护更为优越的利益，因而并不存在违法阻却事由。① 既然如此，基于合意的他者危险化，就没有排除犯罪成立的理由。

例如，某年冬天，甲与乙（女）驾驶夏利牌轿车到某水库南侧游玩。为近距离观赏野鸭子，甲查看冰层约有30厘米，又在冰面上向前走了大约七八十米，便提议驾车穿过冰面到对岸，乙表示同意。甲即驾驶该车载乙向水库北岸行驶，当车行至河岔中心偏北侧时，汽车落入冰下水中，乙溺水死亡。本书认为，甲的行为构成过失致人死亡罪。诚然，被害人乙可以不坐入车内，但是，不能因为乙有这个决定权，就认定她自己引起了发生死亡结果的危险，更不能认定她自己造成了死亡结果。无论如何都应当认为，甲的行为引起了发生死亡结果的危险，并且使危险现实化。换言之，乙虽然认识到了行为的危险，但是，危险完全掌控

---

① 如果像治疗行为那样保护更为优越的利益，则是另一回事（不必作为危险接受案件处理）。

在甲手中，甲的过失行为支配了侵害结果的发生。由于甲的行为符合过失致人死亡罪的构成要件，也不具备违法阻却事由与责任阻却事由，故应认定其行为构成过失致人死亡罪。

但是，如果表面上看是被告人的行为造成了法益侵害结果，而实际上被害人是间接正犯时，就不能肯定构成要件符合性，被告人便不对结果负责。亦即，虽然表面上看由被告人实施了导致结果发生的行为，但被告人处于被害人的压倒性的意思支配之下，实质上可以评价为被害人自己导致结果发生的场合，被告人不对结果负责。① 因为当被害人自己成为侵害自己法益的间接正犯时，其行为并不符合任何犯罪的构成要件，根据共犯从属性说的原理，被告人的参与行为也就不可能符合构成要件。这主要表现为两种情形：

第一，被害人对被告人实施强制行为，支配了因果发展进程。例如，某日下午，派出所的警察在公路上设卡进行交通检查，被告人甲无证驾驶无牌照摩托车路经此处，被警察乙扣留，乙责令甲驾驶该车搭载乙前往派出所接受处理。甲驾驶该车时车速过快，操作不当，致使该车与路边石块相撞，致乙受重伤（一级伤残）。在本书看来，甲的行为并不构成犯罪。在甲无证驾驶被查处的情况下，正在行使交通检查职权、查处违章行为的警察乙，明知甲无驾驶资格仍然要求其继续驾驶并搭乘自己，应当评价为一种强制行为。换言之，在当时的情况下，甲不可能拒绝乙的要求。既然如此，就应当认为乙的行为支配了结果的发生。乙自己使自己受伤的行为并不符合过失致人重伤罪的构成要件，根据共犯从属性说的原理，甲的行为也不成立犯罪。反之，如果本案甲身受重伤，乙反而应当承担刑事责任。

---

① 〔日〕曾根威彦："过失犯中的危险接受"，载《早稻田法学》第73卷（1997年）第2号，第54页。

第二，被害人对危险行为具有优越的知识，支配了因果发展进程。日本千叶赛车案可谓适例：被害人有七年的赛车经验，发现初学赛车的被告人技术低劣，在被告人练习时，被害人要求坐在车上对被告人进行技术指导。被告人按照被害人的指示，在练习赛车时错误操作，致使赛车失去控制，撞到防护栏后翻车，防护栏的支柱刺穿被害人一侧的窗户，导致同乘的被害人死亡。法院宣告被告人的行为不构成犯罪。① 在本案中，被害人不仅认识到了赛车竞技运动的危险性，而且基于优越的知识，通过对被告人的建议、指示，在很大程度上掌控了危险，形式上是被告人造成了侵害结果，实质上被害人处于间接正犯的地位。换言之，实质上是被害人的自己侵害行为造成了自己的死亡。由于该行为并不符合任何犯罪的构成要件，根据共犯从属性说的原理，被告人的行为也不符合任何犯罪的构成要件。

第六款　基于法益衡量阻却违法的事由

一、法令行为

法令行为，是指基于成文法律、法令、法规的规定，作为行使权利或者承担义务所实施的行为。由于法令行为是法律本身所允许乃至鼓励的、形成法秩序的一部分的行为，因而是合法行为，不是犯罪行为。但有的法令行为从形式上看，与某些犯罪的客观行为具有相似之处，故将法令行为作为违法阻却事由。

一般认为，法令行为包括四类行为：一是法律基于政策理由阻却违法的行为，即某类行为本来会侵害法益，但法律基于政策上的考虑（也可谓法益的衡量），将其中的某种行为规定为合法行为。如发行彩票本来可谓赌博行为，但基于财政政策等理由，

---

① 〔日〕西田典之等编：《刑法判例百选Ⅰ（总论）》，有斐阁2008年第6版，第314页。

有关法律允许特定机构以特定形式发行彩票。这种行为便不成立犯罪。二是法律有意明示了合法性条件的行为，即某类行为本来具有犯罪性，但法律特别规定，符合一定条件时属合法行为。① 三是职权（职务）行为，即公务人员根据法律行使职务或者履行职责的行为。既包括基于法律的直接规定实施的行为，也包括基于上级的职务命令实施的行为。② 如司法工作人员对犯罪嫌疑人实行逮捕。四是权利（义务）行为，即在法律规定上作为公民的权利（义务）的行为，如一般人扭送现行犯。

法令行为是基于法律、法令、法规的规定所实施的行为，因此，如果行为人所实施的行为没有法律、法令、法规的根据，或者虽有一定根据但在实体上或程序上违反了法律、法令或法规的规定，则不属于法令行为，相反可能构成犯罪。

二、正当业务行为

正当业务行为，是指虽然没有法律、法令、法规的直接规定，但在社会生活上被认为是正当的业务上的行为。业务是指基于社会生活中的地位反复实施的行为。但并非因为是"业务"就不成立犯罪，而是因为"正当"才阻却违法。"正当"意味着行为本身是维持或保护正当利益的行为。因此，只有正当业务中的正当行为才是违法阻却事由，超出正当范围的行为依然可能成立犯罪。例如，一般来说，记者的采访报道活动属正当业务行为，但记者捏造事实诽谤他人的，并不阻却违法。正当业务行为没有固定的种类。职业性的体育活动，属于正当业务行为；遵守了体

---

① 如在规定了堕胎罪的国家，其优生法往往规定符合一定条件的堕胎行为不成立堕胎罪。在我国也可能找到类似的情形。
② 我国刑法理论一般将执行上级命令的行为，作为独立于法令行为之外的排除犯罪事由，这未尝不可。但下级执行上级命令本身也是有法律根据的，上级命令也必须以法律为根据，故可以将执行上级命令的行为归入法令行为。

育规则的行为，即使造成了他人伤害，也不成立故意伤害罪。律师的辩护活动也是正当业务行为。医生基于患者的承诺或推定的承诺，采取医学上所承认的方法，客观上伤害患者身体的治疗行为，可谓正当业务行为，但其阻却违法的条件更为严格：治疗行为在医学上是被承认的方法，其实质是具有安全性、有效性与必要性；必须有患者的承诺或推定的承诺。① 人体实验不属于正当业务行为。

三、自救行为

自救行为，是指法益受到侵害的人，在通过法律程序、依靠国家机关不可能或者明显难以恢复的情况下，依靠自己的力量救济法益的行为。② 例如，盗窃罪的被害人，在盗窃犯即将毁损所盗物品或者逃往外地等场合，来不及通过司法机关挽回损失，使用暴力等手段迅速从盗窃犯手中夺回财物的，就是自救行为。显然，自救行为是一种事后救济行为，在近代法治国家受到严格限制。自救行为必须符合以下条件：（1）法益已经受到了违法侵害，不问该侵害是刚刚结束还是经过了一定时间。换言之，法益侵害行为虽然已经结束，但法益受侵害的状态仍然存在。这是自救行为与正当防卫的关键区别。（2）行为人具有需要实现的请求权。（3）通过法律程序、依靠国家机关不可能或者明显难以恢复受侵害的法益，或者说不能及时获得公权力的救助。这表明，通过自救行为可以恢复受侵害的法益。债权人在债务人没有偿还债务的情况下，窃取债务人财物的，不成立自救行为，相反构成盗

---

① 关于治疗行为的地位与正当化根据，在国外刑法理论上存在激烈争论。有人认为治疗行为阻却构成要件符合性，有人认为治疗行为阻却违法性。关于阻却违法性的根据，主要存在患者同意说、结果说（如优越利益说、价值衡量说等）与行为说（如社会相当性说）。

② 即使民法不承认自救行为，也不妨碍将自救行为作为阻却刑事违法性的事由。

窃罪。(4) 救济行为的手段具有适当性，所造成的侵害与救济的法益具有相当性。

四、义务冲突

义务冲突，是指存在两个以上不相容的义务，为了履行其中的某种义务，而不得已不履行其他义务的情况。例如，律师为了在法庭上维护被告人的法益，不得已泄露他人的隐私。再如，两个幼儿坠入急流中，父亲只能救助其中一个幼儿（两个作为义务之间冲突）。① 义务冲突与紧急避险有相似之处，但一般来说，紧急避险是一种作为的形式，义务冲突是一种不作为的形式；就紧急避险而言，本人法益面临危险时，如果愿意忍受危险，可以不实行紧急避险，就义务冲突而言，负有义务的人必须履行其中的某项义务。

阻却违法的义务冲突必须具备两个基本条件：首先，存在两个以上的作为义务。② 其次，必须权衡义务的轻重（义务的轻重只能根据履行义务所保护的法益的轻重进行判断），即必须是为了履行重要义务，放弃非重要的义务；否则可能成立犯罪（也可能阻却责任）。③ 但是，如果两种义务具有等价性，即履行两种义务所保护的法益具有等价性，则履行其中任何一种义务都阻却违法。在权衡法益时，不必考虑伦理的因素。例如，一名医生面

---

① 德国学者所举之例：家庭专职医生确诊丈夫感染艾滋病，但丈夫没有打算将此事告诉不知情和无防备的妻子。一方面，医生基于与妻子的治疗关系，有义务保护妻子的生命与健康，因而有义务告诉妻子，否则成立杀人罪或伤害罪；另一方面，从职业上的信赖保护来看，医生有义务保守丈夫私生活的秘密，否则成立侵害他人秘密罪。这两种义务相冲突，但医生必须履行其中一项义务。这是作为义务与不作为义务的冲突。
② 作为义务与所谓不作为的义务之间不可能产生冲突。
③ 例如，男子在发生火灾之际，原本可以救助年迈的母亲，却救出了即将与自己结婚的女友。倘若男子对女友没有刑法上的救助义务，就应当肯定男子的行为具有构成要件符合性与违法性，只能从期待可能性的角度判断其是否有责。

临两个受伤者,甲是事故的被害人,乙是事故的制造者,在两个受伤者的受伤程度相同而医生只能抢救其中一人的情况下,医生没有义务考虑谁对紧急状态有过错,换言之,即使医生抢救事故的制造者,也阻却违法。

在义务冲突的情况下,如果行为人没有履行任何义务,应当对违反哪一义务的不法承担责任呢?有人主张仅对最轻的不法承担责任,有人主张对所有不法承担责任。但是,这两种观点都存在缺陷。本书认为,行为人应当对其中的一个最重的不法承担责任。

此外,如果义务冲突由负有义务的人造成,则不能将义务冲突作为违法阻却事由。例如,夜晚值班的医生 A 擅离职守,第一个受伤者 B 被送到医院半小时后,A 才回到值班室,此时另一受伤者 C 被送到医院。原本只要半小时就可以抢救受伤者,不会形成义务冲突。如果 A 只抢救了 B 而导致 C 流血过多死亡的,则 C 的死亡应当归属于 A 的行为,而不能阻却违法。

第六章 责任

第一节 责任概述

一、责任的概念

责任也称有责性,[①] 是指对符合构成要件的不法行为的非难可能性。[②] 这种非难可能性,并不是指一般意义上的主观恶性,

[①] 再次声明,这里的"责任"不同于作为犯罪法律后果的刑事责任,而是指作为犯罪成立条件之一的非难可能性。
[②] 我国传统刑法理论将故意与过失合称为"罪过",言下之意,只要行为人具有故意或过失,就存在罪过。这是心理责任论的观点。本书使用的"责任"概念源于德语的 Schuld。德语的 Schuld 一词有不同含义,在刑法上使用时,作为犯罪成立的第三个条件,被日本学者翻译为"责任"或"有责性"(台湾地区的一些学者译为"罪责"),我国学者根据日本学者的翻译也直接使用"责任"一词。其实,将 Schuld 一词翻译为汉语的"罪过"似乎更合适。首先,Schuld 既在法律上具有归责、罪责的意思,又在宗教上具有罪过、罪孽的意思;在汉语中,"罪过"一词刚好可以与 Schuld 的意思等同。其次,在日本刑法理论中,"责任曾经一直是在与故意、过失相同的意义上使用的,但随着客观违法性论下的违法性与责任的区分,责任便作为故意、过失的上位概念来理解。"(〔日〕西田典之、山口厚编:《刑法的争点》,有斐阁 2000 年第 3 版,第 56 页)我国刑法理论也是将"罪过"作为故意、过失的同义词或者故意、过失的上位概念来理解。这说明,我国刑法理论中的"罪过"相当于日本刑法理论中的"责任",因而相当于德国刑法中的 Schuld。概言之,本书主张在非难可能性意义上理解"罪过"概念。但由于我国刑法理论仅将"罪过"作为故意与过失的上位概念,而本书采用的是规范责任论,故一般没有使用"罪过"概念。

也不是指人身危险性（再犯罪可能性），而是针对不法事实所进行的法的谴责（责任的不法关联性）。因此，责任以客观上存在不法事实为前提。与不法事实没有关系的主观内容，不是责任的内容。例如，犯罪后潜逃的，并不意味着责任严重。

"没有责任就没有刑罚"（责任主义）是近代刑法的一个基本原理。具体地说，即使某种行为符合刑法条文规定的构成要件，给法益造成了侵害或者危险，但仅此并不能科处刑罚，科处刑罚还要求对行为人具有非难可能性。不仅如此，刑罚的量也应与责任相当。简单地说，不具备责任就不成立犯罪（责任是犯罪成立条件），刑罚的量不能超出责任的程度（责任是量刑的基准）。

将责任作为犯罪成立要件，是尊重人的基本要求。对于人类的普遍尊重，是一种终极的态度。尊重人首先意味着将人作为自在目的，而不能作为实现其他任何目的的手段。在不能期待行为人实施合法行为的情况下，对其实施的不法行为追究责任，无非是为了通过惩罚这种行为以达到防止这种行为的目的，这便将行为人作为实现目的的手段对待了，背离了尊重人的基本观念。将责任作为犯罪成立要件，是实质的正义的基本要求。正义的理念要求犯罪构成与法律效果之间具有实质的适合关系。刑罚是对行为人的犯罪行为进行的非难，这种非难理所当然以具有非难可能性为前提。将责任作为犯罪成立条件，也是刑罚目的的基本要求。因为处罚没有责任的行为，不可能抑止在将来的同样状况下发生相同的"犯罪"行为（不存在预防犯罪的效果）。刑罚是以痛苦为本质内容的，但单纯的痛苦并不是刑罚的目的，包含在刑罚中的对行为的否定评价，由刑罚传达给行为人与一般人，从而抑止未然的犯罪。因此，对在刑罚不可能产生影响的心理状态下实施的行为处以刑罚，就收不到刑罚的效果。换言之，刑法通过对法益侵害行为的预告、制裁，使国民产生不犯罪的动机（对犯罪产生反对动机），只有当国民能够产生不犯罪的动机，即只有当国民在行为的当时可以选择其他合法行为时,对犯罪的预防才是有效的。概言之,只有当国民具有实施其他合法行为的可能性时,才能对其实施的不法行为给予法的非难。如果国民在行为的当时不可能选择其他合法行为,而对之给予法的非难,国民就只是因为运气不佳、命运不好而受到处罚。这不仅违背国民的法感情,而且不能实现刑罚的目的。

二、责任的本质

（一）行为责任论、性格责任论与人格责任论

在责任非难的对象（或责任的基础）是什么这一点上,存在行为责任论与性格责任论的对立。

行为责任论认为,责任非难的对象是各个犯罪行为,是指向各个犯罪行为的意思,因而又称个别行为责任论、意思责任论。行为责任论认为,应受处罚的不是行为人,而是行为;或者说,被追究责任的是行为,而不是其背后的性格、人格。这也是本书的立场。

性格责任论则认为,责任非难的对象不是各个犯罪行为,而是行为人对社会的危险性格。责任是应当被科处社会防卫处分的地位。据此,应受处罚的不是行为,而是行为人。但是,从人权保障的观点来看,如果仅有危险性格就成为处分对象,是不妥当的。所以,只有当具有危险性格的人现实地实施了犯罪行为时,他才能成为社会防卫处分的对象。犯罪行为只具有征表危险性格的意义。由于理论根基的不当,性格责任论已经退出了学术舞台。

人格责任论着眼于上述两种立场的缺陷,认为具有主体性的行为人的人格是责任的基础。此说认为,人格分为由素质、环境宿命地形成的部分和由行为人有责地形成的部分,只能就后一部分对行为人人格进行非难。有责的人格形成责任,是由日常生活

的行状导致的，只要这种行状是可以改变的，就可能对行为人的人格进行非难。根据人格责任论的观点，犯罪行为是行为人人格的主体的实现，故责任的第一次基础是犯罪行为，但人格一方面是受素质、环境制约，同时又是行为人主体性地形成的，故在行为责任的背后，存在第二次的责任基础，即对人格形成的责任。换言之，犯罪行为是第一次基础，人格形成是第二次基础。但是，人格责任论存在缺陷。现实上能否区分宿命地形成的人格与行为人有责地形成的人格，就是一个根本的疑问。即使能够进行区分，而提出有关犯罪人生活的全部经历的证据，不仅在诉讼程序上是不可能的，而且如此介入个人生活也是不妥当的。此外，追溯人格形成的全过程，只能对社会的弱者起到不利作用。

(二) 心理责任论与规范责任论

作为责任内容的要素，其性质是什么？对此形成了心理责任论与规范责任论。

心理责任论认为，责任的实体是行为人的心理关系，基于心理关系不同，将责任分为故意与过失，行为人在具有责任能力之外，还具有故意、过失时，就能追究行为人的责任。这一学说在19世纪末20世纪初占统治地位。

规范责任论的特色在于，在与法律规范的关系上把握责任。法律规范终究是以对个人的命令、禁止表现出来的，这种命令、禁止就行为人一方而言，只有在能够遵从即能够实施犯罪行为以外的行为时，才是适当的。换言之，为了给予责任非难，仅仅具有故意、过失的心理要素并不够，还必须是能够期待行为人在具体情况下实施其他适法行为（具有期待可能性），只有在这种场合，才能考虑责任非难。换言之，行为人原本可以不实施符合构成要件的不法行为，却实施了这种行为时，才是值得谴责的。所以，责任的重要内容是，"不应当实施不法行为"的规范性评价

（非难）。根据规范责任论的观点，在具体情况下，即使认定了具有故意、过失的心理事实，也存在不能给予非难的情形。规范责任论是当今的通说。

刑法第16条的规定，包含了规范责任论的思想。该条规定："行为人在客观上虽然造成了损害结果，但不是出于故意或者过失，而是由于不能抗拒或者不能预见的原因所引起的，不是犯罪。"不可抗力具有三个特征：一是行为在客观上造成了损害结果，二是行为人主观上没有故意与过失，三是损害结果由于不能抗拒的原因所引起。所谓不能抗拒，是指行为人虽然认识到自己的行为会发生损害结果，但由于当时主客观条件的限制，不可能防止结果的发生。显然，不可抗力缺乏期待可能性，因而不能对行为人做出"不应当实施不法行为"的规范性评价。[①] 虽然刑法第16条的字面含义，似乎意味着不可抗力与意外事件中的行为人不具有故意与过失，但也可以认为，期待可能性是责任的前提或者基础。据此，我国刑法采取了规范责任论。

在本书看来，规范责任论并不是对心理责任论的否认，而是在行为人具有心理责任的前提下，进一步将违法性认识的可能性与期待可能性作为责任要素。所以，心理责任论与规范责任论不是对立关系；心理责任是从事实层面而言，规范责任则是从规范评价层面而言。

（三）道义责任论与法律责任论

关于责任非难的本质，存在道义责任论与法律责任论之分。

道义责任论认为，犯罪是基于人的自由意志实施的行为；具有责任能力的人，是具有自由意志的；故意、过失实际上是对基

[①] 诚然，不可抗力之所以不成立犯罪，也可能通过"缺乏结果回避可能性因而不能将结果归属于行为"来说明。但是，仅仅如此说明，有可能认为不可抗力成立未遂犯，但本书不接受这一结论。

于自由的意志活动所实施的犯罪的认识要件；基于这种自由意志活动而实施犯罪行为时，才能受到伦理上的非难，对行为人处以作为报应的刑罚才是正当的。换言之，人都是有理性的，既然行为人以自己的意志去实施犯罪，就应当承担责任，这是人类当然的伦理要求。正是在此意义上，使用"道义的"责任这一用语。

法律责任论认为，责任非难是一种法律上的非难，而不是一种道德审判与伦理评价。因此，只能根据法律判断行为人是否具有责任，而不能根据伦理道德判断行为人是否具有责任。这也是本书的立场。

三、责任的基础

责任可谓非难可能性，因而需要考虑在何种场合具有非难可能性。对此，因是否承认意志自由而出现了不同的立场。在此意义上说，意志自由问题是责任论的基础。

本书采取相对的意志自由论（相对的非决定论）。人的意志受到环境、生理等各方面的制约和影响，不可能是完全自由的。但是，具有辨认控制能力的人，具有接受法律规范的要求、实施合法行为的可能性，因而具有相对的意志自由。具有相对的意志自由的人，如果不接受法律规范的要求，实施了符合构成要件的不法行为，就能够对之进行非难。之所以采取这一立场，是因为刑法上的责任概念，原本就是以自由意志为前提而形成的。如所周知，"确定体系性意义中的责任概念、对责任刑法的展开做出重大贡献的，是启蒙思想家塞缪尔·普芬道夫（Samuel Pufendorf, 1632—1694）。他将人作为具有理性、基于自由意志而行为的存在来把握，即将人作为可以基于自由意志决定实施好行为或者恶行为的存在来把握。于是，他认为，只有这样的自由的行为，可以主观地归属于行为人；只有在这样的场合，行为人对行为才是有责的。普芬道夫将行为理解为自由意志的产物，使自由意志占据归责中心的观点,对其后的学说产生了很大影响。"① 在刑法上,普芬道夫"由意思自由的前提出发,得出责任只有在具备归责能力和辨认能力的情况下才成立,由此创设出责任刑法的一个新学说。国家目的中合道德性的设立,限制了教育和威慑作为刑法的目的,预防代替了复仇。普芬道夫刑罚威慑的道德强制思想走在了费尔巴哈的心理强制学说的前面。"② 可以认为,倘若不以行为人具有自由意志为前提,刑法学上恐怕难以存在当今的责任概念。

概言之,责任与自由意志不可分离,没有自由意志就没有选择,没有选择就没有责任。"责任归属以'意志自由'为前提。尽管在哲学上有许多争论,实际上,意志自由的设定毫无疑问地进入了我们日常世界的相互作用和机制体制之中。例如,我们总是对他人行为的意图、而不只是对其后果做出愤恨或感激的反应。"③ "当人的意志能够选择为或者不为该种行为时,意志的作用便是使人的行为受到称赞或者责难的唯一原因。"④ 选择与责任成为高度统一的哲学范畴。因为人是在特定的社会关系、特定的法律秩序范围内进行选择的,人的选择必然给社会关系带来某种影响,做出选择的人应当对此影响负责。如果行为及其实害不是人选择的结果,就不可能追究其刑事责任。

---

① 〔日〕堀内捷三:"责任论的课题",载〔日〕芝原邦尔等编:《刑法理论的现代的展开——总论Ⅰ》,日本评论社1988年版,第172—173页。
② 〔德〕格尔德·克莱因海尔、扬·施罗德主编:《九百年来德意志及欧洲法学家》,许兰译,法律出版社2005年版,第345页。
③ 〔美〕乔治·恩德勒等主编:《经济伦理学大辞典》,李兆雄、陈泽环译,上海人民出版社2001年版,第540页。
④ 布莱克斯顿(Blackstone)语,转引自〔英〕哈特:《惩罚与责任》,王勇等译,华夏出版社1989年版,第166页。

四、责任的要素

责任要素，是指刑法规定成立犯罪必须具备的，表明行为的非难可能性的各种要素。按照本书的观点，责任要素包括故意、过失、目的与动机、责任能力、违法性认识的可能性以及期待可能性。如前所述，责任的基础，是具有辨认控制能力的人，具有接受法律规范的要求、实施合法行为的可能性，却不接受法律规范的要求，实施了符合构成要件的不法行为。所以，除了故意、过失外（在某些犯罪中还需要特定目的与动机），还有三个方面的责任要素，其一，要对行为主体进行法的谴责，就要求行为主体能够认识其行为的内容、社会意义与危害结果，并能够控制自己不实施法律所禁止的行为。所以，如果行为主体不具有辨认控制能力（责任能力），就不能对之进行非难。其二，在行为主体认识到或者可能认识到自己的行为是刑法禁止的行为时（违法性认识的可能性），就应当产生反对动机。如果行为主体不可能认识到自己的行为是刑法禁止的行为而实施时（合理地认为自己的行为符合刑法时），就不能对行为主体进行非难。其三，只有在行为主体客观上可以实施法律所允许的行为（他行为可能性），却不实施法律所允许的行为时，才能对行为主体进行非难（期待可能性）。

基于刑法的规定方式与司法现状，可以将责任要素分为积极的责任要素与消极的责任要素。所谓积极的责任要素，是需要司法机关积极证明的责任要素。例如，故意、过失、目的与动机，就是积极的责任要素。所谓消极的责任要素，是指不需要司法机关积极证明该要素的存在，但如果行为人缺乏该要素，则表明行为人不具有责任。例如，刑法第 18 条并不是规定只有当行为人具有责任能力时才追究刑事责任，只是规定如果没有责任能力则不负刑事责任。在司法实践中，检察机关不需要证明行为人具有责任能力。但是,如果有证据证明行为人在行为时没有责任能力,则表明行为没有责任。

第二节 故 意

一、故意的概念

刑法第14条第1款规定:"明知自己的行为会发生危害社会的结果,并且希望或者放任这种结果发生,因而构成犯罪的,是故意犯罪。"据此,故意犯罪是故意实施的犯罪。故意,则是指明知自己的行为会发生危害社会的结果,并且希望或者放任这种结果发生的心理态度。故意是一种基本的责任形式。

故意由两个因素构成:一是认识因素,即明知自己的行为会发生危害社会的结果;二是意志因素,即希望或者放任危害结果的发生。首先,这两个因素必须是现实的、确定的。易言之,在没有认识的情况下,不管具有怎样的认识可能性,也不能认为存在故意的认识因素;如果行为人还没有确定实现何种内容,就缺乏故意的认识因素与意志因素。例如,甲在与乙发生冲突时,立即取出手枪,但究竟只是威胁乙,还是要伤害抑或杀害乙,尚处于未决定的状态,而此时子弹便射中乙,造成死亡结果。这种现象虽在理论上称为"未确定的故意",但实际上并不存在故意,不仅不成立故意杀人既遂,也不成立故意杀人未遂与预备,只能认定为过失致人死亡罪。其次,这两个因素必须有机统一起来,才形成故意。"有机统一"有两个意思:一是任何犯罪的故意都必须同时存在认识因素与意志因素;二是认识因素与意志因素之间具有内在联系,突出地表现在行为人所认识到的结果与所希望或者放任发生的结果必须具有法定的同一性(刑法规范意义上的同一性,而不是具体的同一性),而且意志因素以认识因素为前提。因此，认识内容不同，故意内容就会不同。①

由于故意的认识内容是对构成要件事实的认识，而行为人可能发生事实认识错误。事实认识错误可能阻却故意的成立，但它本身并不是积极的责任要素。所以，本书在故意之后讨论事实认识错误（也可谓故意阻却事由）。

二、关于故意的学说

关于故意的学说，实际上是关于故意内容或本质的学说；由于对故意内容的认识与对过失的认识密切联系，因而也是关于故意与过失的界限的学说。

我国刑法采取了容认说，即行为人明知自己的行为会发生危害社会的结果，并且希望或者放任这种结果发生时，就成立故意。首先，在行为人认识到危害结果的发生时还放任其发生，就表明其不只是消极地不保护法益，而是积极地对法益持否定态度，与希望结果发生没有本质区别。其次，容认说将非难可能性明显小于间接故意的过于自信的过失排除在故意之外，同时将间接故意归入故意之中，使故意的范围适度。最后，放任具有心理实质，即行为人同意、认可危害结果的发生，从而反映出行为人对法益的蔑视态度。

现行刑法实施以来，由于某些犯罪的责任形式难以确定，有的学者提出了复合罪过说。亦即，同一罪名实际上包含了跨越故意（限于间接故意）与过失的两种责任形式。例如，滥用职权罪和玩忽职守罪的责任形式，既可能是故意，也可能是过失。② 再如，食品监管渎职罪的责任形式，应当是既包括故意（通常为间

---

① 有观点认为，故意除了认识因素与意志因素外，还应当有情绪因素。其实，情绪也是基于某种认识的决定，换言之，情绪只是一种附属物，在故意中没有独立的价值。
② 参见储槐植、杨书文："复合罪过形式探析"，载《法学研究》1999年第1期。

接故意）也包括过失（一般为过于自信的过失）。间接故意和过于自信的过失不仅在主观恶性程度上具有相当性，而且在司法实践中也具有模糊性，不容易区分，适用同一法定刑具有合理性。但直接故意的主观恶性远远大于间接故意与过失，故食品监管渎职罪不能出于直接故意。① 复合罪过说虽然使部分犯罪容易处理，但存在缺陷。其一，复合罪过说大体上是基于对现实案件的分析，存在以事实替代规范之嫌。其二，过失犯的处罚以刑法分则有明文规定为限，复合罪过说可能导致将分则没有规定的过失行为以犯罪论处，因而不合适。其三，我国刑法将共同犯罪限定为共同故意犯罪，而不处罚对过失犯的教唆、帮助和过失的教唆与帮助，因而必须明显区分故意与过失，复合罪过说显然不利于处理共同犯罪现象。其四，在我国刑法中，直接故意与间接故意具有等质性，过于自信的过失与疏忽大意的过失具有等质性，但复合罪过说导致责任分为直接故意、间接故意与过于自信的过失、疏忽大意的过失三种责任形式，因而不符合我国刑法总则的规定。

总之，在我国，过失与故意不具有等质性，应当严格区分故意与过失。故意与过失这两种责任形式的界限，是同时按照两个标准来区分的：一是行为人对自己的行为造成危害结果有无认识以及认识程度如何；二是行为人对危害结果的态度如何。只有同时依据这两个标准，才能说明不同责任形式所反映的非难可能性程度差异。当然，为了正确地理解和认定故意，在学理上也可能根据其他标准对故意进行分类。

---

① 参见储槐植、李莎莎："食品监管渎职罪探析"，载《法学杂志》2012年第1期。

三、故意的种类

(一) 故意的种类概述

不管刑法是否规定故意的种类,刑法理论都可以根据不同标准对故意进行不同分类。

1. 根据故意的认识内容的确定程度可以将故意分为确定故意与不确定故意。一般认为,认识到犯罪的实现(发生结果)是确定的,就表明有确定的故意。"意图"与"确知"就是确定的故意(直接的故意)。意图是指行为人将犯罪结果作为目的的情况,不要求行为人认识到结果确实要发生。确知指行为人认识到结果确实要发生的情况,不要求行为人以犯罪结果为目的。例如,在用枪支射击距离较远的人时,行为人就具有杀人的意图与非法持有枪支的确知。

不确定的故意包括未必的故意、概括的故意、择一的故意。认识到结果可能(而非确实)发生(不是确知),并且不是积极希望结果发生(不是意图)的,属于未必的故意。换言之,发生结果本身是不确实的,但认识到或许会发生结果,而且认为发生结果也没有关系的,是未必的故意。

概括的故意主要包括两种情形,其一,行为人认识到结果发生是确实的,但结果发生的行为对象不特定,即行为对象的个数以及哪个行为对象发生结果是不确定的。例如,向一群人投掷炸弹的行为人,对因爆炸而死亡的具体范围是不确定的。倘若将这种行为认定为故意杀人罪,那么,行为人对死者承担故意杀人既遂的责任,对受伤者以及其他具有死亡危险的人承担故意杀人未遂的责任。行为人事先没有确定行为对象的(没有将行为对象限定为特定人或物),也不影响故意的成立。例如,在电话亭里放置加入了毒药的饮料,导致饮用者死亡的,成立故意杀人罪。其二,行为人不清楚自己的第一个行为是否导致结果发生,为了确保结果发生,又实施第二个行为以确保结果发生。例如,甲向悬崖边的乙开枪射击,但不确定倒地后的乙是否死亡,于是将乙推至悬崖下。事后查明,乙中枪的当时并没有死亡。在这种情况下,没有疑问地肯定甲对具体的死亡结果具有故意。

行为人认识到数个行为对象中只有一个对象会发生结果,但不确定哪个行为对象发生结果时,就是择一的故意。不管如何理解故意的本质,择一的故意都是值得特别研究的一种重要现象。与概括的故意不同,择一的故意认识到结果只发生于一个行为对象上。例如,逃犯甲的手枪只有一发子弹,警察乙带着警犬在后面追捕,甲认识到回头射击既可能只打中警察,也可能只打中警犬,但不可能同时击中警察与警犬。客观方面则存在多种可能:(1)仅打中警犬;(2)仅打中警察;(3)既没有打中警察,也没有打中警犬(其中,又可能存在打死警察的危险大、打死警犬的危险大等情形);(4)同时打中了警察与警犬。对此,国外刑法理论存在不同观点。①

德国的通说认为,甲对已经实现的构成要件成立既遂,对未实现的构成要件成立未遂,二者构成想象竞合。据此,在上述第(1)种情况下,甲成立故意毁坏财物既遂与故意杀人未遂,属于想象竞合。在第(2)种情况下,如果不处罚故意毁坏财物的未遂,就只认定为一个故意杀人既遂,没有必要再认定故意毁坏财物未遂。在第(3)种情况下,也只认定为一个故意杀人未遂。在第(4)种情况下,宜认定甲成立故意杀人既遂与过失毁坏财物,但由于刑法不处罚后者,故只能认定为一个故意杀人既遂。这种学说事实上将择一的故意与第一种情形的概括故意同等对

---

① 参见〔德〕乌尔斯·金德霍伊泽尔:《刑法总论教科书》,蔡桂生译,北京大学出版社 2015 年版,第 149—150 页;〔日〕松原芳博:《刑法总论》,日本评论社 2013 年版,第 218 页以下。

待。可是，在择一故意的场合，行为人没有认识到可能同时实现两个构成要件。既然如此，就不能让行为人对两个构成要件事实承担故意责任。本书的解释是，在择一的故意的场合，不可否认行为人对两个构成要件结果都有认识，既然如此，当行为导致两个结果发生时，行为人理当要对两个结果承担故意责任；同理，当行为仅导致轻罪结果发生但存在发生重罪结果的危险时，行为人也必须同时对重罪的未遂犯承担责任。在这种场合，并不是说行为人有数个故意，而是说行为人对数个结果均有故意。但由于行为人只实施了一个行为，所以按想象竞合犯处理。

2. 根据故意形成的时间可以将故意分为预谋故意与突发故意。前者是指行为人在实施行为之前的一段时间就已形成犯意；后者是指突然产生犯罪的故意并立即实施犯罪行为。这种区分不具有实质的意义。值得注意的是，如果在行为之前的一段时间形成了 A 犯罪的故意，而在着手实行犯罪时却是 B 犯罪的故意，则只能认定为 B 犯罪。

3. 根据故意是否依附于一定条件可以将故意分为无条件故意与附条件故意。前者是指行为人决意无条件地实施实行行为；后者是指行为人决意在具备一定条件之后便实施实行行为，由于"条件成熟就实施实行行为"的意思是确定的，故仍然成立故意。但是，对犯罪的认定，还必须考虑实行行为的有无与性质，考虑行为人是否具有实行的故意。例如，A 意欲强奸 B 女，但内心打算是，如果 B 长相难看就不奸淫。A 着手实施暴力行为后发现 B 长相难看，便放弃了奸淫行为。对此，可认定为强奸中止（有人主张认定为强奸未遂）。再如，甲在与乙见面前准备了手枪，内心打算是，如果乙拒绝自己的要求就杀害对方，但在乙的态度并不确定时，手枪走火导致乙死亡。由于甲没有实施杀人罪的实行行为的故意，对其行为只能认定为故意杀人（预备）罪与过失致人死亡罪的想象竞合。

4. 根据所认识和希望、放任的结果形态，可以将故意分为侵害故意与危险故意。前者认识到了行为对一定法益的侵害，而且希望或者放任其发生。后者认识到了行为对一定法益的危险状态，而且希望或者放任危险状态的发生。换言之，侵害犯的故意，就是侵害故意；危险犯的故意，就是危险故意。例如，成立刑法第114条规定的放火罪，就只需要认识到放火行为可能发生具体的公共危险，而不要求认识到放火行为会导致他人死亡的结果，这便是危险故意。但是，这并不意味着未遂犯的故意都是危险故意，未遂犯必须有导致法定结果发生的意志因素。

5. 根据犯罪形态，可以将故意分为既遂犯的故意与未遂犯的故意。在前一种场合，存在与故意内容完全对应的客观构成要件事实，或者说，故意的内容已经完全现实化。在后一种场合，不存在与意志因素相对应的构成要件事实（如希望死亡结果发生但死亡结果没有发生），所以，意志因素成为主观的超过要素。

6. 我国刑法根据故意的认识因素与意志因素的内容，将故意分为直接故意与间接故意。

（二）直接故意

直接故意，是指明知自己的行为会发生危害社会的结果，并且希望这种结果发生的心理态度。直接故意是认识因素与意志因素的统一。

1. 认识因素

直接故意的认识因素是明知自己的行为会发生危害社会的结果。"明知自己的行为会发生危害社会的结果"与"认识到危害结果会发生"不是等同的含义，因为明知自己的行为会发生危害结果，意味着行为人认识到自己以何种行为对何种对象造成危害结果。换言之，不能简单地认为直接故意的认识内容就是认识到危害结果发生，而应认为认识内容包括明知自己行为的内容、社会意义与危害结果等。

(1) 直接故意的一般认识内容

根据刑法第14条的规定，直接故意的一般认识内容包括以下几个方面：

第一，明知自己行为的内容与社会意义。行为人对自己行为的认识，并不只是对外部行为的物理性质的认识，而是必须认识到行为的社会意义。对行为内容与社会意义的认识，实际上是对刑法所欲禁止的实体的认识。例如，贩卖淫秽物品时，只有认识到自己所贩卖的物品具有淫秽性，才属于对行为内容与社会意义的认识。如果不识外文的行为人认识到自己在贩卖外文书籍，但根本没有认识到该外文书籍是淫秽小说，就缺乏对行为的社会意义的认识，因而不具有贩卖淫秽物品的故意。

第二，明知自己的行为会发生某种危害结果（包括侵害结果与危险结果）。对危害结果的认识不要求很具体，只要求认识到是构成要件的结果。例如，故意杀人时，只要求认识到会有人死亡即可，不要求具体认识到死亡者是谁，也不要求认识到死亡的具体时刻。对危害结果的明知包括明知危害结果必然发生与可能发生。

需要进一步讨论的是，所谓"明知自己的行为会发生危害社会的结果"，是指行为人必须认识到结果是"危害社会的"，还是只要认识到结果，而该结果被一般人或法官评价为"危害社会的"即可？例如，甲认识到自己拘禁行为的结果是吸毒者乙的自由被剥夺，但同时认为该结果并不危害社会，而是有利于社会。在这种情况下，能否认定甲具有非法拘禁罪的故意？一般来说，只要行为人认识到自己行为的社会意义，就能够认识到自己行为的结果是危害社会的。而且，故意的认识内容是构成要件事实，并不要求行为人对事实予以评价。某种结果是有利于社会还是不利于社会，不能由行为人评价，只能根据刑法规定予以评价。

"明知自己的行为会发生危害社会的结果",实际上是指行为人明知自己的行为会发生符合构成要件的法益侵害结果或者危险结果。① 既然甲认识到自己的行为发生了剥夺他人自由的结果,就表明他认识到了自己的行为发生的是法益侵害结果,因而具备了故意的认识要素。

第三,某些犯罪的故意还要求行为人认识到刑法规定的特定事实,如特定的行为时间、地点、方法、行为对象、特定的主体身份等。例如,成立掩饰、隐瞒犯罪所得罪,要求行为人明知自己掩饰、隐瞒的是犯罪所得。再如,行为人本来患有严重性病,但误认为自己没有患性病而卖淫或者嫖娼的,虽然其行为符合犯罪的构成要件,但由于没有认识到自己的特殊身份,因而没有认识到行为的社会意义与危害结果,不具有犯罪故意,不成立犯罪。

由上可见,我国刑法中的故意是一种实质的故意概念,即并不是认识到行为与结果的单纯事实(外部形态)就成立故意,还必须认识到行为的社会意义与法益侵害(危险)结果。可以认为,故意的成立要求行为人认识到实质的违法性。至于故意的成立是否需要认识到行为的形式违法性,以及事实认识错误对故意的影响,是下面要讨论的问题。

(2) 规范的构成要件要素的认识

就符合记述的构成要件要素的事实而言,行为人在认识到单纯事实的同时,就能认识行为的社会意义,进而认识行为的实质违法性乃至形式违法性。例如,行为人在认识到自己向他人胸部开枪时(单纯事实的认识),必然认识到这是杀人行为(社会意义的认识),进而认识到杀人行为是侵害他人生命的违法行为

---

① 由于构成要件的结果多种多样,所以,刑法第 14 条用 "危害社会的结果" 来表述各种构成要件的结果。

(实质的违法性的认识),甚至认识到其行为是违反刑法条文规定的行为(形式违法性的认识)。

就符合规范的构成要件要素的事实而言,行为人在认识到单纯事实的同时,却不一定能够认识行为的社会意义,因而不一定认识到行为的实质违法性。例如,行为人认识到自己在贩卖某种书画(单纯事实的认识),却不一定认识到自己贩卖的是淫秽物品(社会意义的认识),因而不一定认识到了行为的法益侵犯性。这是因为规范的构成要件要素是需要根据法律法规、经验法则或者一般人的价值观念做出判断的要素,行为人的价值观不同于法律法规或者不同于一般人的价值取向时,就可能得出不同结论。例如,某种书画,一般人均认为是淫秽物品,而行为人却不认为是淫秽物品。再如,行为人认识到自己毁灭了印有文字的纸张,却不一定认识到自己毁灭了国家机关公文。在这种情况下,如果仅要求行为人具有单纯事实的认识(即只要认识到自己贩卖了书画、毁灭了纸张),就成立故意犯罪,显然不合适。例如,根本不识外文的人客观上贩卖了淫秽的外文小说,如果他没有被告知为淫秽物品,自身也没有认识到是淫秽物品,则因为没有认识到自己行为的社会意义,而不能认定其行为成立故意犯罪。所以,故意的成立要求行为人认识到自己行为的社会意义;但如果要求行为人认识到刑法上的规范性概念(如淫秽物品概念),也会不当缩小刑法的处罚范围,而且导致处罚的不公平。另一方面,由于表述规范的构成要件要素的是规范性概念,所以,行为人完全可能没有认识到规范性概念的法律意义(规范意义)。例如,行为人可能不认识刑法所规定的"淫秽"二字,也不理解刑法上的"淫秽"概念的规范意义。所以,倘若认为只有当行为人认识到了"淫秽"概念的规范意义时,才认定其认识到行为的社会意义,才以故意犯罪论处,就会不当缩小处罚范围。换言之,就故意犯罪而言,不能要求行为人像法学家或者法官那样理解规范的要素。① 于是，外国学者提出了后述"行为人所属的外行人领域的平行评价"的理论。不过，这一理论针对的主要是社会的评价要素。

本书认为，就法律的评价要素而言，只要行为人认识到作为评价基础的事实，一般就能够认定行为人认识到了规范的要素。例如，只要行为人认识到自己的财产处于国家机关管理、使用、运输中，就应认定行为人认识到了该财产属于公共财产（参见刑法第91条第2款）。又如，只要行为人认识到警察持逮捕证逮捕嫌疑人，就可以认定行为人认识到了警察在"依法"执行职务。

就经验法则的评价要素而言，只要行为人认识到了作为判断基础或者判断资料的事实，原则上就应当认定行为人认识到了符合规范的构成要件要素的事实。例如，只要行为人认识到了自己的行为会使大量的对象物燃烧，或者认识到火势会蔓延到其他对象物，就能肯定行为人认识到自己的行为会"危害公共安全"。再如，只要行为人认识到自己所破坏的是正在使用中的公共汽车的关键部位（如刹车等），就可以肯定其认识到了自己的行为"足以使汽车发生倾覆、毁坏危险"，因而具有破坏交通工具罪的故意。同样，只要行为人认识到自己破坏的是正在使用中的轨道上的枕木，就可以认定其明知自己的行为"足以使火车发生倾覆、毁坏危险"，因而具有破坏交通设施罪的故意。

问题在于社会的评价要素。德国学者麦茨格尔在宾丁之后发展和完善的"行为人所属的外行人领域的平行评价"理论，一直得到普遍承认和适用。该理论认为，在规范的构成要件要素的场合，不要求行为人了解规范概念的法律定义，只要行为人以自己

---

① 否则，只有具备良好的法律知识的人才能成立故意犯罪，这显然不合适。

的认识水平理解了具体化在规范概念中的立法者的评价即可。①换言之,对行为的社会意义的认识,不要求以刑法上的规范概念进行认识,只要认识到规范概念所指示的与犯罪性相关的意义即可;还可以说,只要行为人的认识内容与规范概念的实质相当即可。②据此,当一般人将刑法上的淫秽物品理解为不能公开的黄色物品时,只要行为人认识到自己所贩卖的是黄色物品,那么,他就具有贩卖淫秽物品的故意。也有学者认为,在这种场合,法官对于行为人的语言必须"理念化",对于法律的语言必须"一般化";或者说,法官必须使行为人的日常语言世界与刑法的专业语言世界相联系,穿梭于民众的语言与法律的语言之间,从而进行判断。③例如,当一般人使用"毛片"表述淫秽影片时,只要行为人认识到自己所贩卖的是"毛片",就可以肯定行为人认识到了自己所贩卖的是淫秽影片,因而成立故意犯罪。

在本书看来,在行为人不明知"淫秽"的法律概念,不确定其贩卖的是"淫秽"物品,但认为其贩卖的是黄色物品、下流物品、毛片,客观上贩卖的确实是淫秽物品时,可以适用"外行人领域的平行评价"理论,认定行为人认识到了自己贩卖的是淫秽物品。上述解释已经能够说明这一点。再如,当行为人不明知刑法第246条的"侮辱"的规范意义,却认识到自己实施的是"使他人很难堪"的行为时,也能认定行为人具有侮辱的故意。但是,还存在另外的情形:行为人不认为其贩卖的是淫秽物品,也不认为其贩卖的是黄色物品、下流物品,甚至认为是具有科学价值的艺术作品,但认识到一般人可能将其贩卖的物品评价为淫秽物品,客观上贩卖的确实是淫秽物品时,难以用"外行人领域的

---

① H. Jescheck/T. Weigend, Lehrbuch des Strafrechts: Allgemeiner Teil, 5. Aufl., Duncker & Humblot, 1996, S. 295.
② 参见〔日〕町野朔:《刑法总论讲义案Ⅰ》,信山社1995年第2版,第225页。
③ Arthur Kaufmann, Rechtsphilosophie, C. H. Beck, 1997, S. 129ff.

平行评价"理论进行归责。本书认为,在这种情况下,由于规范的构成要件要素(社会的评价要素)需要根据一般人的价值观念或者社会意义进行精神的理解,所以,应根据行为人在实施其行为时所认识到的一般人的评价结论,判断行为人是否具有故意。换言之,即使行为人自认为其贩卖的不是淫秽物品,也不是黄色物品、下流物品,甚至认为是具有科学价值的艺术作品,但只要行为人认识到了一般人会认为其贩卖的为淫秽物品,且事实上也是淫秽物品时,就可以认定行为人认识到了自己所贩卖的是淫秽物品,进而成立故意犯罪。

(3)无违法阻却事由的认识

当行为人认识到自己的行为存在违法阻却事由时,不可能存在犯罪故意。因为故意虽然是对构成要件事实的认识与容认,但由于构成要件是违法类型,构成要件事实是违法事实,所以,故意实际上是对为违法性提供根据的事实的认识与容认。当行为人认识到自己的行为存在正当化事由时,就没有认识到为违法性奠定基础的事实,当然不能以故意犯罪论处。换言之,故意的成立要求行为人认识到自己的行为侵害或者威胁了法益,当行为人认识到存在正当化事由时,意味着行为人要么认识到法益性的阙如,要么认识到自己的行为保护了更为优越或者至少同等的法益,因而缺乏对实质违法性的认识,所以,不具备故意的非难可能性。例如,行为人以为对方正在进行不法侵害时,对之进行防卫的,属于假想防卫,不存在犯罪故意。在这类认识到存在违法阻却事由的场合,行为人没有认识到为自己行为的违法性提供根据的事实,故应作为事实错误阻却故意的成立。[①] 再如,一般认为,强奸罪的成立,要求行为人认识到自己的行为违反妇女意

---

① 参见〔日〕西田典之:《刑法总论》,弘文堂2010年第2版,第214页;〔日〕山口厚:《刑法总论》,有斐阁2016年第3版,第209页以下。

志，这一认识既是对符合构成要件要素的认识，也是对没有正当化事由的认识。总之，只有当行为人认识到前述构成要件事实，同时认识到并无违法阻却事由时，才能认定行为人具有犯罪的故意。

（4）不需要认识的内容

故意的成立并不要求行为人认识到所有的客观事实；易言之，有些客观事实或要素超出了故意的认识范围，笔者称之为"客观的超过要素"。①

首先，结果加重犯中的加重结果，属于不需要认识的内容，即不需要行为人已经认识到结果加重犯中的加重结果，但要求具有认识的可能性。当某些结果加重犯对加重结果仅要求过失时，如果行为人对加重结果具有认识，则可能不以结果加重犯处理，而是按更重的犯罪论处。例如，故意伤害致死的成立，不需要行为人认识到死亡结果；如果行为人认识到自己的行为会发生他人死亡的结果并实施该行为的，构成故意杀人罪。当对加重结果既可以持过失也可以持故意时，行为人是否认识到加重结果，不影响结果加重犯的成立。例如，行为人实施抢劫行为时，不管是否认识到死亡结果，都不影响抢劫致人死亡的成立，只是影响量刑。

其次，除结果加重犯中的加重结果外，还存在其他不需要认识的"客观的超过要素"。

德国、日本刑法理论中，存在"客观处罚条件"的概念，即在一些情况下，行为具有构成要件符合性、违法性、有责性时，并不能据此处罚行为人，还要求具备刑法所规定的一定的处罚条

---

① "客观的超过要素"是笔者制造的一个概念，旨在解决现行刑法所规定的若干犯罪的责任形式。具体内容请参见张明楷："'客观的超过要素'概念之提倡"，载《法学研究》1999年第3期；张明楷：《犯罪构成体系与构成要件要素》，北京大学出版社2010年版，第218页以下。

件，即客观处罚条件。

本书暂且维护犯罪构成是认定犯罪的唯一法律根据的原理，不采用客观处罚条件的概念。由于构成要件必须表明行为具有值得科处刑罚的违法性，故如果在一般情况下还没有达到这种程度，刑法就强调或者增加某个或者某些具体要素，使构成要件表明违法性达到这一程度。例如，依法配备公务用枪的人员，丢失枪支不及时报告的行为，其违法性还没有达到值得科处刑罚的程度，故刑法要求"造成严重后果"。"造成严重后果"也是丢失枪支不报罪的构成要件要素，但不需要存在与之相对应的故意内容，即该客观要素超出了故意的认识内容与意志内容的范围，所以称为"客观的超过要素"。因此，依法配备公务用枪的人员，认识到自己丢失枪支后故意不及时报告的，即使没有认识到会造成严重后果（当然应具有认识的可能性），也不希望或者放任严重结果的发生，但如果客观上造成了严重结果，也成立丢失枪支不报罪。

为了避免责任主义的违反，只有具备以下条件时，才可以考虑确定为"客观的超过要素"：第一，该客观要素虽然是成立犯罪不可缺少的条件，但刑法只是为了控制处罚范围，才要求具有该客观要素。第二，该客观要素在构成要件中不是唯一的要素；将某种结果确定为客观的超过要素时，该结果不是行为必然发生的结果，只是该行为可能发生的结果，而且还必须存在其他结果。第三，如果将某种结果确定为客观的超过要素，该犯罪的法定刑必须较低，明显轻于对结果具有故意心理的犯罪。第四，将该客观要素确定为客观的超过要素时，不影响行为人主观故意的完整内容。第五，该犯罪事实上只要求对客观的超过要素（结果）具有预见可能性，但又不能将该犯罪确定为过失犯罪，或者确定该犯罪为过失犯罪并不符合过失犯罪的观念。总之，不得随意扩大"客观的超过要素"的范围。客观的超过要素虽然不是故意的认识与意志内容，但要求行为人对之具有预见可能性，即使是结果加重犯之外的客观的超过要素，也不例外。否则，便违反了责任主义。

此外，当刑法分则条文使用的"非法"一词只是对违法性的提示（或者说提示可能存在违法阻却事由）时，不要求行为人认识到自己的行为"非法"。例如，刑法第238条第1款前段规定："非法拘禁他人或者以其他方法非法剥夺他人人身自由的，处三年以下有期徒刑、拘役、管制或者剥夺政治权利。"本条中的"非法"只是对违法性的提示，不是故意的认识内容。换言之，只要行为人认识到自己的行为剥夺了他人的人身自由，也无违法阻却事由的认识，就具备了故意的认识因素。

2. 意志因素

直接故意的意志因素是希望危害结果的发生。这里的"危害结果"是指行为人已经明知的结果。"希望"是指行为人积极追求结果发生；发生结果是行为人实施行为直接追求的结局；行为人主观上没有介入其他独立意识，不是为了实现其他意图而实施该行为；行为人主观上只有一个意志——追求危害结果的发生，除此之外，没有其他任何意图（当然会有犯罪动机）。正因为如此，才将这种故意称为直接故意。"希望"虽然意味着追求结果发生，但也有程度上的差异，强烈、迫切的希望与不很强烈、迫切的希望，都属于希望危害结果发生。

（三）间接故意

间接故意，是指明知自己的行为可能发生危害社会的结果，并且放任这种结果发生的心理态度。间接故意也是认识因素与意志因素的统一。

1. 认识因素是明知自己的行为可能发生危害社会的结果。与直接故意一样，间接故意的成立要求行为人认识到行为的内容、社会意义与危害结果，认识到刑法规定的特定事实。但是，间接故意只要求行为人认识到自己的行为可能发生危害社会的结果。行为人自认为可能发生危害结果并放任这种结果发生，而客观上必然发生危害结果的，也仅成立间接故意。

2. 意志因素是放任危害结果发生。这里的"危害结果"是指行为人已经明知可能发生的构成要件结果。"放任"是对结果的一种听之任之的态度。即行为人为了追求某种目的而实施一定行为时，明知该行为可能发生某种结果；行为人既不是希望结果发生，也不是希望结果不发生，但仍然实施该行为，也不采取措施防止结果发生，而是听任结果发生；结果发生与否，都不与行为人的意志相冲突。① 换言之，只要行为人在心理上接受、认可结果的发生，就属于放任。

（四）直接故意与间接故意的关系

直接故意与间接故意都是认识因素与意志因素的统一，但各自的认识内容与意志内容不同。就认识因素而言，直接故意的行为人是认识到危害结果发生的必然性与可能性；而间接故意的行为人只要求认识到危害结果发生的可能性。就意志因素而言，直接故意表现为希望危害结果发生；而间接故意表现为放任危害结果发生。

直接故意与间接故意虽然存在区别，但二者不是对立关系，而且二者在法律上的地位是相同的，故区分二者的意义极为有限。换言之，应当注重直接故意与间接故意的统一性。其一，不可认为，"刑法分则条文规定的某些具体犯罪只能由间接故意构

---

① 有学者将放任表述为对危害结果漠不关心；有学者则批判这种表述，而认为放任并不意味着对结果的发生与不发生采取半斤八两的态度，间接故意是"放任结果发生"，而非"放任结果不发生"（参见王作富：《中国刑法研究》，中国人民大学出版社1988年版，第162页以下）。在本书看来，上述两种观点并无区别。

成、不能由直接故意构成"。因为既然间接故意都能成立，直接故意更能成立；事实上也不存在"某种行为出于直接故意时成立此罪、出于间接故意时成立彼罪"的情况。其二，也不可轻易说，"某种犯罪只能由直接故意构成，不能由间接故意构成"。因为在刑法分则中，凡是由故意构成的犯罪，刑法分则条文均未排除间接故意；当人们说某种犯罪只能由直接故意构成时，只是根据有限事实所作的归纳，并非法律规定。其三，只要查明行为人认识到了构成要件事实，并且对结果具有放任态度，即使不能查明行为人是否希望结果的发生，或者不能查明行为人是否认识到结果必然发生，也能认定为间接故意。而不能以事实不清为由，宣告行为人没有犯罪故意。

四、事实认识错误

（一）事实认识错误概述

故意是认识因素与意志因素的统一，因此，对客观事实的认识错误可能影响故意（有时仅影响犯罪的既遂与未遂）。错误是指行为人的认识与实际情况不一致，并不一定意味着行为人产生了错误的认识。刑法理论总是在与故意犯的关联上讨论认识错误，并不是在与过失犯的关联上讨论认识错误。[①] 于是，错误论与故意犯的关系，就成为重要问题。[②]

可以认为，错误论是故意论的反面。这是因为，"刑法学中所讨论的错误，并非主观面与客观面之间存在不一致的所有情形，而是限于故意（犯）的成立与否成为问题的场合。客观面发生了某种重大的事项（如发生了人死亡的结果），主观面对一定

---

① 例如，行为人误以为是自己的财物而毁坏，但实际上毁坏了他人财物。这不是错误论所解决的问题。
② 认识错误本身显然既不是故意的要素，也不是责任的要素。

的事态具有认识时,主观面的这种认识,可否认为是与该客观事实相对应的故意(如杀人罪的故意),才是刑法中的错误论的问题。"① 显然,认识错误与故意是表里关系,对认识错误的处理在于解决行为人对于构成要件事实是否具有故意责任。

正因为错误论与故意论是表里关系,所以,行为人的主观认识与客观事实在何种程度上一致,既是故意的认识内容问题,也是错误论的问题。可以肯定的是,只有当行为人所认识的事实与实际发生的事实,在"构成要件的范围内"相符合时,才能在此限度内肯定故意的既遂犯。换言之,应当以构成要件为基准,判断某种事实是否属于作为故意的认识对象(或内容)的重要事实;如果对重要事实存在认识错误,就阻却故意的既遂犯;反之,则肯定故意的既遂犯。但问题在于,如何理解"构成要件"与"相符合"?如后所述,刑法理论上存在不同观点。

事实认识错误分为具体的事实认识错误与抽象的事实认识错误,此外,对于违法阻却事由的认识错误,也需要说明。

(二) 具体的事实认识错误

具体的事实认识错误,也称具体的事实错误,是指行为人认识的事实与实际发生的事实虽然不一致,但没有超出同一犯罪构成的范围,即行为人只是在某个犯罪构成的范围内发生了对事实的认识错误,因而也被称为同一犯罪构成内的错误。刑法理论一般认为,具体的事实错误主要包括对象错误、打击错误与因果关系的错误。对于具体的事实错误,主要存在具体符合说与法定符合说的争论。前者认为,行为人所认识的事实与实际发生的事实具体地相一致时,才成立故意的既遂犯;后者认为,行为人所认识的事实与实际发生的事实,只要在犯罪构成范围内是一致的,

---

① 〔日〕井田良、丸山雅夫:《案例刑法》,日本评论社2004年第2版,第112页。

就成立故意的既遂犯。此外还存在其他学说。

1. 对象错误

具体的事实错误中的对象错误,是指行为人误把甲对象当作乙对象加以侵害,而甲对象与乙对象处于同一犯罪构成内,行为人的认识内容与客观事实仍属同一犯罪构成的情况。① 例如,行为人本欲杀甲,黑夜里误将乙当作甲予以杀害。根据法定符合说,刑法规定故意杀人罪是为了保护人的生命,而不只是为了保护特定的甲或者特定的乙的生命,因此,只要行为人主观上想杀人,且客观上又杀了人,那么就符合故意杀人罪的犯罪构成,成立故意杀人既遂。具体符合说也认为,这种对象错误并不重要因而不影响故意犯罪既遂的成立。因为在行为的当时,行为人想杀的是"那个人",且事实上也杀了"那个人",因而属于具体的符合,成立故意杀人既遂。所以,就这种对象错误而言,具体符合说与法定符合说的结论完全相同。

2. 打击错误

打击错误也称方法错误,是指由于行为本身的差误,导致行为人所欲攻击的对象与实际受害的对象不一致,但这种不一致仍然没有超出同一犯罪构成。② 例如,A举枪射击甲,但因没有瞄准而击中了乙,导致乙死亡。显然,A的主观认识(对甲射击)

---

① 行为人误将非犯罪对象当作犯罪对象加以侵害的(如行为人本欲杀害甲,黑夜里误将一只有害野兽当作甲杀死),或者,行为人误将犯罪对象当作非犯罪对象加以侵害的(如行为人本欲杀死有害野兽,黑夜里误认为邻人为野兽而开枪射击致人死亡),虽然也存在认识错误,也可谓对象错误,但主要属于未遂犯与不能犯、过失与意外事件的问题。
② 我国传统刑法理论所说的手段错误(如行为人所使用的手段本来会发生结果,但行为人误认为不会发生结果;或者行为人本欲使用会发生结果的手段,但由于认识错误而使用了不会发生结果的手段;或行为人所使用的手段不可能导致结果发生,但行为人误认为可以导致结果发生),虽然也可谓一种认识错误,但分别属于过失犯、未遂犯与不能犯的问题。

与客观事实（乙死亡）并不一致。①

关于打击错误，具体符合说认为，由于客观事实与行为人的主观认识没有形成具体的符合，所以，在上例中，A对甲承担杀人未遂的责任，对乙承担过失致人死亡的责任；由于只有一个行为，故二者属于想象竞合犯，从一重罪处罚。显然，具体的符合说重视法益主体的区别，要求故意的认识内容包括对具体的法益主体的认识。但是，具体符合说存在诸多缺陷。

本书赞成法定符合说。在故意致人死亡存在方法错误的情况下，行为人客观上的杀人行为导致了他人死亡，主观上也具有杀人故意，二者在故意杀人罪的犯罪构成内是完全一致的，因而成立故意杀人既遂。显然，法定符合说重视法益的性质，但并不重视法益主体的区别。

采取法定符合说，有利于平等地保护法益。当A意欲杀X时，即使造成Y死亡，或者同时造成X与Y死亡，均应认定为故意杀人既遂，从而使X的生命与Y的生命得到平等保护，而不致因为行为人的认识错误影响了刑法对被害人生命的保护程度。

采取法定符合说符合责任的本质，有利于实现刑罚目的。责

---

① 打击错误中的主观认识，是指犯罪的故意；客观事实，是指符合构成要件的事实（结果）。因此，其一，如果行为人主观上没有犯罪的故意，即使客观上发生了构成要件的结果，也不是方法错误的问题。例如，行为人本欲开枪杀死疯狗，但因为没有瞄准而射中了他人。由于行为人主观上没有犯罪的故意，因而不是方法错误，只是过失犯与意外事件的区分问题。基于同样的理由，如果行为人本欲开枪打死疯狗，但黑夜里误将他人当作疯狗而开枪射击，导致他人死亡的，也不是对象错误，而是过失犯与意外事件的区分问题。其二，如若行为人主观上具有犯罪的故意，但客观上没有造成构成要件的结果，也不是方法错误。例如，行为人本欲开枪杀害他人，但因为没有瞄准，射中了一条疯狗。由于没有发生构成要件的结果，故不属于方法错误，只是未遂犯的问题（如不具有杀害他人的危险性，则是不可罚的不能犯）。基于同样的理由，如果行为人本欲开枪射击他人，但黑夜里误将疯狗当作他人而开枪射击，导致疯狗死亡的，也不是对象错误，而是不能犯与未遂犯的区分问题。

任的本质是就符合构成要件的不法行为对行为人的非难。一方面，行为人 A 故意向 X 开枪击中了 X，与行为人 B 故意向 X 开枪却击中了 Y 相比较，二者的责任非难程度不应当有区别。因为 A 与 B 不仅认识的事实相同，而且反对动机形成的可能性完全相同，合法行为的期待可能性也没有区别。在此意义上说，行为人对死亡结果是否具有故意，由其行为时的认识内容与意志内容决定，而不能根据事前或者事后的想法确定。另一方面，采取法定符合说有利于预防故意犯罪。亦即，对于以杀害 X 的犯罪故意开枪射击他人的行为人，即使其因为方法错误造成了 Y 死亡，其预防必要性也未减少。如若采取具体符合说，对 B 以故意杀人未遂论处，便与其预防必要性不协调；采用法定符合说以故意杀人既遂论处，正好与预防必要性相适应。①

不可否认的是，法定符合说也面临难题。例如，A 本欲杀甲，但因为行为差误，同时导致甲与乙死亡的，应如何处理？根据具体符合说，A 对甲成立故意杀人既遂，对乙成立过失致人死亡罪。这一结论具有合理性，能够被人接受。法定符合说中的一故意说认为，以一个故意（杀甲的故意）杀死甲、乙二人时，只成立对甲的故意杀人既遂和对乙的过失致人死亡罪，因为对甲的杀害目的已实现，对乙的死亡结果属于过剩结果，不能用故意去说明，只能认定为过失。然而，一故意说受到了诘难。例如，A 意欲杀甲，但一枪导致甲受重伤和乙死亡，根据一故意说，A 首先对乙成立故意杀人既遂，由于只有一个故意，对甲只成立过失致人重伤罪，一些人难以接受这样的结论。因为 A 原本对甲有杀人故意，一故意说的结论却是对甲仅成立过失致人重伤罪。再如，A 瞄准甲开枪射击，但子弹没有打中甲，却将乙、丙两人同

---

① 即使认为故意是违法要素，打击错误的违法性、一般预防与特殊预防的必要性也没有丝毫减少。

时打死。一故意说面临的难题是，A 对乙、丙中的谁成立故意杀人既遂？还如，A 雇请 Y 杀害甲，但 Y 错将乙当作甲杀害后，发现错杀了人，后寻找时机杀害了甲。按照一故意说，Y 在杀害乙时，A 便成立故意杀人既遂，因而对甲的死亡只能认定为过失致人死亡。但这样的结论也极不自然。

法定符合说中的数故意说认为，在 A 本欲杀甲却导致甲与乙死亡时，A 对甲与乙都成立故意杀人既遂。但是，数故意说也存在疑问。① 既然 A 只想杀甲，没有想杀乙，就不能认为 A 有数个故意。再如，张三为了抢劫财物而向李四开枪，结果不仅打伤了李四，而且还打伤了王五，却由于意志以外的原因没有取得财物。按照数故意说，张三对李四与王五均成立抢劫杀人未遂，再以想象竞合犯处理。可是，张三对王五根本没有抢劫故意。概言之，数故意说面临的最大难题是，既然行为人只有一个故意，就不能认定有数个故意，否则便违反了责任主义。

尽管数故意说存在缺陷，但在各种学说均有缺陷的情况下，可以认为法定符合说的数故意说是缺陷最少的，所以，本书继续采取数故意说。据此，A 想杀甲但仅杀死乙时，对甲成立杀人未遂、对乙成立杀人既遂；A 想杀甲但同时杀死甲与乙时，对甲与乙均成立杀人既遂；A 想杀甲但导致甲死亡乙伤害时，对甲成立杀人既遂、对乙成立杀人未遂；A 想杀甲但导致甲伤害乙死亡时，对甲成立杀人未遂、对乙成立杀人既遂；A 想杀甲但造成甲与乙伤害时，对甲与乙均成立杀人未遂；A 想杀甲但仅造成乙丙

---

① 具体符合说中也存在一故意说与数故意说之争。例如，行为人以为卫生间里只有一人正在使用，出于杀害一人的意思投掷了炸弹，事实上炸死了里面的两人。具体符合说面临的难题是，行为人明明只想杀死一人，却要认定成立两个杀人既遂；倘若仅认定一个杀人既遂，则不可能确定故意的对象究竟是谁（参见〔日〕佐伯仁志：《刑法总论的思考方法、快乐路径》，有斐阁 2013 年版，第 264 页以下；〔日〕松原芳博：《刑法总论》，日本评论社 2013 年版，第 219—220 页）。

死亡时，对甲成立杀人未遂、对乙丙成立杀人既遂。在此有三点需要说明：其一，所谓的数故意说，并不是说行为人有数个故意，只是意味着行为人对数个结果均有故意。例如，A 昨天杀害甲，今天杀害乙。对此应认定其有两个故意。反之，A 认识到一枪能同时杀害甲与乙，且事实上也杀害了甲与乙。对此应认为 A 只有一个故意，但对两个人的死亡结果都有故意。所以，数故意说虽然认为行为人要对数个结果承担故意责任，是因为行为人对数个结果具有故意，而不是说行为人有数个故意。其二，从定罪角度来说，采取数故意说并不意味着最终要实行数罪并罚，而是按想象竞合犯处理。其三，在量刑时，应当将这种导致数人死亡的想象竞合犯与其他杀害数人的同种数罪相区别。例如，倘若在量刑实践上对于故意杀害二人以上的，判处死刑，那么，对于基于方法错误而导致二人以上死亡的想象竞合犯，则不宜判处死刑。

3. 因果关系的错误

一般认为，因果关系的错误，是指侵害的对象没有错误，但造成侵害的因果关系的发展过程与行为人所预想的发展过程不一致，以及侵害结果推后或者提前发生的情况。因果关系的错误主要有三种情况：即狭义的因果关系的错误、事前的故意（结果的推迟发生、Weber 的概括的故意）与结果的提前发生（构成要件的提前实现）。①

（1）狭义的因果关系的错误

狭义的因果关系的错误，是指结果的发生没有按照行为人对因果关系的发展所预见的进程来实现的情况。例如，甲以杀人的故意用刀刺乙的心脏，乙为血友病患者，因流血过多而死亡。再如，甲为了使乙溺死而将乙推入井中，但井中没有水，乙摔死在

---

① 参见〔日〕山口厚：《问题探究 刑法总论》，有斐阁1998年版，第130页以下。

井中。又如，甲以杀人故意向乙开枪射击，乙为了避免子弹打中自己而后退，结果坠入悬崖身亡。要解决因果关系的认识错误问题，关键是要明确因果关系的发展过程是不是故意的认识内容。可以认为，行为与结果之间的因果进程，并不是故意的独立认识内容，只是对结果的认识的附属内容；至于因果关系发展的具体样态，则更不是故意的认识内容。因为只要行为人认识到行为的内容与社会意义及其危害结果，就能说明行为人对法益的保护所持的背反态度。所以，指向同一结果的因果关系发展过程的错误，在构成要件的评价上并不重要。既然行为人具有实现同一结果的故意，现实所发生的结果与行为人所实施的行为也具有因果关系，就必须肯定行为人对现实所产生的结果具有故意，因而成立故意犯罪既遂。概言之，所谓狭义的因果关系错误，并不影响故意的成立。①

(2) 事前的故意

事前的故意，是指行为人误认为第一个行为已经造成结果，出于其他目的实施第二个行为，实际上是第二个行为才导致预期结果发生的情况。② 例如，甲以杀人故意对乙实施暴力（第一个行为），造成乙休克。甲以为乙已经死亡，为了隐匿罪迹，将乙扔至水中（第二个行为），实际上乙是溺死于水中。刑法理论上对这种情况有多种处理意见。根据本书的观点，因果关系的错误并不阻却故意的成立，事前的故意属于客观的因果关系的认定与

---

① 狭义的因果关系错误，以行为与结果之间具有因果关系（包括结果归属）为前提，如果行为与结果之间没有因果关系，则不存在错误问题。例如，甲出于杀人故意用刀砍乙导致乙受伤，乙在前往医院途中被交通肇事的车辆轧死。由于甲的行为与乙的死亡之间没有因果关系，故不存在因果关系的认识错误问题。
② 与事前故意有联系的是事后故意，即行为人没有故意地实施了可能造成结果的行为后才产生故意，其后放任事态的自然发展，导致了结果发生。例如，医生开始动手术后，对患者产生了杀人的故意，中途停止手术放置不管，导致患者死亡。这实际上是不作为犯罪问题。

结果归属的判断问题。在这种场合,由于第一个行为具有导致结果发生的重大危险(既然被害人已经休克,而且丧失反抗能力,表明第一个行为具有导致死亡结果发生的重大危险),介入行为人的第二个行为也不异常,应肯定第一个行为与结果之间的因果关系,能够将结果归属于第一个行为,① 而且现实所发生的结果与行为人意欲实现的结果完全一致,故应以故意犯罪既遂论处。②

(3) 结果的提前发生

结果的提前发生,是指提前实现了行为人所预想的结果。例如,甲准备使乙吃安眠药(前一行为)熟睡后将其绞死(第二行为),但未待甲实施绞杀行为时,乙由于安眠药过量而死亡。一种观点认为,倘若认为甲在实施前一行为时,还没有认识到该行为会致人死亡,因而不能认定甲对死亡具有故意,就不能认定为故意杀人既遂,只能认定为过失致人死亡。③ 倘若甲在实施前一行为时没有过失,则只能认定为意外事件。这一观点虽然具有一定的合理性,但难以被人接受。本书的看法是,对此问题的处理,既要考虑到故意与结果的关联性,也要坚持行为与责任同时存在的原则。易言之,要认定甲成立故意杀人罪既遂,就必须证

---

① 一般来说,如果第一个行为没有导致结果发生的重大危险,行为人就不会误以为第一个行为已经造成结果。所以,能够将最终结果归属于第一个行为。即便认为存在不能将结果归属于第一个行为的情形,这种情形也是极为罕见的。对于这种罕见情形,或许只能认定第一个行为是故意犯罪未遂,第二个行为成立过失犯罪,对二者实行数罪并罚。

② 倘若甲的暴力致乙休克后,甲以为乙已经死亡,让丙将乙扔至水中,实际上乙是溺死于水中,甲也应承担故意杀人既遂的责任(丙的行为可能同时触犯过失致人死亡罪与帮助毁灭证据罪,成立想象竞合犯)。

③ 德国部分学者认为,甲继而实施绞杀行为时成立杀人未遂,与前面的过失致人死亡成立想象竞合(参见〔德〕乌尔斯·金德霍伊泽尔:《刑法总论教科书》,蔡桂生译,北京大学出版社 2015 年版,第 262—263 页)。但是,在甲没有实施第二行为时,不可能成立杀人未遂。而且,即使实施了第二行为,也可能属于不可罚的不能犯。

明甲在实施前一行为时已经认识到了死亡结果。对此，可以从两个方面展开说明。其一，当行为人计划的两个行为都具有致人死亡的危险性时，可以将两个行为作为一个整体来把握；因而可以认为，行为人在实施前一行为时，对该行为与结果之间的关联性就具有认识。① 其二，只有能够认定行为人实施前一行为时就已经着手实行犯罪，才可能符合行为与责任同时存在的原则。换言之，上述行为是否成立故意犯罪既遂，关键在于行为人的前一行为是否已经着手实行（是否存在具体危险）或者说是否存在类型化的实行行为，以及行为人是否具有实行的意思。如果能得出肯定结论，则应认定为故意犯罪既遂。对于上例可以认定甲已经着手实行犯罪，并且有实行的意思，故应认定为故意杀人既遂。如果前一行为不能评价为着手实行，则只能认定为犯罪预备与过失致人死亡的想象竞合。例如，妻子为杀害丈夫，准备了有毒咖啡，打算等丈夫回家后给丈夫喝。在丈夫回家前，妻子去超市购物。但在妻子回家之前，丈夫提前回家喝了有毒咖啡而死亡。由于妻子还没有着手实行的意思，只能认定该行为同时触犯了故意杀人预备与过失致人死亡罪，从一重罪处罚。

（三）抽象的事实认识错误

抽象的事实认识错误，也即抽象的事实错误，是指行为人所认识的事实与现实所发生的事实，分别属于不同的构成要件的情形；或者说，行为人所认识的事实与所发生的事实跨越了不同的构成要件，因而也被称为不同犯罪构成间的错误。抽象的事实错误只有对象错误与打击错误两种情况：前者的情形是，行为人误把甲对象当作乙对象加以侵害，而甲对象与乙对象分属不同的构成要件。例如，行为人本欲盗窃普通财物，却误将枪支当作普通

---

① 参见〔日〕山口厚：《刑法总论》，有斐阁2016年第3版，第232页以下。

财物实施盗窃。这种认识错误超出了同一构成要件的范围，行为人所认识的事实（盗窃财物）与现实所发生的事实（盗窃枪支）分别属于不同的构成要件。后者的情形是，由于行为本身的差误，导致行为人所欲攻击的对象与实际受害的对象不一致，而且这种不一致超出了同一构成要件。例如，行为人本欲射击乙，但因没有瞄准，而将乙身边价值近万元的宠物打死。同样，行为人所认识的事实（杀人）与现实所发生的事实（毁坏财物）分别属于不同的构成要件。

对抽象的事实错误的处理，存在抽象符合说与法定符合说的争论。抽象的符合说认为，在行为人所认识的构成要件事实与现实发生的构成要件事实相一致的限度内，承认故意犯的既遂。其中又有不同的主张，但抽象的符合说大多违反了责任主义原理。① 法定符合说认为，不同犯罪构成之间的错误原则上阻却故意的成立或者仅成立故意犯罪未遂。例如，甲本欲杀害宠物但实际上却致人死亡。根据法定符合说，甲虽然具有毁坏财物的故意，但对人的死亡充其量是过失；如果故意毁坏财物罪不处罚未遂，那么，只能成立过失致人死亡罪。反之，乙本欲杀人但实际上却打中了他人身边的宠物。乙具有杀人的故意与行为，行为也具有导致他人死亡的危险性，但客观上没有致人死亡；而过失毁坏财物不具有可罚性，故成立故意杀人未遂。法定符合说还认为，即使犯罪构成不同，但如果犯罪是同质的，那么，在重合的限度内，成立轻罪的故意既遂犯。

本书赞成法定符合说，主张在具有归责可能性的范围内认定犯罪。详言之，不能仅根据行为人的故意内容或仅根据行为的客观事实认定犯罪，而应在故意内容与客观事实相符合的范围内认定犯罪。抽象的事实错误实际上存在两种类型：一是故意内容重

---

① 参见张明楷：《外国刑法纲要》，清华大学出版社 2007 年第 2 版，第 231 页以下。

而不法内容轻,即行为人本欲犯重罪,客观上却是轻罪的犯罪事实,本欲杀人却打死宠物就是如此。二是故意内容轻而不法内容重,即行为人本欲犯轻罪,客观上却是重罪的犯罪事实,本欲毁坏财物却杀害他人就是如此。①

首先,就上述第一种类型而言,在行为人故意犯重罪,而且对该重罪的未遂犯的处罚重于轻罪的既遂犯的情况下,应认定为重罪的未遂犯。例如,甲以杀人故意向乙开枪,但由于没有瞄准,而将丙的宠物打死。在这种场合,只能认定为故意杀人未遂(甲对毁坏财物仅有过失,而过失毁坏财物不成立犯罪,故不能认定为一个行为触犯两个罪名)。但是,我国的司法实践并非处罚所有的未遂犯。倘若行为人本欲实施的重罪并不处罚未遂犯,或者行为人根本不可能实现重罪的构成要件(不能犯),或者在重罪的未遂犯的处罚轻于轻罪的既遂犯的处罚的情况下,如果重罪与轻罪同质,则在重合的限度内认定为轻罪的既遂犯。所谓重罪与轻罪同质,应是指两个罪的保护法益相同,或者两个罪的保护法益之间具有包容性(一个罪的法益能够包含另一个罪的法益)。所谓重合的限度内,是指两个罪的构成要件与责任要素具有重合性(事实上,只要构成要件具有重合性,那么,故意内容就必然具有重合性)。在不法内容是轻罪,故意内容是重罪的案件中,要判断行为人对重罪的主观认识,是否包含了对轻罪的主观认识,如果得出肯定结论,就应认定为轻罪的既遂犯。例如,甲误以为乙的提包内装的是枪支而实施抢夺行为,但取得的只是数额较大的普通财物。客观事实显然符合抢夺罪的构成要件,因为枪支也可以评价为财物,所以,甲抢夺枪支的故意实际上包含

---

① 这里的重罪与轻罪,是就行为所"触犯"的两罪之间的比较而言,与犯罪的分类没有关系。

了抢夺财物的故意,所以,对甲应认定为抢夺罪。[①]再如,A误以为自己销售的是假药,实际上却是劣药,且对人体健康造成了严重危害。倘若认定为销售假药罪的未遂犯,对其处罚就会轻于销售劣药罪既遂犯的处罚,[②]那么,在这种情况下,由于两罪的保护法益相同,而且可以将销售假药的故意评价为销售劣药的故意,故应以销售劣药罪的既遂犯论处。

其次,就上述第二种类型而言,要判断重罪的客观事实能否评价为轻罪的客观事实。如果得出肯定结论,就应认定为轻罪的既遂犯。[③]例如,A出于盗窃财物(轻罪)的故意实际上却盗窃了枪支(重罪)时,由于主观上没有盗窃枪支的故意,不能认定为盗窃枪支罪;A实施了盗窃行为,所窃取的枪支同时具有财产价值,因而可以评价为财物,A也具有盗窃罪的故意,于是,A的行为同时符合了盗窃罪的构成要件,并具备盗窃罪的责任要素,故应认定为盗窃罪。又如,B将他人占有的财物误认为是遗忘物而据为己有。B虽然在客观上实施的是盗窃行为(重罪),具有盗窃罪的违法性,但主观上仅具有侵占遗忘物(轻罪)的故意,缺乏盗窃罪的责任要素;只有认定为侵占罪,才符合责任主义原则。[④]再如,C以为是尸体而实施奸淫行为,但事实上被害

[①] 在这种场合,所谓抢夺枪支的行为并不成立未遂犯(因为根本不存在枪支),而是不可罚的不能犯(对象不能犯),结局只是判断甲的行为是否符合抢夺罪的构成要件与责任要素。

[②] 销售假药或者劣药对人体健康造成严重危害的,法定刑均为"三年以上十年以下有期徒刑"。

[③] 《唐律·名例律》规定:"其本应重而犯时不知者依凡论,本应轻者听从本。"这里的"本"实际上指犯罪客观事实。据此,犯罪的客观事实构成重罪,但行为人没有认识到重罪事实时,以一般犯罪即轻罪论处;如果犯罪的客观事实构成轻罪,则不问行为人认识到的是轻罪事实还是重罪事实,都依轻罪论处。

[④] 由于遗忘物中的"遗忘"是表面的构成要件要素,所以,他人占有的财物也可以评价为侵占罪的对象(参见张明楷:《犯罪构成体系与构成要件要素》,北京大学出版社2010年版,第255页以下)。

人当时并未死亡。行为虽然符合强奸罪（重罪）的构成要件，但主观上仅有侮辱尸体（轻罪）的故意，只能认定为侮辱尸体既遂。①

顺便指出的是，一般来说，容易判断是否存在事实认识错误，在存在事实认识错误的情况下，也不难区分属于哪种认识错误，但我国刑法分则的规定与罪名确定的特点，需要司法人员明确以下几点：（1）对于不可能影响故意的认定与犯罪形态的所谓错误，不需要作为事实认识错误处理。例如，原本想使用钱包中的伪造的信用卡，但客观上使用（冒用）了他人真实的信用卡骗取财物的，对成立信用卡诈骗既遂没有任何影响，不必作为事实错误处理。（2）发生在选择性罪名内的错误，宜作为具体的事实错误，按照法定符合说处理，不影响故意的认定与既遂的成立。例如，误以为是枪支而盗窃，但客观上盗窃了弹药的，应认定为盗窃弹药既遂（可谓具体的对象错误）。（3）同一犯罪的不同加重构成要件之间的认识错误，宜作为具体的事实认识错误，按照法定符合说处理，也不影响故意的认定与加重法定刑的适用。例如，误将抢险物资当作军用物资，或者误将军用物资当作金融机构资金抢劫的，不影响加重法定刑的适用（可谓具体的对象错误）。（4）同一犯罪的普通构成要件与加重构成要件之间的认识错误，应作为抽象的事实认识错误处理。例如，以为是普通财物而抢劫，但事实上抢劫了军用物资的，只能认定为普通抢劫罪，而不能适用加重的法定刑。反之，以为是军用物资而抢劫，但事实上抢劫了普通财物的，也只能认定为普通抢劫罪。

---

① 将强奸行为评价为侮辱行为不存在障碍。此外，既然奸淫真正的尸体都成立侮辱尸体罪，那么，没有理由认为本案成立侮辱尸体未遂。况且，人体与"尸体"具有重合的要素，只不过人体存在多于"尸体"的要素。

(四) 违法阻却事由的认识错误

违法阻却事由的认识错误，也称为正当化事由的认识错误，是指尽管不存在正当化事由（违法阻却事由）的事实前提，但行为人误以为存在的情形。假想防卫、假想避险就是正当化事由的错误。

本书认为，关于正当化事由的错误是一种事实错误，因而阻却故意。虽然违法性认识的可能性是与故意不同的责任要素，却不能据此得出正当化事由的错误是违法性的错误的结论。如前所述，成立故意犯罪的前提是行为人没有认识到违法阻却事由的存在，这是因为，故意实际上是对为违法性提供根据（奠定基础）的事实的认识与容认，当行为人认识到自己在实施正当行为（如正当防卫）时，就意味着其没有认识到为违法性提供根据的事实，因而不存在犯罪的故意。所以，对假想防卫、假想避险不能以故意犯罪论处。这一观点存在的疑问是，甲明知乙在假想防卫时而故意"帮助"乙的，应当如何处理？根据法律效果的限制责任论，由于乙具有构成要件的故意，故甲依然成立帮助犯。根据本书的观点，甲一般是故意利用他人过失行为的间接正犯。但是，如果甲客观上不符合间接正犯的条件，也能成立故意的帮助犯。因为成立帮助犯仅以正犯（假想防卫者）实施符合构成要件的不法行为为前提，而故意并不是构成要件要素与违法要素。

第三节 过　　失

一、过失概述

(一) 过失的概念

刑法第 15 条第 1 款规定："应当预见自己的行为可能发生危

害社会的结果,因为疏忽大意而没有预见,或者已经预见而轻信能够避免,以致发生这种结果的,是过失犯罪。"据此,过失犯罪是指过失实施的犯罪。犯罪过失,则是指应当预见自己的行为可能发生危害社会的结果,因为疏忽大意而没有预见或者已经预见而轻信能够避免,以致发生这种结果的心理态度。过失是责任的另一种形式。

(二)过失与故意的关系

过失与故意均属于责任形式,故二者具有相同之处,如过失与故意都说明行为人对法益的保护所持的背反态度。但是,过失与故意又是两种不同的责任形式,各自的具体内容不同,过失所反映的非难可能性明显小于故意,所以刑法对过失犯罪的规定不同于故意犯罪。首先,过失犯罪不存在未遂、中止与预备形态。其次,刑法以处罚故意犯罪为原则、以处罚过失犯罪为例外。再次,刑法对过失犯罪规定的法定刑明显轻于对应的故意犯罪的法定刑。

我国刑法明文规定了故意与过失的定义。如果按照刑法的字面含义理解,故意与过失似乎是一种对立关系。但是,如若从规范意义上理解刑法的规定,认识到表面的责任要素的存在,则应认为故意与过失是位阶关系而非对立关系。首先,根据刑法第15条的规定,只有当行为人"应当预见"且"没有预见"时,才是疏忽大意的过失。如果按字面含义理解,那么,在具有预见可能性的情况下,既不能证明行为人已经预见,也不能证明行为人没有预见时,就既不能认定为故意犯罪也不能认定为过失犯罪,形成明显的处罚漏洞。所以,只有认为"因为疏忽大意而没有预见"是一种不需要具备的表面的责任要素,才能避免这种漏洞。其次,根据刑法第15条的规定,只有当预见了危害结果的行为人"轻信能够避免"时,才是过于自信的过失。如果按字面含义解释，在查明行为人已经预见的前提下，既不能证明其希望或者放任结果发生，也不能证明其轻信能够避免时，就既不能认定为故意犯罪，也不能认定为过失犯罪，这明显不合适。同样，只有认为"轻信能够避免"是表面的责任要素，才能将该行为认定为过于自信的过失犯罪。

以上结论并非仅仅出于防止处罚漏洞的刑事政策的理由，而是具有法律上的根据。(1) 从行为人是否具备责任要素的角度来说，在上述场合，实际上是将可能构成重罪的事实评价为性质相同的轻罪事实。换言之，只是在认定为故意尚存疑问时，才认定为过失。这对于被告人而言，并非不利而是有利。从诉讼法的角度而言，"没有……""尚未……"之类的要素一般是不需要证明的。(2) 从实质角度来说，"因为疏忽大意而没有预见"与"轻信能够避免"并不是表明行为人具有非难可能性的因素，更不是表明非难可能性严重的因素，只是与故意相区别的要素。如果说没有预见是表明行为人值得谴责的要素，那么，故意犯罪时因为已经预见，责任就应更轻了，但事实上并非如此。应当认为，故意责任的本质是认识到了构成要件事实，但仍然以希望或者放任结果发生的心理状态实施行为；过失责任的本质是具有认识构成要件事实的可能性，原本可以不实施行为却实施了行为。所以，在具有预见可能性的情况下，即使没有查明行为人是否没有预见，在已经预见的前提下，即使没有查明行为人是否轻信能够避免，也不表明行为人缺少过失犯的非难可能性。(3) 从故意与过失的关系来说，不管是认为故意犯比过失犯的不法重（行为无价值论的观点），还是认为故意犯比过失犯的责任重（结果无价值论的观点），都只是表明二者是一种阶段关系或位阶关系，而不说明它们是对立关系。因为从不法角度来说，结果回避可能性是故意与过失的共同要件；从责任角度来说，他行为可能性是故意与过失的共同前提（或基础）。换言之，回避可能性是故意与过失的基础概念。所以,故意与过失之间的关系,是回避可能性的高低度关系,是责任的高低度关系,也是刑罚意义的高低度关系,因而是一种位阶关系。

由上可见,刑法规定"因为疏忽大意而没有预见"与"轻信能够避免"只是为了使过失犯罪与故意犯罪相区别,而不是为过失犯提供处罚根据。当案件事实表明行为人至少有过失,但又不能证明行为人具有故意时,当然只能以过失犯论处。这并不是意味着,一个犯罪的责任形式既可以是故意,也可以是过失,只是意味着故意与过失不是对立关系,而是位阶关系,可以将故意评价为过失。显然,承认故意与过失是位阶关系,是以承认"因为疏忽大意而没有预见"与"轻信能够避免"属于表面的责任要素为前提的。

(三)过失犯处罚的例外性

刑法第14条与第15条规定了故意与过失两种责任形式,其中,第14条第2款与第15条第2款分别规定:"故意犯罪,应当负刑事责任。""过失犯罪,法律有规定的才负刑事责任。"上述两款规定表明,刑法以处罚故意犯罪为原则,以处罚过失犯罪为例外;分则条文仅描述客观构成要件、没有规定责任形式的犯罪,只能由故意构成;只有当"法律"对处罚过失犯罪"有规定"时,才能将该犯罪确定为过失犯罪。①

所谓"法律有规定",是指"法律有文理的规定"。即法律条文虽然没有"过失""疏忽""失火"之类的"明文规定",但根据具体条文的文理,能够合理认为法律规定了过失犯的构成要件时,就属于"法律有规定",因而处罚过失犯(以下简称"文理规定说")。一方面,以成文刑法规定犯罪与刑罚,是罪刑法定主

---

① 参见张明楷:"罪过形式的确定",载《法学研究》2006年第3期。

义的基本要求。"一个刑罚法规的目的，必须在它实际使用的语言中去寻找，根据它明显的和清晰的含义来解释。"① 所以，应当根据法条文字及其文理，确定某种犯罪是否属于"法律有规定"的过失犯罪。另一方面，"法律有规定"并不一定指明文规定。刑法要以简短的语言表述罪刑规范，当分则条文对一个方面的表述足以表明另一方面的含义时，往往省略对另一方面的明文规定。所以，"法律有规定"既包括明文的规定，还包括隐含的规定。例如，刑法第 400 条第 1 款规定了私放在押人员罪（故意犯罪），第 2 款虽然没有使用"过失"概念，但从其使用的"严重不负责任"的表述，要求"造成严重后果"的规定，以及较轻的法定刑来看，② 应认为其规定了过失犯罪。否则，就不可能说明第 2 款与第 1 款的关系。

根据上述分析，可以得出以下结论：第一，分则条文使用"过失"概念的，其规定的犯罪无疑属于"法律有规定"的过失犯罪。第二，分则条文使用"严重不负责任"表述的，一般应确定为"法律有规定"的过失犯罪。第三，分则条文使用的"发生……事故"之类的表述，虽然是对构成要件要素的规定，但通常也能表明该犯罪属于"法律有规定"的过失犯罪。因为在日常用语中，"事故"一般是指过失或者意外造成的事件，而且分则条文对"发生……事故"的犯罪，往往规定了较轻的法定刑。第四，分则条文使用的"玩忽职守"一词，首先是对行为的描述，同时也表明该犯罪属于"法律有规定"的过失犯罪。

二、过失犯的构造

过失犯的实体也是不法与责任。

---

① Jane C. Ginsburg, *Legal Methods*, 2nd ed, Foundation Press, 2003, p. 271.
② 不能直接将法定刑较轻的犯罪理解为"法律有规定"的过失犯罪。例如，危险驾驶罪与代替考试罪是法定刑很轻的犯罪，但它们不是过失犯罪，而是故意犯罪。

首先，没有履行结果回避义务，是过失犯的客观构成要件。成立过失犯以行为发生法益侵害结果为条件，除此之外，与故意犯罪一样，还要求有实行行为与结果回避可能性。

在结果发生的情况下，首先要判断是否具有过失犯的实行行为。不可否认的是，过失犯的实行行为定型比故意犯的实行行为定型要缓和得多，这是因为刑法往往并没有严格规定过失犯的实行行为。但不能据此否认实行行为也是过失犯的构成要件要素。例如，村长甲号召农民冒雨抢救粮食，农民乙在抢救粮食过程中遭雷击身亡。即使甲对结果具有预见可能性，但因为缺乏过失犯的实行行为，并不成立过失致人死亡罪。

过失犯的实行行为同样可以分为作为与不作为。例如，甲以120公里的时速在限速60公里的路段驾驶车辆，撞死了路边的行人。应当认为，甲成立过失的作为犯，而不能以行为人没有将速度控制在60公里之内为由认定为过失的不作为犯。因为在上述路段以120公里的时速行驶就是具有导致结果发生的紧迫危险的行为。另一方面，过失的不作为犯以具有作为义务为前提，而不能简单地将过失犯的结果回避义务理解为作为义务，否则会不当扩大过失犯的处罚范围。这是因为，既然对故意犯的作为义务都需要从形式上与实质上进行限制，那么，对于过失犯的作为义务也需要进行同样的限定。显然，仅以行为人违反行政管理法规为由直接认定为过失犯，就明显不当。相反，应当注重判断过失犯的结果回避义务是否符合作为义务的产生根据。

由于过失犯的实行行为缺乏定型性，所以，在具体案件中，将什么样的行为认定为过失犯的实行行为就成为争议问题。例如，汽车司机甲饮酒后开车，没有注意前方而轧死了人。过失阶段说（最接近过失说）认为，只有离结果最近的最后的行为是过失犯的实行行为，甲没有注意前方就是实行行为，其他行为都不是实行行为。与此相对，过失并存说则认为，对发生结果起作用的数个不注意的行为，全部作为一个过失行为。甲的饮酒与没注意前方加起来是过失的实行行为。但是，饮酒本身并不是直接导致结果的行为，过失并存说没有从结果发生的危险性上限定过失的实行行为。本书认为，只要是对结果的发生具有紧迫危险的行为，都属于实行行为。在上例中，酒后且不注意前方的驾驶行为，是过失犯的实行行为。再如，货车司机马虎装货，后来在高速公路上野蛮行驶，导致货物落下来砸死了后面的汽车司机。由于没有把货物装好，即使适当行驶也同样会出现事故。所以，马虎装货与野蛮行驶一并成为过失犯的实行行为。

顺便要指出的是，由于构成要件是违法性的存在根据，所以，当过失行为保护了优越的法益或者损害了没有保护必要的法益时，并不成立过失犯。例如，过失行为符合正当防卫、紧急避险条件的，也应认定为正当防卫、紧急避险，因而阻却违法性，而不能以过失犯论处。换言之，不仅存在偶然的正当防卫与紧急避险，也存在"过失"的正当防卫与"过失"的紧急避险，而且均阻却违法性。

结果的回避可能性是故意犯罪与过失犯罪的共通前提。行为人虽然具有结果回避义务，但由于不可能采取措施避免结果发生，或者即便采取了避免结果发生的措施也不可能避免结果发生时，既不能认定为过失犯罪，也不能认定为故意犯罪。

但需要注意的是，即使行为人在靠近结果发生的时刻（A点）不可能避免结果的发生，但在此之前的时刻（B点）具有避免结果的可能性时，如果B点的行为具有危险性，则仍然可能认定为过失。例如，甲没有驾驶执照，却在马路上驾驶汽车；行至一急拐弯处时，因为缺乏驾车技能，而未能避免事故的发生。在这种情况下，不能以甲没有能力避免结果为由否认过失犯罪的成立；因为甲在没有驾驶执照的情况下驾驶汽车（B点）本身就具有危险性，而且甲完全可以不驾驶汽车，也不应当驾驶汽车，事实上只要他不驾驶汽车就不会发生事故,所以,甲的行为成立过失犯罪。再如,乙持有驾驶执照,但在极度疲劳时驾驶汽车;行至一急拐弯处,因为无力控制汽车而发生交通事故。由于在极度疲劳时驾驶汽车本身(B点)就具有危险性,故不能以事后无力控制汽车(A点)为由而否认其行为成立交通肇事罪。又如,丙持有驾驶执照,在驾驶面包车时,让6岁的儿童坐在副驾驶位上。行至某商店门前,丙停车购物,但没有熄灭发动机,6岁儿童便驾驶面包车前行。行人发现后大叫,丙急忙从商店跑出试图避免结果发生,但由于车速过快,丙不能采取有效措施,导致他人死亡。丙在靠近结果发生的时刻(A点)确实不能避免结果的发生,但他在购物时不熄灭发动机的行为(B点)就具有过失,而且该行为在当时的具体环境下具有危险性,因而也不能以丙当时没有能力避免事故为由而否认其行为构成过失犯罪。

其次,对结果具有预见可能性,是过失犯的主观要素。对结果具有预见可能性,是疏忽大意的过失与过失自信的过失的共同要件。易言之,如果没有结果预见可能性,就不可能有过失,也不可能有故意。刑法第16条"由于……不能预见的原因引起的,不是犯罪"的规定,充分说明了这一点。或许有人认为,在过于自信过失的场合,将结果的预见可能性作为其成立条件是不合适的。其实,过于自信过失的行为人,虽然预见过结果的发生,但是,他因为过于自信又否认了结果的发生。显然,之所以谴责过于自信过失的行为,仍然是因为他可能预见到结果的发生。由于故意与过失存在位阶关系,过失的核心是具有预见可能性,故意的成立以"已经明知"为前提,"因此,不应将预见义务违反作为过失犯的要素。……过失中并非没有任何心理状态,而是存在可能预见犯罪事实特别是法益侵害的心理状态。"[1]

---

[1] 〔日〕高山佳奈子:《故意与违法性的意识》,有斐阁1999年版,第137页。

三、过失的种类

刑法理论对过失做出了不同分类。例如，理论上有普通过失与业务过失之分。前者是指日常生活或一般社会交往中的过失；后者是指业务活动中的过失。业务过失犯罪重于普通过失犯罪，仅从责任的轻重来说，前者的法定刑应重于后者。理论上还有重过失与轻过失之分，按照本书的观点，应当以结果预见可能性的大小以及回避结果发生的难易程度为标准区分重过失与轻过失。我国刑法根据行为人是否已经预见危害结果，将过失分为疏忽大意的过失与过于自信的过失。

（一）疏忽大意的过失

1. 疏忽大意过失的成立条件

依照刑法第 15 条的规定，疏忽大意的过失，是指应当预见自己的行为可能发生危害社会的结果，因为疏忽大意而没有预见，以致发生这种结果的责任形式。这种典型的过失被称为无认识的过失。

如前所述，"没有预见"只是表面的责任要素，而不是真正的责任要素。刑法第 15 条的规定只是为了使疏忽大意的过失与故意相区分；在行为人是故意还是过失存在疑问的场合，只要认定行为人"没有预见"，就表明行为人没有故意；在已经排除故意的场合，"因为疏忽大意而没有预见"就不是疏忽大意过失的真正要素。

"应当预见"意味着行为人有预见义务，这种义务不仅包括法律、法令、职务与业务方面的规章制度所确定的义务，而且包括日常生活准则所提出的义务。但是，刑法只是要求有能力履行义务的人履行义务。义务规范为一般人所设，无须具体确定；而能否预见则因人而异，需要具体判断；如果法律法令、规章制度、生活准则赋予一般人预见义务,属于一般人之列的行为人能够预见,那么便是应当预见的。因此,认定疏忽大意的过失时,关键在于判断行为人是否具有结果的预见可能性。换言之,"应当预见"实际上是指"能够预见"(刑法第16条的规定,也表明了这一点)。预见可能性的判断,包括对能够预见的对象以及能否预见结果的判断。

首先,我国刑法要求疏忽大意过失犯罪的行为人能够预见自己的行为可能发生危害社会的结果,但"危害社会的结果"是一个外延极广的概念,我们只能在法律规定的范围内理解。因为过失犯罪的成立要求发生构成要件的结果,故这里的危害社会的结果,只能是刑法分则对过失犯罪所规定的作为构成要件要素的具体结果。一方面,能够预见的对象只需要在构成要件层面上加以把握,不需要更为具体的预见可能性。例如,过失致人死亡时,只要能够认识到他人的死亡即可,不要求对死亡者是谁具有预见可能性;只要能够认识到自己行为与死亡结果之间的作为构成要件要素的因果关系即可,不需要对具体的因果进程有预见可能性。另一方面,具体结果又是相对的,在危害公共安全的过失犯罪中,行为人所能够预见的结果不一定很具体,但必须是刑法分则所要求的结果。

其次,应当分清判断基础、判断方法与判断基准来解决行为人能否预见结果的问题。

第一,判断基础(或资料)包括主客观方面的事实,即应当把行为人的知能水平与行为本身的危险程度以及行为时的客观环境相结合判断能否预见。有些行为人,按其本身的知能水平,能够预见危险程度高的行为可能发生结果,但不能预见危险程度低的行为可能发生结果;有些行为人,在一般条件下能够预见某种行为可能发生结果,但在特殊情况下,由于客观环境的限制,却不能预见某种行为可能发生结果;在相同客观环境下或对于危险程度相同的行为，有的行为人知能水平高因而能够预见，有的行为人知能水平低因而不能够预见。可见，离开行为本身的危险程度与行为时的客观环境，仅仅考虑行为人的知能水平，是难以得出正确结论的；只有将这些主客观事实结合起来进行判断，才能得出正确结论。

第二，判断方法（或过程）应坚持从客观到主观，把客观要求同行为人的知能水平相结合进行判断。法律法令、规章制度、生活准则针对一般人提出了客观要求，判断行为人能否预见结果，就要将行为人的知能水平与这种客观要求联系起来，看行为人所具有的主观能动性，是否达到了足以符合客观要求的程度。离开了这些要求，就失去了衡量的标准，不可能得出正确答案。只有从这些要求出发，对照行为人的知能条件，才能相对认定他有无适应客观要求的能力，进而判断其对于结果的发生能否预见、应否预见。[①]

第三，关于结果预见可能性的判断基准，国外刑法理论上存在争议。主观说认为，是否具有结果预见义务，应以具体的行为人的注意能力为标准。因为对行为人进行非难，不应超过其注意能力的范围。客观说认为，是否具有结果预见义务，应以抽象的一般人的注意能力为标准。折中说有不同的表述，有人指出，刑法以一般的当为为基础，但只能在行为人可能的范围内实行归责；有人提出，如果行为人的注意能力低于通常人的注意能力，则仍应采取主观说，只是在行为人的注意能力高于通常人的注意能力时，才采取客观说（即仍依通常人的注意能力为标准决定有无注意义务）。能力区别说认为，作为心理作用的"注意"本来是以通常人为标准的，但作为其结果的"预见"，则应考虑行为

---

① 参见曾宪信、江任天、朱继良：《犯罪构成论》，武汉大学出版社1988年版，第98页以下。

人的身体条件、知识、经验、认识能力，采取主观的标准。根据此说，即使同等程度的紧张意识，也不可避免地因为人的身体条件等区别导致认识范围不同，故应以各人为基准判断预见可能性。有的学者则认为，疲劳、酩酊、兴奋等生理的方面，应采取主观的基准，规范心理的方面则应采取客观的基准。这种见解旨在说明，不能因为行为人在日常生活中粗心大意、丢三落四而免除其过失责任。① 本书认为，对于过失责任应当从知能水平到规范能力进行判断。从知能水平来说，只能采取主观的标准。由于每个人的知能水平不同，所以不能采取一般人的标准。但是，在司法实践中，可以按照从客观标准到主观标准的顺序判断行为人是否具有预见可能性。亦即，在行为导致了结果发生的情况下，应首先考察行为人所属的一般人或像行为人这样的一般人（而不是抽象的一般人）能否预见结果的发生。如行为人为普通农民，则首先考察一般的普通农民能否预见类似结果的发生；如果行为人为医生，则首先考察像行为人这样的医生能否预见类似结果的发生，如此等等。其次，考察行为人的知能水平是高于一般人还是低于一般人。如果一般人能够预见，但行为人的知能水平低于一般人，则不宜认定行为人具有过失；反之，一般人能够预见，而行为人的知能水平并不低于甚至高于一般人，则宜认定行为人具有过失。基于同样的理由，如果一般人不能预见，但行为人的知能水平明显高于一般人，则可能认定为过失（当然，将这种情形认定为过失犯，应当特别慎重）。不过，如果由于行为人一直粗心大意、马马虎虎就认为他不能预见结果的发生，进而否认过失，也是不合适的。因为过失责任表明的是行为人对法益的不保护、不尊重态度，法律对每一个人必须对法益持保护、尊重态度的要求是相同的，不能因为行为人一直对法益持不保护、不尊重

---

① 以上参见〔日〕山中敬一：《刑法总论》，成文堂2015年第3版，第687页以下。

的态度就否认其过失责任。所以，在规范能力方面必须采取一般人的标准。倘若行为人具有一般人对法益的保护、尊重态度就能预见结果发生时，便应认定行为人具有过失责任。"一言以蔽之，生理的方面应当采取主观的标准；规范心理的方面应当采用客观的标准。"①

2. 疏忽大意过失与意外事件的区别

认定疏忽大意的过失，最关键的是要将其与意外事件相区别。行为在客观上虽然造成了损害结果，但是不是出于故意或者过失，而是由于不能预见的原因引起的，不是犯罪。这便是意外事件。②

意外事件具有三个特征：一是行为在客观上造成了损害结果；二是行为人没有故意与过失；三是损害结果由不能预见的原因所引起。③ 例如，某汽车司机在雨夜行车，从农民放在公路上的稻草上驶过，轧死了睡在稻草下的一瘦小精神病人。在当时的情况下，司机不可能预见到有人雨夜睡在稻草下，因而是意外事件。④

---

① 〔日〕平野龙一：《刑法总论Ⅰ》，有斐阁1972年版，第206页。
② 刑法理论一般将刑法第16条规定的情况统称为意外事件。由于"意"一词具有意料、心愿（意志）、意思等多种含义，不能预见的原因所引起的事件可以说是意料之外的事件，不能抗拒的原因引起的事件可以说是一种意志以外的事件，故将上述二者统称为意外事件也未尝不可。但是，这种称谓意味着对一个概念中的同一词必须做出两种不同解释。从与其他法律的协调性来看，意外事件并不包括不可抗力。例如，《民法通则》第106条与第107条分别规定了意外事件与不可抗力，民法理论通常也是分别论述的。刑法第16条事实上也是分别规定的，并没有统称为意外事件。因此，本书将刑法第16条规定的两种情况分别称为不可抗力与意外事件。
③ 第三个特征只是第二个特征的进一步说明，所回答的问题是，为什么行为人没有故意与过失却造成了构成要件的结果。从因果关系的角度来说，损害结果当然是由行为人的行为所引起，而不是其他原因所致。
④ 根据刑法第16条的规定，某种犯罪只能由故意构成时，如果行为人过失实施了该行为的（如过失毁坏公私财物），虽然不构成犯罪，但也不属于意外事件。

意外事件与疏忽大意的过失犯罪有相似之处,表现在客观上都发生了结果,但前者是不能够预见,后者是能够预见。在这个问题上,应根据前述判断基础、判断方法与判断标准,全面、客观、准确地判断行为人能否预见,从而正确区分意外事件与疏忽大意的过失犯罪。尤其应注意以下几点:

(1)由于事件已经发生,行为与结果之间的因果关系的发展过程已清楚明了,故司法人员不应由此逆推行为人能够预见。这种做法容易扩大疏忽大意过失犯罪的范围。正确的方法是,根据行为本身的危险程度、行为的客观环境以及行为人的知能水平,判断行为人在当时的情况下能否预见结果的发生。例如,行为本身的危险程度越高,行为人预见结果的可能性就越大;行为在通常(或异常)环境下发生结果的可能性大,行为人在该通常(或异常)环境下实施行为时,其预见结果的可能性就越大;行为人的知能水平越高,其预见结果的可能性就越大。

(2)不能因为结果严重就断定行为人能够预见。行为人能否预见结果发生与实际发生的结果是否严重,具有一定联系;但不能由此认为,凡是结果严重的,行为人就能够预见。只要结果严重就千方百计以犯罪论处的做法,是结果责任的残余,违反责任主义。

(3)行为人在实施不道德、一般违法乃至犯罪行为时,有时也会发生行为人所不能预见的其他结果,不能因为行为人实施的是不道德、一般违法乃至犯罪行为,就断定他能够预见自己行为的一切结果。特别是不能因为行为人的行为本身不构成犯罪,就针对其不能预见的结果追究疏忽大意过失犯罪的责任。

(4)行为人不知道自己的生理缺陷,在实施行为时由于突发的生理缺陷(包括疾病)的作用导致结果发生的,应认定为意外事件。但是,如果行为人知道自己的生理缺陷,仍然实施某种行为造成结果,则应当认定为过失犯罪。例如,行为人知道自己患有癫痫病却驾驶汽车,在驾驶过程中癫痫病突发导致交通事故的,成立过失犯罪(不排除在某些情形下成立故意犯罪)。

(二)过于自信的过失

1. 过于自信的过失的特征

依照刑法第 15 条的规定,过于自信的过失,是指已经预见自己的行为可能发生危害社会的结果,但轻信能够避免,以致发生这种结果的责任形式。过于自信的过失被称为有认识的过失。

应当注意的是,这里的"已经预见"并不是真正的有认识,只是行为人曾经预见过结果的发生。由于行为人后来(或同时)否认了结果的发生,因而从结局或者整体上说,仍然是没有认识结果的发生。但是,行为人也能够预见结果可能发生。从一般意义上说,"轻信能够避免"是导致行为人实施该行为的主观原因。详言之,行为人在预见到结果可能发生的同时,又凭借一定的主客观条件,否认结果的发生(相信自己能够避免结果的发生),只是所凭借的主客观条件并非真实可靠。轻信能够避免主要表现为以下几种情况:一是过高估计自己避免结果的能力;二是过高估计了相关人员(如共同作业人员、被监督者等)避免结果的能力;① 三是不当地估计了现实存在的客观条件对避免结果的作用;四是误以为结果发生的可能性很小,因而可以避免结果发生。但是,如前所述,"轻信能够避免"只是过于自信的过失与故意的分界要素或者表面要素,而不是真正的责任要素。

2. 过于自信的过失与间接故意的关系

过于自信的过失与间接故意有相似之处,而且处于位阶关系,但二者的成立条件明显不同。从本质上说,间接故意所反映的是对法益的积极蔑视态度,过于自信的过失所反映的是对法益

---

① 如医生做手术时误以为护士会主动采取某项措施避免结果发生,而没有向护士履行告知义务,但护士能力有限,没有主动采取某项措施,因而导致结果发生。

消极不保护的态度。这种本质上的差别，又是通过各自的要素体现出来的。首先，成立间接故意要求行为人放任结果的发生，结果的发生符合行为人的意志；但成立过于自信的过失不要求行为人放任结果发生。其次，一般来说，间接故意的行为人是为了实现其他意图而实施行为，主观上根本不考虑是否可以避免结果的发生；过于自信过失的行为人之所以实施其行为，是因为考虑到可以避免结果的发生。① 最后，间接故意的行为人在行为时"明知"结果发生的可能性；过于自信过失的行为人是暂时地"预见"结果发生的可能性，在行为时又否认了结果发生的可能性。② 一般来说，如果行为人认识到结果发生的可能性很大，就不会再否认结果发生的可能性。在此意义上，前述盖然性说具有参考意义。

就典型案件而言，不管如何认识"放任"，都容易区分间接故意与过于自信的过失。就不典型的案件而言，人们总会得出不同结论。例如，甲、乙二人站在山顶，见山下有一老人，甲对乙说："你说将这块石头推下去能否砸着那老头？"乙说："能有那么巧？"于是二人合力将一块石头滚下山，结果将老人砸死。有学者认为，由于甲、乙对于老人死亡结果的发生与不发生都持认可态度，故属于间接故意。但有的学者则认为，"对本案或许认定为过失更合理。理由是：直接故意的意志因素是希望，与它对应的一极是'不希望'，疏忽大意过失和轻信过失都符合'不希望'的特征，在希望和不希望之间，是听任、放任等摇摆不定的

---

① 客观上是否采取防止结果的措施，是判断行为人是间接故意还是过于自信过失的重要资料。一般来说，客观上没有采取结果防止措施的，既可能是间接故意也可能是过于自信的过失；但如果行为人明显采取了结果防止措施的，不宜认定为间接故意。

② 有的学者认为，间接故意是明知危害结果发生的现实可能性，过于自信的过失则是预见到危害结果发生的假定可能性（参见王作富：《中国刑法研究》，中国人民大学出版社1988年版，第174页以下）。

意志因素。但是，间接故意的'放任'并不完全等同于听任，而是在认真地估算之后所作的'听任'。如果没有进行认真估算就贸然行动，即使表面上看像'听任'结果发生，也不能评价为放任。"① 本书则认为，直接故意的意志因素是希望发生结果，与它对应的并非"不希望发生结果"。② 在希望发生结果与希望不发生结果之间，就是放任。上述甲、乙二人虽然不是希望发生结果，但也不是希望不发生结果，因而是放任结果发生，成立间接故意。换言之，在对结果的态度（意志）上，直接故意投了赞成票，间接故意投了弃权票，过失没有投票或者投了反对票。③ 投弃权票的人，或者对投票结果漠不关心，或者内心决定随从多数人的投票结果。在间接故意的场合，行为人或者对结果的发生与否漠不关心，或者内心决定结果发生与否由决意实施的客观行为任意确定。在上例中，甲、乙或者对结果持漠不关心的无所谓态度，或者内心决定由推石头的客观行为任意决定老人死亡与否。无论哪一种情形，甲、乙都接受了老人死亡的结果，故应认定为间接故意。

四、过失犯的认定

（一）过失犯与信赖原则、危险分配法理

根据信赖原则，在行为人合理信赖被害人或第三者将采取适当行为时，如果由于被害人或第三者采取不适当的行为而造成了

---

① 周光权："论放任"，载《政法论坛》2005 年第 5 期，第 78—79 页。
② 因为"不希望发生结果"既可能指希望结果不发生，也可能指对结果发生不持希望态度。
③ 一般来说，过失犯的行为人既不希望也不放任结果的发生，而是反对结果的发生。在此意义上说，过失应当投的是反对票。但这种说法是以故意与过失处于对立关系为前提的，也并不严谨。事实上，在已经排除了故意的前提下（如不能证明行为人已经明知结果的发生），过失的成立只以预见可能性为要件，并不需要判断行为人对结果是否希望或者是否放任。

侵害结果，行为人对此不承担责任。信赖原则起先主要适用于交通领域。从事交通运输的人，在遵守交通规则而实施其行为时，只要没有特殊情况，就可以信赖其他有关人也会遵守交通规则；如果其他人不遵守交通规则，造成了事故，遵守交通规则的行为人就不承担责任。现在，不仅在交通事故领域，而且在企业活动与医疗活动及其他活动中，也适用信赖原则。

信赖原则的适用条件是：（1）行为人信赖他人将实施适当的行为，而且这种信赖在社会生活上是合理的；（2）存在着信赖他人采取适当行为的具体状况或条件，自己的行为不违法。据此，行为人不能信赖幼儿、酩酊者、身体障碍者会遵守规则、采取适当行为；在他人有采取不适当行为的具体先兆时，也不应当信赖他人采取适当行为；在自己实施违法行为时，不能信赖他人采取适当行为。

信赖原则与过失犯的客观构成要件相关联。亦即，当客观上存在合理信赖他人实施适当行为的条件时，就限定了结果回避义务的内容。例如，在封闭的高速公路上驾驶车辆的人，合理地信赖行人不会横穿公路，因此，驾驶者的结果回避义务就限定为避免与其他车辆的冲撞。信赖原则与过失犯的预见可能性也具有密切关系。在合理信赖被害人或第三者会采取适当行为时，通常应认为行为人不能预见被害人或第三者会采取不适当的行为。换言之，在合理信赖被害人或第三者会采取适当行为时，缺乏预见可能性或者预见可能性很低，因而不能追究过失责任。

与信赖原则密切相关的是危险分配的法理。危险分配的法理所讨论的是，在认定过失犯时，对加害人与被害人应分别提出什么注意义务。如果对加害人提出的义务范围较广，被害人的注意义务范围就会较窄；反之亦然。因此，基于现实社会的要求，应当对危险进行适当的分配。① 显然,当危险完全分配给了被害人时,既意味着行为人的行为不可能具有实行行为性,行为人没有结果回避义务,也意味着行为人对结果缺乏预见可能性。当危险部分分配给了被害人时,意味着行为人的行为的危险性减少,结果回避义务减少,对结果的预见可能性也减少。

(二)监督过失

由于业务及其他社会生活上的关系,在特定的人与人之间、人与事项之间形成了一种监督与被监督关系。监督者对被监督者的行为,在事前要进行教育、指导、指示、指挥,在事中要进行监督,在事后要进行检查;对自己所管理的事项,要确立安全的管理体制。进行这种监督与管理,是监督者的义务或职责。如果监督者不履行或者不正确履行自己的监督或者管理义务,导致被监督者产生过失行为引起了结果,或者由于没有确立安全管理体制,而导致结果发生,监督者主观上对该结果就具有监督过失。监督过失可以分为两种类型:一是因缺乏对被监督者的行为的监督所构成的狭义的监督过失,二是由于没有确立安全管理体制所构成的管理过失。

在狭义的监督过失中,存在着被监督者的过失行为。即被监督者的过失行为直接造成了结果,但监督者对被监督者的行为负有监督义务,即有义务防止被监督者产生过失行为,却没有履行这种义务(如没有对被监督者做出任何指示,或者做出了不合理的指示),导致了结果发生。例如,在外科手术时,医生对护士的行为有监督义务,如果因护士的过失导致事故的发生,医生同

---

① 例如,日本在第二次世界大战前,有专用轨道的火车、电车对行人造成事故时,行人负担危险的范围就相当广;而一般道路上的汽车对行人造成事故时,基本上是由驾驶员一方负担危险,但是在20世纪50年代以后,随着社会的复杂化,则增加了行人对危险的负担。

样应对这种事故承担监督过失的责任。由此可见,狭义的监督过失,实际上是二人以上的过失竞合,即被监督者的一般过失与监督者的监督过失竞合在一起导致了结果的发生。但是,并不是客观上没有履行监督义务就必然成立过失犯罪,还需要行为人主观上具有过失,亦即,能够预见不履行监督义务的行为可能造成法益侵害结果。例如,存在合理信赖的条件时,原则上应否认监督者的过失责任。反之,如果被监督者已经存在实施过失行为的先兆,就不能以信赖原则为根据否认监督者的过失责任。

在管理过失中,行为人因为过失没有采取必要的防范措施,或者没有指示他人采取防范措施,导致了结果发生,或者由于自然原因或第三者的意外行为导致了结果发生。例如,工厂负责人随意决定将贵重设备堆放在露天,由于雷电起火而烧毁了设备。该负责人客观上存在没有确立安全管理体制的客观行为,主观上存在管理过失。

监督过失并不是独立于疏忽大意过失与过于自信过失之外的一种过失,而是分别符合疏忽大意过失与过于自信过失的基本特征。(1)狭义的监督过失与疏忽大意的过失。在一般疏忽大意过失的情况下,行为人能够预见自己的行为可能直接造成危害社会的结果,表现为"自己的行为→结果"。在监督过失的情况下,监督者能够预见自己不履行或者不正确履行监督义务的行为可能引起被监督者的过失行为,从而发生结果。这里存在一个中间项(被监督者的过失行为),表现为"自己的行为→中间项→结果"。事实上二者没有本质区别。(2)狭义的监督过失与过于自信的过失。在一般的过于自信过失的情况下,行为人往往因为轻信自己的技术、经验等而轻信能够避免结果的发生;在监督过失的情况下,监督者是轻信了被监督者不会有过失行为,这也符合过于自信过失的特征。(3)管理过失与一般过失。在管理过失的情况下,监督人能够预见自己没有确立安全管理体制的行为,可能造成结果或者可能由于自然因素或第三者的意外行为导致结果发生,或者已经预见而轻信能够避免。行为人可能轻信自己所确立的管理体制是安全的,也可能是轻信不会有自然因素与第三者的意外行为造成结果。需要说明的是,不管是管理过失还是狭义的监督过失,都以行为人对结果具有具体的预见可能性为前提,不能以抽象的、一般的危惧感为根据认定过失责任。

我国的司法实践,一直追究监督过失的责任,许多具体的玩忽职守罪实际上表现为监督过失;现行刑法事实上也肯定了监督过失(参见刑法分则第135条、第138条、第139条等)。在日本,监督过失的行为人所成立的犯罪,与被监督者的过失犯罪相同。但是,在我国的司法实践中,监督过失既可能成立玩忽职守等与被监督者不同的过失犯罪,也可能成立与被监督者相同的过失犯罪。① 这需要根据刑法分则所规定的构成要件与责任要素进行合理判断。

(三)过失向故意的转化

认定过失犯罪时,还应注意过失转化为故意的情况。即行为人的过失行为导致对某种法益产生危险,但故意不消除危险,希望或者放任结果发生。例如,行为人不慎将烟头扔在仓库里,具有发生火灾的危险,行为人能够及时消除危险,但想通过造成火灾陷害仓库保管员,故意不消除危险,导致火灾发生。这便由一般过失转化为犯罪故意,应认定为放火罪而不是失火罪。再如,甲系乙聘请的家庭保姆,负责处理家务和照顾乙两岁多的儿子丙。某日下午五点半左右,甲给丙喂桂圆时,不料桂圆核卡住丙喉咙无法吐出,甲随即将丙送往附近药店救治。甲怕承担责任,向药店工作人员隐瞒了丙被桂圆核卡住咽喉的事实。返回乙家

---

① 应否以及如何区分这两种情形(什么情形属于职务过失,成立玩忽职守等罪,以及什么情形属于监督过失,成立与被监督者相同的过失犯罪),还值得进一步研究。

后，甲又向赶来的 120 急救医护人员隐瞒真相，致医护人员无法采取针对性急救措施，延误抢救时机。丙被送往某市儿童医院，经抢救无效于同日晚十点半因异物吸入、窒息、脑疝、多器官功能衰竭死亡。甲将有核的桂圆喂给丙吃，导致桂圆核卡住丙的喉咙无法吐出时，就对丙的生命产生了危险。如果甲对医护人员说出真相仍然未能避免死亡结果发生，甲成立过失致人死亡罪。但本案的甲因为怕承担责任，没有说出真相，虽然甲并不希望死亡结果发生，但对结果持放任态度，应认定为间接故意的不作为犯罪（故意杀人罪）。

基于同样的理由，过失行为虽然已经造成了基本结果（成立基本的过失犯），但在能够有效防止加重结果发生的情况下（既有履行义务的能力，也有回避结果的可能性），行为人具有防止加重结果发生的义务却故意不防止的，对加重结果成立故意犯罪。如汽车司机甲于黑夜在车辆较少的道路上违反交通法规过失将三人撞成重伤后，下车察看情况，本可以将三人送往医院抢救，但想到被害人死亡也无所谓，便立即逃走，三名被害人后来全部死亡。甲的行为是只成立一个交通肇事罪，还是成立一个故意杀人罪，抑或成立数罪？甲的过失行为致三人重伤，本身就能成立交通肇事罪。甲下车后认识到如果不救助被害人就会死亡却逃走，导致了死亡结果的发生，是否成立不作为的故意杀人罪？如果三名被害人是濒死的重伤，即使救助也必然死亡，就只成立交通肇事罪。换言之，如果即使救助也不能防止死亡结果，就可以将死亡结果评价为先前的过失行为造成的结果，而不另成立不作为的故意犯罪。但是，如果被告人将三名被害人送往医院，就可以救助其生命，而被告人故意不救助的，则可能另成立不作为的故意犯罪。

第四节 目的与动机

一、主观的超过要素概述

就既遂犯罪而言，行为人一般存在与客观事实相对应的主观内容。例如，故意杀人既遂的客观要素为杀人行为致人死亡；与此相对应，故意内容是认识到自己的行为会致人死亡，并且希望或者放任死亡结果发生。[①] 不难看出，客观上完全存在与行为人主观故意相对应的事实。但是，在某些犯罪中，主观要素仅存在于行为人的内心即可，不要求有与之相对应的客观事实。目的犯中的目的以及某些犯罪的动机就是如此（存在个别例外情形）。例如，根据刑法第152条第1款的规定，只要行为人以牟利或者传播为目的走私淫秽物品即可构成走私淫秽物品罪，而不要求有牟利或者传播淫秽物品的客观事实。再如，根据刑法第399条第1款的规定，只要司法人员出于徇私动机追诉明知是无罪的人，即可构成徇私枉法罪，而不是要求有徇私的客观事实。这种目的与动机，是某些犯罪的责任要素，[②] 却是主观的超过要素。

---

① 杀人未遂时，行为人虽然对死亡结果具有希望或者放任的态度，但死亡结果并没有发生，所以，故意的意志因素便成了超出客观要素范围的要素，因而也被称为主观的超过要素。但应注意的是，即使将未遂犯中的故意的意志因素视为主观的超过要素，它也与目的犯中的目的这一主观的超过要素具有明显区别。前者仍然是故意的构成因素，后者则是故意内容之外的因素。
② 目的究竟是违法要素还是责任要素，一直存在争议。行为无价值论一般主张目的是违法要素，结果无价值论者既可能认为目的是违法要素，也可能认为目的是责任要素。本书暂且将目的作为责任要素。事实上，即使认为某些目的表明法益侵害因而是违法要素，但至少有部分目的与法益侵害没有直接关联，应当作为责任要素。

二、目的

(一) 目的概述

目的（犯罪目的），是指犯罪人主观上通过犯罪行为所希望达到的结果（不限于法益侵害结果，包括犯罪行为所形成的状态等），即是以观念形态预先存在于犯罪人大脑中的犯罪行为所预期达到的结果。特定的目的，不是指直接故意的意志因素，[①] 而是故意的认识因素与意志因素之外的对某种结果、利益、状态、行为等的内在意向；它是比直接故意的意志因素更为复杂、深远的心理态度；其内容也不一定是观念上的危害结果。

从目的与刑法规定的关系来看，目的犯中的目的表现为两种情形：一是刑法分则明文规定的目的（分别存在"目的""意图"两种表述），如刑法第 152 条、第 175 条、第 192 条、第 305 条等；二是刑法分则虽无明文规定，但根据条文对构成要件的表述以及条文之间的关系，而为成立犯罪所必须具备的目的，如刑法第 194 条至第 198 条规定的几种金融诈骗罪，条文本身虽未标明"以非法占有为目的"，但根据金融诈骗罪的特征及其与相关犯罪的关系，该目的实际上属于金融诈骗罪的责任要素。

从目的与行为的关系考察，目的犯的目的表现为三种情形：其一，不属于主观的超过要素的目的，亦即存在与目的相对应的客观事实的情形。例如，刑法第 175 条第 1 款前段规定："以转贷牟利为目的，套取金融机构信贷资金高利转贷他人，违法所得数额较大的，处三年以下有期徒刑或者拘役，并处违法所得一倍以上五倍以下罚金。"显然，转贷牟利目的与客观上的"转贷他

[①] 人们习惯于将直接故意中的意志因素，即行为人对自己的行为直接造成结果的希望，称为犯罪目的。如说"某某被告具有杀人目的"。在一般意义上说，希望他人死亡就是行为人的犯罪目的，但这种目的不是目的犯中的目的。

人""违法所得数额较大"的构成要件要素相对应,亦即,转贷牟利目的并非存在于行为人内心即可,因而不属于主观的超过要素。① 其二,只要实施了符合构成要件的行为就可以(但非必然)实现的目的。例如,只要实现了贷款诈骗罪的构成要件,就可以实现非法占有贷款的目的。这种目的犯称为断绝的结果犯。其三,实施符合构成要件的行为后,还需要行为人或第三者实施其他行为才能实现的目的。如实施了走私淫秽物品的行为,还不能直接实现牟利或者传播的目的,只有在走私行为完成之后实施其他相关行为,才能实现牟利或者传播目的。这种目的犯称为短缩的二行为犯。

短缩的二行为犯的基本特点是,"完整"的犯罪行为原本由两个行为组成,但刑法规定,只要行为人以实施第二个行为为目的实施了第一个行为(即短缩的二行为犯的实行行为),就以犯罪(既遂)论处,而不要求行为人客观上实施第二个行为;与此同时,如果行为人不以实施第二个行为为目的,即使客观上实施了第一个行为,也不成立犯罪(或者仅成立其他犯罪)。在此意义上说,短缩的二行为犯实际上是将二行为犯或复行为犯缩短为一行为犯或单行为犯。② 短缩的二行为犯的目的的实现与否,既不影响犯罪的成立,也不影响犯罪既遂的认定。换言之,短缩的二行为犯的既遂与未遂,应以第一个行为的结果发生与否为标准。

在断绝的结果犯中,行为人必须具有确定的目的;在短缩的二行为犯中,只要行为人知道或许有谁实施实现目的的行为就够

---

① 从立法论上说,可以删除本条中的"以转贷牟利为目的"的规定。
② 从这个角度来说,短缩的二行为减少了客观要件要素。但从另一角度来说,也可谓限制了处罚范围。例如,添加牟利或者传播目的,就限制了走私淫秽物品罪的处罚范围。此外,有的犯罪要求特定目的,不仅是对处罚范围的限定,而且限定了行为的性质。(参见刑法第192条、第193条、第319条)。

了。如违规制造枪支罪，行为人以非法销售为目的，制造无号、重号、假号的枪支时，不要求具有确定的非法销售目的，只要知道可能有谁非法销售所制造的无号、重号、假号的枪支这种未必的意思即可。短缩的二行为犯中的目的，不以实行犯本人实现为限。例如，行为人走私淫秽物品时，不问走私者是意图亲自传播淫秽物品，还是意图以他人为媒介或者由他人传播淫秽物品，都不影响走私淫秽物品罪的成立。

（二）目的犯的存在范围

我国刑法理论的传统观点认为，目的犯只能由直接故意构成；易言之，如果刑法将某罪规定为目的犯，那么，该罪就不可能由间接故意构成。但本书认为，间接故意犯罪也可能是目的犯。

从规范层面而言，刑法总则规定的故意犯罪包括直接故意犯罪与间接故意犯罪，因此，只要刑法分则所规定的犯罪为故意犯罪，那么，就既可以由直接故意构成，也可以由间接故意构成。目的犯在刑法分则中都属于故意犯罪，当然也可以由间接故意构成。刑法将某种犯罪规定为目的犯时，并不表明该罪为直接故意犯罪，只是将不具有特定目的的行为排除在犯罪之外，而不是将间接故意行为排除在犯罪之外。例如，立法者通过牟利或者传播目的限制走私淫秽物品罪的处罚范围，因此，即使行为人具有直接故意，但如果缺乏牟利或者传播目的，也不成立走私淫秽物品罪；反之，即使行为人仅具有间接故意，但如果具有牟利或者传播目的，也应当以走私淫秽物品罪论处。

从心理事实来说，当行为人所放任的结果与行为人所追求的目的不具有同一性时，即二者分别为不同的内容时，二者完全可能并不矛盾地存在于行为人的主观心理中。以短缩的二行为犯为例：第一个行为的结果与行为人实施第二个行为的目的并不相同，因此，对第一个行为的结果的放任与对第二个行为的目的完全可以并存。刑法理论公认，间接故意犯罪的发生情形之一是，行为人为了实现另一犯罪目的，而放任此种犯罪结果的发生。这正好说明间接故意的犯罪中可能存在目的。

（三）目的的机能

作为责任要素的目的具有两个方面的机能：其一，在部分犯罪中具有区分罪与非罪的机能。例如，不以营利为目的的侵犯著作权的行为、不以营利为目的的聚众赌博行为，不构成犯罪。其二，在部分犯罪中具有区分此罪与彼罪的机能。例如，就传播淫秽物品的行为而言，如果能认定行为人具有牟利目的，就应认定为传播淫秽物品牟利罪；否则，就只能认定为传播淫秽物品罪（参见刑法第363条、第364条）。再如，是否具有非法占有目的，是区分贷款诈骗罪与骗取贷款罪的关键要素。责任要素之外的目的，虽然不影响犯罪的成立，但可能对量刑产生影响。

三、动机

动机（犯罪动机），是指刺激、促使犯罪人实施犯罪行为的内心起因或思想活动，它回答犯罪人基于何种心理原因实施犯罪行为，故动机的作用是发动犯罪行为，说明实施犯罪行为对行为人的心理愿望具有什么意义。产生犯罪动机需要具备两个条件：一是行为人内在的需要和愿望；二是外界的诱因与刺激。

传统观点认为，只有直接故意犯罪具有动机。其实，哪些犯罪存在动机，取决于对动机的认识。如果认为动机是犯罪性动机，或者说是刺激犯罪人积极实施犯罪行为以达到犯罪目的的内心起因，似乎只有直接故意犯罪才存在犯罪的动机。如果认为动机不是犯罪性动机，只是事后回答行为人基于何种心理原因实施了犯罪行为，则除了疏忽大意的不作为犯罪（忘却犯）以外，其他犯罪都有动机。因为不管是故意犯罪还是过失犯罪（忘却犯除外），行为人都不会无缘无故地实施行为，相反都会有实施行为的心理动因；这些动因也能说明行为人非难可能性的大小。例如，汽车司机超速行驶致人死亡时，一定有超速行驶的内心起因；对于为了逃避法律责任而超速行驶，与为了将危重病人送往医院而超速行驶，其量刑结果必然不同。如果不将这种内心起因归入动机，则需要有另外的概念；而人们在否认其为动机的同时，并没有提出另外的概念，这会导致司法实践上忽视内心起因对量刑的影响。因此，本书认为，没有必要人为地限定动机存在的范围，可以将动机作后一种理解。

当特定的动机是犯罪的责任要素时，不具有特定的动机，就不成立犯罪。例如，"徇私"动机，是徇私枉法、徇私舞弊不移交刑事案件等罪的责任要素；"贪生怕死"动机是投降罪的责任要素。责任要素之外的动机，虽然不影响犯罪的成立，但可能对量刑产生影响。

第五节 责 任 能 力

一、责任能力的概念

（一）责任能力的含义

行为人不具备有责地实施行为的能力时，不能对其进行法的非难。进行责任非难所要求的行为人的能力，就是责任能力。刑法并不是直接积极地规定责任能力，即不是直接规定犯罪的成立要求行为人具有责任能力，而是消极地规定无责任能力与限定责任能力。在具体案件中，不需要证明行为人具有责任能力，而是当行为人不具有责任能力时不得追究其刑事责任。

能力，是人的自觉能动性的表现，是人认识现实世界与支配现实世界的特征。刑法上的责任能力,由辨认能力与控制能力组成。辨认能力,是指行为人认识自己特定行为的内容、社会意义与结果的能力,因而也可以称为认识能力。能够认识自己行为的内容、社会意义与结果的,就具有辨认能力(会有程度的差异);反之,则没有辨认能力。控制能力,是指行为人支配自己实施或者不实施特定行为的能力。行为人在犯罪时,总是处于既可以实施,也可以不实施的状态,行为人在认识到特定行为的内容、社会意义与结果后,能够控制自己实施或者不实施该行为时,就是有控制能力(会有程度的差异);反之,则没有控制能力。控制能力与心理学上所讲的作为意志品质的自制力不是等同概念。自制力是控制自己的情感、爱好和冲动的能力,在道德体系中,自制力是可贵的品质。有自制力的人都具有控制能力,但有控制能力的人不一定有自制力。许多人是在有控制能力的情况下因缺乏自制力而实施了犯罪行为,故不可将控制能力与自制力相混淆。

一般认为,辨认能力是控制能力的基础与前提,没有辨认能力就谈不上有控制能力。控制能力则反映人的辨认能力,有控制能力就表明行为人具有辨认能力。但有辨认能力的人可能由于精神病而丧失控制能力,刑法认为这种情况不具有实施犯罪的能力。换言之,刑法要求行为人同时具备辨认能力与控制能力,只具有其中一种能力的,属于没有责任能力。

(二)责任能力的地位

责任能力是责任的要素,还是责任的前提,这是国外刑法理论争论的问题。

将责任能力作为责任前提的观点认为,责任能力是被作为责任前提的主体的适格性进行规定的,因此,责任能力应与其他责任要素相区别,必须先对责任能力进行判断,所以说是责任的前提。如果是无责任能力者,则并不判断有无故意过失,便认定为无罪。但这一观点存在疑问。因为责任能力在程度上存在差别（如存在因精神病而导致责任能力减弱的情形），这种差别对行为的非难可能性程度产生影响，故责任能力并不单纯是责任的前提。①

将责任能力作为责任要素的观点认为，责任能力虽是作为非难可能性前提的人格的适格性，但责任能力同时是能否辨认各个行为的是非善恶以及依据这种辨认实施行为的问题，所以，责任能力并不只是非难的前提，而且是对行为的意思形成的非难性本身。这并不意味着无责任能力与无违法性认识的可能性相混同，因为无责任能力是欠缺辨认控制能力所致，而无违法性认识的可能性则是由于其他原因所致。据此，无责任能力也可谓责任阻却事由。这是本书的立场。

二、责任能力的判断

（一）责任能力的判断概述

责任能力与法定年龄是既统一又矛盾的关系，有的人虽然达到了法定年龄但由于患精神病而没有辨认控制能力，这就需要在法定年龄之外就精神病的责任能力做出特别规定。换言之，由于达到了法定年龄的人通常具有责任能力，故刑法仅从消极角度规定责任能力，即除因精神病而导致没有责任能力的以外，其他达到法定年龄的人都是具有责任能力的人。于是，在通常情况下，对于达到法定年龄的人，司法机关毋需举证证明其具有责任能力；只是在行为人患有精神病时，才需判断其是否因为精神病而无责任能力。基于同样的理由，如果行为人没有达到法定年龄，

---

① 应当注意的是，责任能力程度的差别只能分为两种情形：通常的责任能力与减弱的责任能力，不存在加强的责任能力。因此，不存在因为责任能力加强而导致非难可能性加重的情形。

便可直接否认其行为构成犯罪,不必判断其有无辨认控制能力。在此意义上说,对于责任能力的判断以行为人达到法定年龄为前提。

需要注意的是,有精神病并不等于无责任能力。精神病的种类很多,既可能导致行为人无责任能力,也可能仅导致责任能力减弱,还可能对责任能力没有影响。

(二)责任能力的判断标准

责任能力的判断,实际上是无责任能力的判断。对于无责任能力的判断,在整个世界范围内都还没有找到令人满意的方法与标准。现在,多数国家刑法与司法实践采取的做法是,由于精神障碍而导致没有辨认是非善恶的能力,没有依据辨认能力控制行动的能力时,就是没有责任能力。这种做法以精神障碍的要素、辨认是非的能力及据此控制行为的能力为核心。在刑法上只规定精神障碍要素的方法称为生物学的方法;只规定辨认控制能力的方法称为心理学的方法;将二者相结合的方法称为混合的方法,即先确定影响责任能力的生理原因,再标明由此原因所致的影响责任能力的心理状态。我国刑法第18条采取的是混合的方法:"精神病人在不能辨认或者不能控制自己行为的时候造成危害结果,经法定程序鉴定确认的,不负刑事责任。"如上所述,由于精神病的种类繁多,一些精神病并不导致行为人丧失辨认控制能力,如果单纯采取生物学的方法,则会导致一些具有辨认控制能力的人可以随意实施符合构成要件的不法行为而不承担责任;反之,如果单纯采取心理学的方法,则会因为缺乏明确标准,导致对冲动犯罪、激情犯罪等不能追究责任。

根据刑法第18条第1款的规定,对责任能力要经过法定程序进行医学与法学判断:首先判断行为人是否患有精神病,其次判断行为人是否因为患有精神病而不能辨认或者不能控制自己的行为。前者由精神病医学专家鉴定，鉴定结论应说明行为人是否具有精神病以及精神病种类与程度轻重。后者由司法人员判断，但他们不应当否认精神病医学专家对有无精神病以及精神病的种类、程度所做出的结论（如果司法人员对原鉴定结论有合理怀疑，可以按照刑事诉讼法的规定，再次送请鉴定），只能在精神病医学专家的鉴定基础上进一步判断行为人是否具有辨认与控制自己行为的能力。如果精神病医学专家的鉴定结论是行为人没有患精神病，司法人员就必须肯定行为人具有责任能力；如果精神病医学专家的鉴定结论是行为人患有精神病，司法人员则应在此基础上进一步判断行为人是否具有责任能力。只有这样，才是坚持了医学标准与法学标准的统一，才能正确判断行为人是否具有辨认控制能力。

可是，我国司法实践上的通常做法是，完全由精神病专家鉴定行为人是否具有责任能力，即精神病鉴定专家直接得出有无责任能力的结论，检察官与法官不再作任何判断，完全采纳精神病专家的鉴定结论。其结局是，要么由精神病鉴定专家同时进行了医学与法学的判断，要么仅由精神病鉴定专家进行医学判断而没有法学判断。显然，这种做法严重违反了刑法第18条的规定，需要改正。

（三）责任能力判断的注意事项

哪些疾病属于精神病是根据精神病医学认定的。司法人员在判断精神病人有无责任能力时，除了以精神病医学专家的鉴定结论为基础外，还应注意以下几点：

1. 要审查精神病的种类以及程度轻重，因为精神病的种类与程度轻重对判断精神病人是否具有责任能力具有极为重要的意义。

2. 要在精神病人的左邻右舍调查其言行与精神状况，如果有足够证据表明该精神病人平时不能正确认识自己行为的性质、社会意义与结果,不能有意识地选择和控制自己的行为,则能作为精神病人没有责任能力的有力证据。

3. 要进一步判断精神病人所实施的行为与其精神病之间有无直接联系。因为精神病人的精神结构不一定完全错乱,它可能在某些方面是正常的。所以,要判断精神病人实施构成要件行为是否起因于精神病。如果精神病人所实施的行为与其精神病没有直接联系,就不能认为他没有责任能力。只有当他所实施的行为起因于精神病时,才可能认定他没有责任能力。所以,责任能力是就行为人已经实施的符合构成要件的特定行为而言,并非就一般行为而言。这里特别要注意对部分责任能力的判断。部分责任能力,是指行为人由于精神障碍对某一类犯罪没有责任能力,但对其他犯罪具有责任能力的情形。这里的"某一类犯罪"不是指严重犯罪,而是与其精神障碍有联系的某一类犯罪。例如,具有好诉妄想的偏执狂患者,对诬告陷害罪没有责任能力,但对与好诉妄想无关的犯罪,则具有责任能力。又如,癔病患者因某种刺激产生异常的环境反应时,对由这种反应所表现出来的侮辱、伤害等行为没有责任能力,但对与此无关的其他犯罪则具有责任能力。所以,一方面,不能因为精神病人对某些犯罪具有责任能力,就认定其对所有犯罪都具有责任能力;另一方面,也不能因为精神病人对某种犯罪没有责任能力,就认定其对一切犯罪都没有责任能力。

4. 行为人虽然患有某种精神病,但如果该精神病对其辨认与控制能力没有任何影响,就属于有完全责任能力的人,该精神病不能成为责任阻却事由。值得注意的是间歇性精神病人的责任能力判断问题。刑法第18条第2款规定:"间歇性的精神病人在精神正常的时候犯罪,应当负刑事责任。"据此,间歇性精神病人实施行为的时候,如果精神正常、具有责任能力,当然应对自己的行为承担责任；即使实施行为后精神不正常，也应承担责任。反之，如果实施行为的时候精神不正常、不具有责任能力，便阻却责任，该行为不成立犯罪；即使实施行为后精神正常，也不应承担责任。由此可见，间歇性精神病人的行为是否成立犯罪，应以其实施行为时精神是否正常、是否具有责任能力为标准，而不是以侦查、起诉、审判时精神是否正常为标准。对间歇性精神病人的责任能力的判断方法仍然是，首先由司法精神病鉴定人员鉴定其有无精神病以及精神病是否具有间歇性等，其次由司法人员判断其实施行为时精神是否正常。此外，间歇性精神病人在尚未完全丧失辨认控制能力时犯罪的，应当承担责任。

　　问题是，间歇性精神病人在精神正常的情况下决定并着手实行犯罪，在实行过程中精神病发作丧失责任能力的，应当如何处理？德国曾发生如下案件：被告人起先用铁锤殴打被害人但没有致人死亡，由此陷入无责任能力状态，在无责任能力状态下继续实施殴打行为导致被害人死亡。对此问题，国外学者提出了三个解决途径：一是适用后述原因自由行为的法理。因为行为人在实施与结果有直接因果关系的行为时已经没有责任能力，所以与原因自由行为的事例相同。但是，实行中途丧失责任能力不同于原因自由行为，不应当适用原因自由行为的法理。二是将具有责任能力时的实行行为与陷入无责任能力后的实行行为作为"一体"或"一个"行为来考虑，从而肯定行为人对陷入无责任能力时的引起结果发生的行为也具有责任能力。可是，为什么将二者作为"一体"或者"一个"行为来考虑，还缺乏充分理由；而且如何判断一体性、一个行为，也是不明确的。三是作为因果关系的错误（或客观归责）问题来解决。即在陷入无责任能力状态前，就已经存在犯罪的未遂。对行为人是否适用既遂的刑罚，就取决于无责任能力状态的出现，是否表现为因果关系的非重大偏离。如果因果关系的偏离重大，行为人便不承担既遂责任。但一般来说，在上述场合，因果关系的偏离并不重大，行为人应负既遂的责任。① 本书认为，可以将上述第二、三种途径结合起来考虑。首先，可以肯定的是，行为人在精神正常的情况下实行终了时，即便在结果发生阶段精神不正常（无责任能力），也应当承担既遂犯的责任。例如，甲以杀人故意将有毒饮料交给乙后突发精神病，丧失责任能力，乙喝了毒药后死亡，应认定甲的行为成立故意杀人既遂。其次，虽然实行行为尚未终了，行为人在实施后半部分行为时精神不正常，但只要开始实施实行行为时具有责任能力，并且对全部实行行为及其结果具有故意、过失，丧失责任能力后所实现的是同一构成要件，而且结果应当归属于行为人的行为，即使结果是在其丧失责任能力的情况下发生，行为人也应负既遂责任，而不宜认定为犯罪未遂。例如，A 以抢劫故意对 B 实施暴力压制其反抗后丧失责任能力，仍然强取 B 的财物的，成立抢劫既遂。但是，如果开始实施实行行为时具有责任能力与故意、过失，然后丧失责任能力，在无责任能力阶段实现的是另一构成要件行为，由后一行为导致结果发生的，则行为人仅对前行为承担未遂犯的责任（当然，如果前行为已经既遂，行为人当然承担既遂犯的责任）。例如，甲以强奸故意对妇女实施暴力，随后丧失责任能力强取妇女财物的，只能认定为强奸未遂。

三、醉酒人的责任能力与原因自由行为

（一）醉酒人的责任能力

醉酒是酒精中毒的俗称，分为生理性醉酒与病理性醉酒两种情况。

生理性醉酒即普通醉酒不是精神病，其引起的精神障碍属于非精神病性精神障碍。刑法理论一般认为，生理性醉酒的行为人

---

① 参见张明楷：《外国刑法纲要》，清华大学出版社 2007 年第 2 版，第 211 页以下。

具有责任能力,故对其实施的犯罪行为应当承担责任;即使其责任有所减弱,但由于醉酒由行为人自己造成,也不得从轻或者减轻处罚(其中具有刑事政策的理由)。刑法第 18 条第 4 款规定的"醉酒的人犯罪,应当负刑事责任",当然意味着生理性醉酒的人应当负刑事责任。

病理性醉酒则属于精神病状态,多见于通常并不饮酒或对酒精无耐受性,或并存感染、过度疲劳、脑外伤、癫痫症者,在偶然一次饮酒后发生。病理性醉酒人的行为紊乱、记忆缺失、出现意识障碍,并伴有幻觉、错觉、妄想等精神病症状,且其行为通常具有攻击性。一般认为,病理性醉酒属于精神病,醉酒人完全丧失责任能力。既然如此,在行为人没有意识到的首次病理性醉酒导致结果发生时,不能认定为犯罪。但行为人在得知了自己有病理性醉酒的历史,预见到自己饮酒后会实施攻击行为,造成结果的情况下,故意饮酒造成结果,或者由于饮酒过失导致结果发生的,则应当承担责任。这属于原因自由行为的一种情形。应当认为,刑法第 18 条第 4 款的规定,也能包含这种情形。

(二)原因自由行为

原因自由行为(actio libera in cause),是指具有责任能力的行为人,故意或者过失使自己一时陷入丧失或者尚未完全丧失(刑法第 18 条第 3 款)责任能力的状态,并在该状态下实施了符合构成要件的违法行为。使自己陷入丧失或者尚未完全丧失责任能力状态的行为,称为原因行为;在该状态下实施的构成要件行为,称为结果行为。由于行为人可以自由决定自己是否陷入上述状态,故称为原因自由行为。例如,明知自己有病理性醉酒史,饮酒后会实施暴力行为,造成他人伤亡结果,却故意饮酒,随即实施暴力行为造成伤亡结果的，即属原因自由行为。① 由上述定义可知，广义的原因自由行为分为四种情况：故意陷入丧失责任能力状态、过失陷入丧失责任能力状态、故意陷入尚未完全丧失责任能力的状态、过失陷入尚未完全丧失责任能力的状态。下面着重讨论前两种情况。

根据责任主义，责任能力必须存在于行为时，行为人只对在具有责任能力的状态下所实施的行为及其结果承担责任，不能追究其丧失责任能力状态下所实施的行为及其结果的责任。这便是"行为与责任同时存在"的原则（简称同时存在原则）。而在贯彻这一原则时，对原因自由行为产生了疑问：既然行为人在实施构成要件行为时，没有责任能力，怎么能够追究其责任呢？否定说的基本理由是，实施行为时处于无责任能力状态的人，其以前（原因行为时）的意识与行为时（结果行为时）的心理联系已经完全断绝；一个人不可能在丧失责任能力时，按照其在正常精神状态下所作的决定实施行为；如果能够按照原来的决定实施行为，就表明行为人在实施行为时具有责任能力，理当追究责任。因此，所谓原因自由行为的理论本身就自相矛盾。但现在一般肯定原因自由行为的可罚性。因为原因自由行为完全可能存在，如扳道工为了使火车与汽车相撞，在火车到来之前，故意使自己陷

---

① 我国刑法理论与司法实践没有将因吸毒产生幻觉的情形认定为精神病。对于因吸毒产生幻觉而实施构成要件行为的，要从两个方面进行判断。首先，要判断行为人因吸毒产生幻觉是否属于原因自由行为；其次，在不属于原因自由行为的情况下，判断幻觉对故意、过失的影响。例如，杨某经常吸毒，而且毒瘾越来越大。某日，杨某吸毒后产生了有人来伤害自己的幻觉。为防止被攻击便来找有铁棍、菜刀、木椅等，并用打火机将塑料盆、床单和窗帘点燃。邻居见其房间冒出火烟赶来救火，却遭到杨某阻止和威胁，后警察赶到才将大火扑灭。某法院认定杨某构成放火罪。倘若杨某吸毒时明知自己吸毒后会产生幻觉进而实施放火行为，认定杨某的行为构成放火罪是妥当的。但是，如若杨某没有这样的经历，吸毒后第一次产生幻觉实施上述行为的，应当承认幻觉对故意认定的影响，即认定为过失才是合适的。

入丧失责任能力状态而不放下栏杆，导致火车与汽车相撞；证人为了作伪证，在出庭作证前服用精神药品，导致其在麻醉状态下作伪证；汽车司机在具有明显过度疲劳征兆的情况下继续驾驶车辆，以致在睡眠状态下将车开到人行道上，导致行人死亡。既然结果行为为不作为时应当承担责任，那么，在结果行为是作为时，就没有理由否认行为人的责任。从一般人的法感情考虑，由于醉酒等原因一时性地使自己陷入丧失辨认控制能力的状态时，其所实施的法益侵害行为仍然为社会所不能容忍，有追究刑事责任的必要。

本书的初步看法是，责任能力、故意、过失与行为同时存在的原则必须得到维护，不能为了说明原因自由行为的可罚性而承认该原则有例外。因为如果承认该原则的例外，则往往会因为例外的理由与范围不确定而导致在其他场合也承认例外，从而违反责任主义。此外，如果承认有例外，就必须有法律的特别规定，但我国并无特别规定。① 在本书看来，对于同时存在原则中的"行为"则不宜狭义地理解为着手后的行为，而宜理解为与结果的发生具有因果关系的行为。因为在故意犯罪的场合，行为人都会利用因果关系造成法益侵害结果；在过失犯的场合，则是行为符合因果法则地造成法益侵害结果。至于结果能否归属于行为人的行为，则是法官进行规范评价形成的结论，而不是由行为人决定。所以，只要行为人开始实施与结果的发生具有因果关系的行为时具有责任，就能够对之进行谴责。在行为人起先没有实施暴行等结果行为的意思，但由于饮酒等原因行为而产生了该意思时（非连续型），由于如果没有原因行为就没有结果行为，故可以肯

---

① 如果认为我国刑法第18条第4款的规定为例外说提供了法律根据，似乎也可以采取例外说。但是，即便如此，也只能解决部分问题而不能解决全部问题。例如，当原因行为为吸毒行为时，便不可能引用刑法第18条第4款的规定。

定原因行为与结果之间存在因果关系。在行为人事先就有实施结果行为的意思，出于鼓起勇气等动机而饮酒导致丧失责任能力，进而在该状态下实施了结果行为时（连续型），也可以肯定原因行为与结果之间的因果关系。既然行为人在实施与结果的发生具有因果关系的行为时具有责任能力，而且具有故意或者过失，就具有非难可能性。①

需要注意的是，在故意的原因自由行为的场合，要使行为人对结果承担责任，要求其结果行为实现了故意内容。例如，甲想杀A而使自己陷入无责任能力状态，在无责任能力状态下实施了杀害A的行为，导致A死亡。在这种情况下，甲应对A的死亡承担故意杀人既遂的责任。再如，乙想以暴力抢劫B的财物而使自己陷入无责任能力状态，但其结果行为却是强奸行为。不管乙在实施暴力行为时是否具有责任能力，但如果实施奸淫行为时没有责任能力，对乙只能认定为抢劫未遂。又如，丙想以造成C重伤的手段实施抢劫行为，进而使自己陷入无责任能力状态，不管丙后来在实施暴力行为时是否具有责任能力，如果丙造成C重伤，就成立故意伤害罪与抢劫未遂的想象竞合；倘若暴力行为没有造成伤害，丙仅承担抢劫未遂的责任。需要说明的是，原因自由行为的认识错误发生在同一构成要件内的，不影响犯罪既遂的认定。例如，A意欲强奸X而故意使自己陷入无责任能力状态，但在陷入无责任能力状态后强奸了Y。如果说A的行为属于对象错误，那么，成立强奸既遂；如果说属于方法错误，根据法定符合说也成立强奸既遂（根据具体符合说成立强奸未遂）。

此外，根据原因自由行为的法理，对于故意或过失导致自己

---

① 从立法论上来看，由刑法条文肯定例外说，似乎可以解决一切问题。但是，责任主义源于人的尊严，宪法保护人的尊严不受侵犯，因而可以说责任主义是宪法原则。既然如此，刑法就不得设置违反宪法原则的例外规定。

陷入限定责任能力状态进而实施犯罪的,应当追究责任,而且不能适用从轻或者减轻处罚的规定。

四、责任能力的程度

责任能力可能因精神病或生理缺陷而减弱。

行为人因精神病而使责任能力减弱,但又尚未完全丧失责任能力的情形,在刑法理论上称为限定责任能力。刑法第18条第3款规定:"尚未完全丧失辨认或者控制自己行为能力的精神病人犯罪的,应当负刑事责任,但是可以从轻或者减轻处罚。"首先,精神病的种类很多,不可认为精神病人都没有责任能力,因此,虽然患有精神病,但如果尚未完全丧失辨认控制能力,就表明还具有一定的自由意志,在其行为符合犯罪构成的情况下,应当承担刑事责任。其次,"尚未完全丧失辨认或者控制自己行为的能力",表明行为人对自己实施的行为具有一定的辨认控制能力,只是由于精神病而有所减弱而已。如果虽然患有精神病,但对其实施的行为具有与正常人相同的辨认控制能力,或者完全不具有辨认控制能力,则不能适用刑法第18条第3款的规定。最后,对于责任能力减弱的精神病人犯罪的,只是"可以"从轻或者减轻处罚,而不是"应当"从轻或者减轻处罚。因此,如果所实施的犯罪与辨认控制能力减弱具有直接联系,就得从轻或者减轻处罚;如果没有联系,则可以不从轻或者减轻处罚。

行为人因为生理缺陷,丧失听力和语言表达能力以及丧失视力的情形,也可谓责任能力的减弱。一方面,这些生理缺陷会导致行为人的辨认能力降低;另一方面,这些生理缺陷导致行为人受教育的机会减少,进而会间接导致行为人的控制能力下降。如前所述,只有因为精神病而导致丧失辨认和控制能力的,才没有责任能力,故丧失上述生理机能的,仍然具有责任能力。但是,上述生理机能的丧失,也会对责任能力产生影响,即导致责任能力减弱。所以，刑法第19条规定："又聋又哑的人或者盲人犯罪，可以从轻、减轻或者免除处罚。"据此，又聋又哑的人或者盲人，由于生理机能丧失导致对具体犯罪行为的辨认控制能力有影响时，得从轻、减轻或者免除处罚；如果没有影响，则可以不从轻、减轻或者免除处罚。又聋又哑，一般应是先天性的又聋又哑，至少是自幼聋哑；盲人，应是指双目失明的人。因为先天性聋哑、自幼聋哑与双目失明，才限制其自幼接受教育与参加社会活动的机会，使得其责任能力低于一般人，故对其犯罪可以从轻、减轻或者免除处罚。

五、责任能力与法定年龄

(一)法定年龄的概念

法定年龄（责任年龄），是指刑法所规定的，行为人实施刑法禁止的犯罪行为所必须达到的年龄。如果没有达到法定年龄，其实施的行为就不可能成立犯罪，故法定年龄可谓犯罪年龄。

任何成年人，只要没有精神病，就认定其具有责任能力（不可反证）。但人的责任能力并非与生俱来，而是随着身心发育、通过接受教育和参加社会实践逐渐增长，这是一个很长的过程。所以，刑法主要规定法定年龄的起点，刑法理论主要研究从无责任能力到有责任能力的过渡阶段。

显然，对法定年龄的确定不可随心所欲，而应以本国公民在通常情况下达到多大年龄时具有责任能力为标准。要确定这一点，就必须考虑很多因素。例如，要考虑本国儿童的身心发育状况，而儿童的身心发育状况与本国的地理、气候条件密切相关。再如，要考虑儿童接受教育的情况，而儿童接受教育的情况与本国的文化教育发展水平、儿童教育的实施条件密切联系。又如，要考虑对儿童越轨行为的政策，而这与本国的政治体制、经济发展水平等具有密切关系。

（二）法定年龄的规定

我国刑法基于我国的政治、经济、文化的发展水平、少年儿童接受教育的条件，依据我国的地理、气候条件，根据国家对少年儿童的政策，对法定年龄作了如下规定：

1. 不满 12 周岁的人不承担责任（绝对无责任时期或完全无责任时期）。换言之，对不满 12 周岁的人所实施的符合构成要件的不法行为，不以犯罪论处。① 这是对刑法第 17 条的规定进行解释得出的当然结论。

2. 已满 12 周岁不满 14 周岁的人，犯故意杀人、故意伤害罪，致人死亡或者以特别残忍手段致人重伤造成严重残疾，情节恶劣，经最高人民检察院核准追诉的，应当负刑事责任。

3. "已满十四周岁不满十六周岁的人，犯故意杀人、故意伤害致人重伤或者死亡、强奸、抢劫、贩卖毒品、放火、爆炸、投毒罪的，应当负刑事责任。"这是刑法第 17 条第 2 款的明文规定。这一时期为相对负责任时期。刑法之所以这样规定，是基于以下理由：(1) 已满 14 周岁不满 16 周岁的人，对严重犯罪行为已具有辨认控制能力，所以已满 14 周岁不满 16 周岁的人，实施刑法所列举的上述犯罪行为的，应当承担责任。已满 14 周岁不满 16 周岁的人实施此外的行为的，不成立犯罪。这一规定既有辨认控制能力程度的根据，也有刑事政策的理由。(2) 刑法列举上述几种犯罪，除考虑犯罪的严重性外，还考虑了犯罪的常发性，即已满 14 周岁不满 16 周岁的人通常实施的严重行为的范围。事实上还有许多犯罪的严重性并不轻于上述几种犯罪，但由

---

① 请注意，在这种情况下，并不是说，行为人的行为成立犯罪，只是因为其没有达到法定年龄，而不承担法律后果；而是说，行为人的行为虽然不法（在不法层面上也可谓一种犯罪），但缺乏非难可能性所需要的年龄，故其行为缺乏有责性，因而不成立犯罪。

于已满 14 周岁不满 16 周岁的人往往难以甚至不能实施，故刑法未作规定。(3) 刑法对已满 14 周岁不满 16 周岁的人承担责任的范围，不作概括性规定而予以明确具体规定，既是罪刑法定原则的明确性要求，又有利于更有效、更准确地处罚严重危害社会的犯罪，减少司法实践中的分歧，还充分体现了国家对有越轨行为的未成年人重教育、轻处罚的刑事政策。

刑法的这一规定也是严格的、绝对的，不允许超出这一规定的范围追究行为人的责任。值得注意、需要研究的是以下几点：

(1) 上述规定中的"故意杀人"与"故意伤害致人重伤或者死亡"，包括刑法分则所规定的以故意杀人罪、故意伤害罪（达到重伤程度）论处的情形。例如，已满 14 周岁不满 16 周岁的人非法拘禁他人的，并不构成犯罪；但是，如果他们在非法拘禁的过程中，使用暴力致人重伤或者死亡的，应以故意杀人、故意伤害致人重伤论处（参见刑法第 238 条）。

(2) 上述规定中的"强奸"除了包括普通强奸外，也包括奸淫幼女行为。因为根据刑法第 236 条的规定，对奸淫幼女的以强奸论，从重处罚。但是，在确定应否承担责任时，必须注意案件的特殊情况。已满 14 周岁不满 16 周岁的男少年，与幼女交往密切，双方自愿性交的，便不宜以犯罪论处。

(3) 上述规定中的"抢劫"是否应限于抢劫财物的犯罪（即抢劫罪）？换言之，是否包括抢劫枪支、弹药、爆炸物、危险物质？本书认为，这里的"抢劫"宜包含抢劫枪支、弹药、爆炸物、危险物质的行为。首先，枪支、弹药、爆炸物、危险物质事实上也属于财物，刑法考虑到抢劫这类物品的行为更为严重，所以将其从普通抢劫罪中分离出来予以特别规定。易言之，抢劫枪支、弹药、爆炸物、危险物质的行为原本属于普通抢劫罪。其次，如后所述，第 17 条第 2 款所规定的是具体犯罪行为，故将抢劫枪支、弹药、爆炸物、危险物质的行为包含在"抢劫"之中，在用语上不存在障碍。再次，将抢劫枪支、弹药、爆炸物、危险物质的行为包含在第17条第2款中，不会超出国民的预测可能性范围。最后，将抢劫枪支、弹药等行为包含在第17条第2款中，有利于处理事实认识错误，避免定罪处罚的不公正。例如，行为人以为是普通财物而实施抢劫行为，但客观上抢劫的是枪支、弹药，对此应认定为普通抢劫罪。既然如此，行为人故意抢劫枪支、弹药的，更应承担责任。即使认为已满14周岁不满16周岁的人仅对属于"抢劫罪"罪名的抢劫行为承担责任，对其故意实施的抢劫枪支、弹药的行为，也可以认定为抢劫罪。

（4）上述规定中的"抢劫"是否包括刑法第269条规定的准抢劫和第267条第2款规定的拟制性抢劫？本书持肯定回答。因为刑法第269条规定的是抢劫罪，而刑法第17条第2款规定了已满14周岁不满16周岁的人对抢劫负责任。况且，刑法第269条所规定的准抢劫罪并不是身份犯，不应将其中的"犯盗窃、诈骗、抢夺罪"解释为完全符合盗窃、诈骗、抢夺罪的全部要件。基于同样的理由，对于已满14周岁不满16周岁的人携带凶器抢夺的，也应以抢劫罪论处。

（5）上述规定中的"投毒"包括投放毒害性、放射性、传染病病原体等物质。已满14周岁不满16周岁的人故意实施放火、爆炸、投放危险物质的行为，符合刑法第114条的构成要件，即使没有致人重伤、死亡或者使公私财产遭受重大损失的，也应以犯罪论处。或许有人认为，刑法第114条原本规定的是"投毒"，《刑法修正案（三）》将投毒修改为"投放毒害性、放射性、传染病病原体等物质"，却并未修改刑法第17条，这说明已满14周岁不满16周岁的人只对投放毒害性物质的行为承担责任，对投放放射性、传染病病原体等物质的行为不承担责任。本书不赞成这种观点。事实上，刑法第56条也保留了"投毒"概念。从补正解释的角度来说，可以认为《刑法修正案（三）》遗漏了对第

17条与第56条的投毒概念的修改，故应当将这两个法条中的投毒补正解释为投放毒害性、放射性、传染病病原体等物质；从解释技巧的角度来说，对第17条与第56条中的投毒宜作扩大解释，即投毒包括投放毒害性、放射性、传染病病原体等物质。

（6）全国人大常委会法制工作委员会2002年7月24日《关于已满十四周岁不满十六周岁的人承担刑事责任范围问题的答复意见》指出："刑法第十七条第二款规定的八种犯罪，是指具体犯罪行为而不是具体罪名。"其实，问题并不在于该款规定的8种犯罪是具体犯罪行为还是具体罪名，因为两种不同观点所得出的结论也可能完全相同。本书的看法是，只要已满14周岁不满16周岁的人所实施的行为，能够评价为第17条第2款规定的犯罪，就应当适用该款的规定追究刑事责任。换言之，只要已满14周岁不满16周岁的人所实施的行为包含了上述8种犯罪行为，就应以犯罪论处。例如，已满14周岁不满16周岁的人在绑架过程中故意杀人的，应评价为故意杀人，行为人应当负刑事责任。再如，已满14周岁不满16周岁的人在拐卖妇女、儿童的过程中，强奸妇女或者奸淫幼女的，① 应以强奸罪论处。概言之，对于已满14周岁不满16周岁的人所实施的包含了刑法第17条第2款规定的罪行的，应按照刑法第17条第2款的规定确定罪名。②

（7）刑法第17条第2款所规定的已满14周岁不满16周岁的人"犯……罪"的，应当负刑事责任，宜限于正犯（包括共同正

---

① 这种行为完全符合奸淫幼女类型的强奸罪的犯罪构成，当然可以评价为强奸罪。
② 最高人民检察院研究室2003年4月18日《关于相对刑事责任年龄的人承担刑事责任范围有关问题的答复》指出："相对刑事责任年龄的人实施了刑法第十七条第二款规定的行为，应当追究刑事责任的，其罪名应当根据所触犯的刑法分则具体条文认定。对于绑架后杀害被绑架人的，其罪名应认定为绑架罪。"但是，这种解释有违罪刑法定原则之嫌。因为这种解释导致定罪时评价了刑法不允许评价的部分。

犯与间接正犯）以及应以主犯论处的教唆犯，而不宜包括帮助犯。该款就毒品犯罪仅规定"贩卖毒品"便说明了这一点。走私、运输、制造毒品的行为完全可能同时是贩卖毒品的帮助行为。如果认为第17条第2款包含了帮助犯，就意味着已满14周岁不满16周岁的人对走私、运输、制造毒品的行为也要作为贩卖毒品的共犯承担刑事责任，但这明显不符合该款的规定。

4. "已满十六周岁的人犯罪，应当负刑事责任。"这是刑法第17条第1款的明文规定，意指已满16周岁的人对一切犯罪承担责任（完全负责任时期）。

此外，刑法第17条第3款规定："已满十四周岁不满十八周岁的人犯罪，应当从轻或者减轻处罚。"刑法理论通常称为减轻责任时期。这样规定，一方面是因为这些人还属于未成年人，身心发育不十分成熟，辨认控制能力比成年人要差一些，故其非难可能性低于犯罪的成年人。另一方面，未成年人的可塑性较大，比较容易接受教育改造。所以，根据罪刑相适应原则与刑罚目的的要求，对未成年人犯罪应当从轻或者减轻处罚。另外，我国一直关怀青少年的成长，重视对青少年的教育，这也是对未成年人犯罪从宽处罚的政策理由。

刑法第17条之一规定："已满七十五周岁的人故意犯罪的，可以从轻或者减轻处罚；过失犯罪的，应当从轻或者减轻处罚。"显然，这一规定并不是因为已满75周岁的人的责任能力减少，而是基于人道主义与刑事政策的理由（特殊预防的必要性减少）。

（三）法定年龄的认定

1. 法定年龄的计算。根据有关司法解释，刑法所规定的年龄，是指实足年龄，刑法特别使用"周岁"一词，旨在限定为实足年龄，而不是指虚岁。实足年龄以日计算，并且按公历的年、月、日计算。① 例如,已满14周岁,是指过了14周岁生日,从第二天起,才是已满14周岁。②

2. 法定年龄计算的基准。即法定年龄是以实施行为时为基准进行计算、还是以结果发生时为基准进行计算?在行为与结果发生在同一天的情况下,这个问题没有意义;但在行为与结果不发生在同一天的情况下,则直接影响责任的有无与轻重。例如,行为人在实施行为时不满14周岁,但结果发生时已满14周岁;或者在实施行为时不满16周岁,但结果发生时已满16周岁。对此,有一种观点认为,行为与结果是一个不可分割的整体,在这种情况下,为了保护国家与人民利益,应以结果发生的时间为基准进行计算。③ 但是,犯罪是行为,辨认控制能力是辨认与控制自己"行为"的能力,因此,辨认控制能力也必须是"行为时"的辨认控制能力;行为与结果虽然密切联系,但二者毕竟可能分离,一般的行为概念并不包含结果,结果概念也不包含行为。因此,法定年龄应以行为时为基准进行计算。但是,如果行为人在发生结果时具有防止结果发生的义务,则可能根据不作为犯罪的时间进行计算。例如,行为人在不满14周岁的时候安放了定时炸弹,而发生爆炸时,行为人已满14周岁。如果认定构成犯罪,就应认为,行为人已满14周岁后,对自己在不满14周岁时所安放的定时炸弹具有撤除的义务,或者说有义务防止自己的先前行

---

① 参见最高人民法院2006年1月11日《关于审理未成年人刑事案件具体应用法律若干问题的解释》。
② 此外,根据最高人民检察院2000年2月21日《关于"骨龄鉴定"能否作为确定刑事责任年龄证据使用的批复》,犯罪嫌疑人不讲真实姓名、住址,年龄不明的,可以委托进行骨龄鉴定或其他科学鉴定,经审查,鉴定结论能够准确确定犯罪嫌疑人实施犯罪行为时的年龄的,可以作为判断犯罪嫌疑人年龄的证据使用。如果鉴定结论不能准确确定犯罪嫌疑人实施犯罪行为时的年龄,而且鉴定结论又表明犯罪嫌疑人年龄在刑法规定的法定年龄上下的,应当依法慎重处理。
③ 参见何秉松:"关于犯罪主体的几个问题",载《河北法学》1987年第2期。

为造成危害结果。问题是，对自己没有达到法定年龄时的危险行为是否具有防止结果发生的义务？本书持肯定回答。因为作为义务来源的先前行为本身并非等于犯罪行为，因而不必具备有责性。

3. 关于跨法定年龄阶段的犯罪问题。（1）行为人已满16周岁后实施了某种犯罪，并在已满14周岁不满16周岁期间也实施过相同的行为。至于应否一并追究责任，则应具体分析。如果在已满14周岁不满16周岁期间所实施的是刑法第17条第2款规定的特定犯罪，则应一并追究责任；否则，只能处罚已满16周岁以后的犯罪行为。（2）行为人在已满14周岁不满16周岁期间，实施了刑法第17条第2款规定的特定犯罪，并在未满14周岁时也实施过相同行为，对此不能一并追究责任，只能处罚已满14周岁后实施的特定犯罪行为。（3）如果行为从未达到法定年龄时一直持续到达到法定年龄时的，应当对达到责任年龄后的犯罪事实承担责任。例如，行为人在将满16周岁时开始非法拘禁他人，并持续拘禁到已满16周岁之后，行为人应对已满16周岁后的非法拘禁承担责任。（4）就敲诈勒索、诈骗这类犯罪而言，行为人在未达到法定年龄时实施恐吓、欺骗行为，达到法定年龄后取得财物的，不应认定为敲诈勒索、诈骗罪（不排除成立侵占罪的可能性）。

第六节 违法性认识的可能性

一、违法性认识可能性的概念

违法性认识，是指对自己的行为违反刑法的认识，即认识到自己的行为是违法的。违法性认识的可能性，是指行为人在实施构成要件行为时，能够认识到自己的行为是违法的。成立犯罪是否需要违法性的认识（可能性）、违法性的认识在犯罪论上处于何种地位，是存在争议的问题。违法性的认识问题，大多是作为违法性的错误（禁止的错误）问题从反面展开讨论的。违法性的错误，是指没有事实错误，但不知道其行为在法律上是不被允许的，或者错误地以为其行为被法律所允许的情形。违法性的错误可以分为两种情形，一是可以回避的违法性的错误，在此情形下，行为人具有违法性认识的可能性；二是不可回避的违法性的错误，于此情形下，行为人没有违法性认识的可能性。

二、违法性认识的对象

要明确成立犯罪是否需要违法性认识（可能性），首先必须明确违法性认识的对象。"违法性认识的对象"所讨论的是指违法性认识中的"违法性"的含义。对此，刑法理论上存在不同学说。

第一种观点将违法性的认识理解为前法律的规范违反的认识，即只要具有"反条理的认识""反社会的认识""道德危害性的认识""违反作为法规范的基础的国家、社会的伦理规范的认识"，就具有违法性的认识。本书不赞成这种观点。

第二种观点将违法性的认识理解为"行为在法律上是不被允许的认识""行为被法所禁止的认识"。其中的法与法律，并不限于刑法；换言之，对违反其他法律的认识，也属于违法性的认识。这种观点以违法一元论为根据，不符合我国法律体系的现状。

第三种观点认为，违法性的认识是对刑法的禁止规范或者评价规范违反的认识，但不包括刑罚可罚性、法定刑的认识。换言之，对刑罚可罚性、法定刑的认识错误，不属于法律认识错误，不影响责任的程度。这种观点以违法相对论为前提。

第四种观点将违法性的认识理解为可罚的刑法违反的认识，

认为违法性的认识,不仅包括刑法违反的认识,而且包括可能被作为具体的可罚的违法的认识这种意义上的"可罚的刑法违反的认识"。

上述第三、四种观点在司法实践上的区别意义并不大,因为在通常情况下,刑法违反的认识与刑事可罚性的认识总是联系在一起。但是,行为人对法定刑的认识错误不应当影响其责任。例如,根据刑法规定,对入户抢劫本应适用加重法定刑,但行为人在行为时误以为对入户抢劫仅适用基本法定刑。根据上述第四种观点,如果行为人的认识错误不可避免,就只能适用基本法定刑。但这种观点难以被人接受,① 故本书采取上述第三种观点,即违法性的认识是对刑法的禁止规范或者评价规范违反的认识,换言之,违法性的认识,是对形式的刑事违法性的认识。

说"违法性"是认识的对象时,并不是指只要行为人认识到"抽象的禁止"就够了,而是要求行为人认识到作为各构成要件的具体的违法。例如,甲盗窃了博物馆里禁止出口的珍贵文物,然后将该珍贵文物私自赠送给外国人。甲知道其行为属于盗窃,但没有也不可能认识到其行为违反了刑法第 325 条关于禁止私自向外国人赠送禁止出口的珍贵文物的规定。根据违法性认识的不可分性理论,即使甲对将珍贵文物私自赠送给外国人存在违法性的认识错误,但由于甲能够通过认识自己的行为属于盗窃来抑制其行为,故甲也应对非法向外国人赠送珍贵文物罪承担责任。根据违法性认识的可分性理论,行为人不是有责地实现抽象的违法性,而是有责地实现特定的构成要件时,才能进行非难。换言之,行为人有责地实现了此构成要件时,并不意味着他已经或者能够认识另一构成要件行为的违法性。所以,应当承认违法性认识的可分性。据此,如果甲不可能认识到其私自将珍贵文物赠送

---

① 当然,在适用加重法定刑时,可以从轻处罚。

给外国人的行为违反刑法，就只能承担盗窃罪的责任。本书赞成违法性认识的可分性说。

三、违法性认识（可能性）的地位

首先，故意犯罪的成立不要求行为人现实地认识到形式的违法性，或者说不要求行为人现实地认识到自己的行为被刑法所禁止（以下所说违法性均指形式的违法性）。理由如下：

第一，当行为人认识到自己行为的内容、社会意义与危害结果，并希望或者放任这种结果发生时，就反映出行为人积极侵犯法益的态度；并不是只有认识到违法性时，才能反映这种态度。将这种态度认定为故意，不会扩大故意犯罪的处罚范围。另一方面，构成要件具有故意的规制机能，形式的违法性并不是构成要件要素，当然也不可能成为故意的认识对象。

第二，形式违法性是法益侵犯性的法律表现，既然要求行为人认识到行为的法益侵害结果，就没有必要还要求行为人认识到形式违法性。有学者认为，"大义灭亲"时"行为人认为自己行为是正义行为，有益于社会，应该说行为人没有认识到社会危害性，但是，行为人知道杀人犯法，应该说行为人认识到违法性。"[①] 以此说明，故意的成立要求行为人认识到形式的违法性。然而，刑法仅将具有法益侵犯性的行为规定为犯罪，既然认识到形式的违法性，就表明认识到了实质的违法性。因为任何人都知道法律禁止的行为是侵犯法益的行为，立法者不可能禁止对社会有利的行为。称"大义灭亲"为正义行为，只是看到了其中的一面，但这种行为的法益侵害性质可谓有目共睹，行为人不可能没有认识到。因此，认识到了形式的违法性时，不可能没有认识到

[①] 冯军："论违法性认识"，载赵秉志主编：《刑法新探索》，群众出版社1993年版，第263页。

行为的实质违法性。

第三，如果要求故意的成立以形式违法性的认识为前提，那么，司法机关一方面根据行为人对行为及结果的认识与意志来区分故意与过失，另一方面又要根据对形式违法性的认识来区分故意与过失，当二者存在冲突时便难以认定责任形式。例如，甲、乙均为严重性病患者，都明知自己卖淫的行为有传播性病的危险。根据前述故意的认识是违法性的认识以及故意的认识包含违法性认识的观点，如果甲知道该行为违法便成立犯罪；如果乙以为该行为不违法，但具有违法性认识的可能性，则属于过失传播性病。可是，传播性病罪的成立以故意为必要，结局是乙的行为不成立犯罪。这可能缺乏合理性。

第四，在特殊情况下，如果行为人由于不知法或者由于对法的误解而不能认识行为的社会意义与危害结果，进而不成立故意时，并不是因为缺乏违法性的认识而不成立故意，而是因为缺乏对行为的社会意义与危害结果的认识而不成立故意。例如，某种行为（如捕杀麻雀）历来不被法律禁止，人们历来不认为该行为是危害行为、该行为的结果是危害结果；但后来国家颁布法律宣告禁止实施该行为（将麻雀列入国家保护的鸟类）；在这种情况下，如果行为人由于某种原因确实不知该法律，不知自己的行为是违法的，也就不可能明知自己的行为会发生危害社会的结果，因而不具备故意的认识因素，不成立故意。

其次，违法性认识的可能性，是故意与过失之外的独立的责任要素，而且是故意犯与过失犯都必须具备的责任要素；但在具体案件中，不需要积极地证明行为人具有违法性认识的可能性（消极的责任要素）；如果行为人缺乏违法性认识的可能性，意味着没有责任，因而也可谓责任阻却事由。

违法性认识的可能性是责任要素，但不是故意的内容；实施了符合违法构成要件的违法行为的行为人不具有违法性认识的可能性时，不能对其进行法的非难（限制责任说）。一方面，具有违法性认识的可能性时，才能产生反对动机（才能产生遵从法的动机），对行为人而言才具有行为可能性，法律才能要求他放弃实施构成要件行为，进而才具有非难可能性；不可能知道自己的行为被法律禁止的人，不能产生反对动机，不能从法律上要求他放弃该行为，因而不能追究其责任。唯有如此，才能保障行为人的行动自由。另一方面，刑法具有不完整性，且实行罪刑法定原则，侵犯法益的行为并不一定被刑法规定为犯罪。因此，即使在行为人认识到自己的行为侵犯了某种法益（具有故意），但合理地相信自己的行为并不被刑法所禁止时，亦即违法性的错误不可回避时，也不具有非难可能性。这一道理，不仅适用于故意犯，也适用于过失犯。换言之，违法性认识的可能性，是独立于故意、过失之外的，故意犯与过失犯共同的责任要素；缺乏违法性认识的可能性时，不阻却故意、过失，但阻却责任。

四、违法性错误的类型、判断与后果

（一）违法性错误的类型

违法性的错误，是指行为人认识到了符合构成要件的事实，但不知道自己的行为被法律所禁止的情形，也称为禁止的错误（行为原本被法律禁止，但行为人误以为不被法律禁止）。违法性的错误存在以下类型：

1. 直接的禁止的错误，即就禁止规范的存在有认识错误的情形。如误以为违法行为是合法行为而实施。

2. 间接的禁止的错误，即行为人虽然认识到行为被法律所禁止，但错误地认为，在其具体案件中存在正当化规范，因而不违法。其中又包括两种情形：一是对法秩序并不承认的正当化规范的存在本身的错误（允许的错误）①；二是对法秩序承认的正当化规范的界限作扩大解释的情形（允许界限的错误）②。

3. 涵摄的错误（包摄的错误），即错误地解释构成要件要素，误以为自己的行为不符合构成要件要素的情形。显然，这是一种解释的错误。涵摄的错误不是事实认识错误，并不阻却故意。但是，涵摄的错误只是在某些场合可能成为禁止的错误。例如，向主管机关询问后得到允许而以为其行为不符合构成要件的，就应认定为禁止的错误。

4. 有效性的错误，即行为人知道禁止规范，但误以为该规范无效的情形。

（二）回避可能性的判断

如前所述，行为人不可能认识到行为的违法性时，或者说不可避免地产生违法性的错误时，属于责任阻却事由。那么，以什么基准、如何判断违法性认识的"可能性"？这与缺乏违法性的认识"是否不可回避"是本质相同的问题。本书认为，不能对此作过于严格的解释，否则就会返回到"法的不知有害"的思想。因此，只要缺乏违法性的认识具有"相当的理由"，行为人认为其行为被法律允许具有"可以接受的理由"，就阻却责任。

要认定存在违法性错误的回避可能性，必须具备以下条件：（1）行为人具有认识违法性的主观能力；（2）行为人具有对其行为的法的性质进行考察的具体契机；（3）可以期待行为人利用向其提供的认识违法性的可能性。回避可能性的判断基准，不是"一般人"，而是具体状况下的"行为者个人的能力"。由于是责

---

① 例如，行为人误以为任何人都可以拘禁吸毒者，便对吸毒者实施了拘禁行为，但法律根本不承认这种正当化事由。
② 例如，法律允许任何公民将通缉在案的人扭送公安司法机关，但行为人误以为法律允许任何公民杀害通缉在案的人，于是杀害了后者。这便将刑事诉讼法承认的"扭送"这一正当化规范做出了超出允许界限的扩大理解。

任的判断，所以，不能以平均人能否回避为基准。即使在涉及特殊的社会领域中的专门性法律的场合，也不能采取所谓规范化的、一般人的标准，只能采取主观的、个别化的标准。

要避免违法性的错误，就需要进行法的状况的确认。大体而言，下列三种情形提供了对法的状况进行确认的契机：(1) 对法的状况产生了疑问时。行为人对法的状况产生疑问，意味着对行为的违法性产生疑问，但行为人没有真正地考虑该疑问，而是轻率地相信其行为具有合法性时，存在违法性的错误，而且该错误是可能避免的，行为人具备有责性。(2) 知道要在法的特别规制领域进行活动时。行为人要在法的特别规制领域从事活动时，没有努力收集相关法律信息的，其违法性的错误原则上属于可能避免的错误，不阻却责任。例如，从事证券业务的人员，对证券犯罪具有违法性认识的可能性。(3) 知道其行为侵害基本的个人、社会法益时。行为人认识到自己的行为侵害他人或者公共的安全时，即使具有违法性的错误，该错误也是可能避免的，不阻却责任。例如，私自关押他人的行为人，具有违法性认识的可能性。①

(三) 违法性认识的法律后果

在违法性认识方面，大体存在四种情形，法律后果存在区别。

1. 行为人没有认识到自己行为的违法性，并且认为自己的行为不违法（存在违法性的错误），也不具有违法性认识的可能性（违法性的错误不可避免）。在这种情况下，行为人没有责任，对其行为不能以犯罪论处。

2. 行为人没有认识到自己行为的违法性，并且认为自己的行为不违法（存在违法性的错误），但具有违法性认识的可能性

---

① 以上参见〔日〕山中敬一：《刑法总论》，成文堂2015年第3版，第710页以下。

（违法性的错误可以避免）。在这种情况下，行为人具有责任，但非难可能性有所减少，应当从轻处罚。① 在决定从轻程度时，应进一步判断违法性的错误的回避可能性的程度。因为越是难以避免违法性错误的，非难可能性就越小。

3. 行为人没有认识到自己行为的违法性，但具有违法性认识的可能性，也没有误以为自己的行为不违法（行为人没有思考行为的违法性）。在这种情况下，并不存在违法性的错误，但也可以从轻处罚。

4. 行为人已经认识到自己行为的违法性。这种情形属于知法犯法或者明知故犯，显然存在于故意犯罪，但不应作为从重处罚的酌定情节。首先，就故意的自然犯而言，知法犯法实际上是常态。因为一般人虽然不知道具体的刑法条文，但通常知道哪些行为是刑法所禁止的犯罪。例如，杀人犯、放火犯、强奸犯、抢劫犯、盗窃犯、诈骗犯、贿赂犯等都是明知故犯，都是知法犯法。如果因此而从重处罚，就意味着对所有的自然犯都要从重处罚。这显然不妥当。其次，就故意的行政犯或者法定犯而言，如果将明知故犯、知法犯法作为增加责任刑的情节，实际上是因为行为人知法而受到较重处罚，不知法却可以受到较轻的处罚。这显然难以被人接受。

五、违法性错误与事实错误的界限

从事实的错误到违法性的错误之间，大致存在五种情形：（1）自然的物理的事实的错误，如将人误认为狗而杀害的情形。这是最明显的事实的错误，阻却杀人故意。对此没有任何争议。（2）社会意义的错误，如不识外文的行为人本来在贩卖淫秽小

---

① 从理论上说也可能减轻处罚，但在我国缺乏减轻处罚的法律根据（当然可能适用刑法第63条第2款的规定）。

说，但误以为其贩卖的是普通小说。这种错误也属于事实的错误。但是，由于对事项的社会意义的认识，只要有行为人所属的外行人领域的平行评价就足够了，所以，只有在对这样的平行评价存在错误时（以为其他人都认为该文书不属于淫秽文书时），才是社会意义的错误。（3）规范的事实的错误，是指对由民法、行政法等提供意义的事实的错误。例如，对盗窃罪的构成要件中的"他人"这一要素，[1] 如果不进行法的性质的理解就不可能得出正确结论。行为人的所有物在国家机关管理之下时，根据法律规定属于公共财物，行为人误以为是自己的财物而取回的，究竟是事实的错误还是违法性的错误，还存在争议。（4）规范的评价的错误，即行为人对其行为的违法评价存在错误的情形，是典型的违法性的错误。（5）法的概念的错误（涵摄的错误）。例如，行为人将他人的笼中小鸟放出，但误以为其行为不属于"毁坏财物"。这种情形不影响毁坏财物罪的故意。再如，误以为共同占有的物不是"他人的财物"而出卖的，也不影响盗窃罪的成立。所以，这种错误并不具有重要意义。[2]

关于事实的错误与违法性的错误的区分基准，理论上存在不同学说。应当认为，只能根据行为人是对事实产生认识错误还是对规范的评价产生认识错误来区分二者。从形式三段论的角度来说，如果是对小前提产生误解，就是事实认识错误；如果是对大前提产生误解，就是法律认识错误。[3] 换言之，如果行为人的认识错误是通过对事实的认真观察、仔细判断就可能克服的，那

---

[1] 盗窃行为只能是窃取"他人"占有的财物，而不可能窃取自己占有的财物；而"他人"的含义是由法律确定的，并不是从一般意义上理解的。
[2] 以上参见〔日〕山中敬一：《刑法总论》，成文堂2015年第3版，第715页以下。
[3] 以奸淫幼女为例。大前提是：奸淫不满14周岁的幼女的，以强奸罪从重处罚；小前提是：甲奸淫13周岁的乙女；结论是：对甲应以强奸罪从重处罚。倘若甲误以为乙女已满14周岁，则是事实认识错误；倘若甲认为只有奸淫不满13周岁的幼女才构成强奸罪，则是法律认识错误。

么,这种认识错误就是事实的错误;如果行为人的认识错误是通过对刑法规范的进一步了解就可能克服的,那么,这种认识错误就是违法性的错误。① 据此,关于构成要件该当事实、违法阻却事由的前提事实的错误,是阻却故意的事实的错误;关于规范的评价的错误与法的概念的错误,是不阻却故意的违法性(法律)的错误。至于规范的事实的错误,则应当区分是对前提事实的认识错误,还是对规范评价的认识错误。②

作为故意内容的、对客观构成要件事实的认识,不是单纯的自然事实的认识,而是必须对事实的社会意义具有认识。社会意义的认识,不是一般性的"行为被禁止的认识"(违法性的认识),而是对具体的构成要件要素的一般的、社会的认识。据此,可以得出以下结论:(1)即使不知道构成要件要素中记述的概念本身,但知道其要素的形状、机能、效果、法益侵害性时,也能认定故意。例如,即使不知道"甲基苯丙胺"这一名称,但知道其形状、性质,知道它是"滥用后会形成身体的、精神的依赖,可能对个人、社会带来重大恶害的药物",就可以认定故意。(2)就规范的构成要件要素而言,对法律的事实本身的错误,属于事实认识错误,对自己行为的规范评价属于法律认识错误。例如,行为人认识到自己的所有物在国家机关管理之中,但以为可以随时擅自取回该物便擅自取回该物的,没有事实认识错误(即具备盗窃罪的故意),但存在法律认识错误。如果行为人没有认识到其所有物在国家机关管理之中的,则属于事实认识错误。(3)假想防卫、假想避险等对正当化事由前提事实的认识错误,是一种事实认识错误;倘若误认为存在某种正当化事由的法律规

---

① 以前注为例。甲要避免事实认识错误,就必须对乙女的年龄进行认真观察、仔细判断;甲要避免法律认识错误,就必须进一步正确了解刑法的规定。
② 行为人可能同时存在事实认识错误与法律认识错误。例如,甲误为乙是越狱逃跑的犯人,同时误认为法律规定对越狱逃跑的犯人可以格杀勿论,于是杀害了乙。

范（事实上不存在），或者误解了有关正当化事由的法律规范的界限，则是法律认识错误。

值得讨论的是行政犯中与行政管理法规相关的认识错误。一般来说，行为人对符合行政法规定的禁止事项的认识错误，属于事实认识错误；对禁止事项的评价错误，属于法律认识错误。但是，考虑到行政犯的特点以及我国刑法关于犯罪故意的明文规定，如果因为误解行政管理法规，导致对行为的社会意义与法益侵害结果缺乏认识的，应认定为事实认识错误，阻却故意的成立。例如，刑法第340条规定："违反保护水产资源法规，在禁渔区、禁渔期或者使用禁用的工具、方法捕捞水产品，情节严重的，处三年以下有期徒刑、拘役、管制或者罚金。"行为人事实上在禁渔期捕捞水产品，但他记错了行政管理法规规定的禁渔期间，以为自己不是在禁渔期捕捞水产品。对此，应认定为事实的认识错误，亦即，行为人没有犯罪的故意。反之，如果行为人对行为的社会意义与法益侵害结果具有认识，只是误以为自己的行为并不违反行政管理法规因而不构成犯罪，或者误以为自己的行为仅违反行政法而不被刑法所禁止的，则是法律认识错误，不影响故意的成立。例如，行为人拒绝按照卫生防疫机构提出的卫生要求，对传染病病原体污染的污水、污物、粪便进行消毒处理，引起了甲类传染病传播的严重危险；行为人主观上也认识到了上述危险，但误以为自己的行为并没有违反传染病防治法的规定。对此，应认定为法律认识错误，不阻却故意的成立。

第七节　期待可能性

一、期待可能性的概念

所谓期待可能性，是指根据具体情况，有可能期待行为人不实施不法行为而实施其他适法行为。期待可能性的理论认为，如果不能期待行为人实施其他适法行为，就不能对其进行法的非难，因而不存在刑法上的责任。期待可能性不仅存在着有无的问题（是否阻却责任），而且还存在程度问题（是否减轻责任）。

我国刑法理论上的期待可能性，实际上有不同含义。最为典型的是，有时在责任的基础意义上使用期待可能性概念，此时的期待可能性实际上是他行为可能性；有时是在责任要素的意义上使用期待可能性概念。① 显然，本款所讨论的应当是后者。

期待可能性不是故意的构成要素，换言之，故意的成立不以具有期待可能性为前提。例如，被拐卖的已婚妇女被迫与他人形成事实婚姻的，虽然缺乏期待可能性，但不能否认其有重婚罪的故意。期待可能性虽然是独立于故意、过失之外的责任要素，但是，由于一般人在行为时具有期待可能性，故并非在任何案件中都要积极证明；只是在例外情况下，才需要判断行为人是否缺乏期待可能性以及期待可能性是否减少。换言之，在具体案件中，不需要积极的判断行为人具有适法行为的期待可能性，但如果行为人没有期待可能性则没有责任（也可谓责任阻却事由）；如果期待可能性减少则使责任减轻。另一方面，由于刑法条文大多将缺乏期待可能性的行为排除在犯罪之外，② 所以，在刑法明文规定之外因缺乏期待可能性而阻却责任的情形，并不多见。再者，期待可能性的概念比较模糊，其要件与界限并不明确，如果将缺乏期待可能性作为一般性的责任阻却事由，会导致法的不安定性。因此，只是在比较特殊的案件中以缺乏期待可能性为由，排除犯罪的成立。例如，行为人为配偶、近亲属作伪证的，帮助配

---

① 参见张明楷："期待可能性理论的梳理"，载《法学研究》2009年第1期。
② 例如，刑法第307条第2款规定，"帮助当事人毁灭、伪造证据，情节严重的"，成立犯罪。显然，当事人毁灭、伪造证据的并不成立犯罪。之所以如此，是因为当事人毁灭、伪造证据的行为缺乏期待可能性。

偶、近亲属（当事人）毁灭、伪造证据的，或者窝藏、包庇犯罪的配偶或近亲属的，行为人原本无罪，在被司法机关错误关押后单纯脱逃的，均应认为缺乏期待可能性，不以犯罪论处。

二、期待可能性的判断标准

所谓期待可能性的判断标准，是指判断行为人在实施符合构成要件的违法行为时是否具有适法行为的期待可能性的标准。这是期待可能性理论中争议最大的问题。

行为人标准说主张，以行为时的具体状况下的行为人自身的能力为标准。如果在当时的具体状况下，不能期待该行为人实施适法行为，就表明缺乏期待可能性。可是，如果行为人本人不能实施适法行为，就不期待其实施，那么就没有法秩序可言。而且，这一学说不能说明确信犯的责任，因为确信犯大多认为自己的行为是正当的，倘若以行为人为标准，这些人就缺乏期待可能性，因而不能承担责任，但事实上并非如此。平均人标准说认为，如果对处于行为人状态下的通常人、平均人，能够期待其实施适法行为，则该行为人也具有期待可能性；如果对处于行为人状态下的通常人、平均人，不能期待其实施适法行为，则该行为人也不具有期待可能性。但是，此说没有考虑到对平均人能够期待而对行为人不能期待的情况，这就不符合期待可能性理论的本意。法规范标准说或国家标准说主张，以国家或者国家的法秩序的具体要求为标准，判断是否具有期待可能性。因为所谓期待，是指国家或法秩序对行为人的期待，而不是行为人本人的期待，因此，是否具有期待可能性，只能以国家或法秩序的要求为标准，而不是以被期待的行为人或平均人为标准。然而，期待可能性的理论本来是为了针对行为人的人性弱点而给予法的救济，所以，应考虑那些不能适应国家期待的行为人，法规范标准说则没有考虑这一点；而且究竟在什么场合国家或法秩序期待行为人实施适法行为,是一个不明确的问题,因此,法规范标准说实际上没有提出任何标准。

其实,上述三种学说只是把握了期待可能性判断标准的部分侧面,其对立并无重要意义。换言之,行为人标准说,侧重于判断资料;平均人标准说,侧重于判断基准;法秩序标准说,侧重于期待主体。因此,三者是可以并无矛盾地适用的。

就行为人的身体的、心理的条件等能力而言,必须以具体的行为人为基准,而不可能以一般人为基准,但这并不意味着,以"因为是这个行为人所以没办法"为由而阻却责任。"平均人"也不意味着统计学意义上的平均人,而是具有行为人特性的其他多数人,是判断行为人是否具有期待可能性的技术性概念,因为只有与他人比较,才能判断特定的行为人是否具有期待可能性。所以,所谓行为人与平均人之间不一定有实质的差别。法秩序标准说与个人标准说也不是对立的。因为期待可能性的判断,并不是单纯从行为人一方的他行为可能性的观察就可以得出合理结论,而是要考虑法秩序的需要。换言之,期待可能性的判断,是对个人与法秩序之间的紧张关系的一种判断。

结局只能是,站在法益保护的立场,根据行为人当时的身体的、心理的条件以及附随情况,通过与具有行为人特性的其他多数人的比较,判断能否期待行为当时的行为人通过发挥其能力而不实施违法行为。[①] 以已婚妇女的事实重婚为例,以下情形没有期待可能性,不应以重婚罪论处:结婚后因遭受自然灾害外流谋生,与他人形成事实婚姻的;因配偶长期外出下落不明,造成家庭生活严重困难,又与他人形成事实婚姻的;因强迫、包办婚姻或因婚后受虐待外逃,与他人形成事实婚姻的;已婚妇女在被拐卖后,与他人形成事实婚姻的。但是,上述妇女又与他人前往婚

[①] 参见〔日〕山口厚:《刑法总论》,有斐阁2016年第3版,第270—271页。

姻登记机关登记结婚的,并不缺乏期待可能性。

三、期待可能性的认识错误

一般来说,狭义的期待可能性的认识错误,属于对客观的责任要素的认识错误,主要存在两种情形。

(一)积极的错误

积极的错误,是指原本并不存在丧失期待可能性的事情,但行为人误以为存在。第一种观点认为,积极的错误阻却故意。[1] 倘若认为,故意的认识内容(认识对象)包含有责的事实,那么,这种观点便具有合理性。但是,故意是对符合构成要件的违法事实的认识与容认,期待可能性本身并不是故意的认识内容,而是故意之外的责任要素。第二种观点认为,对于期待可能性的积极错误,应当像禁止的错误一样处理:如果该错误不可避免,则阻却责任。[2] 这种观点虽然提出了处理原则,但缺乏根据。第三种观点认为,如果行为人对其陷入认识错误具有过失,便成立过失犯。[3] 这种观点也认为,缺乏期待可能性是责任阻却事由,但是,既然在行为人具有故意、过失与责任能力时,原则上就具有期待可能性,那么,在确定了行为人已经具有故意或者过失后,再以期待可能性的错误影响故意与过失的成立,显然不当。第四种观点认为,"在有关期待可能性的积极错误的场合,应当直接就行为人的心理状态本身判断有无期待可能性。亦即,不是以对错误是否有过失、错误是否可以避免为基准,而是应以是否存在足以否定期待可能性的心理状态为基准。因此,在有关期待可能性的积极错误的场合,应当认为已经在规范的责任的层面

---

[1] 参见〔日〕团藤重光:《刑法纲要总论》,创文社1990年第3版,第331页。
[2] 参见〔日〕福田平:《全订刑法总论》,有斐阁2004年第4版,第222页。
[3] 参见〔日〕中山研一:《刑法总论》,成文堂1982年第4版,第397页。

上，阻却或者减弱了责任。"① 但是，一概承认期待可能性的积极错误阻却或者减弱责任，会导致不当扩大责任阻却的范围，损害刑法的安定性。第五种观点认为，期待可能性的积极错误，虽然使行为人缺乏期待可能性，但是，如果行为人发挥自己的主观能力，就可以认识到存在期待可能性时，应认为存在期待可能性。因此，对于期待可能性的积极错误，宜在期待可能性的判断内部予以解决。② 本书认为，对此应当区分为两种情形考虑：

其一，当刑法因为缺乏期待可能性而不处罚，而在构成要件中所规定的是不缺乏期待可能性的场合，积极的错误实际上是构成要件的错误，阻却故意的成立。例如，行为人甲误将他人的犯罪证据当作自己的犯罪证据而毁灭的，应当如何处理？不可否认，毁灭自己犯罪证据的行为，因为缺乏期待可能性，而不可能成立犯罪。在此意义上，刑法是从责任角度将"帮助当事人毁灭"的要素纳入构成要件的。然而，一旦纳入构成要件，就应当认为是构成要件要素而不是责任要素。倘若不是如此，而是将"当事人"按照责任要素处理，那么，由于故意的成立不需要认识到责任要素，于是，误将自己的犯罪证据当作他人的犯罪证据而毁灭的，也因为不能肯定责任的减少，而具有可罚性。这显然违反刑法第 307 条第 2 款的规定。既然刑法第 307 条将构成要件表述为"帮助当事人毁灭"证据，就意味着要求行为人认识自己所毁灭的是他人的犯罪证据。在甲没有认识到自己毁灭的是他人的犯罪证据，以为毁灭了自己犯罪证据的情况下，就缺乏构成要件的故意，当然不成立犯罪。③ 当然，严格地说，这种认识错误，已经不是期待可能性的认识错误，而是构成要件的事实认识

---

① 〔日〕浅田和茂：《刑法总论》，成文堂 2007 年补正版，第 361 页。
② 参见〔日〕前田雅英：《刑法总论讲义》，东京大学出版会 2015 年第 6 版，第 298 页。
③ 参见〔日〕山口厚：《刑法总论》，有斐阁 2016 年第 3 版，第 33—34 页。

错误。

其二,期待可能性的积极错误与故意无关时,宜采取上述第五种观点,在期待可能性的判断内部予以解决。例如,乙误认为自己的生命存在紧迫危险,误认为唯一办法是针对他人的生命实施紧急避险,进而杀害他人。如果能够期待行为人当时不产生这种错误,那么,就不能阻却责任,应认定其行为成立故意杀人罪。反之,如果不能期待行为人当时不产生这种错误,就阻却责任。

(二)消极的错误

消极的错误,是指原本存在丧失期待可能性的事情,但行为人误以为不存在。例如,行为人以为自己窝藏的是与自己没有亲属关系的犯罪人,实际上窝藏的是自己出走多年的儿子。既然客观上存在缺乏期待可能性的事情,理当阻却责任。另一方面,由于实际上存在缺乏期待可能性的事情,就没有对行为人进行特殊预防的必要性;又由于这种消极的错误极为罕见,因而也缺乏一般预防的必要性,故不能进行非难。[1]

---

[1] 参见〔日〕浅田和茂:《刑法总论》,成文堂2007年补正版,第361页。

第七章 犯罪的特殊形态

第一节 犯罪的特殊形态概述

一、犯罪的特殊形态概述

刑法理论在讨论犯罪的构成要件时一般是以既遂为模式展开的。但是，刑法并不是仅处罚犯罪既遂，而是有条件地将处罚范围扩张到犯罪预备、犯罪未遂、犯罪中止。本书将犯罪预备、犯罪未遂与犯罪中止称为犯罪的特殊形态。

犯罪的特殊形态只能出现在犯罪过程中，在犯罪过程以外出现的某种状态，不是犯罪的特殊形态。例如，仅有犯意时并不构成犯罪，产生犯意后又打消犯意的，不是犯罪的特殊形态。再如，盗窃他人财物并于数日后自动返还被害人的，是犯罪既遂后所实施的行为，也不是犯罪的特殊形态（当然是量刑情节）。

犯罪的特殊形态是在犯罪过程中由于某种原因停止下来所呈现的状态，这种停止不是暂时性的停顿，而是终局性的停止，即该犯罪行为由于某种原因不可能继续向前发展。就同一犯罪行为而言，出现了一种犯罪形态后，不可能再出现另一种犯罪形态。

例如，出现了犯罪未遂形态后，不可能出现中止、既遂形态。就基本犯而言，犯罪的特殊形态不是就犯罪行为的某一部分而言，而是就已经实施的基本犯罪行为的整体而言。但就加重犯、结合犯而言，犯罪的特殊形态可能只是就加重部分、结合部分而言。例如，虽然作为基本犯的抢劫罪既遂，但作为加重犯的抢劫杀人可能未遂；虽然作为基本犯的绑架罪既遂，但作为结合犯的绑架杀人可能未遂。

犯罪的特殊形态，只能存在于故意犯罪中。过失犯罪没有犯罪预备、未遂与中止形态，只有成立与否的问题（当然，说过失犯罪只有既遂一种形态也未尝不可）。我国的传统刑法理论认为，犯罪的特殊形态仅存在于直接故意中。但事实上，司法实践中确实存在行为人放任结果发生，结果却没有发生，且值得科处刑罚的情况；从规范意义上说，间接故意犯罪与直接故意犯罪没有质的区别，没有理由仅处罚直接故意犯罪未遂，而不处罚间接故意犯罪未遂；况且，直接故意犯罪人与间接故意犯罪人可以成立共同犯罪，既然如此，在共同犯罪未遂的情况下，没有理由仅处罚直接故意的行为人而不处罚间接故意的行为人；至于在间接故意犯罪未遂的情况下，有无证据证明行为人放任结果的发生，则是个案的具体判断问题，而不是否认间接故意存在犯罪未遂与中止的理由。所以，本书认为，间接故意也存在犯罪未遂与犯罪中止形态。一般来说，由于犯罪预备以确定的犯意为前提，故间接故意原则上没有犯罪预备形态。

二、特殊形态与犯罪构成的关系

可以肯定的是，犯罪构成概念与故意犯罪形态概念所要解决的问题并不相同。犯罪构成所要回答的问题是，行为符合哪些要件才能成立犯罪，它标明罪与非罪的界限、此罪与彼罪的关系。犯罪的特殊形态，当然以行为符合犯罪构成为前提。显然，如果使用以既遂为模式的犯罪构成概念,只有犯罪既遂完全符合犯罪构成,作为特殊形态的犯罪预备、犯罪未遂与犯罪中止,就不完全符合犯罪构成。于是,不得不认为犯罪的特殊形态符合"修正的犯罪构成"。如果使用成立犯罪的最低标准意义上的犯罪构成概念,那么,犯罪的特殊形态,都完全符合犯罪构成。不言而喻,两种观点并无实质分歧,只是因为使用了不同意义的犯罪构成概念而得出了不同结论。

我国刑法总则规定原则上处罚犯罪预备、犯罪未遂与犯罪中止,但事实上,犯罪预备、犯罪未遂与犯罪中止的处罚具有例外性。换言之,许多犯罪的预备、未遂、中止行为的不法与责任没有达到值得科处刑罚的程度。但是,刑法分则对于哪些犯罪应当处罚犯罪预备、犯罪未遂与中止,又没有设立明文规定。所以,必须实质性考察各种具体故意犯罪的特殊形态的可罚性。以犯罪未遂为例,应考察什么样的行为在未得逞的情况下,其行为的不法与责任达到了值得科处刑罚的程度。进行这样的考察后,会发现以下三种情况:(1)罪质严重的未遂应当以犯罪未遂论处,如故意杀人未遂、抢劫未遂、强奸未遂等;(2)罪质一般的未遂,只有情节严重时,才能以犯罪未遂论处,如盗窃未遂、诈骗未遂等等;(3)罪质轻微的未遂不以犯罪论处,如非法侵入住宅未遂、侵犯通信自由未遂等等。① 一般来说,其中的罪质的轻重,取决于保护法益的重要程度。至于对犯罪预备的处罚,则极为例外。

---

① 此时所称的"未遂"只是一般意义上的未遂,亦即,形式上表现为已经着手实行且由于意志以外的原因未得逞,但因为缺乏可罚性,而不是真正意义上的犯罪未遂。

第二节 犯罪预备

一、犯罪预备的概念与特征

根据刑法第 22 条第 1 款的规定,犯罪预备,是指为了实行犯罪,准备工具、制造条件,但由于行为人意志以外的原因而未能着手实行犯罪的特殊形态。据此,犯罪预备具有以下四个特征。

(一)主观上为了实行犯罪

成立犯罪预备,要求行为人主观上为了实行犯罪,即为了实施犯罪的实行行为,或者说行为人主观上做出了实行某种犯罪的决定。

为了实行犯罪,表明行为人具有确定的犯罪故意,因为行为人只有基于确定的犯罪故意,才能为具体犯罪的实行行为准备工具、制造条件;为了实行犯罪,表明行为人认识到预备行为为实行行为创造了便利,认识到预备行为对结果的发生起积极促进作用;为了实行犯罪,表明行为人在该心理支配下实施的行为是犯罪预备行为,因而与犯意的形成、犯意的表示具有本质区别。

(二)客观上实施了犯罪预备行为

预备行为是为犯罪的实行创造便利条件,以利于发生结果的行为,这种行为是整个犯罪行为的一部分,如果不是由于某种原因停顿下来,预备行为就会进一步发展为实行行为,从而造成结果。所以,预备行为已经对刑法保护的法益构成了威胁。另外,预备行为只是为实行行为创造便利条件,因而不可能直接造成实行行为所要造成的结果。

刑法将预备行为分为两类,即准备工具与制造条件。准备工具事实上也是为实行犯罪制造条件的行为，只因是最常见的预备行为，刑法便将其独立于制造条件之外予以规定。制造条件，是指除准备工具以外的一切为实行犯罪制造条件的预备行为。制造条件主要表现为：(1) 制造实行犯罪的客观条件，如调查犯罪场所与被害人行踪、出发前往犯罪场所或者守候被害人的到来、诱骗被害人前往犯罪场所、排除实行犯罪的障碍等；(2) 制造实行犯罪的主观条件，如商议犯罪的实行计划等。①

(三) 事实上未能着手实行犯罪

犯罪预备终结于预备阶段，即事实上未能着手实行犯罪；如果已经着手实行了犯罪，就不可能是犯罪预备。未能着手实行犯罪主要包括两种情况：一是没有完成预备行为，由于某种原因未能继续实施预备行为，因而不可能着手实行；二是虽已完成预备行为，但由于某种原因未能着手实行。

(四) 未能着手实行犯罪是由于行为人意志以外的原因

犯罪预备终结于预备阶段，未能着手实行犯罪，必须是由于行为人意志以外的原因。即行为人本欲继续实施预备行为，进而着手实行犯罪，但由于违背行为人意志的原因，使得行为人客观上不可能继续实施预备行为，或者客观上不可能着手实行犯罪，或者使得行为人认识到自己客观上已经不可能继续实施预备行为与着手实行犯罪。刑法虽然没有明文要求犯罪预备是由于意志以外的原因而未能着手实行，但刑法规定了在犯罪过程中自动放弃犯罪的，成立犯罪中止。因此，如果行为人自动放弃犯罪预备行为，或者自动不着手实行犯罪，则属于犯罪中止。

---

① 追踪被害人的性质不可一概而论，在某些情况下可谓预备行为，在某些情况下可谓实行行为。此外，当筹集犯罪活动的资金是为了预备犯罪时（如为了购买犯罪工具而筹集资金），并不成立犯罪；制造假象迷惑欺骗被害人，在某些情况下可能是实行行为；单个人秘密拟订犯罪计划的，也不宜认定为犯罪预备行为。

二、犯罪预备的类型

(一) 自己预备罪与他人预备罪

如前所述,犯罪预备的主观目的是为了实行犯罪。从文理上解释,为了实行犯罪包括为了自己实行犯罪(自己预备罪)与为了他人实行犯罪(他人预备罪)。

自己预备罪肯定属于犯罪预备,问题是,为了他人实行犯罪所实施的预备行为是否属于犯罪预备?本书采取限定的肯定说。刑法分则所规定的"为了……"并不限于为了行为人,而是包括为了第三者。所以,承认他人预备罪没有法律障碍。但是,由于预备罪的处罚具有例外性,所以,在甲为了乙实行犯罪实施预备时,只有当乙至少实施了预备行为时,甲才成立预备罪。

(二) 从属预备罪与独立预备罪

一般来说,刑法将准备行为作为基本犯罪构成要件行为(实行行为)之前的行为予以规定的情形,就属于从属预备罪;刑法将准备行为规定为独立的犯罪类型时,就属于独立预备罪。

独立预备罪中的准备行为,由分则条文规定为构成要件行为,可谓预备行为的实行行为化,或者预备犯的既遂犯化。例如,刑法第120条之二第1款规定:"有下列情形之一的,处五年以下有期徒刑、拘役、管制或者剥夺政治权利,并处罚金;情节严重的,处五年以上有期徒刑,并处罚金或者没收财产:(一)为实施恐怖活动准备凶器、危险物品或者其他工具的;(二)组织恐怖活动培训或者积极参加恐怖活动培训的;(三)为实施恐怖活动与境外恐怖活动组织或者人员联络的;(四)为实施恐怖活动进行策划或者其他准备的。"本款所规定的行为原本是恐怖活动的预备行为,但本款将其规定为独立的犯罪(准备实施恐怖活动罪),不再适用刑法总则关于预备犯的处罚规定。关于独立预备罪，有诸多值得进一步研究的问题。

其一，教唆、帮助他人实施独立预备罪的，应当如何处理？既然预备行为已经被实行行为化，那么，教唆、帮助独立预备罪的行为，当然成立教唆犯与帮助犯。例如，教唆或者帮助他人"组织恐怖活动培训"的，应以准备实施恐怖活动罪的教唆犯、帮助犯论处（当然，以他人实施了组织恐怖活动培训的行为为前提）。

其二，为了实行独立预备行为而实施的准备行为，能否适用刑法总则关于从属预备罪的规定？对此不可一概而论，而是需要具体判断。亦即，需要根据刑法总则关于预备犯的规定，判断具体行为是否值得作为预备犯处罚。例如，为了组织恐怖活动培训，已经联系了讲授人员与参加人员，或者准备了培训场所的，应按照刑法第 22 条的规定，以预备犯（从属预备罪）处罚。但是，为了准备危险物品而阅读相关书籍或者在网络上查询相关资料的行为，不能认定为预备犯；为了购买凶器而打工挣钱的行为，也不能认定为预备犯。概言之，只有当行为对法益具有一定的抽象危险时，才可能认定为预备犯。

其三，为他人实行犯罪活动而进行准备的行为是否成立独立预备罪？本书采取有限的肯定说。从文理上说，刑法第 120 条之二第 1 款第 1、3、4 项所规定的"为实施恐怖活动"，既包括"为自己实施恐怖活动"，也包括"为他人实施恐怖活动"。所以，承认刑法第 120 条之二第 1 款规定的犯罪包括他人预备罪没有文理障碍。但是，倘若甲以为乙将要实施恐怖活动，而为乙准备凶器时，乙根本不实施恐怖活动的，则难以认定甲的行为具有可罚性（属于不能犯）。换言之，在甲为了乙实行恐怖犯罪而实施准备行为时，只有当乙至少实施了恐怖犯罪的预备行为时，甲才成立他人预备罪。

其四，独立预备罪是否存在未遂犯？答案是肯定的。例如，行为人在为实施恐怖活动准备工具的过程中（即还尚未准备就绪时）被查获的，成立准备实施恐怖活动罪的未遂犯。

三、犯罪预备的处罚范围

我国刑法虽然原则上处罚犯罪预备，但在司法实践中，处罚犯罪预备（指从属预备罪）是极为例外的现象。事实上，也应当肯定处罚犯罪预备的例外性。其一，犯罪预备行为不能直接对法益造成侵害结果与具体危险状态，在通常情况下没有达到值得科处刑罚的程度。其二，犯罪预备行为的外部形态往往是日常生活行为（如行为人购买胡椒粉，打算在抢劫时撒向被害人眼睛）。如果大量处罚犯罪预备，就必然导致原本不是犯罪预备的日常生活行为也受到怀疑，极可能使一些外部形态类似于准备工具的日常生活行为受到刑罚制裁。其三，在犯罪预备阶段，行为人可能随时放弃犯罪决意。如果广泛地处罚预备行为，反而可能促使行为人着手实行犯罪。

基于以上理由，对犯罪预备的成立范围必须进行严格限制。其一，只有当某种预备行为的发展，必然或者极有可能造成重大法益或者大量法益的侵害时，才有必要处罚犯罪预备。其二，只有当行为人的犯罪故意确定，确实将实行某一特定犯罪，并实施了相应的预备行为时，才有必要作为犯罪预备处罚。恐怖主义组织实施的犯罪预备行为，都具备上述特征，应当予以处罚。此外，由于独立预备罪已经被规定为既遂犯罪，所以，不能过于限制独立预备罪的处罚范围，否则会违反刑法的宗旨。

四、预备犯的处罚原则

刑法第22条第2款规定："对于预备犯，可以比照既遂犯从轻、减轻处罚或者免除处罚。"这一规定表明，预备犯应受刑罚处罚。但由于预备犯还没有着手实行犯罪，没有造成犯罪结果，对法益的侵犯小于既遂犯，故对于预备犯，可以比照既遂犯从轻、减轻或者免除处罚（对于刑法分则规定的独立预备罪，不再适用本规定）。

第三节 犯罪未遂

一、犯罪未遂的处罚根据

刑法第23条第1款规定："已经着手实行犯罪，由于犯罪分子意志以外的原因而未得逞的，是犯罪未遂。"该条第2款明文规定处罚未遂犯。在结果责任时代，只要造成结果便处罚行为人，所以实行的是客观归罪，通常不处罚犯罪未遂；责任主义的兴起，一方面将故意、过失等作为犯罪成立条件，另一方面也处罚没有造成结果的未遂犯。明确未遂犯的处罚根据，有利于理解犯罪未遂的特征与处罚原则。

客观的未遂论的基本观点是，未遂犯的处罚根据在于发生了法益侵害的客观危险性。其中，形式的客观说认为，发生构成要件结果的现实危险性或者实现犯罪的现实危险性是未遂犯的处罚根据；是否具有上述现实危险，则应以各刑罚法规规定的构成要件为基准进行形式的判断。实质的客观说认为，对法益侵害的危险是未遂犯的处罚根据，是否具有上述危险，应从实质上判断。实质的客观说又分为行为危险说、危险结果说与综合的危险说。行为危险说认为，作为未遂犯处罚根据的危险是"行为的危险"（行为的属性），即行为所具有的侵害法益的危险性。危险结果说认为，作为未遂犯处罚根据的危险是"作为结果的危险"，即行为所造成的危险状态。综合的危险说认为，行为的危险与作为结果的危险是未遂犯的处罚根据。

主观的未遂论的基本观点是，未遂犯的处罚根据在于显示出犯罪人的性格危险性的、与法相敌对的犯罪意思。在德国占支配地位的印象说，实际上是主观的未遂犯论。根据印象说，未遂犯的处罚根据是，行为人已经落实的法敌对意思在客观上动摇了对法秩序效力的信赖、动摇了法安定性的感觉。

本书采取实质的客观说中的危险结果说。形式的客观说事实上将构成要件作了形式的理解，进而可能将没有法益侵害的行为也作为未遂犯处罚。犯罪预备行为，也具有侵害法益的危险，如果将行为本身的危险作为未遂犯的处罚根据，就可能导致将预备犯作为未遂犯处罚，故本书不采取实质的客观说中的行为危险说。造成了危险结果的行为当然是具有法益侵害危险的行为，既然将危险结果作为未遂犯的处罚根据，就没有必要同时将行为的危险作为处罚根据，所以，本书不采取综合的危险说。印象说虽然建立在积极的一般预防理论基础之上，但同时也是以德国刑法明文规定处罚不能犯的未遂为根据的。而且，由于在具体案件中难以认定某种行为是否使规范的效力恶化或者使人们遵守规范的信赖落空，故印象说难以对犯罪未遂的认定起指导作用。不仅如此，印象说虽然被认为是一种折中学说，但实质上属于主观的未遂犯理论。有鉴于此，本书不采取印象说。

二、犯罪未遂的特征

根据刑法第 23 条第 1 款的规定，犯罪未遂必须具备以下特征。

（一）已经着手实行犯罪

我国刑法理论一般认为，着手是实行行为的起点，标志着犯罪行为进入了实行阶段，表明行为人所实施的行为是实行行为。这种观点大体是成立的。不可否认，着手标志着预备阶段已经结束，但着手不是预备行为的终点，因为许多犯罪在预备行为实施终了后，由于某种原因还没有着手实行犯罪。但是，着手是划定未遂犯的处罚时期的概念,甚至可以说是将某种行为作为未遂犯处罚的根据。① 对于既遂犯而言,根本不需要讨论着手问题;就没有既遂的案件讨论着手,就是为了判断该行为是否值得作为未遂犯处罚。

1. 关于着手的学说

关于着手及其认定,国外刑法理论上存在许多不同学说:② 主观说是新派的观点,认为犯罪是行为人危险性格的发现,故行为人意思的危险性或者说犯罪意思被发现时就是着手。形式的客观说(也称定型说)认为,着手以实施一部分符合构成要件的行为(显示构成要件特征的行为)为必要,而且以此为足。实质的客观说分为实质的行为说与结果说。实质的行为说认为,开始实施具有实现犯罪的现实危险性的行为时就是着手。结果说则认

---

① 关于实行行为与实行的着手或者着手实行之间的关系,日本刑法理论有以下几种观点:第一种观点认为,实行行为=实行的着手=未遂犯的成立。据此,只要着手就意味着有实行行为(也可以说,只要有实行行为,就意味着有着手),因而成立未遂犯。第二种观点认为,实行行为=实行的着手,但是实行行为与未遂犯的成立相分离。故此,虽然有着手就有实行行为,或者有实行行为就有着手,但是成立未遂犯还需要具备"紧迫的危险"这一不成文的要素。第三种观点认为,实行的着手=未遂犯的成立,但是实行行为与实行的着手相分离。因此,有实行行为不等于有实行的着手(参见金光旭:"日本刑法中的实行行为概念",载于改之、周长军主编:《刑法与道德的视界交融》,中国人民公安大学出版社 2009 年版,第 136 页以下)。如果从未遂犯的处罚根据上考虑,笔者原则上赞成第三种观点。因为"实行的着手时期,应当是产生结果发生的危险的时期。所以,实行的着手是划定未遂犯的处罚时期的时间性概念"(〔日〕西田典之:《刑法总论》,弘文堂 2010 年第 2 版,第 301 页)。于是,实行的着手既可能前置于实行行为,也可能后置于实行行为。例如,盗窃罪的实行行为是将他人占有的财物转移给自己或者第三者占有,但是,行为人进入他人办公室后开始物色财物时,就会被认定为盗窃罪的着手,这是实行的着手前置于实行行为的情形(物色财物在转移财物之前)。又如,行为人从甲地邮局寄送毒药给乙地的被害人。在甲地寄送毒药的行为虽然是杀人罪的实行行为,但只有当毒药寄送到被害人时乃至被害人开始利用时才有可能认定为故意杀人罪的着手(到达与利用在寄送行为之后)。
② 参见〔德〕乌尔斯·金德霍伊泽尔:《刑法总论教科书》,蔡桂生译,北京大学出版社 2015 年版,第 297 页以下。

为，当行为发生了作为未遂犯的结果的危险性（危险结果）时，即侵害法益的危险达到紧迫程度时，才是着手。折中说中存在不同的观点。其中主观的折中说认为，应以行为人的"整体的计划"为基础，对构成要件的保护法益造成直接危险的行为明确地表现出行为人的犯罪意思时，就是着手。客观的折中说认为，行为是主客观的统一体，实行的着手也必须从主客观两个方面认定。

我国刑法理论的传统观点认为，所谓着手，就是开始实行刑法分则所规定的某一犯罪构成客观要件的行为。这可谓形式的客观说，但这一学说没有从实质上说明什么是着手，因此，在许多情况下仍然不明确何时为着手。例如，根据传统观点，就故意杀人罪而言，开始实施分则规定的杀人行为为着手；就盗窃罪而言，开始实施分则规定的盗窃行为是着手。可是，究竟什么行为才是分则规定的杀人行为与盗窃行为，传统观点并没有给出任何答案。

本书采取结果说。如前所述，其中的结果包括法益侵害的紧迫危险，故也可以表述为危险结果说。犯罪的本质是侵犯法益，故没有侵犯法益的行为不可能构成犯罪，当然也不可能成立未遂犯。不仅如此，即使某种行为具有侵害法益的危险，但这种危险非常微小时，刑法也不可能给予处罚。另一方面，刑法处罚犯罪预备行为，而预备行为也具有侵害法益的危险。因此，犯罪未遂只能是具有侵害法益的紧迫危险的行为；故侵害法益的危险达到紧迫程度（发生危险结果）时，就是着手。换言之，只有当行为产生了侵害法益的具体危险状态时，才是着手。所以，未遂犯都是具体的危险犯。至于何种行为具有侵害法益的紧迫危险，则应根据不同犯罪、不同案件的具体情况综合判断。例如，要考察行为是否已经接触或者接近犯罪对象，行为人是否已经开始使用为着手实行犯罪而准备的工具,[①] 是否开始利用了所制造的条件,所实施的行为是否需要其进一步的行为就可以造成侵害结果(过程的自动性、时间的紧迫性),如此等等。例如,保险诈骗中造成保险事故的行为,只是为诈骗保险金创造了前提条件;如果行为人造成保险事故后并未到保险公司索赔,保险金融秩序与保险公司的财产受侵害的危险性并不紧迫;行为人到保险公司索赔的行为或提出支付保险金的请求时,才是保险诈骗罪的着手。为了达到与被害妇女性交的目的,投放恐吓信的行为,尽管存在胁迫行为,但还不是强奸罪实行行为的着手;只有接触或者接近被害人并开始实施了暴力或者胁迫行为时,才可能认定为强奸罪的着手。为了诈骗公私财物而伪造文书的,伪造文书的行为本身不可能使财产处于紧迫的危险之中,因而是预备行为,开始使用所伪造的文书实施欺诈行为时,才是诈骗罪的着手。

2. 几种类型的犯罪的着手

(1) 隔离犯的着手。例如,甲乘乙出差之机,溜进乙的住宅,在乙的药酒中投放了毒药。根据形式的客观说,甲开始投放毒药时就是杀人的着手。但本书认为,虽然甲投放毒药后,其自然的、物理的行为已经终了,但是,只有在乙将要喝有毒药酒时(被利用者标准说),才产生杀人的紧迫危险。诚然,作为处罚对象的行为,是甲投放毒药的行为,但是,着手时期应当是产生危险结果之时,因为着手是划定未遂犯的处罚时期的概念。

(2) 间接正犯与原因自由行为的着手。例如,甲令精神病患者乙窃取他人财物。根据形式的客观说,当甲对乙说"你将某某人的钱包拿来"时,就是盗窃罪的着手(利用行为说)。但根据本书的观点,只有当乙现实地开始盗窃时,才能认定甲着手实行盗窃(被利用行为说)。因为只有当乙现实地实施盗窃行为时,

---

[①] 在预备行为中使用工具的,当然不可能认定为着手。

才产生侵害财产的紧迫危险。基于同样的理由，在原因自由行为的场合，应当以行为人实施结果行为、造成了危险结果时为着手，而不是开始实施原因行为（如饮酒）时为着手。

（3）不真正不作为犯的着手。关于不真正不作为犯的着手，国外刑法理论上存在争议。本书认为，不履行义务的行为导致法益产生了紧迫危险（危险结果）时，是不真正不作为犯的着手。

（4）结合犯的着手。结合犯也可能成立未遂犯。刑法第240条第1款第3项对"奸淫被拐卖的妇女"的结合犯规定了加重的法定刑。例如，甲的计划内容是，先以实力控制妇女乙，然后使用暴力强奸乙，最后将乙出卖给丙。在这种情况下，只有当甲着手实施强奸行为时，才能适用刑法第240条第1款第3项的规定；如果强奸未得逞，则是结合犯的未遂犯，同时适用刑法总则关于未遂犯的规定。所以，在结合犯中，行为人着手实行后罪时，才是结合犯的着手。

（5）一连串行为的着手。行为人为了实现构成要件的结果，计划了一连串的行为时，应当如何认定着手？例如，甲为了杀害乙，计划首先将乙关在房间里，然后利用煤气使乙昏迷，最后勒乙的脖子。对此，应当在什么时间点认定为杀人的着手？再如，A为了使B体内积累毒素而死亡，打算分四次向B的食物中投放毒药。能否认定第一次投放毒药时就是着手？对此，首先要判断行为从什么时候起具有导致结果发生的紧迫危险，其次要判断行为人是否认识到该行为会发生结果。换言之，只要行为具有导致结果发生的紧迫危险，而且行为人具有通过（利用）该行为实现结果的意思，就应认定为着手，而不能完全按照行为人的计划认定着手。① 据此，上述甲将乙关在房间时还不是杀人的着手，但利用煤气使乙昏迷时，则是杀人的着手。同样，如果A第一

---

① 参见〔日〕山中敬一：《刑法总论》，成文堂2015年第3版，第778页。

次投毒行为就有致人死亡的紧迫危险，就应认定第一次投毒时已经是杀人的着手；如若第一次只是投放了微量毒药，不足以致人死亡，则不能认定为着手，因而需要判断第二次投毒行为的危险性，然后得出妥当结论。

（二）犯罪未得逞

犯罪未得逞是犯罪未遂与犯罪既遂相区别的基本标志。在此意义上说，已经着手却又没有既遂的，就是犯罪未得逞。显然，既遂与未遂的区分，一方面取决于对犯罪构成的理解，另一方面只是文字表述问题。

没有疑问的是，犯罪未得逞，是指犯罪没有达到既遂。换言之，着手实行后没有既遂的，都是犯罪未得逞。因为"未得逞"本身就是一个消极要件。换言之，只要已经着手，既不是自动中止犯罪又没有既遂的，就属于犯罪未遂。在此意义上说，争论何谓"未得逞"没有重要意义。讨论具体犯罪的既遂标准，才是意义所在。

如果要对未得逞作一般性的界定，那么，本书认为，犯罪未得逞，一般是指没有发生行为人所希望或者放任的、实行行为性质所决定的侵害结果。（1）本书认为，直接故意犯罪与间接故意犯罪，都可以成立犯罪未遂，故行为人放任的侵害结果没有发生时，可能成立间接故意的犯罪未遂。（2）行为人所追求、放任的结果应限定于实行行为的性质本身所能导致的结果，即实行行为的逻辑结果。例如，故意杀人罪的逻辑结果是致人死亡，即使行为人还打算碎尸，碎尸也不是故意杀人罪的逻辑结果。在行为人的计划是杀人碎尸的场合，即使致人死亡后未能碎尸，也成立故意杀人既遂。在此意义上说，未得逞的认定受到构成要件的制约。（3）未得逞是指行为人希望、放任发生的危害结果没有发生，即故意的意志因素没有实现；不包括没有实现刑法分则

"以……目的"的情况,即不包括没有实现目的犯中的目的的情况;换言之,目的犯中的目的是否实现,不影响犯罪既遂的成立(刑法第175条除外)。(4)由于未遂犯是具体的危险犯,存在危险结果(或未遂犯的结果),所以,就侵害犯而言,发生了危险结果但没有发生侵害结果时,才是未得逞。(5)在抽象的危险犯的场合,刑法鉴于法益的重大性等原因,用另一种侵害结果替代了抽象危险的认定。只有发生替代的侵害结果,才能认定为犯罪既遂;没有发生替代的侵害结果,则是未得逞。例如,盗窃枪支、弹药罪是公共危险犯,也是抽象的危险犯。但是,只要发生了行为人控制枪支、弹药的侵害结果,就认为盗窃枪支、弹药罪已经既遂;否则便是未得逞。再如,危险驾驶中的醉酒驾驶,行为人在道路上醉酒驾驶机动车的事实,既是征表抽象危险的事实,也是构成要件的结果,应认定为犯罪既遂;在道路上发动了机动车但还没有行驶就被制止时,则是未得逞。(6)具体的危险犯可分为两种情况:第一,刑法分则条文将具体危险类型化为替代的侵害结果,在这种情况下,没有发生侵害结果的,就是未得逞。例如,刑法第127条第1款后段规定的"盗窃、抢夺毒害性、放射性、传染病病原体等物质,危害公共安全"的犯罪,一方面要通过考察行为方式、行为对象等是否具有危害公共安全的具体危险,另一方面,如果行为人窃取、夺取了上述物质,则发生了替代的侵害结果。如果已经着手实行盗窃、抢夺行为,且发生了具体的公共危险,但没有控制上述物质的,则属于未得逞。第二,刑法分则条文对具体危险犯与加重结果规定了独立的法定刑,但没有将具体危险类型化为侵害结果。如放火罪、破坏交通工具罪等,刑法条文按行为是否造成了严重后果规定了不同的法定刑。在危害公共安全的放火行为、破坏交通工具的行为,没有造成严重后果时,由于刑法对其规定了独立的法定刑(参见第114条、第116条),故不能适用未遂犯的处罚规定。在此意义上说，这种具体的危险犯不存在犯罪未遂问题。① 从与侵害犯的比较来说，也可以认为，刑法对原本为未遂犯的具体危险犯，规定了独立的法定刑，故不再适用总则关于未遂犯的处罚规定。但是，由于刑法并没有将具体危险类型化为侵害结果，导致中止犯的成立范围具有特殊性。质言之，虽然发生了具体危险，但行为人自动防止侵害结果发生的，应认定为犯罪中止。② 如果认为这种具体危险犯已经既遂，就必然否认中止犯的成立，或者认为既遂之后可以中止，但本书难以赞成这样的结论。

需要注意的是，并不是只要在形式上发生了"侵害结果"的均不属于"未得逞"。在侵害结果必须经由特定因果过程而造成的犯罪中，倘若某种结果不是经由特定因果过程而造成的，应认定为"未得逞"。例如，在抢劫罪中，只有在暴力、胁迫等行为压制被害人的反抗后取得财物，才能认定为既遂。如果暴力、胁迫行为并没有压制被害人反抗，而是趁被害人没注意时取走财物的，只能认定为抢劫未遂与盗窃罪。

（三）犯罪未得逞是由于犯罪人意志以外的原因

犯罪人意志以外的原因，是指始终违背犯罪人意志的，客观上使犯罪不可能既遂，或者使犯罪人认为不可能既遂从而被迫停止犯罪的原因。在犯罪未遂的情况下，行为人希望、放任发生侵害结果的意志并没有改变；之所以没有发生行为人所希望、放任的结果，并非由于行为人放弃犯罪，而是某种原因使得行为人希望、放任的结果没有发生。换言之，只要不是行为人自动放弃犯

---

① 例如，如果没有对公共安全产生具体危险，就不成立放火、破坏交通工具等罪。如果认为没有发生具体危险时，成立放火罪、破坏交通工具罪的未遂，必然扩大放火、破坏交通工具等罪的处罚范围。
② 例如，甲为了使火车倾覆、毁坏，便将一块大石头搬运到火车来往较为频繁的铁轨上，然后坐在一旁观望；但在火车到来之前突然悔悟，立即将石头搬走，防止了事故发生。应认定甲的行为成立犯罪中止。

罪或者自动有效地防止犯罪结果发生，就属于犯罪人意志以外的原因。具体地说，意志以外的原因包括三种情况：

第一是抑止犯罪意志的原因。即某种事实使得行为人认为自己客观上已经不可能继续实行犯罪，从而被迫停止犯罪。在这种情况下，对于是否继续实行犯罪，行为人主观上没有选择余地，只能被迫放弃犯罪。例如，行为人入户抢劫时，忽然听到警笛声，以为警察来抓捕自己，便被迫逃离现场。即使该车实为救护车或者虽是警车却并非来抓捕行为人的，但由于行为人认为自己客观上已经不可能继续实行犯罪，仍然属于意志以外的原因。

第二是抑止犯罪行为的原因，即某种情况使得行为人在客观上不可能继续实行犯罪。例如，行为人正在实行犯罪时，被第三者发现而制止、抓获。

第三是抑止犯罪结果的原因。即行为人已将其认为应当实行的行为实行终了，但某种情况阻止了侵害结果的发生。例如，行为人将被害人打昏后拖入水中，以为被害人必死无疑，但适逢过路人将被害人抢救脱险。

三、犯罪未遂的成立范围

在刑法理论上，哪些犯罪具有成立未遂犯的可能性，尚有研究的余地。需要研究的是结果加重犯、不作为犯、行为犯、企行犯以及加重的构成要件与量刑规则。

（一）结果加重犯

结果加重犯存在不同情况，有的对加重结果仅要求过失，有的对加重结果既可以是故意也可以是过失。在行为人故意造成加重结果却没有发生加重结果的情况下，成立"结果加重犯的未遂"（适用结果加重犯的法定刑，同时适用总则关于未遂犯的处罚规定）。例如，行为人以非法占有为目的故意将被害人杀死后立即取走财物的，成立抢劫罪。但如果行为人没有造成他人死亡与重伤，则应认定为结果加重犯的未遂，否则就与故意杀人罪不协调。①

我国的结果加重犯与基本犯成立的是相同罪名，而非不同罪名，故在造成了加重结果但基本犯未遂的情况下，可以认定为结果加重犯的既遂，但必须承认基本犯未遂。行为人故意造成了被害妇女的重伤，但未能奸淫被害妇女时，虽然是结果加重犯的既遂，但应同时肯定基本犯的未遂。② 这种情形称为"未遂的结果加重犯"。问题在于，在这种情况下，是否适用总则关于未遂犯的处罚规定。本书认为，由于我国的法定刑较重，宜适用总则关于未遂犯的规定，可以根据结果加重犯的法定刑从轻或者减轻处罚。但需要说明的是，由于这类行为可能同时触犯其他罪名，进而成立想象竞合犯，故需要权衡法定刑的选择与量刑情节的适用形成的处罚轻重，正确决定应当适用的法定刑。

(二) 不作为犯

不真正不作为犯存在未遂犯。例如，以不作为方法杀人而未得逞的，成立故意杀人未遂。

真正不作为犯是否存在未遂，在刑法理论上存在争议。一种观点认为，真正不作为犯的作为义务成立与既遂成立是同时的，即何时产生作为义务，就何时犯罪既遂；如果不产生作为义务，就不成立不作为犯罪。所以，真正不作为犯没有成立未遂的余地。但本书认为，作为义务的产生时间，与实施违反作为义务的不作为时间，并非完全相同，或多或少存在间隔。况且，我国刑

---

① 在此例中，行为人虽然有杀人故意但仅造成了重伤时，也成立抢劫致人重伤的结果加重犯，由于其与抢劫致人死亡的法定刑相同，故没有必要认定为抢劫致人死亡未遂。

② 如果认定为基本犯的既遂，恐怕连被害的妇女也会反对，但也不能因此认定为结果加重犯的未遂。此外，这种场合也是强奸罪与故意伤害罪的想象竞合犯。

法规定的某些真正不作为犯,以发生侵害结果为要件(参见刑法第429条)。所以,真正不作为犯可能存在未遂犯。

(三)行为犯

我国刑法理论的传统观点认为,行为犯是指只要实施了(指实行终了)刑法分则所规定的某种实行行为,就构成既遂的犯罪。据此,在未实行终了的情况下,存在犯罪未遂。本书认为,行为犯是行为与结果同时发生的犯罪,行为犯存在犯罪未遂。

但是,即使是行为犯,也应以是否发生了行为人所追求或放任的、实行行为性质所决定的侵害结果为标准,而不能以是否实施了行为为标准。只是由于结果与行为同时发生,人们习惯于说行为实施终了就是既遂。事实上,在行为犯的场合,部分情形是行为实施终了特定结果就同时发生(如伪证罪),部分情形是开始实施构成要件行为就同时发生特定结果(如危险驾驶罪);即使应当区分既遂与未遂,也应以行为是否发生了特定结果为标准。①

(四)企行犯

从理论上说,任何犯罪都可以分为既遂与未遂,而且在通常情况下,刑法对未遂犯实行从轻、减轻处罚制度。但是,有些犯罪的未遂与既遂,在对法益侵害程度上并不存在任何差异,故刑法将未遂犯与既遂犯等同看待。这种原本只是未遂但刑法将其作为既遂对待的犯罪,就是企行犯。

按照本书的观点,组织、策划分裂国家(相对于实施分裂国家),为境外窃取、刺探、收买国家秘密或者情报(相对于非法提供),以出卖为目的拐骗、收买妇女(相对于出卖),索取贿赂

---

① 当然,就行为犯而言,在认定犯罪既遂的具体结论上,本书与传统观点可能是相同的,但是理由不同。

(相对于收受贿赂)等,属于企行犯(当然,具体的范围还值得进一步研究)。在本书看来,企行犯也可以分为两种类型:一类是可能存在未遂的企行犯,亦即,当企行犯的未遂行为并没有达到与既遂可以等同看待的程度时,仍然可能成立未遂。例如,为境外窃取国家秘密时,虽然已经着手,但未能获得国家秘密的,应认定为未遂犯。另一类是不可能存在未遂犯的企行犯,亦即,行为要么着手后成立既遂,要么只是预备或者无罪,如组织、策划分裂国家的行为。后一类型的企行犯,也可谓我国刑法理论所称的举动犯,在此意义说,也可以承认和使用举动犯的概念。但应注意的是,我国刑法理论就举动犯所举之例,仍然是行为犯,而不是企行犯。此外,企行犯的处罚根据并不是行为本身的无价值性,而是行为造成的法益侵害与既遂犯相同。

(五)加重的构成要件与量刑规则

根据本书的观点,加重的构成要件可能存在未遂犯。例如,持枪抢劫未遂的,适用持枪抢劫的法定刑,同时适用刑法总则关于未遂犯的规定。再如,在公众场所当众强奸妇女未遂的,适用刑法第236条第3款规定的加重法定刑,同时适用刑法总则关于未遂犯的规定。但是,量刑规则是不可能存在未遂的。换言之,只有当案件事实完全符合某个量刑规定时,才能按照该规定量刑。例如,假定诈骗罪的数额较大、巨大与特别巨大的起点分别为3000元、3万元与50万元,甲试图骗取他人60万元的财物,虽然已经着手,但由于意志以外的原因未得逞。对此,不应认定为诈骗数额特别巨大的未遂,只能认为普通的诈骗未遂。

四、犯罪未遂的类型

犯罪未遂有不同的类型;类型不同,其所反映的违法性程度就不同;另一方面,某些犯罪未遂的类型与非罪之间容易混淆,故研究犯罪未遂类型具有重要意义。

（一）实行终了的未遂与未实行终了的未遂

一般认为，实行终了的未遂，是指犯罪人已将其认为达到既遂所必需的全部行为实行终了，但由于意志以外的原因未得逞。如犯罪人向被害人食物中投放了毒药，被害人中毒后被他人发现送往医院抢救脱险。未实行终了的未遂，是指由于意志以外的原因，使得犯罪人未能将他认为达到既遂所必需的全部行为实行终了，因而未得逞。例如，在举刀杀人时，被第三者制服。"行为是否实行终了"中的行为，是指导致发生侵害结果的实行行为，不包括侵害结果发生后行为人为了其他目的所实施的行为。如行为人打算致人死亡后碎尸，行为是否实行终了，应以致人死亡所必需的行为是否实行终了为标准，不以是否碎尸为标准。由此可见，犯罪既遂与"实行终了"不是等同概念。

在行为人的认识与客观事实相符合的情况下，实行终了的未遂与未实行终了的未遂，通常能反映出行为对法益的侵犯程度不同：前者离侵害结果的发生较近，后者离侵害结果的发生较远。但是，在行为人的认识与客观事实不相符合的情况下，实行终了的未遂与未实行终了的未遂，则不能准确反映行为对法益的侵犯程度。因为根据通说，实行终了的未遂与未实行终了的未遂，是以行为人的主观判断为标准做出的区分；倘若行为人的主观判断发生错误，如本来不必进一步实施行为便可以发生侵害结果（客观上已实行终了），而行为人误认为自己的行为未实行终了，或者相反，则不能认为实行终了的未遂对法益的侵犯程度重于未实行终了的未遂。所以，对实行终了的未遂与未实行终了的未遂，仍然应根据行为本身对法益的侵犯程度做出评价。[①]

[①] 或许也可以认为，单纯以行为人的主观认识为标准判断是否实行终了的未遂，缺乏合理性。

(二) 能犯未遂与不能犯未遂

传统观点认为，能犯未遂，是指犯罪人所实施的行为本身可能达到既遂，但由于意志以外的原因而未得逞；不能犯未遂，是指犯罪人所实施的行为本身就不可能既遂因而未得逞。后者又进一步分为对象不能犯未遂与手段不能犯未遂。例如，使用枪支向人开枪而未得逞的，是能犯未遂；以为是人实际上是向物开枪的，属于对象不能犯未遂。再如，使用砒霜杀害他人但由于抢救及时而未得逞的，是能犯未遂；本欲使用砒霜但因发生认识错误使用了砂糖因而未得逞的，属于手段不能犯未遂。并且认为，手段不能犯未遂与迷信犯具有本质区别，手段不能犯时，行为人所实施的行为与其所认识（或本欲实施）的行为完全不同，而迷信犯所实施的行为与其所认识（或本欲实施）的行为完全相同；手段不能犯是由于认识错误所致，迷信犯是由于愚昧无知所致。因此，传统观点认为，手段不能犯成立犯罪未遂，而迷信犯不成立犯罪。但是，对这种观点应当进行反思。

五、未遂犯与不能犯的区别

不可罚的不能犯[①]（下面一般简称为不能犯）一般包括三种情况：一是方法不能，即行为人具有实现犯罪的意思，但其采用的方法不可能导致结果发生。例如，本欲使用毒药杀人，但事实上投放了无害食物（如砂糖）。二是对象不能，即行为人具有实现犯罪的意思，但其行为所指向的对象并不存在，因而不可能发生结果。例如，将稻草人当作仇人开枪射击。三是主体不能，即行为人具有实施身份犯的意思，但其并不具备特殊身份，因而不可能成立身份犯。例如，一般公民以为自己是国家工作人员而收

---

① 本书在使用"不可罚的不能犯"表述时，并不意味着存在"可罚的不能犯"，只是强调"不能犯是不可罚的""不能犯是不构成犯罪的"。

受"贿赂"。不能犯的本质是缺乏实现犯罪的危险性,所以不可能成立未遂犯(之前的行为可能成立预备犯)。所以,不能犯本身并不是犯罪的特殊形态。但是,一个行为究竟是未遂犯还是不能犯,常常存在争议。如何区分二者,取决于如何理解和贯彻未遂犯的处罚根据,尤其是取决于其中的危险的判断。不能犯的学说,基本上是有关如何区分未遂犯与不能犯的学说,也是关于危险判断的学说。由于未遂犯都是具体的危险犯,所以,不能犯的学说也可谓从反面说明未遂犯处罚根据的理论。

抽象的危险说(主观的危险说)认为,应当以行为人在行为当时所认识到的事实为基础,以一般人的见地判断有无危险;如果按照行为人的计划实施行为具有发生结果的危险性,就是未遂犯;即使按照行为人的计划实施行为也不具有发生结果的危险性,则是不能犯。例如,行为人本想以毒药杀人但误用了砂糖,如果按照行为人的计划以毒药杀人,就具有致人死亡的危险,因而是未遂犯。再如,行为人以为砂糖能致人死亡而使人饮用砂糖,即使按照行为人的计划实施该行为也不可能发生致人死亡的结果,因而属于不能犯。我国传统刑法理论一般否认迷信犯的行为构成犯罪,但认为不能犯都属于未遂犯,实际上采取了抽象的危险说。

印象说认为,行为的客观危险性无法作为判断标准,只能将行为人的法敌对意思作为判断标准。亦即,只有当行为人实现法敌对意思的行为,动摇了公众对法秩序效力的信赖与法安定性的感觉(产生了受到动摇的印象)时,才能成立未遂犯。例如,行为人以杀人故意向被害人扣动扳机时,即使枪中没有子弹,也应认定为犯罪未遂。

具体的危险说也称新客观说。该说主张,以行为当时行为人特别认识到的事实以及一般人可能认识到的事实为基础,从客观的见地、作为对事后的预测(即站在行为时预测该行为事后会发生结果，也可谓事前判断），判断有无发生结果的危险。如果存在具体的危险，则成立未遂犯；否则，属于不能犯。① 例如，行为人以为硫黄可能致人死亡便使他人服用硫黄，或者以为向静脉注射少量空气可以致人死亡而注射少量空气。尽管从科学的观点来看没有发生死亡结果的危险，但由于一般人感到有危险，故应成立未遂犯，而非不能犯。又如，以为是活人而向尸体开枪时，如果在当时的情况下一般人认为对方是活人即一般人认为有致人死亡的危险，则成立未遂犯；如果行为人认为是活人，而一般人在当时的情况下均认为是尸体，则成立不能犯。反之，一般人认为让他人吃某种食物不会死亡，但行为人特别认识到具有特殊体质的被害人吃该食物会死亡时而使其吃该食物的，则存在危险，成立未遂犯。具体的危险说也不是十全十美的学说。

客观的危险说认为，行为人所意欲的侵害结果一开始就不可能实现（绝对不能）时，不具有危险性，成立不能犯；行为自身虽然具有实现侵害结果的可能性，但在特定状况下未能发生侵害结果（相对不能）时，具有危险性，成立未遂犯；认定是绝对不能还是相对不能时，应以行为时存在的一切客观情况为基础，事后以科学的因果法则为标准进行判断。据此，行为人误将砂糖当成毒药给他人饮用时，属于绝对不能，成立不能犯。行为人以杀人故意将没有达到致死量的毒药给他人饮用时，则属于相对不能，成立未遂犯；但如果毒药的量极少，则有可能属于不能犯。行为人以硫黄杀人时，由于在科学法则上缺乏作为杀人手段的性质，故属于绝对不能，成立不能犯。行为人使用没有子弹的手枪向他人射击时，由于事后确认该手枪中没有子弹，以此事实为基础进行判断，只能得出绝对不能的结论。在对象并不存在的情况下，行为（如误将尸体当活人而开枪）通常成立不能犯。由于客

---

① 主张具体的危险说的学者，既可能是行为无价值论者，也可能是结果无价值论者。

观的危险说存在缺陷，很多学者对之进行了修正。

本书认为，为了实现法益保护目的，同时保障国民的自由，必须贯彻客观的未遂犯论。首先要说明的是，不能犯是就个别犯罪而言，而不是就全部犯罪而言。例如，虽然就故意杀人而言是不能犯，但可能成立故意伤害罪（手段不能）。换言之，对于甲罪属于不能犯的，只是意味着不成立甲罪的未遂犯，但可能成立乙罪（以具有侵害乙罪的法益的危险性为前提）。其次要注意的是，不能犯是相对未遂犯而言，而不是相对预备犯而言，故不能犯也可能成立预备犯。例如，A准备了杀人的毒药后，却将食盐误当作毒药给他人食用的，虽然不成立故意杀人的未遂犯，但仍然可能成立故意杀人的预备犯。① 本书主张，只有当行为人主观上具有故意，客观上实施的行为具有侵害法益的紧迫危险时，才能认定为犯罪未遂；行为人主观上具有犯意，其客观行为没有侵害法益的任何危险时，就应认定为不能犯，不以未遂犯论处。至于客观行为是否具有侵害法益的紧迫危险，则应以行为时存在的所有客观事实为基础，站在行为时，根据客观的因果法则进行判断。

第一，要将行为时存在的所有客观事实（包括事后查明的客观事实）作为判断资料，而不是仅以行为人计划的内容作为判断资料。在行为人原本打算投放毒药，但事实上只投放了食盐时，要将投放食盐的事实作为判断资料。在行为人以为是仇人而开枪，但事实上射击了稻草人时，要将客观上射击稻草人的事实作为判断资料。显然，在这两种情况下，不可能成立未遂犯。

第二，要对客观事实进行一定程度的抽象（舍弃细微的、对危险判断通常不起关键作用的具体事实），并站在行为时进行判断，而不能进行事后的判断。例如，乙站在某地未动，甲瞄准其

---

① 当然，在某些情况下，还可能存在要么属于不能犯要么成立既遂犯的问题。例如，行为人携带几枚手榴弹进入公共交通工具，但该手榴弹根本不可能爆炸。

头部开枪。但甲刚扣动扳机时，乙移动了身体，甲的子弹没有打中乙。如果不对客观事实进行一定的抽象，且进行事后判断，那么，甲的行为也是不能犯。因为事后来看，在乙突然移动身体的情况下，甲瞄准乙原来的头部位置开枪，必然不能造成乙的死亡。但否认甲的行为构成未遂犯，显然不合适。如果将客观事实抽象为"甲向乙的头部开枪射击"，则能得出甲的行为成立杀人未遂的合理结论。但是，也不能进行过度的抽象。[①] 例如，倘若100mL敌敌畏才能致人死亡，行为人只故意投放了1mL敌敌畏。在本案中，敌敌畏的数量是重要事实，而不是细微的具体事实，故不能舍弃。如果将本案事实抽象为"向他人饮食中投放农药"，必然得出未遂犯的结论，但这种结论不妥当。

第三，对没有发生侵害结果的原因进行分析，考察具备何种要素时会发生侵害结果，在行为当时具备这种要素的可能性。例如，甲拦路抢劫，但行人（被害人）身无分文。没有发生侵害结果的原因，是行人没有随身携带财物。但是，行人随身携带财物的可能性非常大，故应认定甲的行为成立抢劫未遂，而不能认定为不能犯。再如，甲以杀人故意向人开枪，但射击的是早已死亡的尸体。甲的行为没有发生死亡结果，是因为甲射击的是尸体。由于不存在尸体变为活人的可能性，故甲的行为成立不能犯。在主体不能的情况下，由于不存在具备主体要素的可能性，故均应认定为不能犯。例如，邮政部门的临时清扫工，误认为自己是邮政工作人员，而私自开拆、隐匿或者毁弃邮件，由于行为人不具有邮政工作人员的特殊身份，故不成立刑法第253条规定的以邮政工作人员为主体的私自开拆、隐匿、毁弃邮件、电报罪。

第四，应当根据客观的因果法则，而不能根据行为人或者一般人的观念判断危险的有无。例如，甲为了杀人而使乙食用剪碎

---

① 关于"抽象的程度"是难以用文字表述的，要根据案件的具体事实来把握。

的头发。即使行为人或者一般人都认为吃了头发会死亡,但根据科学的因果法则,甲的行为不可能造成死亡,故甲的行为成立不能犯。

第五,行为虽然具有发生结果的危险,但危险性极小时,也不能认定为未遂犯。例如,向人的静脉注射空气的行为,具有导致他人死亡的危险。但是,假定通常1分钟内向他人静脉注射120mL空气就足以致人死亡,行为人以为注射3mL空气就能致人死亡,便只注射了3mL空气。由于发生死亡的危险性几乎等于零,故只能认定为不能犯。但是,如果行为人1分钟内向被害人静脉里注射了70mL空气,则应认为具有导致死亡的危险性,成立故意杀人未遂。或者,行为人将要注射120mL空气,但在注射过程中被他人阻止,仅注射了3mL,则仍有较大的危险,应认定为故意杀人的未遂犯。

六、未遂犯与幻觉犯的区别

所谓幻觉犯,是指某种事实并不违法,但行为人误认为违法。例如,行为人明知对方是已满14岁的少女,经少女同意与之性交。行为人以为在上述情况下与之性交是违法的,实际上该行为并不违法。可见,幻觉犯属于行为人对规范方面的认识错误。由于行为人的行为在法律上不是犯罪,因而是不可罚的。倘若认为前述不能犯是一种事实上的不能犯,那么,幻觉犯则可谓法律上的不能犯。

显然,幻觉犯与未遂犯存在本质区别。未遂犯既具有形式的违法性,也具有实质的违法性,但幻觉犯既不具备形式的违法性,也不具备实质的违法性。未遂犯的行为人对符合构成要件的事实具有认识与希望或者放任态度,而幻觉犯并不具有真正意义上的犯罪故意(因为其主观上没有对符合构成要件事实的认识与意志),只是错误地以为自己在实施犯罪。

七、未遂犯的处罚原则

刑法第 23 条第 2 款规定："对于未遂犯，可以比照既遂犯从轻或者减轻处罚。"这一规定表明，未遂犯应受刑罚处罚。但由于未遂犯的不法与责任一般轻于相应的既遂犯的不法与责任，故对于未遂犯，可以比照既遂犯从轻或者减轻处罚。

第四节 犯 罪 中 止

一、犯罪中止的法律性质

刑法第 24 条第 1 款规定："在犯罪过程中，自动放弃犯罪或者自动有效地防止犯罪结果发生的，是犯罪中止。"据此，犯罪中止存在两种情况：一是未实行终了的中止，即在预备阶段或者实行行为还没有实行终了的犯罪过程中自动放弃犯罪；二是实行终了的中止，即在实行行为终了的情况下自动有效地防止犯罪结果发生。

我国刑法第 24 条规定，对于中止犯，根据其是否造成了损害，减轻或者免除处罚。那么，对中止犯减免刑罚的根据是什么，这实质上是中止犯的法律性质问题。

我国刑法关于中止犯减免处罚的规定虽然不同于德国，但是，对于没有造成损害的中止犯免除处罚的规定，则与德国刑法完全相同。因此，我们可以借鉴德国刑法理论讨论中止犯减免处罚的根据。不过，一方面，我们不能笼统地讨论中止犯减免处罚的根据，而应首先着眼于讨论中止犯免除处罚的根据。另一方面，我们也不能完全割裂我国刑法第 24 条关于中止犯的两种法律后果的规定，不可能认为中止犯免除处罚的根据与中止犯减轻处罚的根据完全不同，因而分别确定两种中止的成立条件。例如，我们不可能认为，免除处罚的中止犯的自动性要求高于减轻处罚的中止犯；也不可能认为，二者的中止行为要求不同。所以，本书的看法是，首先说明中止犯免除处罚的根据，再思考为什么对造成损害的中止犯只是减轻处罚，而不是免除处罚。

在本书看来，刑罚目的包括一般预防与特殊预防，其中的一般预防包含积极的一般预防与消极的一般预防。但是，法定刑的确定、量刑与刑罚的执行阶段，目的的侧重点并不相同。就具体案件而言，决定是否免除处罚是一种量刑活动，所以，应当围绕量刑目的讨论中止犯免除处罚的根据。

由于量刑时应当注重特殊预防，并且不能使一般预防优于特殊预防，① 所以，缺乏特殊预防必要性，才是中止犯免除处罚的根据。换言之，特殊预防是刑法所期待的未来的目的，如果行为人没有再犯罪的危险性，当然就没有科处刑罚的必要。由于中止犯在中止之前的违法性与有责性只是减少而没有消灭，故只能以特殊预防必要性的丧失作为免除处罚的根据。中止犯的自动中止行为表明，不需要借助他人与国家机关，行为人就自动回到合法性的轨道，因而没有特殊预防的必要性，所以免除处罚。诚然，认为中止犯没有特殊预防的必要性或许是一个极为乐观的预测，在某些情况下不一定完全如此。但是，既然刑法做出免除处罚的规定，就应当认为刑法推定中止犯没有特殊预防的必要性，这一立法推定不允许反证。由于中止犯仍然存在违法性与有责性，故中止犯不是违法阻却事由与责任阻却事由。自动中止这一事实是表明行为人没有特殊预防必要性的情节，是一种法定的免除处罚的量刑事由。由于量刑的结局是免除刑罚处罚，且这一效果仅及于中止犯本人，因而也可谓一身的刑罚阻却事由。

此外需要说明的是，如果仅以特殊预防必要性的丧失作为中

---

① 参见张明楷：《责任刑与预防刑》，北京大学出版社 2015 年版，第 328 页以下。

止犯免除处罚的根据，那么，当行为人实行终了后基于悔悟而为防止结果的发生做出了真挚努力但未能避免结果发生时，也应当免除处罚。但是，根据我国刑法第 24 条的规定，这种情形依然成立既遂犯，而不能认定为中止犯。所以，中止犯免除处罚的根据必须包括违法性与有责性的减少，亦即，客观上必须没有发生构成要件结果（没有既遂），主观上不具有既遂犯的非难可能性。违法性与有责性的减少只是相对于既遂犯而言，而不是相对于未遂犯而言。

总之，与既遂犯相比，中止犯的违法性与有责性均有减少，仅此便能够减轻处罚。由于中止犯自动回到合法性的立场，导致特殊预防必要性的丧失，所以对中止犯应当免除处罚。在此意义上，本书也采取了并合说，只不过是违法性减少、责任减少与缺乏特殊预防必要性（量刑目的说）的并合说。倘若仅与未遂犯比较，认为中止犯必须像未遂犯一样没有既遂，那么，也可以认为本书仅采取了量刑目的说。①

二、犯罪中止的成立条件

犯罪中止与中止行为虽然具有本质区别，但中止行为是犯罪中止形态的决定性原因，犯罪中止的特征与中止行为的特征就成为表里关系，论述了中止行为本身的成立条件，也就说明了犯罪中止的特征或成立条件。

（一）中止的时间性

中止必须发生"在犯罪过程中"，即在开始实施犯罪行为之后、犯罪呈现结局之前均可中止。"在犯罪过程中"首先表明，犯罪中止既可以发生在预备阶段，也可以发生在实行阶段。不

---

① 参见张明楷："中止犯减免处罚的根据"，载《中外法学》2015 年第 5 期。

过，从犯罪的实质考虑，一般没有必要处罚预备阶段的中止犯。"在犯罪过程中"也表明，中止前的行为处于犯罪过程中，已经是犯罪行为；产生犯意后没有实施任何犯罪行为便放弃犯意的，不成立中止犯。"在犯罪过程中"还表明，犯罪尚未形成结局，既不是既遂，也不是由于行为人意志以外的原因而未着手实行犯罪或未得逞，因而具有变更的可能性。因此，犯罪既遂后自动恢复原状的，不成立犯罪中止；成立犯罪预备与未遂后，也不可能有犯罪中止。①

中止的时间性，是由中止的有效性决定的，即"放弃犯罪或者有效地防止犯罪结果发生"，决定了中止必须发生在犯罪过程中。中止不能发生在既遂之后，但如果对犯罪既遂缺乏合理解释（使既遂标准提前），也可能人为地限制中止的成立范围。

（二）中止的自动性

成立犯罪中止，要求行为人"自动"放弃犯罪或者"自动"有效地防止犯罪结果发生。这是犯罪中止与犯罪预备、犯罪未遂在主观上的区分标志。

关于中止的自动性（任意性）的理解，国外刑法理论上存在不同观点：② 主观说认为，行为人放弃犯罪的动机是基于对外部障碍的认识时，就是未遂，此外的场合便是自动中止。其判断基准是弗兰克（Frank）公式：能达目的而不欲时，为犯罪中止；欲达目的而不能时，为犯罪未遂。限定主观说认为，只有基于悔悟、同情等对自己的行为持否定评价的规范意识、感情或者动机而放弃犯罪的，才是自动中止，此外的都是未遂。客观说主张，

---

① 显然，所谓中止的时间性，并不是一个单纯的时间问题，而是中止的前提条件问题。亦即，在什么样的前提下才可能成立中止犯；在什么样的情形下不可能出现中止犯（不能中止的情形）。

② 参见张明楷：《外国刑法纲要》，清华大学出版社2007年第2版，第286页以下。

根据社会的一般观念对没有既遂的原因（引起行为人放弃犯罪或防止结果发生的现象）进行客观评价，如果当时的情况对一般人不会产生强制性影响，即一般人处于该情况下不会放弃犯罪，而行为人放弃的，便是犯罪中止；如果当时的情况能对一般人产生强制性影响，即一般人在当时的情况下也会放弃犯罪时，行为人放弃的，便是犯罪未遂。折中说主张，通过客观地判断行为人是否认识以及如何认识外界现象，来看外界现象是否对行为人的意识产生强制性影响，进而区分未遂与中止。犯罪人理性说，将犯罪人理性作为任意性的判断基准。犯罪人理性不同于常人的理性，犯罪人非常冷酷，会周密地考虑其具体行为的计划及其得失。犯罪人理性地放弃犯罪时，不具有自动性；反之，不理性、不合情理的放弃，则具有自动性。

我国刑法理论不仅在犯罪未遂论中讨论"意志以外的原因"，而且在犯罪中止论中讨论"自动性"，但未能联系地考虑二者之间的关系。显然，犯罪预备与犯罪未遂都是由于犯罪人意志以外的原因，故不属于犯罪人意志以外的原因而未着手实行犯罪或未得逞的，就应是犯罪中止。意志以外的原因，是指始终违背犯罪人意志的，客观上使犯罪行为不可能着手或既遂，或者使犯罪人认为客观上不可能着手或既遂的原因，因此，对于中止的自动性应理解为，行为人认识到客观上可能继续实施犯罪或者可能既遂，但自愿放弃原来的犯罪意图。[①] 首先，行为人认识到客观上可能继续实施犯罪或者可能既遂。这就表明，行为人面临着两种可能性：或者继续实施犯罪、使犯罪既遂，或者不继续实施犯罪、不使犯罪既遂。在存在选择余地的情况下，行为人不继续实施犯罪、不使犯罪既遂，就表明行为人中止犯罪具有自动性。其次，行为人自愿放弃原来的犯罪意图，不再希望、放任犯罪结果

---

① 为了论述上的方便，下面仅述中止与未遂的区别。

发生，而是希望不发生犯罪结果。只有这样，才能表明行为人已经回到合法性的轨道，没有特殊预防的必要性。在判断具体的行为是否具有自动性时，要以犯罪中止的法律性质（免除处罚的根据）为指导，同时可以采取逐步判断的方法。

1. 首先采取限定主观说进行判断：行为人基于悔悟、同情等对自己的行为持否定评价的规范意识、感情或者动机而放弃犯罪的，充分表明行为人回到了合法性轨道，应认为具有自动性。

2. 在根据限定主观说得出了否定结论时，再根据主观说，采用上述弗兰克公式进行判断。"能达目的而不欲"中"能"，应以行为人的认识为标准进行判断，而不是根据客观事实进行判断，也不是同时根据主观认识与客观事实进行判断。即只要行为人认为可能既遂而不愿达到既遂的，即使客观上不可能既遂，也是中止（不能犯除外）；反之，只要行为人认为不可能既遂而放弃的，即使客观上可能既遂，也是未遂。

3. 不能不承认的是，主观说中的"能"与"不能"的界限可能并不明确。因为"能"与"不能"是一种可能性概念，可能性又具有多种情形，如伦理上的可能性、心理上的可能性、物理上的可能性。例如，儿子决意杀害父亲在瞄准父亲时放弃开枪。如果从心理的、物理的角度来说，开枪是可能的，但从伦理的角度来说，则是不可能的。在类似这样的根据主观说难以得出结论或者结论不具有合理性的场合，应当参考客观说进行判断。之所以应当参考客观说，是因为如果一般人在当时的情况下也会放弃犯罪时，行为人放弃的，不能表明行为人没有特殊预防的必要性；反之，如果一般人在当时的情况下不会放弃犯罪时，行为人放弃的，则能说明行为人没有特殊预防的必要性。例如，A在外地打工期间，于黑夜里实施抢劫行为，抢劫过程中发现对方是自己的胞兄B，于是停止了抢劫行为。在适用弗兰克公式时，如果从客观的或者物理的角度考虑，A仍然能够抢劫其胞兄的财产却放弃，应属于犯罪中止；倘若从心理的角度考虑，A不能继续抢劫其胞兄的财产，故属于犯罪未遂。在这种场合，宜参考客观说，认定A属于欲达目的而不能，因而不成立中止犯。

总之，心理是一种复杂现象，单纯从心理意义上认定和评价"自动性"，难以得出妥当结论，故需要进行规范的判断，实质的标准是行为人是否回到合法性轨道，因而没有特殊预防的必要性。

(三) 中止的客观性

中止不只是一种内心状态的转变，还要求客观上有中止行为。中止行为分为两种情况：一是自动放弃犯罪行为，二是自动有效防止犯罪结果发生。一般来说，在犯罪行为未实行终了，只要不继续实施就不会发生犯罪结果时，中止行为表现为放弃继续实施犯罪行为；在行为实行终了，不采取有效措施就会发生犯罪结果时，中止行为表现为采取积极措施有效地防止犯罪结果发生。

在此所讨论的行为是否实行终了，应与是否需要采取积极措施防止犯罪结果发生以及行为人的主观认识内容联系起来考察：如果行为人认识到单纯放弃犯罪行为就不会发生犯罪结果，事实上也是如此，则应认为行为未实行终了；行为人自动放弃犯罪行为的，便成立犯罪中止。如果行为人认识到需要采取积极措施防止犯罪结果发生，事实上也是如此，则应认为行为实行终了；行为人采取措施防止结果发生的，就成立犯罪中止。如果行为在客观上并没有终了，但行为人误认为终了，因而不继续实施犯罪行为的，成立犯罪未遂；如果行为人自以为没有终了，而自动不继续实施犯罪，事实上由于其他原因防止了结果发生的，宜认定为犯罪中止（如果发生了犯罪结果，当然是犯罪既遂）；如果行为人自以为没有终了，而自动实施了足以防止结果发生的中止行为，事实上没有发生犯罪结果的，成立犯罪中止。

在未实行终了的情况下，行为人必须是真实地放弃犯罪行为，而不是等待时机继续实施该行为。例如，行为人侵入仓库后发现财物过多，打算回去开车来窃取的，不是中止行为。再如，行为人打算窃取现金，但因为有宝石，而只窃取宝石、不窃取现金的，不是中止行为。但是，在未实行终了的情况下，自动放弃重复侵害行为的，是犯罪中止。即行为人实施了足以发生犯罪结果的行为后，犯罪结果并没有发生，行为人还可以继续实施犯罪，但自动放弃继续侵害的，成立犯罪中止，而不是犯罪未遂。例如，甲的手枪中有3发子弹，在第一枪没有射中且可以继续射击的情况下而不射击的，应认定为犯罪中止。不仅如此，即使在因果关系发展的短暂进程中，行为人一度误以为或者估计已经既遂，但在能够继续实施犯罪行为的情况下放弃犯罪或者自动有效防止犯罪结果发生的，也宜认定为犯罪中止。

在实行终了的情况下，中止行为必须是一种足以避免结果发生的、真挚的努力行为，但不以行为人单独实施为必要。没有做出真挚努力的，不成立中止。例如，行为人在其放火既遂前喊了一声"救火呀！"然后便逃走的，即使他人将火扑灭，也不能认为是犯罪中止。对于不作为犯罪的中止而言，其中止行为一般表现为履行自己原本应当履行的义务。

（四）中止的有效性

不管是哪一种中止，都必须没有发生行为人原本所希望或者放任的、行为性质所决定的犯罪结果（侵害结果）。行为人虽然实施了中止行为，但如果发生了行为人原本所希望或者放任的、行为性质所决定的犯罪结果，就不成立犯罪中止。

行为原本实行终了但行为人误以为没有实行终了，只是单纯放弃犯行没有防止结果发生的，应当认定为犯罪既遂。例如，甲计划通过五次投放毒药致乙死亡，投放两次后，甲放弃了进一步的投放行为，以为乙不会死亡，但乙因为两次食用毒药而死亡。显然，在结果能够归属于行为人的前两次投毒行为时，只要行为人在前两次投毒时具有杀人故意，就可以认定行为人具有既遂的故意。[①] 因此，对上例中的甲应当认定为杀人既遂，而不能认定为杀人中止。

但应注意的是，在足以防止结果发生的 A 行为独立地导致发生了原犯罪的侵害结果时，如果应将侵害结果归责于 A 行为，则不妨碍原犯罪成立犯罪中止。例如，甲向乙的食物投放毒药，乙吃后呕吐不止，甲顿生怜悯之心，开车将乙送往医院，但车速过快发生交通事故导致乙死亡。由于乙被送往医院后有被救助的可能性，应认为甲的行为足以防止原犯罪的结果发生，而乙死亡的结果是由于甲的过失行为造成，甲成立故意杀人中止与过失犯罪（交通肇事罪或者过失致人死亡罪）。但是，如果行为人采取的是不足以防止结果发生的措施（无效的中止行为），因而发生了原犯罪的侵害结果的，则仍然成立犯罪既遂。[②]

基于同样的理由，如果行为人在行为终了后实施了足以防止结果发生的行为，但由于被害人或者第三者的原因导致结果发生，也应认定为犯罪中止。倘若在上例中，乙被送往医院后，因为不想活下去而拒绝接受医生的救助导致死亡的，仍应认定甲的行为成立犯罪中止。

需要研究的是，中止行为与犯罪结果没有发生之间不存在因果关系时，是否成立中止犯？即行为人为防止犯罪结果的发生做出了积极努力，但其行为本身偶然不能使犯罪结果发生或者由于

---

① C. Roxin, Strafrecht Allgemeiner Teil, Band Ⅱ, C. H. Beck, 2003, S. 351ff, S. 517ff.
② 当然，如何区分无效的中止行为与导致结果的"中止"行为，还存在许多值得探讨的问题。

他人行为防止了犯罪结果发生时,是否成立中止犯?本书持肯定说。大致而言,以下四种情况均成立犯罪中止:(1)中止行为独立防止了侵害结果发生时,成立犯罪中止。(2)中止行为与其他人的协力行为,共同防止了侵害结果发生时,只要能够认定行为人做出了真挚的努力,也成立犯罪中止。如行为人向被害人的食物投放毒药后,见被害人痛苦难忍而顿生悔意,立即拨打急救电话,将被害人送往医院,由医生抢救脱险的,理当成立犯罪中止。(3)中止行为足以防止侵害结果发生,但事实上是由与中止行为无关的其他人的行为防止侵害结果发生的,也应认定为犯罪中止。例如,甲向乙投放毒药后,心生悔悟,立即拨打120急救电话。但邻居丙在急救车到来之前将乙送往医院,乙经抢救脱险。根据本书观点,只要没有特殊情形(如急救车一直没有到达或者等急救车到达时乙的生命得不到救助),也应认定甲的行为成立犯罪中止。(4)行为人在犯罪过程中自动放弃犯罪,或者自动采取有效措施防止侵害结果发生,其行为足以避免侵害结果的发生,而且侵害结果没有发生,即使实行行为本身偶然不能导致侵害结果发生,也成立犯罪中止。换言之,只要中止行为足以避免侵害结果发生,即使实行行为本身原本未能造成侵害结果,也应认定为犯罪中止。例如,甲开枪射击乙,乙受惊吓而昏厥,甲误以为乙中弹倒地,又顿生悔意,将乙送往医院急救。虽然不予急救也不至于发生死亡结果,但也应认定为中止,而非未遂,也不是未遂与中止的竞合。① 刑法第24条要求"有效地防止犯罪结果发生",这表面上要求中止行为与结果没有发生之间存在因果关系,事实上是要求犯罪结果没有发生,要求行为人采取有效的措施、做出真挚的努力。因此,本书不赞成要求中止行为与侵害

---

① 不能认为开枪后没致人死亡就已经形成犯罪未遂的终局状态,否则就会导致处罚的不公平。

结果没有发生之间必须存在因果关系的观点。①

但是，如果被告人的行为不足以防止结果发生，则不符合有效性的条件（也可能不符合中止行为的条件），不能认定为犯罪中止。例如，A 向丈夫 B 投放毒药后，见 B 呕吐不止心生悔意但不知所措，便跑到父母家将真相告诉父母。邻居 C 发现后将 B 送至医院，经抢救脱险。A 的行为并不足以防止结果发生，因而不成立犯罪中止（也可以认为 A 并没有实施中止行为）。

三、特殊类型的中止

（一）结果加重犯的中止

如前所述，在行为人故意造成加重结果，却没有发生加重结果的情况下，应认定为结果加重犯的未遂（适用结果加重犯的法定刑，同时适用刑法总则关于未遂犯的处罚规定）。

既然结果加重犯可能由于行为人意志以外的原因而没有既遂，当然也可能由于行为人自动的原因而没有既遂。例如，A 以抢劫故意对被害人实施抢劫行为，并且打算杀害被害人后立即取走财物，在着手实行杀人行为之后，被害人求情不要杀害自己，A 便自动放弃了杀人行为（未造成伤害），取得了被害人的财物。与单纯故意杀人时应当认定为故意杀人中止相比，在本案中，对 A 的行为也应认定为加重抢劫的中止。由于对没有造成损害的中止犯应当免除处罚，所以，对 A 不得适用加重犯的法定刑（或者说，对加重犯免除处罚），只能按普通抢劫罪的既遂论处。

另外一种情形可谓中止的结果加重犯。例如，甲为了强奸妇女而对妇女实施暴力，在暴力行为导致妇女重伤后，甲自动放弃

---

① 也可以说，只要按照假定的判断，中止行为与结果的不发生之间存在观念上的因果关系即可。亦即，倘若人们问：如果甲实施某种行为乙是否不会死亡？如若得到的是肯定回答，则甲的行为符合有效性的条件，成立犯罪中止。

了奸淫行为。这种情形属于结果加重犯的既遂与基本犯的中止。考虑到我国的法定刑较重,本书倾向于适用总则关于中止犯的规定减轻处罚。但甲的行为同时触犯了故意伤害罪,因而成立想象竞合犯,故需要权衡法定刑与量刑情节形成的处罚轻重,最终从一重罪处罚。

(二) 部分的中止

所谓部分的中止,是指行为人在着手实行阶段,自动放弃了已经具备的加重要素,而仅完成基本构成要件的情形。[①] 其中的加重要素,不是指结果加重,而是指其他客观要素的加重。在这种场合,是按照加重犯的既遂处罚,还是仅按基本犯的既遂处罚,是我国刑法理论还没有展开研究的问题。

例如,A以抢劫故意,持枪(显示枪支)对被害人实施胁迫行为,在还没有压制被害人反抗时,突然觉得使用枪支不合适,就自动将枪支抛在20多米外,然后对被害人拳打脚踢,进而压制被害人的反抗,强取了财物。对A是按照持枪抢劫的既遂犯处罚,还是按照普通抢劫罪(基本犯)的既遂犯处罚?换言之,对A的行为能否认定为持枪抢劫的中止犯?如果肯定这种部分的中止,那么,由于持枪抢劫的行为本身没有造成损害,而应免除处罚,故对A的行为只能认定为普通抢劫罪的既遂犯。如果否定这种部分的中止,则意味着对A应以持枪抢劫的既遂犯论处。本书肯定部分的中止(就上例而言,对A的行为仅以普通抢劫罪的既遂犯论处),因为A的行为完全符合中止犯的成立条件。

承认部分的中止,并不是对一个犯罪的任意分割,而是建立在正确理解和处理重罪与轻罪的关系之上。例如,关于持枪抢劫

---

① C. Roxin, Strafrecht Allgemeiner Teil, Band Ⅱ, C. H. Beck, 2003, S. 573.

的规定，实际上是普通抢劫的特别规定，在行为人中止了特别规定之犯罪，实施了普通犯罪时，承认对持枪抢劫的中止，仅按普通犯罪论处，没有任何不当之处。

四、中止犯的处罚原则

刑法第 24 条第 2 款规定："对于中止犯，没有造成损害的，应当免除处罚；造成损害的，应当减轻处罚。"显然，明确了"造成损害"的内涵与外延，也就确定了"没有造成损害"的含义。对于"损害"的理解，必须以刑法的法益保护目的为指导，并考虑犯罪之间的关系与罪刑相适应原则。

第一，"损害"仅限于行为造成的实害，不包括行为造成的危险。因为中止前的犯罪行为都是已经造成了危险的行为，如果将危险归入"损害"，意味着中止犯没有免除处罚的余地，明显违反刑法的规定。

第二，"损害"必须是刑法规范禁止的侵害结果，这是刑法的目的与犯罪的本质决定的。倘若将刑法规范并不禁止的结果作为中止犯中的"损害"，实际上违反了罪刑法定原则，导致刑法规范并不禁止的结果成为处罚对象。据此，A 使用暴力强奸妇女，在奸淫之前实施了猥亵行为，后来放弃奸淫行为的，应认定为"造成损害"。B 着手入户盗窃后中止盗窃行为的，如果入户行为造成了非法侵入住宅罪所要求的构成要件结果（侵害了他人的住宅安宁），就应认定为"造成损害"。这是因为，前者造成了刑法第 237 条所禁止的侵害妇女性的自主权的结果；后者造成了刑法第 245 条所禁止的侵害他人住宅安宁的结果。反之，甲中止杀人或抢劫行为，但其行为造成了被害人暂时的身体疼痛或者轻微伤害的，不应认定为"造成损害"。乙向特定个人实施诈骗或者敲诈勒索行为，使被害人受骗或者产生了恐惧心理，但后来自动放弃犯罪,不要求被害人交付财物的,不应认定为"造成损害"。① 这是因为,造成身体疼痛或者轻微伤害、使特定个人单纯受骗或者单纯产生恐惧心理,都不是刑法规范禁止的侵害结果,因而不能评价为中止犯中的"造成损害"。

第三,"损害"不限于物质性结果,也包括非物质性结果。例如,行为人谎称已向大型商场投放了爆炸物,胁迫商场交付金钱,后来自动放弃勒索行为,不要求商场交付金钱,但编造虚假恐怖信息的行为已严重扰乱商场秩序的,也属于"造成损害"。

第四,"损害"仅限于对他人造成的损害,而不包括对自己造成的损害。

第五,"损害"必须是能够主观归责的结果,而不包括意外造成的结果。所谓能够主观归责的结果,是指行为人对损害具有责任,尤其是指行为人对损害具有故意或者过失;如果某种损害虽然由行为造成,但行为人对此没有故意与过失,则不属于中止犯中的"造成损害"。

---

① 如果刑法规定了以侵害他人意志自由为内容的胁迫罪,则可以认定为"造成损害"。

第八章 共同犯罪

第一节 共同犯罪的理论前提

一、共同犯罪的基本术语

根据我国刑法第 25 条的规定，共同犯罪是指二人以上共同犯罪。[①] 例如，甲欲入户盗窃，乙知情并将一个撬锁工具交给甲，甲利用该工具窃取了他人财物。我国刑法理论认为，甲、乙成立盗窃罪的共同犯罪。甲、乙就是共同犯罪人，也可能被称为共犯人或者共同犯罪的参与人[②]。刑法第 26 条至第 29 条基于地位与作用的区别分别对各共犯人规定了不同的处罚原则。

刑法理论上经常使用"共犯"一词，但共犯一词有不同含义。最广义的共犯，是指二人以上共同实现犯罪的情形，不问行为人是故意还是过失（既包括故意的共同犯罪，也包括过失的共同犯罪）。中间意义的共犯，是指二人以上故意共同实现犯罪的情形。此外，也可能将共犯人简称为共犯（在上例中称甲、乙为

[①] 德国、日本刑法理论基本不使用"共同犯罪"一词，但我国刑法与刑法理论均使用这一概念。
[②] 但"参与人"也可能仅指教唆犯与帮助犯。

共犯)。为了正确认定与区别对待共犯人,刑法与刑法理论对共犯人会进行分类。例如,有的分为正犯、组织犯、教唆犯、帮助犯,有的分为主犯、从犯、胁从犯等。狭义的共犯是指正犯之外的教唆犯与帮助犯。在上例中,甲是正犯,乙是狭义的共犯(帮助犯)。正犯不仅包括单独正犯,还包括同时正犯、共同正犯与间接正犯。当然,共同正犯究竟是正犯还是共犯,在国外刑法理论上存在争议(既可能属于广义的正犯,也可能属于广义的共犯)。不难看出,共同犯罪的基本术语比较混乱,需要读者在相关语境下准确识别。

二、共同犯罪的立法宗旨

共同犯罪,是指二人以上共同实施的犯罪。从不法的层面来说,共同犯罪的立法与理论所解决的问题是,将不法事实归属于哪些参与人的行为。就具体案件而言,司法机关认定二人以上的行为是否成立共同犯罪,是为了解决二人以上行为的结果归属(客观归责)问题。亦即,只要认定成立共同犯罪,就要将法益侵害结果(包括危险,下同)归属于各参与者的行为(而不论各参与者是否具有责任)。显然,要将结果归属于参与人的行为,就要求参与人的行为与结果之间具有物理的因果性或者心理的因果性。在成立共同犯罪的前提下,即使查明侵害结果由其中一人直接造成,或者不能查明侵害结果由谁的行为直接造成,但只要能够肯定参与者的行为与结果之间具有物理的或者心理的因果性,就应肯定参与者的行为是结果发生的原因,进而将结果归属于参与者的行为。

在二人以上参与实施的犯罪中,当甲的行为直接造成了结果时,即使不考察其他人的行为,也能认定甲的行为是结果发生的原因;如果甲具有责任,则认定其行为构成犯罪。但是,对于没有直接造成结果的参与者来说,就需要通过共同犯罪的立法与理论来解决其结果归属问题。例如，B 为 A 入户盗窃提供了钥匙，C 为 A 入户盗窃实施了望风行为，A 利用 B 提供的钥匙盗窃了他人 1 万元现金。即使单独判断 A 的行为，A 也要对被害人 1 万元的财产损失结果承担盗窃罪的责任。但是，倘若单独判断 B、C 的行为，B、C 的行为就不可能构成犯罪。不言而喻，这种结论并不可取。共同犯罪的立法与理论，使得司法人员也可以将被害人的 1 万元财产损失结果归属于 B、C 的行为。因为 B 为 A 的盗窃提供了物理的帮助，或者说 B 的行为与结果之间具有物理的因果性；C 为 A 的盗窃提供了心理上的帮助，或者说 C 的行为与结果之间具有心理的因果性。所以，只要 B、C 具备责任要素，就要对被害人 1 万元的财产损失结果承担刑事责任。不难看出，共同犯罪的立法与理论主要是为了解决法益侵害结果归属于谁的行为这一问题，至于各参与人是否具有责任，只要根据前述第六章的责任要素进行判断即可。在此意义上说，共同犯罪是不法形态。

显而易见的是，在二人以上的行为都是结果发生的原因的案件中（不法层面上的共同犯罪），[①] 各参与人的责任不可能完全相同，更不可能连带。根据责任主义的要求，即使行为符合构成要件且违法，但倘若行为人没有责任，就不得以犯罪论处，不得科处刑罚。在判断参与人是否值得处罚时，只能以每一个参与人是否具有责任为根据，而不能因为此参与人有责任，便处罚彼参与人。事实上，责任能力、责任年龄、故意内容、违法性认识的可能与期待可能性等责任要素，都只能进行个别判断。参与人甲具有责任能力，不意味着参与人乙也具有责任能力；参与人 A 具有期待可能性，不等于参与人 B 具有期待可能性。

---

① 同"犯罪"具有不法层面的犯罪与不法且有责意义上的犯罪一样，"共同犯罪"首先是不法层面的共同犯罪，其次才是不法且有责意义上的共同犯罪。

以责任能力与法定年龄为例。有责任能力者与无责任能力者，也可能成立共同犯罪。但最终承担责任的是谁，则不是共同犯罪的立法与理论所要解决的问题，而是责任层面的问题。例如，16周岁的甲应邀为15周岁的乙的入室盗窃行为望风。只要意识到共同犯罪是一种不法形态，那么，各参与人的责任就不会影响共同犯罪的成立。据此，甲与乙成立盗窃罪的共同犯罪，乙是正犯（不法层面的正犯），甲是帮助犯。由于乙没有达到法定年龄，故不承担责任，但对甲必须以盗窃罪的帮助犯（从犯）论处。再如，16周岁的甲与13周岁的乙共同轮奸妇女丙。只要意识到共同犯罪是一种不法形态，就会得出甲、乙二人成立共同正犯的结论，即属于轮奸（乙只是因为没有责任而不对之定罪量刑）。因此，对甲应当适用轮奸的法定刑，而不是适用一般强奸罪的法定刑。

正因为共同犯罪是一种不法形态，各参与人的行为对法益侵害（危险）结果所起的作用可能不同，责任程度与范围也会不同，需要区别对待，所以，刑法分别对主犯、从犯、胁从犯规定了不同的处罚原则，同时对教唆犯作了特别规定。

三、共同犯罪的认定方法

（一）以不法为重心

如上所述，共同犯罪是不法形态。处理共同犯罪案件时，应当首先从不法层面判断是否成立共同犯罪，然后从责任层面个别地判断各参与人是否具有责任以及具有何种责任。换言之，共同犯罪的特殊性只是表现在不法层面，共同犯罪的立法与理论只是解决不法层面的问题；在责任层面，共同犯罪与单个人犯罪没有区别。所以，必须以不法为重心认定共同犯罪。

由于不法是指行为符合构成要件且违法，所以，在认定共同犯罪时，首先要判断参与人中谁的行为符合什么罪的构成要件，法益侵害结果由哪些人的行为造成（或者说，哪些人的行为对结果的发生做出了贡献）。这方面的判断可谓构成要件符合性的判断，基本上表现为共犯的因果性的判断。

例如，15周岁的甲入户盗窃造成了他人财产损失的结果（实施了符合盗窃罪构成要件的行为），17周岁的乙帮甲望风的行为与结果之间具有心理的因果性。所以，该结果应当同时归属于甲乙二人的行为。在不法层面，甲是正犯，乙是帮助犯或者从犯。在此前提下，分别判断各自的责任。由于甲没有达到责任年龄，其行为最终不成立犯罪。乙具备各种责任要素，最终成立盗窃罪，而且应当以从犯论处。基于同样的理由与认定方法，倘若上例中的甲是缺乏其他责任要素的人，乙也成立盗窃罪的从犯。

在通常情况下，行为符合构成要件就能推定行为具有违法性。但是，由于法益主体对自己法益造成的损害不可能具有违法性（如伤害自己身体、毁损自己财物的行为不违法），而法益主体完全可能与他人共同造成自己的法益损害，所以，在共同犯罪中，各参与人行为的违法性可能具有相对性，因而需要进一步在违法性层面做出判断。

以不法为重心，并不意味着最终意义上的共同犯罪不需要责任，而是说对共同犯罪中各参与人的责任认定与单个人犯罪的责任认定没有区别（当然，各共犯人的故意认识内容会有所不同）。所以，在认定共同犯罪时，没有必要也不应当将责任内容作为重要问题。既不能将责任要素作为判断共同犯罪成立与否的条件，更不能先判断责任后判断不法。"共同犯罪"并不意味着各参与人最终均成立犯罪。其一，虽然在不法层面成立共同犯罪，但是，其中的部分参与人可能因为缺乏责任要素，最终并不成立犯罪，仅部分参与人乃至一个参与人最终成立犯罪（也可能所有参与人都没有责任，因而最终都不构成犯罪）。其二，即使所有参与人均有所谓的共同行为与共同故意，但部分参与人可能存在违法阻却事由，而不可能成立犯罪。其三，由于共同犯罪只是不法形态，而参与人的行为最终构成何罪还取决于责任的内容，所以，在最终成立共同犯罪的情况下，虽然所有参与人都成立犯罪，但完全可能成立不同罪名的犯罪。

（二）以正犯为中心

司法人员没有必要抽象地讨论共同犯罪的成立条件，只需要明确正犯、共同正犯的成立条件，教唆犯、帮助犯的成立条件（在某些场合还需要明确首要分子的成立条件）并做出合理的判断。

"正犯是实现符合构成要件的实行行为这一过程中的中心人物或者核心人物。"[①] 因为犯罪的本质是侵害或者威胁法益，具体表现为对法益造成侵害结果或者危险结果，而支配这种结果发生的人正是正犯。所以，在处理共同犯罪案件时，要先确认正犯，在正犯的行为符合构成要件且违法的前提下，判断是否存在教唆犯、帮助犯，就变得相对容易。这是认定共同犯罪的最佳路径。

正犯的行为与结果之间的因果关系（包括结果归属）是容易判断的。当A持枪射中被害人心脏导致其死亡时，我们很容易将该死亡结果归属于A的射击行为。例如，17周岁的乙为15周岁的甲入户盗窃望风，甲顺利窃取了丙的2万元现金。我们丝毫不会怀疑丙的2万元财产损失由甲的行为造成，而且能肯定甲的行为符合盗窃罪的构成要件，具有违法性。在肯定了甲的行为在不法层面成立盗窃罪之后，再判断乙的行为是否对甲造成的法益侵害结果做出了贡献，就可以从不法层面得出乙是否成立帮助犯的结论。由此可见，不需要讨论帮助犯与正犯构成共同犯罪的条

---

① C. Roxin, Strafrecht Allgemeiner Teil, Band Ⅱ, C. H. Beck, 2003, S. 9.

件，只需要讨论帮助犯的成立条件。对教唆犯的认定也是如此。显然，以正犯为中心，可以使共同犯罪的认定更为容易。

但应注意的是，共同正犯不同于单独正犯，而且都是正犯，相互之间不具有从属性，所以，需要讨论共同正犯的成立条件。

（三）以因果性为核心

由于犯罪有既遂与未遂之分，所以，在共同犯罪案件中，参与人是不是共犯人与参与人应否对法益侵害结果负责，是两个不同的问题。共犯的因果性问题，既关系到共犯成立与否，也关系到共犯应在什么范围内承担责任。

例如，甲、乙二人同时开枪射击丙，但只有一发子弹击中丙。设定A、B两种情形：A情形为，甲击中了丙；B情形为，不能查明谁击中了丙。根据共同犯罪的立法，如果甲、乙二人成立共同犯罪，那么，在A情形中，乙也要对丙的死亡负责，在B情形中，甲、乙均要对丙的死亡负责；倘若甲、乙二人不成立共同犯罪，那么，在A情形中，乙仅成立杀人未遂，在B情形中，甲、乙均只成立杀人未遂。问题是，为什么一旦成立共同犯罪，甲、乙二人就都要对丙的死亡结果负责？答案只能是：因为丙的死亡结果能够归属于甲、乙二人的行为，或者说，甲、乙二人的行为与丙的死亡结果之间都具有因果性。所以，共犯的因果性成为共犯论中特别重要的内容。

因果关系是归责的必要要件，对教唆犯与帮助犯也不例外。就单独正犯以及共同犯罪中的正犯而言，因果关系是将结果归属于正犯的必要条件。如果结果的发生与正犯的行为之间没有因果关系，就不可能令正犯对结果负责。教唆犯、帮助犯是刑罚扩张事由，既然将结果归属于正犯以因果关系为前提，那么，对于教唆犯、帮助犯而言，也必须提出这样的要求，否则，就与教唆犯、帮助犯的这种刑罚扩张事由明显不相当。所以，只有当教唆行为、帮助行为与正犯结果之间具有物理的因果性或者心理的因果性时，教唆犯、帮助犯才对正犯结果负责。

第二节　共同犯罪的基础理论

一、任意的共犯与必要的共犯

共同犯罪可以分为任意的共犯与必要的共犯。刑法总论一般研究前者，但对后者涉及的问题也需要讨论。

任意的共犯，是指一人可以实施的犯罪，由二人以上共同实施的情况。例如，二人以上共同故意犯盗窃罪的，是任意的共犯。这种任意的共犯及其处罚原则，规定于刑法总则，是刑法总论所要研究的内容。

必要的共犯，是指刑法分则所规定的，必须由二人以上共同实行的犯罪。在我国，必要的共犯包括三种情形。

（一）对向犯

对向犯（对立的犯罪），是指以存在二人以上相互对向的行为为要件的犯罪。对向犯分三种情形：一是双方的罪名与法定刑相同，如重婚罪、代替考试罪；二是双方的罪名与法定刑都不同，如贿赂罪中的行贿罪与受贿罪；三是只处罚一方的行为（片面的对向犯），如贩卖淫秽物品牟利罪，只处罚贩卖者，不处罚购买者。[①] 问题是，在第三种情况下能否直接根据刑法总则的规

[①] 第三种情形并不是共同犯罪，称为对向"犯"似乎不合适，但这种犯罪以存在购买方的行为为要件，故刑法理论仍然称之为对向犯。此外，第一种情形虽然从不法层面成立共同犯罪，但其中的参与人也可能缺乏责任要素；第二种情形的对向犯也不必然构成共同犯罪，例如，完全存在受贿人构成受贿罪，但提供贿赂的人并不构成行贿罪的情形。尽管如此，刑法理论依然认为这些情形均属于对向犯（参见〔日〕大塚仁：《刑法概说（总论）》，有斐阁2008年第4版，第275页）。

定将购买者作为共犯（教唆犯或帮助犯）处罚？

在具有对向犯性质的 A、B 两个行为中，立法者仅将 A 行为作为犯罪类型予以规定时，当然预想到了 B 行为，既然立法者没有规定处罚 B 行为，就表明立法者认为 B 行为不可罚。如果将 B 行为以教唆犯或帮助犯论处，则不符合立法意图。在立法者意思说看来，B 行为之所以不可罚，是因为其对向性的参与行为的定型性、通常性。因此，如果参与行为超出了定型性、通常性的程度，就应以教唆犯、帮助犯论处。例如，购买淫秽物品的人即使主动请求卖主出售给自己，也不构成教唆犯与帮助犯。但是，如果对方并不出售淫秽物品，而购买者积极地推动对方，劝导其出售淫秽物品给自己的，则成立教唆犯（立法者意思说）。

（二）聚众共同犯罪

一般认为，聚众共同犯罪是由首要分子组织、策划、指挥众人所实施的共同犯罪。①

认识聚众犯罪是认识聚众共同犯罪的前提。聚众犯罪是由首要分子组织策划、聚集纠合多人所实施的犯罪。"聚众"是实施犯罪的形式。聚众犯罪有如下特点：（1）参与人的复杂性。主要表现在：有首要分子，即在犯罪中起组织、策划、指挥作用的犯罪分子。有众人参与，"称众者，三人以上"（《唐律·名例》）；参与人可能随时增加或减少，而非处于固定状态。参与人虽为三人以上，但参与人不一定是犯罪人。（2）行为的公然性。聚众犯罪由于人多势众，常使犯罪处于可见可闻的情况，首要分子正是要利用这一点实现自己的犯罪意图。（3）行为的多样性。由于参与人复杂，使得聚众犯罪行为呈现多样性的特点。聚众犯罪与聚众共同犯罪不是等同的概念。根据刑法规定，聚众犯罪可以分为两类：

---

① 不排除在特殊情形下没有首要分子。例如，在货车侧翻后，附近的众人不约而同地哄抢财物的，宜认定为聚众哄抢。

一类是属于共同犯罪的聚众犯罪。如刑法第 317 条第 2 款规定的聚众持械劫狱罪,其首要分子、积极参加者与其他参加者,成立共同犯罪。这种聚众共同犯罪,是典型的必要的共犯。但应注意的是,刑法并不一定处罚所有的参与者。

另一类聚众犯罪是否属于共同犯罪,则要依案件的具体情况而定。例如,刑法第 291 条规定的聚众扰乱公共场所秩序、交通秩序罪,只处罚首要分子,而不处罚其他参与人。当首要分子为二人以上,共同组织、策划、指挥聚众犯罪时,构成共同犯罪自不待言。但当首要分子只有一人时,就是一人以聚众方式犯罪,无共同犯罪可言。由此可见,聚众犯罪不一定是共同犯罪。①

(三)集团共同犯罪

集团共同犯罪,简称集团犯罪,是指三人以上有组织地实施的共同犯罪。集团共同犯罪既可能是必要的共犯,也可能是任意的共犯。例如,组织、领导、参加恐怖活动组织罪,组织、领导、参加黑社会性质组织罪,属于必要的共犯,直接根据分则规定的法定刑处罚各种参与人。集团性的杀人、集团性的抢劫等,则是任意的共犯;在处罚任意的集团犯罪的各种参与人时,必须适用刑法总则的规定。

实施犯罪的集团组织,称为犯罪集团。因此可以说,集团犯罪是犯罪集团实施的共同犯罪;认定集团犯罪的关键在于认定犯罪集团。犯罪集团是三人以上为共同实施犯罪而组成的较为固定的犯罪组织。

二、正犯与共犯

我国刑法虽然没有使用正犯与狭义的共犯概念,但必须肯定

---

① 单纯从参与人必须二人以上的角度来说,也可谓一般意义上的必要的共犯。

的是，刑法分则就单独犯罪的规定，实际上是关于正犯的规定。刑法总则关于教唆犯、帮助犯的规定，也从反面肯定了正犯。如前所述，认定共同犯罪必须以正犯为中心，或者说狭义的共犯的认定依赖于正犯的认定；认定了正犯，才能进一步认定教唆犯与帮助犯。

（一）正犯概念

正犯是与狭义的共犯（教唆犯、帮助犯）相对的概念。根据正犯者的人数、意思联络的有无，可以将正犯分为单独正犯、同时正犯（同时犯）与共同正犯。另外，一般根据行为人是否以自己的身体动静实现构成要件，将正犯分为直接正犯与间接正犯。

单独正犯，是指一人实行犯罪的情形。同时正犯，是指二人以上在没有意思联络的情况下，同时对同一客体实行同一犯罪的情形。同时正犯虽然一般发生在同一地点，但不要求行为的地点同一。例如，甲从 A 地、乙从 B 地分别以杀人罪的故意，同时将毒药寄给丙，构成故意杀人罪的同时正犯。同时正犯既可以是故意犯，也可以是过失犯。由于同时正犯是二人以上没有意思联络的犯罪，所以不成立共同犯罪，各行为人仅对自己的行为与结果负责。

正犯概念，大体上分为单一的正犯概念、扩张的正犯概念与限制的正犯概念。单一的正犯概念认为，凡是参与犯罪的人都是正犯。单一的正犯概念将因果关系的起点视为构成要件的实现，既无限扩张了刑事可罚性的范围，也有违反罪刑法定原则之嫌。扩张的正犯概念认为，任何对犯罪的实现起条件作用的人，或者说凡是引起了构成要件结果的人，都是正犯；但是，刑法例外地将教唆犯与帮助犯规定为狭义的共犯。刑法的这种规定限制了正犯的处罚范围，即本来教唆犯与帮助犯也是正犯，但刑法将其规定为共犯，限制了刑罚处罚（表现为其处罚比正犯轻）。此即所谓刑罚限制事由。限制的正犯概念认为，原则上，以自己的身体动静直接实现分则规定的构成要件的是正犯，此外的参与者都是共犯。所以，刑法规定对正犯以外的共犯进行处罚，是对处罚范围的扩大，即所谓刑罚扩张事由。本书采用限制的正犯概念。限制的正犯概念虽然面临着间接正犯的难题，但如后所述，刑法理论完全可以解决这一难题。更为重要的是，限制的正犯概念，有利于维护构成要件的类型性，也符合社会的一般观念。

（二）正犯与共犯的区别

关于正犯与狭义的共犯的区别，刑法理论上存在形形色色的学说。

主观说主张从行为人的主观方面寻求二者的区别。其中，目的说或利益说认为，为了实现自己的目的或者为了自己的利益而实施行为的，是正犯；为了实现他人的目的或者为了他人的利益而实施行为的，是共犯。故意说认为，以自己行为的意思而实施行为的，是正犯；以加担行为的意思而实施行为的，是共犯。

形式的客观说（实行行为性说）认为，以自己的身体动静实施符合基本构成要件的实行行为的人是正犯，用符合修正构成要件的教唆行为、帮助行为对正犯的实行行为进行加担的人，则是共犯。实质的客观说提倡用实质的观点考察正犯与共犯的区别。其中，重要作用说认为，从实质上看，对结果的发生起重要作用的就是正犯，反之则是共犯。必要性说认为，对于犯罪事实属于不可或缺的加功者，就是正犯，其余皆为共犯。

犯罪事实支配理论指出，正犯是具体犯罪事实的核心角色、犯罪过程的关键人物，共犯则是配角。犯罪的核心角色是支配犯罪实施过程的人，共犯虽然对犯罪事实存在影响，但却不是能够决定性地支配犯罪过程的人。犯罪事实支配分为行为支配、意思支配与功能性支配。

主观说存在明显的缺陷。形式的客观说是一种容易被我国接受的观点。但是，形式的客观说并没有提出明确的标准。换言之，何种行为是符合基本构成要件的正犯行为，何种行为是符合修正构成要件的教唆、帮助行为，往往是难以确定的。犯罪事实支配理论具有可取性，但是，在本书看来（按照结果无价值论的观点），犯罪事实支配理论与重要作用说并没有明显区别。因为对犯罪事实的支配，应理解为对构成要件事实的支配，尤其应理解为对法益侵害、危险结果的支配。所以，从实质上看，对侵害结果或者危险结果的发生起支配作用的就是正犯。亦即，行为人自己直接实施符合构成要件的行为造成法益侵害、危险结果的（直接正犯），或者通过支配他人的行为造成法益侵害、危险结果的（间接正犯），以及共同对造成法益侵害、危险结果起实质的支配作用的（共同正犯），都是正犯。据此，对于集团犯罪与聚众共同犯罪中的首要分子，宜认定为正犯。

三、共同犯罪与犯罪构成

这里所讨论的是，共同犯罪应否以符合同一个犯罪构成为前提（所谓共犯的本质问题）？换言之，二人以上的行为在哪些方面是共同的才成立共同犯罪？

犯罪共同说认为，共同犯罪必须是数人共同实行特定的犯罪，或者说二人以上只能就完全相同的犯罪成立共同犯罪。部分犯罪共同说主张，二人以上虽然共同实施了不同的犯罪，但当这些不同的犯罪之间具有重合的性质时，则在重合的限度内成立共同犯罪。行为共同说（事实共同说）认为，共同犯罪是指数人共同实施了行为[①]，而不是共同实施特定的犯罪。或者说，各人以

[①] 以往的主观主义者的行为共同说所称的行为共同，是指前构成要件的或前法律的自然的行为相同；当今的行为共同说所称的行为共同，是指违法的构成要件该当（符合）行为相同。

共同行为实施各人的犯罪时也成立共同正犯。换言之，在"行为"方面，不要求共同实施特定的犯罪，只要行为具有共同性就可以成立共同犯罪；在"意思联络"方面，也不要求数人必须具有共同实现犯罪的意思联络，只要就实施行为具有意思联络就可以成立共同犯罪。

本书采取行为共同说。如前所述，共同犯罪是不法形态，共同犯罪中的"犯罪"首先是指不法层面意义上的犯罪。而完全意义上的犯罪包含符合构成要件的不法与责任两个层面，所以，对共同犯罪应当采取行为共同说。换言之，共同犯罪是指数人共同实施了刑法上的不法行为，而不是共同实施特定的犯罪。例如，只要查明甲、乙共同对丙实施暴力导致丙死亡，就应认定二人成立共同犯罪，并将死亡结果归属于二人的行为。至于甲与乙的责任（各自的故意内容、构成何罪）则需要个别认定；如果甲、乙的故意内容不同，各自会成立不同的犯罪。所以，在二人成立共同犯罪时，对二人所认定的罪名可能并不相同。不难看出，部分犯罪共同说回答了"共同犯罪犯的是什么罪"这种并无实际意义的问题。例如，甲、乙共同对丙实施暴力，导致丙死亡。事后查明，甲具有杀人故意，乙仅具有伤害的故意。根据部分犯罪共同说，甲、乙在故意伤害罪的范围内成立共同正犯，但结局依然是对甲认定为故意杀人罪，对乙认定为故意伤害（致死）罪。显然，认定"甲、乙在故意伤害罪的范围内成立共同正犯"没有实际意义，只要认定"甲、乙成立共同正犯"即可得出最终的处理结论。

采取行为共同说，并不违反我国刑法的规定。刑法第 25 条第 1 款将共同犯罪定义为"二人以上共同故意犯罪"。对此规定完全可以解释为"二人以上共同去故意犯罪"。因此，刑法第 25 条第 1 款只是限制了共同犯罪的成立范围，而不是否认了行为共同说。

第三节 共同正犯

一、共同正犯概述

（一）共同正犯的概念

一般来说，共同正犯是指二人以上共同实行犯罪的情况，我国刑法理论称之为简单共同犯罪。

如果分别考察，当各行为人只实施了部分实行行为时，就应当只承担部分责任。但在共同正犯的场合，由于各正犯者相互利用、补充其他人的行为，便使自己的行为与其他人的行为成为一体导致了结果的发生（即结果应当归属于每一个人的行为）。因此，即使只是分担了一部分实行行为的正犯者，也要对共同的实行行为所导致的全部结果承担正犯的责任。例如，甲、乙二人共同枪杀丙，即使只是甲的一发子弹实际造成了丙死亡，乙也承担杀人既遂的责任。又如，甲、乙共同持刀杀害丙，造成丙的死亡，但不能查清谁的行为导致了丙的死亡。由于成立共同正犯，甲、乙均对丙的死亡负责。这就是部分实行全部责任的原则。显然，其中的"全部责任"既不是指主观责任，也不是指作为法律后果的刑事责任，而是指对结果的客观归属。亦即，即使共同正犯人只实施了部分行为，也要将全部结果归属于其行为。在此基础上，只要共同正犯人对结果具有责任，就必须对全部结果承担刑事责任。

由于我国刑法分别对主犯、从犯、胁从犯规定了处罚原则，所以，对共同正犯采取部分实行全部责任的原则，并不意味着否认区别对待与罪责自负的原则。在坚持部分实行全部责任原则的前提下，对各共犯人应区别对待，依照刑法规定的处罚原则予以处罚。不言而喻的是，各共犯人只能在自己有责的范围内对共同造成的不法事实承担责任，对他人超出共同故意实行的犯罪不承担责任。

（二）共同正犯的一般成立条件

总的来说，共同正犯必须是各行为人在共同实现构成要件的意思下，相互利用、补充对方的行为，从而使各行为人的行为成为一个整体行为，进而实现构成要件的情形。因此，成立共同正犯，要求客观上有共同实施行为的事实（行为的分担），主观上有共同的行为意思（意思的联络）。

所谓共同实施行为的事实，是指分担了导致结果发生的重要行为，或者说行为人对构成要件的实现起到了重要或者关键作用。对此，只需要根据前述正犯与共犯的区分标准进行判断即可。如上所述，不要求行为人分担构成要件的实行行为。

所谓共同的行为意思，是指共同实现构成要件的意思。诚然，共同的行为意思，一般表现为共同的犯罪故意，但由于共同正犯也是不法形态，故并不要求二人以上具有共同的犯罪故意，只要求行为人具有和他人共同实施行为的意思。例如，甲邀约乙共同对丙实施暴力，乙接受邀约的，即可认定二人具有共同的行为意思。即使甲与乙的故意内容不同，也不影响共同正犯的成立。

共同的行为意思，不要求一定以明示的方法产生，只要行为人相互之间形成默契就行了。共同的实行意思，不要求数人之间直接形成，通过某个行为人分别向其他行为人联络的，也存在共同的行为意思。共同的行为意思，只要求存在于行为时，不要求事前通谋，不要求行为人一起商谈。因此，共同的行为意思，可以形成于行为之前或行为之时。在实施行为时，偶然地产生共同的行为意思的共同正犯，被称为偶然的共同正犯。由于形成了共同的行为意思，所以不同于同时正犯。

二、共同正犯的类型

（一）共同实行的共同正犯

共同正犯的基本类型是共同实行的共同正犯，即参与者均实施了构成要件行为的共同正犯，① 其中主要有三种具体类型。

1. 在单一行为的犯罪中，各参与人均实施了足以直接造成结果的实行行为，但只有一人的行为直接造成了结果。例如，甲与乙基于意思联络，同时开枪向丙射击，但只有甲打中丙的胸部造成丙死亡。②

2. 在单一行为或者复合行为的犯罪中，各参与人均实施了足以直接造成结果的实行行为，而且，各参与人的行为均是结果的原因。例如，甲与乙基于意思联络同时向丙开枪，都没有击中要害部位，但由于两个伤口同时出血，导致丙失血过多死亡。虽然分别判断也能肯定甲、乙的行为都是死亡结果的原因，但由于二人共同实施，应认定为共同正犯。

3. 在复合行为的犯罪中，各参与人分担了一部分实行行为。例如，甲与乙基于意思联络，甲对丙实施暴力压制被害人反抗后，乙对丙实施奸淫行为。在这种场合，甲与乙对暴力造成的伤亡以及丙的性行为自主权受侵害的结果，均应承担责任。

（二）重要作用的共同正犯

行为人虽然没有直接实施构成要件的实行行为，但对构成要件的实现起到了重要或者关键作用的，可谓重要作用的共同正犯。例如，甲用工具撬开他人房门，乙随后从房屋中拿走财物的，成立共同正犯。③ 不可否认的是，"重要或者关键作用"的

---

① 在这种场合，行为人对构成要件的实现当然也起到了重要或者关键性作用。
② 丙身中一弹，但不能查明由谁的射击行为造成时，也属于这种情形。
③ 严格地说，乙既是共同正犯也是直接正犯，甲是共同正犯。

认定缺乏具体标准,所以,下面需要就一些特殊类型展开讨论。

1. 共谋共同正犯

共谋共同正犯所指的现象是,二人以上共谋实行某犯罪行为,但只有一部分人基于共同的意思实行了犯罪,没有直接实行犯罪的共谋人构成所共谋之犯罪的共同正犯。例如,甲、乙二人共谋杀丙,相约次日晚到丙家共同下手,但届时乙未去,甲一人将丙杀死。甲是杀人罪的直接正犯;乙构成杀人罪的共谋共同正犯,应对杀人行为及其结果承担责任。在本书看来,对于共同犯罪起到了实质的支配作用的共谋者,宜认定为共谋共同正犯。但是,对于在共谋过程中随声附和,又没有亲手参与实行的,只能认定为心理的帮助犯。另一方面,在我国现行立法例之下,即使否认共谋共同正犯概念,但由于共谋者对直接正犯实行犯罪和造成结果至少具有心理上的因果性,也应对直接正犯的行为与结果承担责任。所以,在直接正犯既遂的情况下,共谋者当然必须承担既遂的责任。

2. 附加的共同正犯

附加的共同正犯,是指为了确保犯罪既遂,二人以上共同针对同一对象或目标实行犯罪的情形。例如,为了确保暗杀的成功,10个杀手同时向一名被害人开枪射击,被害人身中数弹,但不能查明哪些杀手射中了被害人。在这种场合,所有的杀手都是故意杀人罪的共同正犯。因为每个杀手都在实施符合构成要件的杀人行为,而且,每个杀手的行为都使得犯罪的成功更为确定因而确保了结果发生,对犯罪行为的实施具有重要功能。

3. 择一的共同正犯

择一的共同正犯是指如下情形:多个杀手基于共同计划分别在不同马路上伏击被害人,最终由其中一个杀手杀害被害人。有人认为,此时只有杀害被害人的杀手是故意杀人罪的正犯,另外潜伏在其他马路上的杀手,不是共同正犯。有人则认为,对于这种情形需要区别对待。如果杀手们堵住了被害人房屋的所有出口或者封堵了被害人的所有逃跑线路，即使最终仅由一个杀手杀害了被害人，也应认为所有杀手都是共同正犯。反之，如果在多个城市分散地埋伏一些杀手，被害人出现在哪个城市就由哪个城市的杀手杀害，则只有杀害者是正犯，其他杀手不成立共同正犯。本书原则上同意后一种观点，至于在多个城市分散埋伏杀手的情形是否成立共谋共同正犯，则是另一回事。

三、过失的共同正犯

刑法第 25 条第 2 款规定："二人以上共同过失犯罪，不以共同犯罪论处；应当负刑事责任的，按照他们所犯的罪分别处罚。"传统刑法理论据此认为，刑法否认了过失的共同犯罪，当然也否认了过失的共同正犯。

但是，从理论与实践上说，承认过失的共同正犯的观点具有合理性。（1）认定是否成立共同正犯的重要结局，在于是否适用部分实行全部责任的原则。故意犯与过失犯都有各自的实行行为，从现实上看二人以上既可能共同实施故意犯罪，也可能共同实施过失犯罪，既然对故意的共同正犯能够适用该原则，就没有理由否认对过失的共同正犯适用该原则。（2）之所以对共同正犯适用该原则，从客观上而言，是因为二人以上的行为共同引起法益侵害，然而，对是否"共同"引起了法益侵害只能进行客观的判断；从主观上来说，是因为二人以上具有意思联络，意思的联络不应当限定为犯罪故意的联络，只要就共同实施构成要件的不法行为具有一般意义的意思联络即可。因为一般意义的意思联络也完全能够起到相互促进、强化对方不履行结果回避义务的作用，从而使任何一方的行为与他方行为造成的结果具有因果性，因而任何一方对他方造成的结果，只要具有预见可能性，就必须承担责任。概言之，根据行为共同说，应当承认过失的共同正犯。(3) 如前所述，共同犯罪是不法形态。过失犯的构成要件是没有履行结果回避义务，即没有回避结果的发生。二人以上完全可能具有共同的结果回避义务，并且都没有回避结果的发生，因此完全可能在不法层面形成共同犯罪。在此基础上，如果二人以上均存在过失且具备其他责任要素，则均应对结果承担刑事责任。(4) 从司法实践上看，也需要承认过失的共同正犯。例如，甲与乙两人相约在一阳台上，选中离阳台 8.5 米左右处一个树干上的废瓷瓶为目标比赛枪法（共用一支 JW-20 型半自动步枪）。两人轮流各射击子弹 3 发，均未打中，但其中一发子弹穿过树林，将离阳台 100 余米的行人丙打死。只有承认过失的共同正犯，才能追究甲与乙的责任。总之，承认过失的共同正犯具有正当性与必要性，问题是，如何解释刑法第 25 条第 2 款的规定？如何使该规定适应司法实践的需要？

既然法条承认存在二人以上"共同过失犯罪"的情形，同时又主张"按照他们所犯的罪分别处罚"，那么，我们既可以肯定现实生活中存在共同过失犯罪的客观事实，也可以肯定共同过失犯罪应当分别受到处罚。但是，如果要分别处罚行为人，前提必然是采取了部分实行全部责任的原则，承认过失的共同正犯。否则，不可能分别处罚。在上述甲、乙比赛枪法致丙死亡的案件中，如果不采取部分实行全部责任的原则，就不能认定谁的行为造成了丙的死亡，因而根据事实存疑时有利于被告人的原则，对甲、乙均不能追究过失犯的刑事责任。但这一结论又违反了刑法第 25 条第 2 款的规定。所以，只有对甲、乙采取部分实行全部责任的原则，才能将丙的死亡结果归属于甲与乙的行为。但是，部分实行全部责任原则的根据，在于"部分实行"与结果之间具有物理的或者心理的因果性。换言之，这一原则并不是法律的拟制，而是以"部分实行"与结果之间具有因果性为前提。既然甲、乙二人有共同实施行为的意思联络，并且能够将结果归属于甲、乙的行为，就意味着二人构成了不法层面的共同犯罪。所以，刑法第 25 条第 2 款实际上肯定了过失的共同正犯。换言之，刑法第 25 条第 2 款是在对共同过失犯罪的行为人采取共同结果归属的前提下，再实行分别处罚的原则。如果不能将结果归属于行为人，就不可能"按照他们所犯的罪分别处罚"。这种"分别处罚"的规定，实际上只能适用于正犯与共同正犯。所以，刑法第 25 条第 2 款在肯定过失的共同正犯的同时，也否认了过失的教唆犯与帮助犯。

第四节 间接正犯

一、间接正犯的概念

构成要件行为，不一定只限于行为人自身的直接的身体动作，和利用动物、工具一样，将他人作为媒介实行犯罪，既有可能，也不罕见。这种通过利用他人实现犯罪的情况，就是间接正犯。① 我国刑法理论一直使用刑法没有明文规定的间接正犯概念。

关于间接正犯的正犯性，以前是用"工具理论"来说明的。即被利用者如同刀枪棍棒一样，只不过是利用者的工具；既然利用刀枪棍棒的行为符合构成要件，那么也应肯定利用他人的行为符合构成要件。但是，被利用者是有意识的人，毕竟与工具不同。所以，现在占通说地位的是犯罪事实支配说。即对犯罪实施过程具有决定性影响的关键人物或核心角色，具有犯罪事实支配性，是正犯。其中，行为人不必出现在犯罪现场，也不必参与共同实施，而是通过强制或者欺骗手段支配直接实施者，从而支配

---

① 间接正犯是正犯的一种样态，不可单纯理解为行为人。

构成要件实现的,就是间接正犯。由于间接正犯并不以自己的身体动作直接实现构成要件,故被利用者必须客观上实施了符合构成要件的不法行为(由于违法具有相对性,利用被害人行为与利用合法行为的除外)。概言之,之所以肯定间接正犯的正犯性,是因为间接正犯与直接正犯、共同正犯一样,支配了犯罪事实,支配了构成要件的实现。间接正犯既可以表现为作为,也可以表现为不作为。

二、间接正犯的类型

德国学者罗克辛将支配犯的间接正犯归纳为三种情形:"第一,幕后者能够通过迫使直接实施者实施符合构成要件的行为,从而达成自身对于犯罪事实的支配(通过强制达成的意思支配)。第二,幕后者可以隐瞒犯罪事实,从而欺骗直接实施者并且诱使对真相缺乏认知的实施者实现幕后者的犯罪计划(通过错误达成的意思支配)。第三,幕后者可以通过有组织的权力机构将实施者作为可以随时替换的机器部件进行操纵,并且据此不再将实施者视为个别的正犯而命令,进而达成对犯罪事实的关键支配(通过权力组织的支配)。除了上述三种基本支配情形之外,不可想象其他情形。利用无责任能力、减轻责任能力和未成年人的情形,在构造上只是强制性支配与错误性支配的结合而已。"[①] 这是着眼于利用者(间接正犯)的手段进行的区分。

倘若从被利用者的角度来考虑,则可以将间接正犯分为被利用者欠缺构成要件的特定要素,被利用者具有违法阻却事由(如利用他人的合法行为,利用被害人进行自我侵害)、被利用者欠缺责任(如利用没有故意、没有责任能力、没有违法性认识的可

---

① C. Roxin, Strafrecht Allgemeiner Teil, Band II, C. H. Beck, 2003, S. 23.

能性的他人实施符合构成要件的行为）三大类。① 但是，其中的第一类还存在疑问。

（一）被利用者欠缺构成要件要素

倘若认为构成要件的行为必须是有意识的行为，那么，利用他人的反射举动或者睡梦中的动作实现犯罪的，也属于被利用者欠缺构成要件要素（行为）的情形。但是，倘若采取身体动作说（有意性不是行为的要素），则不能认为被利用者欠缺构成要件行为。亦即，利用他人的反射举动或者睡梦中的动作实现犯罪时，被利用者的行为也是符合构成要件的行为。事实上，在这种场合，也可以肯定被利用者没有责任。本书持后一立场。

存在争论的是身份犯中被利用者欠缺身份的情形。例如，国家工作人员甲指使知情的妻子乙接受贿赂时，甲是否成立受贿罪的间接正犯？本书的基本看法是，甲虽然没有直接接受贿赂，但受贿罪的构成要件并不是单纯地接受财物，而是要求利用职务上的便利，或者说要求财物与职务行为的交换性。因此，甲当然是受贿罪的直接正犯。换言之，甲直接支配了对职务行为不可收买性的侵害，因而是直接正犯；乙缺乏侵犯职务行为不可收买性的国家工作人员身份，故不能成为正犯，仅成立帮助犯。

此外，在利用被害人自我侵害时，也可谓被利用者缺乏构成要件的行为对象要素。例如，甲强迫乙自我伤害造成轻伤的，乙的行为不符合伤害"他人"的对象要件，但甲仍然成立故意伤害罪的间接正犯。当然，这种情况也可以说被利用者具有违法阻却事由。

---

① 参见〔德〕乌尔斯·金德霍伊泽尔：《刑法总论教科书》，蔡桂生译，北京大学出版社2015年版，第411页以下。

（二）被利用者具有违法阻却事由

1. 利用他人的合法行为

利用他人的合法行为实现犯罪的，成立间接正犯。① 例如，A 为了使 B 死亡，以如不听命将杀害 B 相威胁，迫使 B 攻击 Y，Y 正当防卫杀害了 B。此时，B 与 Y 都是 A 的工具，应认定 A 成立故意杀人罪的间接正犯。但应注意的是，如果利用者没有达到支配犯罪事实的程度，则不能认定为间接正犯。例如，甲诱导 X 对乙进行不法侵害，乙正当防卫杀害了 X。乙的行为是正当防卫，但甲不成立故意杀人罪的间接正犯。因为在本例中，只能认定 X 支配了犯罪事实，而不是甲支配了犯罪事实。但由于甲教唆 X 实施不法侵害行为，故甲仅针对 X 成立教唆犯。

2. 利用被害人的自我侵害行为

刑法理论一般认为，当利用者使被害人丧失自由意志，或者使被害人对结果缺乏认识或产生其他法益关系的错误，导致被害人实施了损害自己法益的行为时，由于不能认定被害人对自己的法益侵害具有违法性，故应认定利用者成立间接正犯。例如，甲谎称乙饲养的狗为疯狗，使乙杀害该狗的，是故意毁坏财物罪的间接正犯。再如，行为人强迫被害人自杀的，成立故意杀人罪的间接正犯。

（三）被利用者欠缺责任

1. 利用欠缺故意的行为

利用缺乏故意的行为，也就是所谓利用不知情者的间接正

---

① 不过，刑法理论上所举之例，大多为利用不知情的第三者行为。事实上，如果第三者知情，则难以称之为利用正当行为。例如，甲为了非法拘禁乙，谎称乙是现行犯，使警察拘留了乙。刑法理论一般认为甲是利用正当行为的间接正犯。其实，这种情况也可谓利用不知情者（无故意）的间接正犯。如果警察明知乙不是现行犯而拘留，甲难以成立非法拘禁罪的间接正犯。

犯。例如，医生指使不知情的护士给患者注射毒药，医生构成故意杀人罪的间接正犯。再如，A将一把装有子弹的手枪交给B，并谎称枪中没有子弹只是用手枪吓唬C，B在利用手枪吓唬C时打中了C，造成C死亡。无论B是否有过失，A都成立故意杀人罪的间接正犯。概言之，被利用者对任何一个构成要件要素缺乏认识时，利用者都可能成立间接正犯。但是，在选择性要素的场合，由于各种要素具有等价性，利用者对被利用者实施欺骗行为的，不成立间接正犯。例如，甲拐骗了已满14周岁的少女丙后，谎称丙是不满14周岁的男童，让乙出卖给他人。甲不是间接正犯，换言之，甲与乙均为直接正犯。

被利用者虽然具有其他犯罪的故意但缺乏利用者所具有的故意时，利用者也可能成立间接正犯。例如，甲明知丙坐在丙家某贵重财物后的椅子上，但乙不知情，甲唆使乙开枪毁坏贵重财物，乙开枪致丙死亡。乙虽然具有毁坏财物的故意，但没有杀人故意。故意杀人罪的结果应归责于甲，甲成立间接正犯。①

问题是，就身份犯而言，一般人故意利用有身份的不知情者的，应当如何处理？例如，普通公民A欺骗国家工作人员B，声称自己需要现金购买住房，可以在10天之内归还。B将公款挪给A后，A将该款用于贩卖毒品，10天之内归还公款。如果B明知A借用公款是为了贩卖毒品，B的行为当然构成挪用公款罪（参见刑法第384条，A可能与B构成挪用公款罪的共犯）。但B并不明知这一真相，A又不具有国家工作人员身份，因此，A的行为不构成挪用公款罪的间接正犯（仅成立挪用公款罪的教唆犯）。

2. 利用欠缺目的的行为

有些犯罪的成立除了要求有故意之外，还要求有特定目的（目的犯）。刑法理论认为，被利用者虽然有故意但没有特定目的

---

① 如果乙具有过失，则成立过失致人死亡罪。

时，利用者就该目的犯成立间接正犯（所谓利用有故意的工具的一种情形）。因为当目的是责任要素时，缺乏该目的的行为并不构成目的犯；利用不具备责任要素的行为，成立间接正犯。

例如，甲以牟利目的利用没有牟利目的的乙传播淫秽物品。如果乙明知甲具有牟利目的，则乙与甲就传播淫秽物品牟利罪成立共同犯罪。如果甲支配了犯罪事实，则成立传播淫秽物品牟利罪的间接正犯，否则成立教唆犯或者帮助犯。刑法理论一般认为，如果乙不仅自己没有牟利目的，也不明知甲有牟利目的，则应认为甲支配了犯罪事实，成立传播淫秽物品牟利罪的间接正犯。

3. 利用无责任能力者的行为

无责任能力者缺乏辨认控制能力，不具有非难可能性，只能将结果归责于其背后的利用者，肯定利用者的行为支配了犯罪事实。例如，利用幼儿、严重精神病患者的身体活动实现犯罪的，是间接正犯。问题在于，利用未达到法定年龄的人实施犯罪的是否均成立间接正犯？本书的观点是，虽然一般来说，这种情形成立间接正犯，但是，在被利用者具有辨认控制能力，利用者并没有支配被利用者时，不能认定为间接正犯。换言之，未达到法定年龄的人与达到法定年龄的人共同犯罪时，并非后者均为间接正犯。只有当后者支配了犯罪事实时，才能将其认定为间接正犯。例如，18周岁的甲唆使15周岁的乙盗窃他人财物的，不是间接正犯（而是教唆犯）。15周岁的乙只是因为缺乏有责性，而不承担责任。教唆限制责任能力者实施犯罪的，不宜认定为间接正犯。因为减轻责任能力者依然具有一定的辨认控制能力，难以认定教唆犯支配了犯罪事实。

4. 利用他人缺乏违法性认识的可能性与期待可能性的行为

例如，司法人员甲欺骗乙说："捕杀麻雀是完全合法的行为，你可以大量捕杀。"乙信以为真，实施捕杀行为。甲成立间接正犯。利用他人缺乏期待可能性的行为，也成立间接正犯。

三、亲手犯

通说认为，亲手犯（或自手犯）不可能存在间接正犯（也不存在共同正犯）。一般来说，亲手犯是指必须由正犯者自己直接实行的犯罪。本书认为，我国刑法没有规定亲手犯。诚然，参加恐怖活动组织罪、参加黑社会性质组织罪，似乎属于亲手犯。但由于行为人完全可能强迫他人参加恐怖活动组织与黑社会性质组织，故上述犯罪仍然可能有间接正犯。强奸罪也不是亲手犯，相反，妇女可以成为强奸罪的间接正犯与共同正犯。同样，危险驾驶罪也不是亲手犯。例如，甲明知乙将要驾驶机动车，却暗中在乙的饮料中添加酒精，导致乙在不知情的情况下醉酒驾驶。乙客观上实施了醉酒驾驶的行为，但并无犯罪故意；甲成立危险驾驶罪的间接正犯。①

第五节　狭义的共犯

一、共犯的处罚根据

狭义的共犯，是指教唆犯与帮助犯。刑法为什么处罚狭义的共犯？这就是共犯的处罚根据问题。

本书的看法如下：与单个人犯罪的本质一样，共同犯罪的本质也是侵害法益。单独正犯是直接引起法益侵害的犯罪类型，共同正犯是共同引起法益侵害的犯罪类型，间接正犯是通过支配他人的行为引起法益侵害的犯罪类型，教唆犯与帮助犯则是间接引起法益侵害的犯罪类型。换言之，共犯的处罚根据在于，共犯通

---

① 如果乙知情后仍然醉酒驾驶，则甲只是危险驾驶罪的帮助犯。

过正犯者间接地侵害了法益，即处罚共犯者，是因为其诱使、促成了正犯直接造成法益侵害（惹起说）。共犯的违法性来自于共犯行为自身的违法性和正犯行为的违法性。共犯行为自身的违法性，并不是指共犯行为本身具有行为无价值，而是指共犯不具有违法阻却事由（有限地承认违法的相对性）。其一，"正犯"必须实施了符合构成要件的不法行为，否则，不能处罚教唆者与帮助者。所以，教唆未遂（教唆行为失败）是不可罚的，但未遂的教唆（被教唆者着手实行犯罪而未得逞）具有可罚性。其二，在正犯实施了符合构成要件的不法行为时，只要共犯没有违法阻却事由，就必须肯定共犯的行为也是违法的。换言之，如果正犯侵犯的法益，不是教唆者、帮助者必须保护的法益（共犯具有违法阻却事由），则只有正犯的行为成立犯罪，教唆者、帮助者的行为不成立犯罪。例如，A按照被害人X的请求对X实施重大伤害行为的，A的行为违法，X的教唆行为不违法。但是，B唆使Y实施自伤行为的，由于Y的自伤行为不违法，故B的唆使行为也不违法。再如，乙欲盗窃丙安置在湖中的渔网，甲知情并提供了盗窃工具，但乙误将甲的渔网当作丙的渔网盗走。乙成立盗窃既遂，但甲不可能对自己的财产损失承担盗窃罪的刑事责任。①不难看出，违法的连带性并不是绝对的。

在通常情况下，行为符合构成要件就能推定行为具有违法性。但是，由于法益主体对自己法益造成的损害不可能具有违法性（如伤害自己身体、毁损自己财物的行为不违法），而法益主体完全可能与他人共同造成自己的法益损害，所以，在共同犯罪中，各参与人行为的违法性可能具有相对性，因而需要进一步在违法性层面做出判断。

---

① 由于乙并未着手盗窃丙的渔网，故甲也不承担盗窃未遂的刑事责任。

二、共犯的性质

在此所讨论的问题是，在被教唆者、被帮助者没有着手实行犯罪的情况下，能否处罚教唆者与帮助者？共犯从属性说认为，如果被教唆的人没有实行被教唆的罪，教唆者不成立犯罪；如果被帮助的人没有实行被帮助的罪，帮助者的行为不成立犯罪。共犯独立性说认为，共犯的可罚性在于共犯的行为本身，共犯成立犯罪不一定要求正犯者着手实行犯罪。我国刑法理论的通说却认为教唆犯既具有从属性，也具有独立性，此即所谓二重性说；也有少数学者认为我国刑法对教唆犯采取了独立性说。本书认为，我国刑法采取了教唆犯从属性说。

"与正犯一样，共犯的处罚根据在于引起了法益侵害的危险性，这得到了广泛的认同。如果共犯的处罚根据与正犯的处罚根据相同，那么，对于共犯在什么阶段可以作为未遂犯处罚这一问题的回答，与对于正犯在什么阶段可以作为未遂犯处罚这一问题的回答，应当基本上是相同的。"[1] 概言之，之所以处罚教唆犯，是因为教唆犯通过使正犯实施实行行为，参与引起了法益侵害的结果。既然如此，就应当将正犯着手实行犯罪作为处罚共犯的条件。[2] 亦即，只有当正犯着手实行犯罪，使法益受到紧迫的危险时，才能处罚教唆犯、帮助犯。正犯的实行着手，不是单纯的因果关系发展过程中的一个阶段，而是从实质上看必须产生了发生结果的具体的、紧迫的危险；处罚未遂不是因为该行为是行为人的危险性或反道义性的定型的征表，而是因为产生了发生结果的具体的、紧迫的危险。因此，将正犯着手实行犯罪作为处罚教唆

---

[1] 〔日〕佐伯仁志："教唆的未遂"，载〔日〕阿部纯二等编：《刑法基本讲座（第4卷）》，法学书院1992年版，第209页以下。
[2] 在处罚预备犯的情况下，只有当正犯实施了预备行为，才能处罚教唆犯与帮助犯。

犯的条件，意味着发生了法益侵害的具体的、紧迫的危险才处罚，这不仅没有不妥之处，而且理所当然。据此，只有当被教唆者着手实行犯罪，使法益受到具体的、紧迫的危险时，才处罚教唆犯。这正是教唆犯从属性说的结论。

问题在于，如何解释刑法第29条第2款？因为该款规定"如果被教唆的人没有犯被教唆的罪，对于教唆犯，可以从轻或者减轻处罚"，要采取教唆犯从属性说，就必须重新解释该款规定。

可以认为，刑法第29条第2款规定的是未遂犯的教唆犯，即可以将其中的"被教唆的人没有犯被教唆的罪"解释为"被教唆的人没有犯被教唆的既遂罪"或"被教唆的人没有犯罪既遂"。详言之，该款的基本含义是，如果被教唆的人着手实行犯罪后，由于意志以外的原因未得逞（未遂）或者自动放弃犯罪或有效地防止结果发生（中止），对于教唆犯，可以从轻或者减轻处罚。

三、教唆犯

（一）教唆犯的概念与成立条件

故意唆使并引起他人实施符合构成要件的违法行为的，是教唆犯。

1. 教唆对象。教唆对象原则上必须是实际具有责任能力的人，但不必是达到法定年龄的人。换言之，虽然没有达到法定年龄，但事实上具有责任能力的人，也能成为教唆对象。另一方面，就真正身份犯而言，在被教唆者具有特殊身份却又具有责任阻却事由的情况下，仍应肯定教唆犯的成立。例如，乙通过篡改年龄，在不满16周岁时就成为警察。甲教唆不满16周岁的警察乙刑讯逼供，乙接受教唆实施刑讯逼供行为的，对于甲应认定为刑讯逼供罪的教唆犯，而非间接正犯。

一般认为，教唆行为的对象，必须是特定的（可以确定被教唆者的具体范围）；但特定并不意味着只能对一人教唆，对特定的二人以上实施教唆行为，也能成立教唆犯。如果唆使的对象不特定，则叫"煽动"；煽动是比教唆更为缓和的概念。

由于教唆行为的特点是使他人产生实施符合构成要件的违法行为的意思，故在被教唆者已经产生了该意思的情况下，不可能再成立教唆犯，只能成立帮助犯。但是，在B有犯甲罪的决意时，A教唆B实施乙罪的，A仍然成立乙罪的教唆犯。同样，在B打算将来实行犯罪，而A唆使B现在实行犯罪的，也成立教唆犯（但反过来的情形不成立教唆犯）。

问题是，在B具有实施某种犯罪的决意，A唆使B实施加重犯罪的，是否成立教唆犯？在我国，加重构成要件大多没有被确定为独立的罪名，但是，加重构成要件不同于基本犯的构成要件，也明显不同于量刑规则。所以，不能简单地以行为人所教唆的犯罪是不是独立罪名为标准进行判断，只能根据行为人教唆他人实施的行为是属于加重构成要件的行为，还是属于量刑规则中的行为，得出行为人是成立教唆犯还是成立帮助犯的结论。概言之，在他人有基本犯的故意时，行为人唆使他人实施加重构成要件行为的，成立加重犯的教唆犯。例如，乙已有强奸犯意，甲唆使乙与丙共同轮奸妇女的，甲成立强奸罪（轮奸）的教唆犯。同样，乙仅有普通抢劫的犯意，甲唆使其入户抢劫或者持枪抢劫的，甲成立加重抢劫的教唆犯。但是，倘若乙已有盗窃犯意，甲唆使其盗窃数额巨大财物的，甲只成立盗窃数额巨大财物的帮助犯，不成立教唆犯。

当正犯决意实施加重犯罪时，行为人说服或者建议其实施基本犯的，行为人不成立教唆犯。例如，乙决意持枪抢劫，甲劝说乙使用麻醉药品抢劫的，不成立抢劫罪的教唆犯。虽然不排除甲的行为成立帮助犯，但在具体案件中，完全可能因为其行为减轻了法益侵害而否认结果归属。

2. 教唆行为。成立教唆犯,必须有唆使他人实行犯罪的教唆行为。教唆行为必须引起他人实施符合构成要件的违法行为的意思,进而使之实行犯罪。① 行为人故意地导致他人实施过失犯罪的,原则上成立间接正犯。

需要说明的是,成立教唆犯,虽然以被教唆者实施符合构成要件的违法行为为前提(限制从属性说),但并不以被教唆者产生犯罪故意为前提。换言之,虽然要求教唆行为引起了被教唆者产生实施符合构成要件的违法行为的意思,但不意味着必须使被教唆者产生了犯罪的故意。例如,甲教唆乙说:"丙是坏人,你将这个毒药递给他喝。"乙却听成了"丙是病人,你将这个土药递给他喝",于是将毒药递给丙,丙喝下毒药后死亡,但乙并无杀人故意("土药案")。如果要求教唆行为引起被教唆者的犯罪故意,那么,由于甲没有引起乙的杀人故意,甲不成立教唆犯。另一方面,尽管甲在不法层面是间接正犯,但对甲也不可能以间接正犯论处,因为甲不具有间接正犯的故意,仅具有教唆的故意。于是,甲不成立任何犯罪。这种结论显然不妥当。事实上,乙实施了符合构成要件的违法行为,其实施该行为的意思是由甲的教唆行为引起的,甲当然成立故意杀人罪的教唆犯。

教唆行为的方式没有限制,既可以是口头的,也可以是书面的,还可以是示意性的动作(如使眼色、做手势)。教唆行为的方法也没有限制,如劝告、嘱托、哀求、指示、引诱、怂恿、命令、威胁、强迫等等。但如果威胁、强迫导致被教唆者丧失意志自由时,则成立间接正犯。至于教唆行为是明示的、还是暗示的,也不影响教唆行为的成立。概言之,只要使他人产生实施符合构成要件的违法行为的意思,就属于教唆行为。

---

① 在独立预备罪的场合,教唆行为必须引起他人实施预备行为的意思,进而使之实施独立预备行为。

3. 教唆故意。唆使行为只要引起他人实施符合构成要件的违法行为，就是一种教唆行为（也可谓不法层面的教唆犯）。但是，成立违法且有责意义上的教唆犯，还必须有责任，因而必须有教唆故意（包括直接故意与间接故意）。教唆故意的内容是相当复杂的问题，关键在于，是否要求教唆犯明知并希望或放任危害结果的发生，这又与未遂的教唆相联系。

这里所说的未遂的教唆，是指教唆者故意教唆他人实施不能既遂的行为。教唆者在实施教唆行为时就认识到，被教唆人产生犯罪决意后实行犯罪的结局只能是未得逞，不可能是既遂。例如，甲将一支没有子弹的手枪交给乙，指示乙当场开枪杀害丙，乙接受教唆开枪射击，因没有子弹而未能致丙死亡。这种未遂的教唆是否具有可罚性（是否成立教唆犯）与对教唆故意如何理解，是一个问题的两个方面。

我国刑法理论一般认为，教唆犯的故意内容是，认识到自己的教唆行为会使被教唆人产生犯罪意图进而实施犯罪，以及被教唆人的犯罪行为会发生危害社会的结果，希望或者放任被教唆人实施犯罪行为及其危害结果的发生。如果严格坚持这一观点，则前述未遂的教唆不成立教唆犯。在本书看来，上述问题同时包含了教唆犯的故意以及所教唆的行为是不能犯还是未遂犯两个方面的内容。其一，如果教唆者所唆使的行为是不能犯，则不问教唆者的故意内容如何，均不成立犯罪。其二，如果教唆者所唆使的行为是可能导致结果发生的未遂犯，则需要判断教唆犯是否具有教唆犯罪的故意。可以肯定的是，既然故意犯罪的成立要求行为人希望或者放任危害结果的发生，那么，如果能够肯定教唆者并不希望或者放任危害结果的发生，就不应认定为犯罪。但是，如果被教唆者按照教唆者教唆的内容所实施的行为仍然具有导致结果发生的危险性，则难以否认教唆者具有犯罪故意,[①]而应以教唆犯论处。此外还要考虑到的是，是否指示犯罪方法以及指示何种犯罪方法，并不影响教唆犯的成立；教唆行为通常引起被教唆者实施符合构成要件的违法行为的意思，而将实施违法行为的具体问题交由被教唆者决定；在被教唆者产生了实施违法行为意思的情况下，即使教唆犯原本指示的是难以甚至不能导致结果发生的方法，但被教唆者完全可能改变方法直至发生结果。在这种情况下，不得免除教唆犯的责任。

(二) 教唆犯的认定

1. 教唆犯只对与自己的教唆行为具有心理因果性的结果承担责任。例如，甲教唆乙杀害 A，乙在寻找 A 的过程中遇见了自己的仇人 B，进而杀害 B 的，乙对 B 的死亡承担故意杀人既遂的责任，但甲不承担故意杀人既遂的责任，因为甲的教唆行为与 B 的死亡结果之间不具有因果性。由于乙已经开始实施了杀害 A 的预备行为，故甲仅负杀人预备的责任。

2. 对教唆犯，应当依照他所教唆的罪定罪，而不能笼统定教唆罪。如教唆他人犯抢劫罪的，定抢劫罪；教唆他人犯放火罪的，定放火罪。当然，应当同时考虑教唆犯的从属性质以及认识错误问题。如果被教唆者对被教唆的罪产生误解，实施了其他犯罪，或者在犯罪时超出了被教唆之罪的范围，教唆犯只对自己所教唆的犯罪承担责任。例如，甲教唆乙实施抢劫行为，但乙到达现场后只实施了盗窃行为的，对甲只能认定为盗窃罪。反之，A 教唆 B 实施盗窃行为，但 B 实施了抢劫行为的，对 A 仍应认定为盗窃罪。

[①] 教唆者至少具有间接故意。如甲教唆乙杀害丙，同时将丙可能被杀害的事实告知丙，让丙穿好防弹衣。在这种情况下，乙仍然可能杀害丙，不能排除甲具有放任丙死亡的态度。

3. 当刑法分则条文将教唆他人实施特定犯罪的行为规定为独立犯罪时（所谓共犯的正犯化），对教唆者不能依所教唆的罪定罪，而应依照分则条文规定的犯罪定罪，不适用刑法总则关于教唆犯的规定（参见刑法第104条第2款）。

4. 教唆犯教唆他人实施几种较为特定犯罪中的任何一种犯罪时，对教唆犯按被教唆者具体实施的犯罪定罪。例如，甲教唆乙对丙实施财产犯罪，言明使用盗窃、抢夺、诈骗、抢劫方法均可。如果乙实施了盗窃罪，则对甲也定盗窃罪；如果乙实施了抢夺罪，则对甲亦定抢夺罪。如果乙没有实施上述犯罪，根据教唆犯从属性原理，对甲不能以教唆犯论处。

四、帮助犯

（一）帮助犯概述

帮助正犯的，是帮助犯。成立帮助犯，要求有帮助的行为与帮助的故意，共犯从属性说还要求被帮助者实行了犯罪。

帮助行为既可以是有形的，也可以是无形的。前者是指提供犯罪工具、犯罪场所等物质性的帮助行为，后者是指精神上的帮助行为，如提供建议、强化犯意等等。帮助行为既可以是作为，也可以是不作为。至于帮助降低危险的行为，则不可能成立帮助犯。例如，在甲绑架儿童后，知道真相的乙单纯照顾该儿童的行为，不成立绑架罪的帮助犯。

帮助行为可以在实行行为之前实施（所谓预备的帮助犯），也可以与实行行为同时实施（伴随的帮助犯），还可以在正犯者实行了一部分犯罪后实施（承继的帮助犯）。从刑法史上看，还有事后的帮助犯，即在正犯实行终了之后的赃物罪、毁灭证据罪、隐匿犯人罪。在大陆法系国家，这些犯罪都成立独立的犯罪，而不被认为是一种共犯，因而不再承认事后的帮助犯的概念。在我国，事前无通谋的窝藏、包庇行为，以及事前无通谋的掩饰、隐瞒犯罪所得及其产生的收益的行为，不成立帮助犯。但如果事前有通谋的，则成立帮助犯（参见刑法第310条第2款）。

本书对共犯采取限制从属性说，因此，只要正犯的行为是符合构成要件的违法行为，即使正犯没有故意，以帮助故意实施帮助行为者，也可能成立帮助犯。例如，乙误以为甲女想杀死其丈夫，便将毒药交给甲女。甲女虽然给丈夫喂了毒药并且造成了丈夫死亡的结果，但她在行为时却误以为自己喂的是一种治病的药物（"毒药案"）。由于甲女客观上实施了符合构成要件的违法行为，故乙依然成立故意杀人罪的帮助犯。由此可见，否认帮助犯对正犯故意的从属性，并不意味着承认没有正犯的帮助犯，只不过正犯是构成要件符合性与违法性意义上的正犯，而不要求是有责意义上的正犯。①

（二）帮助犯的因果性

之所以处罚帮助犯，是因为帮助行为促进了法益侵害，因此，帮助行为与正犯的行为结果之间必须具有因果关系。显而易见的是，由于正犯行为是正犯结果的原因，所以，如果帮助行为与正犯行为没有因果性，那么，就不可能与正犯结果之间具有因果性。问题是，当帮助行为仅对正犯行为具有促进作用，而没有对正犯结果起促进作用时，或者说与正犯结果之间没有因果性时，能否将正犯的行为结果归属于帮助犯？

本书认为，只有当帮助行为与正犯结果之间存在因果性时，才能使帮助犯承担既遂的责任（正犯结果说）。帮助行为与正犯结果的物理因果性，主要表现为如下情形：（1）没有帮助行为，就不可能发生正犯结果；或者说，正犯利用帮助犯提供的帮助造成了结果。例如，帮助犯向正犯提供盗窃保险柜的钥匙，正犯因

---

① 参见张明楷："共犯对正犯故意的从属性之否定"，载《政法论坛》2010年第5期。

此窃取了保险柜内的现金。再如,帮助犯向正犯描述了被害人的特征,使正犯得以识别进而加害被害人。(2) 帮助行为使正犯结果范围扩大。例如,正犯向帮助犯借枪杀人,帮助犯提供了手榴弹,导致多人死亡。(3) 帮助行为使正犯结果程度加重。例如,正犯向帮助犯索要麻醉剂抢劫,帮助犯提供了致人死亡的化学品,导致正犯抢劫时致人死亡。(4) 帮助行为使正犯结果提前。例如,帮助犯提供被害人的行踪,使正犯迅速杀害被害人。(5) 帮助行为使正犯结果发生的危险性增大(使结果发生更为容易)。例如,正犯准备撬窗入户盗窃,帮助犯提供了入户盗窃的钥匙,使正犯盗窃更为容易。帮助行为与正犯结果的心理因果性,主要表现为强化正犯造成结果的决意,或者使正犯安心实施法益侵害行为、造成法益侵害结果。例如,与乙男具有不正当关系的甲女,得知乙想杀害自己的妻子丙时便对乙说:"如果你杀了丙,我就会和你结婚。"甲强化了乙的杀人动机,降低了乙放弃犯意的可能性,乙杀害了丙。对此,应当肯定甲的行为与正犯结果之间具有心理的因果性。当然,在具体案件中,有的帮助行为可能与正犯结果之间既具有物理的因果性,也具有心理的因果性。例如,望风行为不仅使正犯安心盗窃,而且在客观上阻止了被害人立即发现正犯行为,从而使正犯盗窃既遂时,便是如此(当然,这种情形可能成立共同正犯)。

物理的帮助与心理的帮助,并不等同于物理的因果性与心理的因果性。例如,帮助犯只是向盗窃正犯口述如何打开他人汽车门以及如何发动汽车的方法,正犯按照帮助犯所述方法盗走汽车的,帮助犯的行为与正犯结果之间具有物理的因果性。又如,帮助犯向盗窃正犯提供了盗窃汽车所需要的钥匙,如果帮助犯不提供该钥匙,正犯就不会决意实行犯罪时,该帮助犯的物理的帮助行为,实际上与结果之间也具有心理的因果性。

此外要说明的是,帮助行为与正犯结果之间是否具有因果性

（尤其是心理的因果性），与帮助者有没有故意，是两个不同的问题。不要以为，心理的因果性以有共同故意为前提。例如，乙只是单纯描述仓库门窗破损、无人看守、容易被盗的事实，却强化了甲的盗窃犯意，甲实施了盗窃行为。可以肯定，乙的行为与甲的行为结果之间具有心理的因果性，但是，乙并没有帮助故意。这再一次说明，在不法层面理解和认定共同犯罪，是完全妥当和可行的。

（三）中立的帮助行为

理论上争论的一个重要问题是，一种外表无害的"中立"行为（日常生活行为），客观上帮助了正犯时，是否成立帮助犯？例如，出租车司机 A 明知甲要前往某地实施杀人行为仍然将其运往该地；五金商店的店员 B 明知乙将螺丝刀用于盗窃仍向乙出售螺丝刀；丙在撬他人保险箱时口干舌燥，C 递给丙一瓶矿泉水，使丙得以继续撬保险箱。有的观点认为，A、B、C 分别成立杀人罪与盗窃罪的帮助犯；有的观点则认为，A、B、C 均不应承担帮助犯的责任；有的观点则认为，A、B 不应承担帮助犯的责任，但 C 应承担帮助犯的责任。

总的来说，应当为中立行为设置可罚的帮助犯的界限。本书初步认为，应当通过综合考虑正犯行为的紧迫性，行为人（帮助者）对法益的保护义务，行为对法益侵害所起的作用大小以及行为人对正犯行为与结果的确实性的认识等要素，得出妥当结论。例如，如果甲的杀人行为并不紧迫，或者 A 只是大体上估计对方将来可能实施犯罪行为，对于 A 的日常生活行为不宜认定为帮助犯。反之，向正在斗殴的人出售利刃的，成立帮助犯。上述 C 的行为也应认定为帮助犯（与结果的发生具有物理的因果性）。再如，甲坐上乙驾驶的出租车后，发现前方丙女手上提着包，就让乙靠近丙行驶，乙知道甲的用意，依然靠近丙行驶。甲夺得丙的提包后，让乙加速行驶，乙立即提速并将甲送往目的地。对乙应以抢夺罪的帮助犯论处。

需要注意的是，在行为人实施的多种行为中，既有中立的帮助也有正犯行为时，两种行为侵害同一法益的，应当直接按正犯论处，而不能以中立的帮助为由为其开脱罪责。例如，甲公司在网络上提供了某种播放器，网民可以通过该播放器下载、上传淫秽影片，播放器同时对淫秽影片予以缓存，使得其他网民能够迅速观看淫秽影片。相对于上传淫秽影片的行为人来说，甲公司的行为可谓一种"中立的帮助"；但缓存淫秽影片的行为相当于"陈列"淫秽影片，陈列行为本身就属于传播淫秽物品的正犯行为。因此，对甲公司应以传播淫秽物品犯罪的正犯论处。

(四) 对非特定正犯的帮助行为

在司法实践中，存在帮助者不是针对特定的正犯实施帮助行为，而是针对不特定的正犯实施帮助行为的案件。例如，某公司出售一种设备，该设备安装在汽车前部时，即使夜间超速行驶，道路上的超速监控装置也无法对其进行摄影监控。日本大阪高等裁判所认为，公司董事的行为使他人实施超速驾驶变得容易，成立道路交通法上的超速驾驶犯罪的帮助犯。[①]

不难看出，所谓针对非特定的正犯实施帮助行为，只是就事前帮助而言。当正犯着手实行犯罪时，行为人就是针对特定的人实施帮助行为，只不过行为人不一定知道正犯的姓名以及正犯的人数多少。但是，这一点并不是帮助犯的故意认识内容，因而不影响帮助犯的成立。概言之，在事前帮助的场合，即使不能确定自己的帮助行为会对哪些正犯结果起作用，但只要事后查明帮助行为促进了正犯结果，并且对该结果具有故意，就应认定为帮

---

① 日本大阪高等裁判所 2000 年 6 月 30 日判决，载日本《高等裁判所刑事判例集》第 53 卷第 2 号，第 103 页。

助犯。

但是，上述对非特定正犯的帮助行为，仅限于行为人所提供的设备、方法等只能或者通常用于犯罪的情形。例如，行为人出售用于窃电的设备，该设备没有其他正当用途。在这种情况下，只要正犯将该设备用于窃电，出售者便构成盗窃的帮助犯（可能同时触犯其他罪名）。如果行为人提供的设备、方法等具有正当用途，但正犯利用该设备、方法实施犯罪的，事先提供该设备、方法的人，不成立帮助犯。例如，甲公司在网络上免费提供下载工具，正犯乙利用该工具下载淫秽视频出售的，甲公司不成立帮助犯。

五、教唆犯、帮助犯与正犯的区别

一般来说，容易区分正犯、教唆犯与帮助犯。需要讨论共同正犯与有形帮助犯、教唆犯与无形帮助犯，以及教唆犯、帮助犯与间接正犯的关系。

（一）共同正犯与有形帮助犯

根据形式的客观说，共同正犯与有形帮助犯的区别基准在于：前者是以共同实行的意思，共同实施符合基本构成要件的实行行为；后者是以帮助的意思，实施符合修正的构成要件的行为。这一标准在表面上是清楚的，但在具体认定上则格外困难。根据实质的客观说，共同正犯与有形帮助犯的区别，取决于参与者对犯罪行为整体所起作用的实质重要性。根据犯罪事实支配理论，共同正犯与有形帮助犯的区别，在于参与人是否支配了犯罪事实。不过，即使采取相同学说的人，也会对具体事例得出不同结论。争论特别多的是如何认识望风行为。

例如，甲与乙通谋盗窃丙家财物，甲在门外望风，乙在室内盗窃，甲是共同正犯，还是帮助犯？本书认为，望风行为大多是帮助犯,但当望风行为支配了犯罪的发展进程,对正犯结果起到重要作用时,则宜认定为共同正犯。详言之,望风行为仅与正犯结果具有心理因果性的,宜认定为帮助犯。望风行为与正犯结果同时具有物理的因果性和心理的因果性的,应认定为共同正犯。例如,乙入户盗窃时,在门外望风的甲发现被害人即将进入家门时,利用欺骗等手段拖延被害人进入家门的时间,进而使乙盗窃得逞的,应认定为共同正犯。此外,望风行为与正犯结果没有心理的因果性但具有物理的因果性的,既可能认定为片面的帮助犯,也可能认定为片面的共同正犯。

(二)教唆犯与无形帮助犯

强化他人实行特定犯罪的决意,或者是提供建议使他人更容易地实行犯罪的,是无形帮助犯(心理的帮助犯);使他人产生实施符合构成要件的违法行为的意思的,是教唆犯。所以,是否使他人产生实施符合构成要件的违法行为的意思,是教唆犯与无形帮助犯的基本区别。在正犯已有实施意思的情况下,教唆者对之进行"教唆"的,属于教唆未遂;如果教唆者的唆使行为使正犯的实施意思得以加强,就可能成立心理上的帮助犯。当正犯已决意实施 A 罪,而教唆者唆使正犯实施 B 罪的,仍然成立教唆犯。当正犯已经决定实施犯罪,只是心存一丝疑虑时,教唆者对之进行"教唆"的,不成立教唆犯,也仅构成帮助犯。当正犯起初决定实施犯罪,但是后来放弃犯意时,教唆者重新激起正犯的犯罪决意的,依然成立教唆犯。当正犯欲盗窃 A 的此财物(如现金),而教唆者唆使正犯盗窃 A 的彼财物(与金银首饰)时,仅成立帮助犯。对于已有实行意思的正犯的行为方式(犯罪时间、地点、工具)的指示,一般仅成立帮助犯。

(三)教唆犯、帮助犯与间接正犯的关系

我国刑法没有肯定共犯对正犯故意的从属性,但刑法理论将引起被教唆者的故意或者使被教唆者产生犯罪决意,作为教唆犯的成立条件,将正犯故意作为帮助犯的成立条件。① 在本书看来,提出这样的要求,只是为了明确教唆犯与间接正犯、帮助犯与间接正犯的界限。在此意义上说,"引起被教唆者的故意"以及"正犯故意"只是部分情形下的界限要素,因而是表面的要素或者虚假的要素。换言之,就教唆犯与帮助犯而言,"引起被教唆者的故意"以及"正犯故意"并不是刑法明文规定的要素,只是刑法理论就部分情形提出的一个分界要素。因此,"正犯故意"并不是教唆犯、帮助犯的真正成立条件,只是在需要区分教唆犯与间接正犯、帮助犯与间接正犯时才起作用。

首先,就教唆犯与间接正犯的关系而言。诚然,对于已经产生了特定犯罪故意的人,不可能就该特定犯罪再实施教唆行为。换言之,成立教唆犯,要求教唆行为引起被教唆者产生实施符合构成要件的违法行为的意思,进而实施该行为。但是,"实施符合构成要件的违法行为的意思"并不等于犯罪故意(参见本节前述"土药案")。不过,在被教唆者或被利用者缺乏故意时,只要利用者的确是犯罪事实的支配者,主观上具有间接正犯的故意,就成立间接正犯。因此,正犯是否具有故意,只是区分教唆犯与间接正犯的一个要素(不是唯一要素),而不意味着正犯产生犯罪故意是教唆犯的成立条件。

由此可见,否认共犯对正犯故意的从属性,将正犯故意作为界限要素,不意味着将部分间接正犯归入教唆犯。而且,依然可以采取通行的标准区分教唆犯与间接正犯。例如,甲与乙一起狩猎,甲明知前方是人却对乙说"前面有只熊",乙信以为真,没

---

① 我国刑法理论的传统观点认为,"所谓教唆,就是唆使具有刑事责任能力没有犯罪故意的他人产生犯罪故意"(高铭暄、马克昌主编:《刑法学》,北京大学出版社、高等教育出版社 2016 年第 7 版,第 177 页)。

有确认就开枪，导致被害人死亡。甲利用了不知情的乙的行为造成被害人死亡的结果，且具有间接正犯的故意，因而成立间接正犯。概言之，否认教唆犯对正犯故意的从属性，一方面使得仅有教唆故意，但客观上造成了间接正犯事态的人，可以合理地成立教唆犯（如"土药案"）；另一方面，在真正身份犯中，使得既有间接正犯的故意，也造成了"间接正犯"事态，但缺乏特殊身份的人，可以合理成立教唆犯。

其次，就帮助犯与间接正犯的关系而言。只要故意帮助他人实施了符合构成要件的违法行为，就符合帮助犯的客观要件。在此前提下，倘若正犯具有故意，帮助者也具有帮助的故意，就成立帮助犯；倘若正犯没有犯罪的故意，帮助者客观上造成了间接正犯的效果，但只要帮助者没有间接正犯的故意，就只能认定为帮助犯（如本节前述"毒药案"）。所以，正犯是否具有故意，只是区分帮助犯与间接正犯的一个要素（不是唯一要素），而不意味着正犯具有犯罪故意是帮助犯的成立条件。

（四）共犯的正犯化

刑法分则存在将狭义的共犯规定为正犯的现象，这便是共犯的正犯化，包括教唆犯的正犯化与帮助犯的正犯化。

例如，胁迫、勾引、收买国家机关工作人员进行武装叛乱或者武装暴乱的，原本属于武装叛乱、暴乱罪的教唆犯，但刑法第104条第2款将其规定为正犯。这属于教唆犯的正犯化。在这样的场合，对于实施胁迫、勾引、收买行为的人，不是按教唆犯处罚，而是直接按刑法第104条第2款的规定定罪量刑。即使被胁迫、勾引、收买的国家机关工作人员没有实施武装叛乱、暴乱行为的，对于行为人也应以本罪论处。唆使或者帮助他人实施胁迫、勾引、收买行为的人，则成立本罪的教唆犯或者帮助犯。

所谓帮助犯的正犯化，是指刑法分则条文直接将某种帮助行为规定为正犯行为,并且设置独立的法定刑。例如,刑法第120条之一第1款规定:"资助恐怖活动组织、实施恐怖活动的个人的,……处五年以下有期徒刑、拘役、管制或者剥夺政治权利,并处罚金;情节严重的,处五年以上有期徒刑,并处罚金或者没收财产。"这一规定就是帮助犯的正犯化。帮助犯的正犯化产生三个法律后果:(1)从定罪角度来说,帮助犯被正犯化后,不再以正犯实施符合构成要件的不法行为为前提。(2)从量刑角度来说,帮助犯被正犯化后,不再按照刑法总则规定的从犯处理,不得适用刑法第27条关于对从犯"应当从轻、减轻处罚或者免除处罚"的规定,而必须直接按分则条文规定的法定刑处罚。(3)从对他人定罪量刑的影响角度来说,帮助犯被正犯化后,由于原本的帮助行为提升为正犯行为,于是对该正犯行为的教唆、帮助行为又能成立共犯(教唆犯与帮助犯)。

第六节 承继的共同犯罪

一、承继的共同犯罪的概念

承继的共同正犯,是指前行为人已经实施了一部分正犯行为之后,后行为人以共同实施的意思参与犯罪,并对结果的发生起重要作用的情况。例如,甲以抢劫罪的故意对被害人实施暴力,压制了被害人的反抗,此时知道真相的乙与甲共同强取财物。再如,甲实施盗窃行为时被当场抓获,知道真相的乙与甲共同对抓捕者实施暴力,从而使甲避免被抓捕。上述两例中的乙为承继的共同正犯。承继的帮助,是指前行为人(正犯)实施了一部分实行行为之后,知道真相的后行为人以帮助的故意实施了帮助行为。例如,A实施抢劫杀人行为,在A杀死被害人后强取财物的过程中,知道真相的B拿着手电筒使A在黑暗中更容易取得财物。① 显然,不可能存在承继的教唆。②

关于承继的共同犯罪的理论,不能简单地归纳为肯定说、否定说与折中说。因为对承继的共同犯罪的处理,涉及承继的时间范围、承继的行为性质、承继的责任范围等侧面。在此侧面持否定说的,在彼侧面可能持肯定说;反之亦然。

二、承继的时间范围

在即成犯的场合,行为在法律上已经既遂,但还没有实质性完结时,能否成立承继的共同正犯或承继的帮助犯?例如,A窃取他人财物既遂后被被害人追赶,B使用欺骗手段使A摆脱被害人的追赶,使A最终获得财物。肯定说认为,在"实质性完结"之前均可以成立承继的共犯。可是,实质性完结并没有明确的标准,故这种观点既会导致共犯处罚范围的不当扩张,也会导致共犯处罚的不确定性。况且,犯罪既遂后实质性完结前的所谓帮助行为,一般也能以妨害司法的犯罪处理。所以,本书在此问题上采取否定说,除了继续犯(持续犯)以外,③ 承继的共犯只能存在于犯罪既遂之前。换言之,犯罪既遂之后不可能有承继的共犯。在犯罪行为实质性完结之后,更不可能成立承继的共同正犯与帮助犯。上例中的B不成立盗窃罪的共同正犯与帮助犯,有可能成立窝藏罪。

---

① 当然,如何区分承继的共同正犯与承继的帮助犯,取决于区分正犯与帮助犯的标准。
② 所谓不存在承继的教唆,是相对于正犯而言,即在正犯产生犯意之后,不可能再对正犯进行教唆。但相对于教唆犯而言,依然也会存在承继的教唆。例如,在甲劝诱丙实施抢劫罪的过程中,乙在丙产生抢劫犯意之前加入教唆的,也可谓承继的教唆。倘若由于甲、乙的共同劝诱使丙产生抢劫的犯意进而实施抢劫行为,则甲、乙均成立教唆犯。
③ 甲非法拘禁被害人三天后,知道真相的乙参与拘禁的,乙也成立非法拘禁罪。

三、承继的行为性质

当前行为人实施了 A 犯罪的一部分实行行为之后,后行为人故意参与 A 犯罪时,能否就 A 犯罪成立共同犯罪?例如,甲以抢劫故意对丙实施暴力行为之后,乙故意参与犯罪,夺取了财物(承继的抢劫案)。乙是否成立抢劫罪?[①]

本书的基本观点是,原则上,后行为人参与的行为性质与前行为人的行为性质相同。亦即,中途参与他人的抢劫行为,成立抢劫罪;中途参与杀人的,成立故意杀人罪;中途参与他人的诈骗行为的,成立诈骗罪;如此等等。但是,也存在应当否定共同犯罪的情形。值得说明的是以下几种情形。

第一,在诈骗、敲诈勒索之类的犯罪中,前行为人实施了欺骗、恐吓行为之后,后行为人只是参与接受财物的,宜认定为承继的帮助犯。因为后行为人的行为的确与结果的发生具有物理的因果性。如果采取否定说,意味着后行为人不成立犯罪,但这种观点难以被人接受。

第二,在抢劫罪中,前行为人实施了暴力、胁迫等行为,后行为人参与了取走财物的行为的,后行为人成立抢劫罪。因为抢劫罪是一个独立的犯罪类型(在我国,抢劫罪并不是两个独立的犯罪类型的简单相加),后行为人所参与的就是抢劫行为,当然应成立抢劫罪。至于后行为人是承继的共同正犯还是承继的帮助犯,则取决于其所起的实质作用。国外有力的学说认为,对这种后行为人只能认定为盗窃罪的正犯。但是,我国的立法不同于国外,难以采用国外这一学说。盗窃罪一般以数额较大为起点,如果将后行为人认定为盗窃罪的正犯,可能导致后行为人不承担刑

[①] 显然,由于涉及定罪问题,因而不可能仅在不法层面讨论,需要涉及责任层面的内容(如故意)。

事责任。这并不合适。

第三，在其他复行为犯中，后行为人参与后一行为的，原则上也应按前行为人的行为性质认定。例如，甲以强奸故意对妇女实施暴力行为，压制了妇女的反抗。中途参与的乙实施奸淫行为或者帮助甲实施奸淫行为的，成立强奸罪的承继的共同正犯或者承继的帮助犯。

第四，在结合犯中，后行为人仅参与后一犯罪的，则不构成结合犯，仅成立后一犯罪。因为结合犯是两个独立的犯罪类型的结合，换言之，两个犯罪原本是独立的、分离的，既然如此，就应当分别认定各参与人的行为性质。例如，甲绑架被害人后，没有参与绑架的乙与甲共同杀害被害人的，甲属于"绑架杀人"，但乙仅成立故意杀人罪，不得对乙适用"绑架杀人"的法定刑（参见刑法第239条）。①

第五，在轮奸犯罪中，前行为人使用暴力强奸妇女后，后行为人强奸同一妇女的，后行为人仅成立普通强奸罪；只要前行为人应当对后行为人的强奸结果负正犯责任（如前行为人的暴力行为使妇女丧失反抗能力，并且明知后行为人强奸该妇女），就对前行为人适用轮奸的规定。

四、承继的责任范围

后行为人对参与之前的前行为人的行为产生的结果是否承担责任？例如，当甲以抢劫的故意对被害人丙实施暴力且导致丙死亡后，乙参与夺取财物的，乙是否负抢劫致死的责任？

肯定说认为，乙应承担抢劫致死的责任。本书赞成否定说。利用前行为人已经造成的结果不等于后行为人的行为与该结果之

---

① 甲绑架被害人后，乙唆使甲杀害了被害人的，乙成立故意杀人罪的教唆犯。但这并不是所谓承继的教唆。

间具有因果关系；后行为人不应对与自己行为没有任何因果关系的结果承担责任。上例中的乙仅成立普通抢劫罪，不得对其适用"抢劫致人死亡"的法定刑。又如，甲非法拘禁丙三天后，乙参与实施继续拘禁丙的行为。乙对甲单独实施的非法拘禁丙三天的结果不承担责任。再如，A连续实施诈骗行为，在已经实施三起诈骗行为后，乙参与其中与甲共同实施了另四起诈骗行为。乙仅对后四起诈骗数额承担责任，而不对前三起诈骗数额承担责任。由上可见，承继的共犯人，只能对与自己的行为具有因果性的结果承担责任。

特别要指出的是，在中途参与实施伤害、杀人的案件中，如果能够证明伤亡结果是后行为人参与后造成的，则前行为人与后行为人均对伤亡结果承担责任；如果不能证明伤亡结果是后行为人参与后造成的（伤亡结果可能是前行为人单独造成的），则前行为人必须对伤亡结果承担责任，后行为人只承担未遂犯的责任。

第七节　片面的共同犯罪

一、片面的共同犯罪的概念

片面的共同犯罪，也称"片面共犯"，是指参与同一犯罪的人中，一方认识到自己是在和他人共同实施符合构成要件的违法行为，而另一方没有认识到有他人和自己共同实施的情形。

片面的共同犯罪可能存在三种情况：一是片面的共同实行（片面的共同正犯），即实行的一方没有认识到另一方的实行行为。例如，乙欲对丙实施强奸行为时，甲在乙不知情的情况下，使用暴力将丙打伤，乙得以顺利实施奸淫行为。二是片面的教唆，即被教唆者没有意识到自己被教唆的情况。例如，甲将乙的妻子丙与他人通奸的照片和一支枪放在乙的桌子上,乙发现后立即产生杀人故意,将丙杀死。三是片面的帮助,即实行的一方没有认识到另一方的帮助行为。例如,甲明知乙正在追杀丙,由于其与丙有仇,便暗中设置障碍物将丙绊倒,从而使乙顺利地杀害丙。

二、片面的共同犯罪的学说

是否承认片面的共犯,以及在什么范围内承认片面的共犯,在中外刑法理论上都存在较大争议。有人否认片面共犯的概念,认为片面共犯不成立共同犯罪。有人肯定片面共犯概念,认为所有片面共犯都成立共同犯罪;有人只承认片面教唆犯与片面帮助犯;有人仅承认片面帮助犯。

是否承认片面共犯,关键在于如何认识共同犯罪的因果性。在共同犯罪中,正犯行为(实行行为)直接引起结果;教唆行为与帮助行为通过正犯行为而引起结果。共同犯罪的因果关系包括物理的因果关系与心理的因果关系,前者是指物理地或客观上促进了犯罪的实行与结果的发生;后者是指引起犯意、强化犯意、激励犯行等从精神上、心理上促进犯罪的实行与结果的发生。如果肯定共同犯罪的物理的因果性,那么,片面共犯也可以共同引起法益侵害,因而成立共同犯罪。而且,暗中教唆、帮助他人犯罪乃至片面共同实行的现象确实可能存在;如果承认片面帮助,就没有理由否认片面教唆与片面实行。如果只是强调共同犯罪的心理的因果性,即强调相互沟通、彼此联络所产生的心理上的影响,那么,片面共犯似乎并不符合共同犯罪的特征。可是,既然是片面共犯,当然仅对知情的一方适用共同犯罪的处罚原则,对不知情的一方不适用共同犯罪的处罚原则。例如,甲明知乙(二人无通谋)将要入室抢劫丙的财物,便提前将丙殴打致昏造成重伤;乙进入丙家后发现丙昏迷,便窃取了财物。在这种情况下,由于乙并不知情,当然对乙不适用共同犯罪的规定,即乙不承担抢劫罪的责任,更不能对丙的重伤结果负责。但对甲应当适用共同犯罪的规定,即甲不仅应当对自己行为造成的重伤结果负责,而且应当对乙造成的财产损失结果负责(对甲的行为宜认定为抢劫既遂,适用抢劫致人重伤的法定刑)。

首先,应当肯定片面的帮助犯。例如,某日晚上,乙发现曾多次实施盗窃行为的甲将要侵入丙家盗窃,乙在甲不知情的情况下,主动为甲望风。在望风过程中,乙发现丙回来,于是与丙聊天,拖延丙回住宅的时间,待甲窃取财物从丙家出来后,乙才离开。显然,如果没有乙的行为,甲的盗窃就不能得逞。因此,乙的行为与甲的盗窃结果之间具有物理的因果性。既然如此,就应当将盗窃结果同时归属于乙的行为。又由于乙具备帮助的故意等责任要素,因此,对乙应当以盗窃罪论处。如果否认片面的帮助犯,就意味着乙的行为不成立犯罪,但这种结论难以被人接受。显然,片面的帮助犯仅限于帮助行为与正犯结果之间具有物理的因果性的场合。

其次,应当肯定片面的教唆犯。引起他人实施符合构成要件的不法行为的意思的行为,就是教唆行为。如果他人实施了该不法行为,教唆者也具备教唆故意等责任要素,就当然成立教唆犯。至于被教唆者是否明确意识到自己的行为意思由他人的教唆行为引起,则并不重要。前述甲引起乙枪杀妻子丙的案例,就说明了这一点。

最后,应当肯定片面的共同正犯。例如,甲得知乙将要强奸丙女,便提前给丙投放了安眠药,并暗中观察乙的奸淫行为,但乙并不知情。在乙离开现场后,甲又奸淫了丙。甲是轮奸的片面的共同正犯,不仅要对自己的行为与结果承担责任,而且要对乙的行为与结果承担责任,但乙并不成立共同正犯(轮奸),仅承担普通强奸既遂的责任。再如,B入户盗窃时,邀约A为自己望风，商定被害人回家时立即通知 B。但 A 在被害人回家时，以暴力手段阻止被害人回家，造成被害人重伤，对此不知情的 B 窃取财物后逃离现场。按照本书的观点，B 成立盗窃既遂，A 成立抢劫罪的结果加重犯（既遂）。显然，如果知情者的行为与结果之间不具有因果性，则不能认定为片面的共同正犯。

第八节 不作为的共同犯罪

一、不作为的共同犯罪概述

在二人均有防止同一结果发生的作为义务（共同义务）的情况下，却基于意思联络而均不履行作为义务的，无可争议地成立不作为的共同正犯。例如，夫妻二人基于意思联络都不给婴儿提供食物，导致婴儿死亡的，成立故意杀人罪的共同正犯。

不作为的共同犯罪，存在两个方面的问题：一是对不作为犯的共犯，如教唆他人实施不作为犯罪，或者帮助他人实施不作为犯罪；二是以不作为方式实施的共犯行为，如以不作为方式帮助他人实行犯罪。此外，还有共犯人的作为义务问题也值得讨论。

二、对不作为的共犯

如前所述，不作为犯也可谓身份犯，亦即，负有特定作为义务的人是保证人，其不履行义务的行为才能成立不作为犯。但是，身份犯中的身份是就正犯而言，教唆犯与帮助犯的成立并不以具有特殊身份为前提。因此，对不作为的共犯是完全可能成立的。显而易见的是，成立对不作为的共犯，以正犯具有作为义务为前提；根据限制从属性说，只有当正犯的不作为属于符合构成要件的不法行为时，教唆者与帮助者才能对不作为犯成立共犯。例如，第三者教唆"对于患病的人负有扶养义务的人"不扶养病人，被教唆者接受教唆拒绝扶养，情节严重的，第三者成立遗弃罪的教唆犯。又如，对于婴儿负有扶养义务的母亲，为了拒不抚养婴儿，让保姆将婴儿抱到集市抛弃。母亲成立遗弃罪的正犯，保姆成立遗弃罪的帮助犯。再如，甲的行为造成了丙的重伤后，打算立即救助丙。过路人乙劝说甲不要救助丙，甲接受教唆没有救助丙，导致丙死亡。乙成立不作为的故意杀人罪的教唆犯。

存在争议的是不具有作为义务的人能否成为不作为犯的共同正犯？本书认为共同正犯是正犯，在身份犯中，正犯必须具有特殊身份。因此，不具有作为义务的人，只能成立不作为犯的教唆犯或者帮助犯，或者成立作为犯的同时正犯。例如，普通公民与国家工作人员共同贪污的，国家工作人员是正犯，普通公民只能成立贪污罪的教唆犯或者帮助犯，但不能成为贪污罪的共同正犯（可能同时成立盗窃、诈骗等罪的正犯）。

三、不作为方式的共犯

总的来说，不作为方式的共犯包括三种情形：以不作为方式与作为犯形成共同正犯，以及不作为的教唆与不作为的帮助。首先需要说明的是，成立不作为方式的共犯，以不作为者具有作为义务为前提。换言之，只有保证人才能成立不作为方式的共犯。

以不作为方式与作为犯形成共同正犯，意味着肯定不作为犯与作为犯的共同正犯的可能性。例如，甲与乙基于意思联络杀害乙的女儿丙，甲将丙推入深水池，现场的乙不予救助。对此，应当肯定甲与乙成立故意杀人罪的共同正犯。[①]

不作为的教唆犯一般被否定，因为教唆行为是引起他人实施符合构成要件的不法行为的意思的行为，而不作为不可能引起这一意思。但值得研究的是，当甲的行为客观上引起了乙的犯意，

[①] 参见〔日〕山中敬一：《刑法总论》，成文堂2015年第3版，第920页。

甲知道乙的犯意由自己的先前行为引起时，是否具有阻止乙实行犯罪的义务。例如，甲知道乙追求丙女被拒绝，便开玩笑地对乙说："如果你强奸了丙，丙自然就会和你谈恋爱。"乙将甲的玩笑当真，强奸了丙女。本书的初步看法是，由于甲的行为客观上引起了乙的犯意，乙事实上也实施了强奸行为，能够认定甲因为先前行为引起了阻止义务。如果甲在能够履行阻止义务的情况下不履行义务，可以根据甲的不作为对构成要件结果的重要程度，分别认定为不作为的帮助犯或者共同正犯。因为在这种场合，乙的犯意毕竟不是甲的不作为引起的（而是甲先前的没有故意的作为引起的），既然如此，就不能认定为不作为的教唆犯。

不作为的帮助犯应当得到肯定。例如，剧场负责人目睹演员演出淫秽节目而不制止的，就成立不作为的帮助犯。概言之，在法律上，对正犯的犯罪行为具有防止义务的人，故意不履行该义务的，至少成立不作为的帮助犯。如果与作为者共同支配了犯罪事实，则成立不作为的共同正犯。

四、共犯人的作为义务

如前所述，故意的犯罪行为也可能产生作为义务，既然如此，共犯人的犯罪行为也可能产生阻止其他共犯人的犯罪行为的义务。如果共犯人不阻止其他共犯人的犯罪行为，则应对其他共犯人造成的犯罪结果承担责任。

首先，在甲的犯罪行为使被害人处于不能反抗等（使被害人陷入需要保护的）状态下，乙继而对被害人实施相同或者不同犯罪行为，甲不阻止乙的犯罪行为的，应对乙行为造成的犯罪结果承担责任。例如，甲以强奸故意使用暴力致丙女昏迷后奸淫了丙女，随后乙到现场也要奸淫昏迷的丙女。由于甲的先前行为使丙女处于不能反抗的状态，导致丙女的法益处于紧迫的危险中，因而产生了作为义务。如果甲不阻止乙的强奸行为，则甲对乙的行为与结果承担责任,即承担轮奸的责任。乙仅承担普通强奸既遂的责任。倘若乙到现场后发现丙女昏迷便要窃取丙女的财物,甲不阻止乙的行为的,也要承担盗窃罪的刑事责任。

其次,在甲、乙共谋犯罪的场合,甲在犯罪过程中明知乙实施超出共谋范围的行为时,只要甲的先前行为使法益处于危险状态或者使被害人陷入需要保护的状态,就有义务阻止乙实施超出共谋范围的行为。例如,甲、乙二人共同入户抢劫,甲捆绑了被害人丙女的手脚,乙在一旁搜寻财物。随后,乙打算强奸丙女。此时,由于甲的捆绑行为使丙女陷入无法反抗的状态,因而有义务阻止乙的强奸行为。若不阻止,甲也成立强奸罪。但应注意的是,如果共犯人的先前行为并没有使法益处于危险状态,没有使被害人陷入需要保护的状态,则没有义务阻止其他共犯人超出共谋范围的行为。例如,甲、乙共谋入户盗窃。二人进入丙家后,分别在不同房间物色财物。乙发现房间里有被害人丙,便起意杀害丙,知情的甲既没有参与乙的行为,也没有阻止乙的杀人行为。甲与乙的共谋以及入户盗窃的行为,并没有使丙的生命处于危险状态,丙的生命陷入需要保护的状态也不是甲的行为造成,所以,甲仅承担盗窃罪的责任,而不成立故意杀人罪的共犯。

最后,甲、乙二人对共谋的犯罪内容产生不同认识时,如果甲的先前行为使法益处于危险状态或者使被害人陷入需要保护的状态,甲就有义务阻止乙的犯罪行为。

第九节 共犯与身份

一、共犯与身份概述

关于共犯与身份的理论,主要是为了解决两个问题:一是在真正(构成)身份犯的场合,非身份者与有身份者共同犯罪时,如何处理？与此相联系的是不同身份者的共同犯罪如何处理的问题。二是在不真正（加减）身份犯场合，对非身份者如何处理？

我国刑法总则没有关于共犯与身份的直接规定（可以认为存在间接规定），但刑法分则存在部分规定（参见刑法第382条第3款）。综合总则与分则的规定，大体也能解决共犯与身份的问题。

二、无身份者与有身份者的共同犯罪

无身份者（不具有构成身份的人）与有身份者（具有构成身份的人）共同实施真正身份犯时，构成共同犯罪（无身份者构成真正身份犯的共犯）。例如，一般公民不能单独犯脱逃罪，但可以教唆、帮助依法被关押的罪犯、被告人、犯罪嫌疑人脱逃，因而构成该罪的共犯。首先，刑法分则所规定的特殊身份仅就正犯而言；至于教唆犯与帮助犯，则完全不需要特殊身份。其次，我国刑法有关共犯人的规定已经指明了这一点。例如，我国刑法第29条第1款前段规定："教唆他人犯罪的，应当按照他在共同犯罪中所起的作用处罚。"其中的"犯罪"与"共同犯罪"当然包括以特殊身份作为构成要件要素的故意犯罪；因此，只要被教唆的人犯被教唆的罪，教唆犯与被教唆犯就构成共同犯罪。根据刑法第27条第1款的规定，从犯只能存在于共同犯罪之中；这表明，起帮助作用的人，也与被帮助的人成立共同犯罪。当然，帮助犯也可能是胁从犯，但第28条的规定说明，胁从犯也只存在于共同犯罪之中。这三条足以表达以下含义：一般主体教唆、帮助具有特殊身份的人实施以特殊身份为构成要件要素的犯罪的，以共犯论处。最后，如果认为无身份者与有身份者共同故意实施以特殊身份为构成要件要素的犯罪时，一概不成立共同犯罪（除有明文规定的贪污罪之外），刑法总则关于共同犯罪的规定几近一纸废文，总则也不能起到指导分则的作用。

我国刑法理论与司法实践一直讨论的问题是，在上述情况下，应如何确定共同犯罪的性质？源于司法解释的观点是，对上述情况应当按照主犯犯罪的基本特征来确定共同犯罪的性质，这种观点明显不当。不少学者主张按照实行犯（正犯）的犯罪性质决定共同犯罪的性质，虽然这一观点具有一定的合理性，但也面临着难题：第一，如何确定实行行为？因为实行行为具有相对性，甲罪中的帮助行为可能是乙罪中的实行行为。第二，难以保证罪刑相适应。刑法第382条之所以明文规定内外勾结的以贪污罪的共犯论处，一个重要原因是贪污罪的法定刑重于盗窃罪的法定刑。如果法定刑存在相反的情况，即如果以一般主体的行为性质定罪法定刑更重时，上述观点就暴露出明显的缺陷。

其实，上述设问与回答是以犯罪共同说为前提的，而且没有实际意义。一方面，如前所述，共同犯罪的立法与理论所要解决的基本问题是，应当将法益侵害结果及其危险归属于哪些人的行为。但是，各个人的行为成立何种犯罪还取决于各自的特殊身份与责任内容。另一方面，认定共同犯罪时，首先要判断正犯。在正犯实施了符合构成要件的不法行为的前提下，应当以正犯为中心判断教唆行为与帮助行为，然后判断教唆者与帮助者的责任内容，进而确定其触犯的罪名。在不存在共犯过剩与认识错误等影响责任判断的通常场合，无身份者与正犯一般触犯的是相同罪名。例如，当作为国家工作人员的正犯利用职务上的便利实施了贪污行为时，就应当肯定其行为成立贪污罪。在此前提下，故意实施了教唆行为或者帮助行为的教唆者或帮助者，当然成立贪污罪的教唆犯或帮助犯。但是，在身份不同、责任内容不同的情况下，教唆者与帮助者所触犯的罪名，也可能不同于正犯。例如，甲应乙之约为乙的盗窃行为望风，事实上乙入室后实施了抢劫行为。正犯乙的行为成立抢劫罪，甲的望风行为与乙的抢劫结果之间具有因果性，客观上是抢劫罪的帮助行为。但是，由于乙仅具有盗窃罪的故意，故只能认定其行为成立盗窃罪。

由于正犯行为具有相对性，所以，在定罪时应当注意运用想象竞合犯的原理。其一，在有身份者为正犯，无身份者对正犯实施了教唆、帮助行为，也没有触犯其他犯罪的情况下，只能按照身份犯触犯的罪名定罪量刑。如一般公民教唆国家工作人员收受贿赂的，对一般公民只能认定为受贿罪（教唆犯）。其二，在有身份者与无身份者共同犯罪，而有身份者为 A 罪的正犯（可能是 B 罪的从犯），无身份者为 B 罪的正犯（可能是 A 罪的从犯）时，应当认定无身份者与有身份者的共同故意犯罪行为同时触犯了两个以上罪名，构成想象竞合。如果对其中一方认定按较重罪的从犯处罚，导致对其处罚轻于较轻罪的正犯时（按较轻罪的正犯处罚更符合罪刑相适应原则时），则应将其按较轻罪的正犯处罚。于是，有身份者与无身份者存在罪名不同的可能性（参考以下论述）。

三、不同身份者的共同犯罪

刑法理论与司法实践还经常面临具有不同身份的人共同犯罪时，如何定罪的问题。例如，非国有公司的工作人员甲与国有公司委派到该非国有公司从事公务的国家工作人员乙共同侵占该非国有公司的财产时，应当如何定罪处罚？

最高人民法院 2000 年 6 月 30 日《关于审理贪污、职务侵占案件如何认定共同犯罪几个问题的解释》指出："公司、企业或者其他单位中，不具有国家工作人员身份的人与国家工作人员勾结，分别利用各自的职务便利，共同将本单位财物非法占为己有的，按照主犯的犯罪性质定罪。"但根据前述讨论，这个解释值得商榷。事实上，在公司、企业或者其他单位中，不具有国家工作人员身份的甲与国家工作人员乙相勾结，分别利用各自的职务便利，共同将本单位的财产非法占为己有时，甲与乙都同时触犯了贪污罪与职务侵占罪，应按贪污罪的共犯论处。因为一般公民与国家工作人员相勾结伙同贪污者，都成立贪污罪的共犯，不具有国家工作人员身份的公司、企业人员，更应与国家工作人员构成贪污罪的共犯。不过，如果将甲认定为贪污罪的从犯，导致对其处罚轻于职务侵占罪的正犯（主犯）时，则对甲认定为职务侵占罪的正犯（此时，甲与乙虽然是共犯，但罪名不同）。此外，如果甲与乙仅利用了国家工作人员乙的职务便利，也成立贪污罪的共犯。但是，如果甲与乙仅利用了甲的职务便利，则乙的国家工作人员身份不具有意义，仅成立职务侵占罪的共犯。

再如，被保险人与国有保险公司工作人员相勾结骗取保险金时，就保险诈骗而言，被保险人实施的是实行行为；就贪污罪而言，国有保险公司工作人员实施的是实行行为。另一方面，由于教唆、帮助行为也具有相对性，就贪污罪而言，被保险人的行为是教唆、帮助行为；就保险诈骗罪而言，国有保险公司工作人员的行为可能属于教唆、帮助行为。所以，在被保险人与国有保险公司工作人员相互勾结骗取保险金的情况下，被保险人便既是保险诈骗罪的正犯，又是贪污罪的教唆犯、帮助犯；国有保险公司工作人员则既是贪污罪的正犯，又是保险诈骗罪的教唆犯、帮助犯。既然如此，就表明被保险人与国有保险公司工作人员的行为都同时触犯了贪污罪与保险诈骗罪，成立想象竞合。[①] 假如对被保险人按贪污罪的从犯处罚，导致对其处罚轻于保险诈骗罪的正犯的处罚时，则应将被保险人按保险诈骗罪的正犯处罚。即二人虽构成共同犯罪，但对国有保险公司工作人员按贪污罪的正犯处罚，对被保险人按保险诈骗罪的正犯处罚。

---

① 对于法定刑的轻重，需要根据犯罪数额与具体的法定刑进行比较，此处只是进行了一般比较。

四、不真正身份犯的共同犯罪

不具有加减身份的人与具有加减身份的人共同实施不真正身份犯时，固然构成共同犯罪，但刑法关于刑罚加减的规定仅适用于具有加减身份的人，而不适用于不具有加减身份的人。例如，刑法第 243 条第 2 款规定，国家机关工作人员犯诬告陷害罪的，从重处罚。非国家机关工作人员与国家机关工作人员共同故意实施诬告陷害行为时，构成该罪的共犯；对国家机关工作人员应从重处罚，对非国家机关工作人员则不能适用该规定从重处罚。

事实上，除了身份以外，对其他特定的主观要素与共同犯罪的关系，也应按上述结论处理。例如，某种犯罪的成立以行为人主观上具有特定目的为要件，不具有该特定目的的甲，明知乙具有该特定目的，而与之共同故意犯罪的，成立以该特定目的为主观要素的犯罪的共犯。① 同理，如果特定目的影响刑罚轻重，则对无特定目的的共犯人适用通常之刑。因此，可以得出如下结论：凡参与以特定的个人要素为构成要件要素之犯罪的人，虽不具有这种要素，仍是共犯；因特定的个人要素致刑罚有轻重时，不具有这种要素的共犯人，仍科处通常刑罚。②

第十节 共犯与认识错误

一、共同犯罪的认识错误概述

共同犯罪人的认识错误，是相当复杂的问题。如果共犯人具

---

① 参见曾宪信、江任天、朱继良：《犯罪构成论》，武汉大学出版社 1988 年版，第 161 页以下。
② 多数国家刑法规定了共犯与身份问题，而德国现行刑法规定的是共犯与特定的个人要素，使之包含了身份、目的等特定要素，避免了目的等是否身份的争论，使共犯的规定更为完善（参见德国刑法第 28 条）。

有法律认识或事实认识错误，原则上也适用处理法律认识错误与事实认识错误的原则。但共同犯罪的认识错误也存在特殊之处，其中主要是共犯的事实认识错误。

二、同一共犯形式内的错误

（一）共同正犯的认识错误

共同正犯的认识错误，包括同一构成要件内的错误与相异构成要件间的错误。

根据本书的观点，对同一构成要件内的错误，应采取法定符合说予以解决。例如，甲、乙共谋杀害丙，在共同实行时，都认为前方是丙，但实际上杀死的是丁。这是对象错误的情况，甲与乙成立故意杀人既遂的共同正犯。又如，甲、乙共谋杀害丙，在共同实行时，没有击中丙，却击中了丙身边的丁。根据法定符合说，甲与乙成立故意杀人既遂的共同正犯。

对相异构成要件间的错误，也应按法定符合说处理。例如，甲、乙共谋杀害丙，都开枪向丙射击。甲打中了丙身边的狗（狗的价值数额较大），乙什么也没有打中。应当认为，甲与乙构成杀人未遂的共同正犯；由于过失毁坏财物不可罚，因而不成立毁坏财物罪。

（二）间接正犯的认识错误

间接正犯的认识错误，是指间接正犯所认识的事实与被利用者所实现的构成要件事实不一致。包括同一构成要件内的错误与相异构成要件间的错误。

例如，医生甲想杀害丙（起先住在医院A病房），便将毒药交给不知情的护士乙，让乙给A病房的患者注射。由于丙换了病房，乙到A病房后实际上给新来的患者丁注射了毒药，导致丁死亡。一种观点认为，甲成立故意杀人（丙）未遂与过失致人

（丁）死亡的想象竞合犯。本书采取法定符合说，主张甲对丁成立故意杀人既遂。不仅如此，即使采取具体符合说，也不能排除甲对丁有杀人故意，也只能认定为故意杀人既遂。①

（三）教唆犯的认识错误

教唆犯的认识错误，是指教唆犯所认识的事实与正犯所实现的结果不一致。这里有两种情况，一是教唆者的意思与正犯的意思不一致，二是教唆者的意思与正犯的意思及结果不一致。这两种情形又都可以分为同一构成要件内的错误与相异构成要件间的错误。

例如，丙与丁并排站立，甲教唆乙"杀死站在右边的丁"，乙却听成了"杀死站在左边的丙"，开枪射击后导致丙死亡。这是同一构成要件内的错误，乙构成故意杀人罪，甲是故意杀人罪的教唆犯。再如，甲教唆乙杀死丙，乙开枪射击丙，却打中了丁（打击错误）。本书认为，乙构成故意杀人罪，甲是故意杀人罪的教唆犯。

相异构成要件间的错误的处理，同样采取法定符合说。例一，甲教唆乙杀死隐藏在草丛中的丙，乙开枪射击，但实际上草丛中没有人，乙杀死的是丙饲养的狗。根据本书的观点，甲与乙都无罪。因为过失毁坏财物不可罚，乙没有实施杀"人"行为，因而不构成故意杀人罪，甲也不成立故意杀人罪的教唆犯。例二，甲教唆乙打死右边的丙的狗，乙听成打死左边的丙的狗（实际上左边为一儿童），乙开枪射击，打死了左边的儿童。本书认为，乙成立过失致人死亡罪，甲无罪。例三，甲教唆乙"杀死那条狗"，乙开枪射击此狗，没有瞄准，打死了一儿童。乙成立过失致人死亡罪，甲无罪。

---

① 参见〔德〕乌尔斯·金德霍伊泽尔：《刑法总论教科书》，蔡桂生译，北京大学出版社2015年版，第428页。

（四）帮助犯的认识错误

对于帮助犯的认识错误，适用上述关于教唆犯的认识错误的理论。

三、不同共犯形式的错误

由于共犯的犯罪形式不同并不影响罪质，因此，关于不同共犯形式的错误，应当在有责的不法限度内，成立其中较轻的共犯形式。关于所谓狭义的共犯与间接正犯的错误，有以下几种情形值得研究：

第一，以间接正犯的意思利用他人犯罪，但产生了教唆的结果。例如，甲误以为乙是没有责任能力的精神病患者，便引诱乙杀人，但乙具有责任能力，按甲的旨意杀了人。在本书看来，仅以主观面为标准进行判断是片面的，必须同时考虑主观与客观两方面；从责任的实质来看，间接正犯的故意也符合教唆的故意，故认定为故意杀人罪的教唆犯并不违反罪刑法定原则。此外，在我国，教唆犯是按照其在共同犯罪中所起的作用处罚，因此，认定为教唆犯比认定为间接正犯的未遂更具合理性。

第二，以教唆犯的意思实施教唆行为，但产生了间接正犯的结果。例如，甲误以为乙具有责任能力，教唆乙杀人，实际上乙没有责任能力，乙在无责任能力的状态下杀了人。就结论而言，甲只成立故意杀人罪的教唆犯。但是，这并不属于所谓认识错误的情形，而是教唆犯的从属性程度问题。乙确实实施了符合构成要件的违法行为，故甲成立教唆犯。

第三，被利用者起初具有工具性质，但后来知道了真相。例如，医生甲意图杀死患者丙，将毒药给不知情的护士乙，乙后来发现是毒药,但仍然注射了该毒药。本书认为,甲通常是故意杀人罪的教唆犯。因为在这种场合,完全可以肯定甲的行为引起了乙实施符合构成要件的违法行为的意思,因而属于教唆行为,又由于间接正犯的故意也符合(包含)教唆犯的故意,故对甲的行为应以故意杀人罪的教唆犯论处。而且,在我国的共犯立法体例下,认定甲的行为成立故意杀人既遂的教唆犯比认定为杀人未遂的间接正犯,更有合理性。

四、共犯过剩

大体来说,共犯过剩,是指正犯的行为与结果超出了共同正犯、教唆犯、帮助犯的故意内容的情形。

例如,甲邀约乙对丙实施暴力,乙以为甲希望杀害丙,事实上甲仅具有伤害丙的故意,甲、乙共同对丙实施暴力,导致丙死亡。在这种情况下,应认定甲与乙构成共同正犯,并都对丙的死亡结果承担责任。但由于乙具有杀人故意与杀人行为,对乙应认定为故意杀人罪;甲仅有伤害的故意,只能成立故意伤害(致死)罪。

又如,甲教唆乙盗窃,但乙实施了抢劫;A教唆B伤害,B实施了杀人行为。在这种场合,甲、A只能在与其认识的事实相重合的范围内承担既遂责任。即甲只承担盗窃罪(既遂)的责任(不能认为乙没有犯被教唆的罪,因为在规范意义上说,抢劫包含了盗窃),A只承担故意伤害致死的责任。

还如,A入户盗窃时邀约B为其盗窃望风,A入户后见被害人在家,便使用暴力抢劫了财物。A成立抢劫罪,但B仅成立盗窃罪的帮助犯。

第十一节　共犯与犯罪形态

一、共犯与犯罪形态概述

在单独犯罪中，行为人已经着手实行犯罪，但由于意志以外的原因而未得逞时，该犯罪属犯罪未遂形态，该行为人是未遂犯；行为人自动中止犯罪时，该犯罪属犯罪中止形态，该行为人是中止犯；依此类推。但共同犯罪是二人以上共同犯罪，在同一共同犯罪中可能有的共犯人是未遂犯，有的共犯人是中止犯，这是因为犯罪未遂与犯罪中止在客观上存在共同点——没有发生特定的犯罪结果，而之所以没有发生特定犯罪结果，相对于部分共犯人而言，是基于自动中止，相对于另一部分人而言属于意志以外的原因，因而对不同的犯罪人应当确定为不同的犯罪形态。在此意义上说，共同犯罪的形态，应是共同犯罪中的各共犯人的犯罪形态。一般来说，在共同犯罪中，只要共犯人中没有人中止与脱离，那么，共同犯罪的形态与各个共犯人的犯罪形态，基本上是统一的（如前所述，教唆犯可能存在例外；承继的共同犯罪与片面的共同犯罪也可能存在例外）。例如，如果共犯人中一人的行为导致既遂，其他共犯人均成立既遂（共犯关系的脱离者除外）；如果共犯人中的一人着手实行犯罪，其他共犯人不可能成立犯罪预备（共犯关系的脱离者除外）。

二、共同犯罪的着手

根据共犯从属性的原理，当正犯着手实行时，教唆犯、帮助犯也进入着手实行阶段。如果正犯由于意志以外的原因未得逞，对教唆犯与帮助犯也应以未遂犯论处。对此没有疑问。

存在争议的是，如何确定共同正犯的着手？个别考察说认为,应当分别考察各个共同正犯是否已经为着手做出了贡献。整体考察说认为,只要共同正犯中有人已经着手实行犯罪,就应认为其他共同正犯也已经着手实行犯罪;如果最早着手实行的共同正犯未得逞,那么,其他共同正犯也成立犯罪未遂,而不是犯罪预备。就现实的具体案件来说,两种观点的结论不会存在明显的差异,但个别考察说不符合部分实行全部责任的原理,故应采取整体考察说。

三、共同犯罪的中止

就共同正犯而言,当所有正犯者都自动中止犯罪时,均成立中止犯。共同正犯中的一部分正犯自动停止犯罪,并阻止其他正犯实行犯罪或防止结果发生时,这部分正犯就是中止犯;其他没有自动中止意图与中止行为的正犯,则是未遂犯。共同正犯中的一部分正犯中止自己的行为,但没有消除自己的行为与结果之间的因果性,由其他正犯的行为直接导致结果发生时,也不成立中止犯,而应成立既遂犯。因为在这种场合,即使中止了自己的"行为",但由于没有消除自己已经实施的行为与结果之间的因果性,也不能认为中止了"犯罪"。例如,甲、乙、丙三人共谋对丁女实施轮奸,共同对丁女实施暴力后,甲、乙实施了奸淫行为,但丙自动地没有实施奸淫行为。对此,不得认定丙成立强奸罪的中止。因为对共同正犯采用部分实行全部责任的原则,丙不仅要对自己的行为结果负责,还要对甲、乙的行为结果负责;既然甲、乙的行为已经造成了侵害结果或者说已经既遂,丙理当对甲、乙的犯罪既遂承担责任。所以,丙只是放弃了自己的行为,并没有中止犯罪。当然,丙放弃奸淫行为的情节,对丙而言是一个十分重要的酌定量刑情节。

总之,只有当共犯人自动消除了自己的行为与结果之间的因果性，才能成立中止犯。① 例如，在正犯着手实行并导致结果发生后，共犯人放弃犯罪行为的，不可能成立中止犯。在正犯的行为终了后，共犯人自动防止结果发生的，共犯人成立中止犯。在正犯尚未实行终了，共犯人说服正犯使之放弃犯罪的，共犯人与正犯均成立中止犯。在正犯尚未实行终了，共犯人报警阻止正犯的行为结果的，或者自己亲手阻止正犯的行为结果的，共犯人成立中止犯，正犯成立未遂犯。已经开始为正犯的着手盗窃望风的帮助者，中途默默离开的，不成立中止犯。即使明确告诉正犯自己要离开现场，但如果先前承诺望风的行为对正犯决意实施盗窃起到了促进作用的，也不成立中止犯。

教唆犯、帮助犯自动中止教唆行为、帮助行为，并阻止正犯的行为及其结果时，成立教唆犯、帮助犯的中止犯。反之，正犯在着手实行后自动中止犯罪，对于教唆犯、帮助犯来说属于意志以外的原因时，正犯是中止犯，教唆犯、帮助犯属未遂。在处罚犯罪预备的情形下，正犯在预备阶段自动中止犯罪，对于教唆犯、帮助犯来说属于意志以外的原因时，正犯是中止犯，教唆犯、帮助犯属预备犯。

四、共犯关系的脱离

共犯关系的脱离与共犯人的中止相关联，但不是相同问题。

如前所述，只有当共犯的行为与结果之间具有因果性时，才能将结果归属于共犯的行为。所谓共犯的脱离，实际上也是共犯的因果性问题。亦即，共犯放弃或者被迫停止共犯行为后，由他人导致结果发生时，在什么样的情况下，否认共犯的先前行为与正犯结果之间具有因果性（即肯定共犯的脱离），从而只让共犯

---

① 根据本书的观点，共犯人为消除自己的行为与结果之间的因果关系做出了真挚的努力，即使由于其他原因导致结果没有发生的，也应认定为中止犯。

承担中止犯或者预备犯、未遂犯的刑事责任。换言之，在某些情形下，行为人虽然实施了共犯行为（如教唆、帮助行为或者共同正犯行为），但是，如果后来又消除了该行为对犯罪结果的促进作用，导致先前的共犯行为与结果之间不具有因果性时，就属于共犯关系的脱离。不难看出，所谓共犯关系的脱离，实际上是同时消除已经实施的共犯行为与结果之间的物理的因果性与心理的因果性。但是，共犯关系的脱离，并不以脱离者的自动性（任意性）为前提。

（一）着手前的脱离

如果脱离者在正犯着手之前脱离，那么，就仅对预备行为负责（如自动脱离，则是预备阶段的中止犯），如果不处罚预备，该脱离者就不承担任何责任。

首先，教唆行为与正犯的行为结果之间是一种心理的因果性。因此，教唆者引起了他人的犯意后，只有消除了教唆行为所产生的心理的因果性，才能承认教唆犯的脱离。所谓消除教唆行为产生的心理的因果性，是指教唆者使被教唆者放弃犯意。被教唆者放弃犯意后，自己再起犯意实行犯罪的，教唆者不对正犯的行为结果承担刑事责任。但是，如果教唆者努力劝说被教唆者，被教唆者执意不放弃犯意，造成了法益侵害结果的，教唆者仍然应当承担既遂犯的责任。

其次，帮助行为与正犯的行为结果之间既可能是物理的因果性，也可能是心理的因果性，还可能既有物理的因果性，也有心理的因果性。只有消除了物理的因果性与心理的因果性，才能承认帮助犯的脱离。例如，将凶器提供给正犯后，在正犯着手之前取回凶器的，或者答应按时望风的人，在正犯着手之前告诉对方自己不实施望风行为，就是共犯关系的脱离。正犯仍然着手犯罪的，帮助者不承担未遂犯与既遂犯的责任。

最后，（预备阶段的）共同正犯的脱离，按照帮助犯的脱离的条件予以判断即可。①

（二）着手后的脱离

如果脱离者在正犯着手之后结果发生之前脱离，则仅在未遂的限度内承担共犯的责任（如果是自动脱离，则成立中止犯）。

从理论上说，在正犯着手后，教唆者与帮助者至少要负未遂犯的刑事责任。但是，教唆行为与帮助行为虽然与正犯的犯罪未遂具有因果性，但如果在正犯着手后消除了其行为对既遂结果可能具有的因果影响力，即使正犯既遂，教唆者与帮助者也可能视其有无自动性成立中止犯或者未遂犯。例如，甲决意盗窃并邀约乙为自己的入户盗窃望风，在甲入户物色财物的过程中，乙打电话告诉甲自己不再实施望风行为。甲知道乙离开后继续实施盗窃行为既遂的，乙成立盗窃罪的中止犯，不承担既遂责任。再如，甲入户盗窃，邀约乙为其盗窃望风，乙同意并为甲望风。但在甲入户后，乙悄悄溜走了，甲不知情，后盗窃既遂。由于甲一直以为乙在为自己的盗窃望风，所以，即使乙离开了望风现场，其行为依然使得甲安心盗窃，因而与甲的盗窃结果之间具有心理的因果性。由于乙并没有脱离共犯关系，所以，依然应负盗窃既遂的责任。

共同正犯的脱离也是因果性的判断问题。例如，一对夫妻想杀死其女儿的非婚生孩子，在二人以为已经杀死孩子后，丈夫先行离开。妻子后来发现孩子还活着，就独自将孩子杀死。丈夫与妻子先前共同实施的杀害行为，与孩子生命处于危险状态具有因果性，因此，二人成立故意杀人未遂的共同正犯。但是，在丈夫

---

① 以上参见〔日〕山口厚：《刑法总论》，有斐阁2016年第3版，第376页以下。

离开后，妻子独自将孩子杀害的结果就不能归属于丈夫先前的行为，因此，妻子必须独自承担杀人既遂的刑事责任。反之，即使部分正犯放弃了自己的行为，但只要其已经实施的行为与其他正犯结果之间具有因果性，就必须对该结果负责。

第十二节　共犯人的处罚原则

一、共犯人的分类

我国刑法第 26 条至第 29 条分别规定了主犯、从犯、胁从犯与教唆犯（旧刑法第 23 条至第 26 条也是如此）。[①] 刑法理论的通说认为，刑法将共犯人分为主犯、从犯、胁从犯与教唆犯四类，使作用分类法与分工分类法统一起来；于是，教唆犯是与主犯、从犯、胁从犯并列的共犯人。本书认为，如果认为上述两种分类的标准不一，那么，我国刑法仅将共犯人分为主犯、从犯、胁从犯三类，刑法对教唆犯作了专门规定，但教唆犯并不是与主犯、从犯、胁从犯并列的共犯人。[②] 根据本书的观点，主犯、从犯、胁从犯的概念具有相对性，即有的共犯人可能属于共同犯罪中的主犯或者从犯，但由于存在责任阻却事由，而不得对其以犯罪论处，但不影响对其他共犯人定罪量刑。

总之，我国刑法将共犯人分为主犯、从犯与胁从犯，同时规定了相应的处罚原则，并特别规定了教唆犯的处罚原则。

---

① 应当注意的是，我国刑法与司法实践中关于主从犯的区分标准，比国外的正犯、教唆犯与帮助犯的区分标准更为实质。所以，在国外属于共同正犯的，在我国依然可能仅成立从犯。
② 参见张明楷："教唆犯不是共犯人中的独立种类"，载《法学研究》1986 年第 3 期。

二、主犯及其处罚原则

(一) 主犯的概念与种类

刑法第 26 条第 1 款规定:"组织、领导犯罪集团进行犯罪活动的或者在共同犯罪中起主要作用的,是主犯。"据此,主犯包括两类:一是组织、领导犯罪集团进行犯罪活动的犯罪分子;二是其他在共同犯罪中起主要作用的犯罪分子。

组织、领导犯罪集团进行犯罪活动的犯罪分子,就是犯罪集团的首要分子。"组织"主要是指为首纠集他人组成犯罪集团,使集团成员固定或基本固定。联系刑法第 97 条,[①]"领导"就是指"策划""指挥"。"策划"主要是指为犯罪集团的犯罪活动出谋划策,主持制定犯罪活动计划。"指挥"主要是指根据犯罪集团的计划,直接指使、安排集团成员的犯罪活动。从司法实践上看,犯罪集团的组织者通常也策划、指挥集团的犯罪活动,但有的也存在分工情况。只要从事上述活动之一的,便是首要分子,故犯罪集团中的首要分子既可以是一人,也可以不止一人。

在共同犯罪中起主要作用的犯罪分子,是指除犯罪集团的首要分子以外的在共同犯罪中对共同犯罪的形成、实施与完成起决定或重要作用的犯罪分子。其中的"共同犯罪"包括各种形式的共同犯罪。判断犯罪分子是否起主要作用,一方面要分析犯罪分子实施了哪些具体犯罪行为,对结果的发生起什么作用;另一方面要分析犯罪分子对其他共犯人的支配作用。

(二) 主犯与首要分子的关系

根据刑法第 97 条的规定,首要分子分为两类:一是犯罪集团中的首要分子,二是聚众犯罪中的首要分子。如前所述,犯罪

---

① 刑法第 97 条规定:"本法所称首要分子,是指在犯罪集团或者聚众犯罪中起组织、策划、指挥作用的犯罪分子。"

集团中的首要分子都是主犯。但犯罪集团中的主犯不一定是首要分子，因为在犯罪集团中，除了首要分子是主犯以外，其他起主要作用的犯罪分子也是主犯，却不是首要分子。

在一律构成共同犯罪的聚众犯罪中（如聚众斗殴罪），虽然可以以刑法分则对首要分子规定了较重的法定刑为依据，认为首要分子是主犯，但对这种首要分子不能适用刑法总则关于主犯的规定。

在是否属于共同犯罪应视案件情况确定的聚众犯罪中（如聚众扰乱公共场所秩序、交通秩序罪），刑法分则规定只处罚首要分子。如果案件中的首要分子只有一人，则只有一人的行为构成犯罪，无所谓共同犯罪，也无所谓主犯与从犯之分。如果案件中的首要分子为二人以上，则构成共同犯罪；首要分子起什么作用，应在首要分子之间进行比较、分析，不能将首要分子与不构成犯罪的其他参与人进行比较；如果二人以上均在组织、策划、指挥聚众犯罪中起主要作用，则皆为主犯；如果有人起主要作用、有人起次要作用，则应分别认定为主犯与从犯。

由上可见，聚众犯罪中的首要分子不一定是主犯。认为聚众犯罪的首要分子均为主犯的观点，既不符合刑法第 26 条的规定，也不符合刑法分则关于聚众犯罪的具体规定以及聚众犯罪的实际情况。

（三）主犯的处罚原则

刑法第 26 条第 3 款规定："对组织、领导犯罪集团的首要分子，按照集团所犯的全部罪行处罚。"该条第 4 款规定："对于第三款规定以外的主犯，应当按照其所参与的或者组织、指挥的全部犯罪处罚。"

犯罪集团中的首要分子，除了对自己直接实施的具体犯罪行为及其结果承担责任外，还要对集团所犯的全部罪行承担责任，即还要对其他成员按该集团犯罪计划所犯的全部罪行承担责任，因为这些罪行是由首要分子组织、策划、指挥实施的。所应注意的是，对犯罪集团的首要分子，是按"集团"所犯的全部罪行处罚，不是按"全体成员"所犯的全部罪行处罚。换言之，集团成员超出集团犯罪计划，独自实施的犯罪行为，不属于集团所犯的罪行，首要分子对此不承担责任。

对于犯罪集团首要分子以外的主犯，应分为两种情况处罚：对于组织、指挥共同犯罪的人（如聚众共同犯罪中的首要分子），应当按照其组织、指挥的全部犯罪处罚；对于没有从事组织、指挥活动但在共同犯罪中起主要作用的人，应按其参与的全部犯罪处罚。这意味着现行刑法对这种主犯只是像单独犯那样处罚，而没有像旧刑法那样规定对主犯从重处罚。

当一个共同犯罪案件有两个以上的主犯时，他们在起主要作用的前提下仍有区别，其非难可能性会有差异，故对于主犯也需区别对待。

三、从犯及其处罚原则

刑法第 27 条第 1 款规定："在共同犯罪中起次要或者辅助作用的，是从犯。"据此，从犯包括两种人：一是在共同犯罪中起次要作用的犯罪分子，即对共同犯罪的形成与共同犯罪行为的实施、完成起次于主犯作用的犯罪分子；二是在共同犯罪中起辅助作用的犯罪分子，即为共同犯罪提供方便、帮助创造条件的犯罪分子，主要是指帮助犯。

从犯是相对于主犯而言的。没有主犯就不可能成立共同犯罪，只有主犯（须二人以上）没有从犯可以成立共同犯罪。但共同犯罪中不可能只有两个以上的从犯而无主犯，① 故不应任意扩

---

① 至于"主犯"是否具有责任阻却事由因而是否成立犯罪，则是另一问题。例如，15 周岁的甲邀约 18 周岁的乙为其盗窃行为望风的，甲是主犯，乙是从犯。只不过甲具有责任阻却事由，而不得以盗窃罪论处。

大或缩小从犯的范围。认定从犯时，要根据行为人在共同犯罪中所处的地位、对共同故意形成的作用、实际参与的程度、具体行为的样态、对结果所起的作用等进行具体分析，判断其是否在共同犯罪中起次要或辅助作用。

刑法第 27 条第 2 款规定："对于从犯，应当从轻、减轻处罚或者免除处罚。"特别需要指出的是，对于从犯也是按照其参与的全部犯罪处罚。只是由于从犯在共同犯罪中起次于主犯的作用，故刑法采取了上述必减原则。

四、胁从犯及其处罚原则

根据刑法第 28 条的规定，胁从犯是被胁迫参加犯罪的人，即在他人威胁下不完全自愿地参加共同犯罪，并在共同犯罪中起较小作用的人。要求胁从犯在共同犯罪中起较小作用（即未起主要作用）虽不是刑法的明文规定，却是对刑法第 26 条至第 29 条进行体系解释得出的合理结论。由于行为人是被胁迫参加犯罪，其合法行为的期待可能性减少，所以，即使客观上在共同犯罪中起次要作用，也只能按胁从犯处罚。如果行为人起先是被胁迫参加共同犯罪，但后来发生变化，积极主动实施犯罪行为，在共同犯罪中起主要作用，则应按主犯处罚。①

值得注意的是，行为人身体完全受强制、完全丧失意志自由或者符合紧急避险条件实施了某种行为的，不构成胁从犯。例如，抢劫犯持枪劫持出租车司机，令司机将其送往某银行实施抢劫行为的，出租车司机因为完全丧失意志自由，不构成抢劫罪的胁从犯。再如，民航飞机在飞行中突遭武装歹徒劫持，机长为避免机毁人亡，不得已将飞机开往歹徒指定地点。机长的行为是紧

---

① 不排除在特殊情况下按从犯处罚。

急避险，不成立劫持航空器罪的胁从犯。①

刑法第 28 条规定："对于被胁迫参加犯罪的，应当按照他的犯罪情节减轻处罚或者免除处罚。"刑法之所以做出这样的规定，是因为胁从犯主观上不完全自愿参加犯罪，特别预防的必要性小，客观上在共同犯罪中起较小作用。在处罚胁从犯时，一定要以其犯罪情节为依据。这里的犯罪情节主要包括两个方面，一是被胁迫的程度，二是在共同犯罪中所起的作用。

五、教唆犯的处罚原则

刑法第 29 条对教唆犯规定了以下三个处罚原则：

其一，"教唆他人犯罪的，应当按照他在共同犯罪中所起的作用处罚。"在被教唆者实施了被教唆的罪因而与教唆犯成立共同犯罪（包括既遂与未遂）的情况下，如果教唆犯在共同犯罪中起主要作用，就以主犯论处；如果教唆犯在共同犯罪中起次要作用，则以从犯论处（在个别特殊情况下，教唆犯也可能是胁从犯，应以胁从犯论处）。因此，将教唆犯一概视为主犯或一概视为从犯的观点，有悖刑法规定。司法实践一概将教唆犯作为主犯、对教唆犯的量刑重于正犯的做法，产生了诸多弊害，应当杜绝。即使对教唆犯以主犯论处时，在相同条件下，对教唆犯的量刑也应当轻于正犯。② 此外需要说明的是，在被教唆的人只是实施了犯罪预备行为的情况下（以处罚犯罪预备为前提），教唆犯与被教唆者成立共同犯罪，对教唆犯适用本规定的同时，还应适

---

① 参见王作富：《中国刑法研究》，中国人民大学出版社 1988 年版，第 257 页。
② 将教唆犯一概当作主犯的做法，必然导致诸多冤假错案。亦即，由于对教唆犯的处罚重于正犯，所以，正犯常常谎称自己的行为是由他人教唆所致，以便减轻自己的责任；司法机关也往往轻信正犯的这一说法，当他人否认自己实施了教唆行为时，司法机关反而认为他人认罪态度不好，导致没有实施教唆行为的他人遭受更重的处罚。倘若对正犯的处罚重于教唆犯，正犯就不会也没有必要谎称自己的行为是由他人教唆所致，因而可以减少冤假错案。

用刑法第 22 条第 2 款。

其二,"教唆不满十八周岁的人犯罪的,应当从重处罚。"这是因为选择不满 18 周岁的人作为教唆对象,既说明行为人的非难可能性严重,又说明教唆行为本身的腐蚀性大,危害程度严重,理应从重处罚。此外,保护青少年健康成长,也是上述规定的政策理由。其中的"不满十八周岁的人"包括没有达到法定年龄的人。如教唆 13 岁的人犯罪的,应当从重处罚。或许有人认为,这种情形属于间接正犯,不应当适用教唆犯的规定。其实,即使肯定这种行为成立间接正犯,但由于间接正犯与教唆犯并不是对立关系,相反应当认为这种情形的间接正犯也完全符合教唆犯的成立条件,故应当对其适用上述规定。否则,会导致刑法的不协调。

其三,"如果被教唆的人没有犯被教唆的罪,对于教唆犯,可以从轻或者减轻处罚。"根据共犯从属性立场,这种情况属于未遂犯的教唆犯。例如,甲教唆乙杀人,乙着手实行杀人但未得逞(未遂犯)。在这种情况下,一方面要适用刑法第 29 条第 1 款,判断教唆犯甲在共同犯罪中的作用。另一方面,对于教唆犯甲适用刑法第 29 条第 2 款,对于正犯乙则适用刑法第 23 条。

第九章 罪数

第一节 罪数的区分

一、区分罪数的标准

罪数，是指一人所犯之罪的数量；区分罪数，也就是区分一罪与数罪。被告人的行为究竟是构成一罪还是成立数罪，是司法实践中经常遇到的重要问题之一，也是犯罪论的基本理论问题之一（同时也是刑法理论中的混乱问题之一）。

行为说主张，以行为的数量为标准区分一罪与数罪，实施一个行为的为一罪，实施数个行为的为数罪。法益说（结果说）认为，犯罪的本质是侵犯法益，故应以行为侵犯的法益数量为标准区分一罪与数罪，行为侵犯一个法益的为一罪，行为侵犯数个法益的为数罪。犯意说（主观说、意思说）提出，具有一个犯意的为一罪，具有数个犯意的为数罪。构成要件说主张，以行为符合的构成要件数量为标准区分一罪与数罪，行为符合一个犯罪的构成要件的为一罪，行为符合数个犯罪的构成要件的为数罪，行为数次符合一个犯罪构成要件的也为数罪。个别化说主张，应根据罪数的不同种类采取不同的区分标准。

在理论上区分罪数,首先要明确一罪与数罪的含义。换言之,一罪与数罪究竟是单纯评价意义上的一罪与数罪,还是在科刑意义上的一罪与数罪?因为单纯评价意义上的数罪,完全可能是科刑意义上的一罪。例如,想象竞合犯在科刑上属于一罪,但在评价上是一罪还是数罪,就取决于采取什么学说。如果采取行为说,就会认为是一罪;如果采取法益说,就会认为是数罪;如果采取构成要件说(或者犯罪构成说),就难以得出结论。因为行为与结果都是构成要件要素,在一个行为造成了两个法益侵害结果时,对行为的评价结论是一,而对结果的评价结论是二,因而争论不休。

在本书看来,一罪与数罪的区分,与对数罪是否并罚是两个不同的问题。首先,对一罪与数罪的区分,虽然可能以犯罪构成为标准(即行为符合一个犯罪构成的,是一罪;行为符合数个犯罪构成的,成立数罪;行为数次符合同一个犯罪构成的,也是数罪),但由于犯罪构成包含了成立犯罪所要求的全部要素,一个案件完全可能在某一方面只符合一个犯罪构成的相关要件,而在另一方面完全符合两个犯罪构成的相关要件,故需要以实质标准来决定犯罪构成符合性的评价次数。结局是,只能以犯罪的本质为标准判断行为符合几个犯罪构成。质言之,由于刑法的目的是保护法益,犯罪的本质是侵害法益,所以,应当根据行为所侵犯的法益数量评价其符合几个犯罪构成或者构成几个犯罪。[①] 或者说,行为侵犯了一个犯罪的保护法益时,成立一罪;行为侵犯了数个犯罪的保护法益时,成立数罪;行为数次侵犯一个犯罪的保护法益时,成立数罪。

其次,行为侵犯了数个犯罪的保护法益,并不意味着必然并罚。例如,当行为虽然侵害了数个法益,但仅适用一个重法定刑

[①] 不过,当一个犯罪的保护法益为复数时,侵害该复数法益的行为仅成立一罪。

就可以全面清算（评价）数罪的不法与责任时，就不必实行并罚。这是因为，"罪数论·竞合论是在实体法上经过了对某一行为的违法、责任的判断阶段后，为量刑提供基础的领域的讨论。"① 罪数论也好、竞合论也罢，就是为了解决量刑问题。或者说，"正确的刑罚裁量终究是整个竞合理论的目的。"② 另一方面，犯罪现象特别复杂，侵犯数个犯罪构成保护的法益的数罪，事实上会存在密切的关联性乃至存在重合的部分，如果一概实行并罚，必然导致量刑畸重（在某些情况下，也可能导致量刑畸轻）。所以，即使是数罪，也需要区分不并罚的数罪与并罚的数罪。在科处刑罚的意义上，可以将仅适用一个法定刑而不并罚的数罪，归入包括的一罪或者科刑的一罪。③

二、罪数的种类

罪数的种类包括一罪的种类与数罪的种类。从典型的或者单纯的一罪到并罚的数罪之间，存在各种不同的形态。本书借鉴日本的罪数论体系，将罪数的诸形态区分为单纯的一罪（包括连续犯、法条竞合等）、包括的一罪、科刑的一罪（包括想象竞合与不并罚的牵连犯）与并罚的数罪。单纯的一罪，是指无论依据什么标准，都只能评价为一罪，只能适用一个刑法分则条文的情形；包括的一罪，是指对行为进行孤立的评价，可能得出数罪的结论，但如果进行整体的评价，只需要适用一个刑法分则条文的情形；科刑的一罪，是指行为构成数个犯罪，应当适用数个刑法

---

① 〔日〕只木诚："罪数论·竞合论"，载〔日〕山口厚、甲斐克则编：《21世纪日中刑事法的重要课题》，成文堂2014年版，第73页。
② 〔德〕Ingeborg Puppe："基于构成要件结果同一性所形成不同构成要件实现之想象竞合"，陈志辉译，载《东吴法律学报》第17卷第3期，第321页。
③ 本章后述的"数罪"一词，既可能指评价意义上的数罪，也可能指并罚意义上的数罪，恳请读者根据语境识别。

分则条文，但只需要适用一个重法定刑的情形；并罚的数罪，是指行为构成数个犯罪，应当适用数个刑法分则条文，而且需要分别定罪量刑后实行并罚的情形。

此外，应否保留科刑的一罪，虽然值得进一步讨论，但本书初步认为，由于我国刑法理论与司法实践普遍接受牵连犯概念，牵连犯事实上侵害数个法益、成立数罪，而且除刑法明文规定并罚的情形之外，均只适用一个重法定刑，故仍有必要将不并罚的牵连犯归入科刑的一罪。

数罪当然指数个犯罪。数罪可以分为同种数罪与异种数罪，前者是指行为人实施二次以上相同性质的行为，二次以上符合相同的犯罪构成；后者是指行为人实施二次以上不同性质的行为，二次以上符合不相同的犯罪构成。异种数罪必须实行并罚。同种数罪既可能并罚（原则上应当并罚），也可能不并罚；但同种数罪不并罚时，也不意味着仅成立一罪。

应当注意的是，虽然所有的罪数现象均可以归入上述四类，但不意味着某个既有的特定概念所包含的现象只能归入上述某一类。例如，转化犯这一概念所包含的现象，既可能属于包括的一罪，也可能属于想象竞合，还可能属于并罚的数罪。

第二节　单纯的一罪

一、单纯的一罪概述

单纯的一罪，是指一个行为侵害一个法益的情形。例如，向特定被害人的食物中投放毒药致其死亡，一刀砍掉被害人的一只手致其重伤，就是单纯的一罪。单纯的一罪，也可谓本来的一罪。亦即，这种犯罪仅有一个行为、侵害了一个法益，本来就是一个犯罪，不可能也不应当评价为数罪。但是，即使一个行为侵害了一个法益,也可能由于行为的持续性或者法条之间的包容关系,影响罪数的认定。在此,需要讨论的便是继续犯与法条竞合。

二、继续犯

(一)继续犯的概念与特征

一般认为,继续犯(持续犯),是指行为从着手实行到终止以前,一直处于持续状态的犯罪。非法拘禁罪被认为是典型的继续犯,即行为人从着手非法剥夺他人人身自由到恢复他人人身自由为止,其非法剥夺他人自由的行为一直处于持续状态中。继续犯具有以下特征:

1. 实行行为与不法状态同时继续,而不仅仅是不法状态的继续。这是继续犯与状态犯的主要区别。状态犯是指一旦发生法益侵害的结果,犯罪便同时终了,但法益受侵害的状态仍然在持续的情况。如盗窃罪,行为人窃取他人财物后,犯罪便终了,但行为人非法占有他人财物的状态仍然在持续。而继续犯是实行行为本身的持续,行为的持续导致不法状态也在持续。换言之,继续犯时,行为对法益的侵害在持续,行为的构成要件符合性在持续;而且,在行为持续期间,法益受侵害的程度没有减轻。状态犯时,发生侵害结果后,行为的构成要件符合性没有持续(没有持续地"窃取"他人财物)。

2. 实行行为在一定时间内(成立继续犯所需的时间内)持续。继续犯的实行行为必须具有时间上的继续性,即在一定时间内持续,持续时间的长短不影响继续犯的成立,但瞬间性的行为不可能构成继续犯。至于中间是否有间断,对于继续犯的认定并不重要,只是是否另构成连续犯或者同种数罪的问题。例如,行为人先拘禁他人几天,间断几天后又拘禁他人的,是两次实施了继续犯。

3. 一个行为侵犯了同一具体的法益，即实行行为自始至终都针对同一对象、侵犯同一法益。如果数行为侵犯同一法益，或者一行为侵犯数种法益，则不是单纯一罪的继续犯。

继续犯可以分为两大类：一类是法定的继续犯，即构成要件行为必须具有持续性，否则不成立犯罪，如非法拘禁罪、非法持有毒品罪等。另一类是事实的继续犯，即分则条文没有要求构成要件行为必须具有持续性，但行为人实施的实行行为具有持续性。例如，窝藏罪的窝藏行为不必具有持续性，但为犯罪人提供隐藏处所等行为的确可能成为继续犯。再如，诽谤罪的诽谤行为不必具有持续性，但网络诽谤行为完全可能成为继续犯。

（二）继续犯的处理

对于继续犯，不论其持续时间的长短，均应以一罪论处。因为持续性的行为仅针对同一对象、侵犯同一法益；规定继续犯的犯罪构成，也预定了该罪行为会持续一定时间，故行为的持续性包含在犯罪构成所预定的范围内。继续犯的既遂时间与行为终了时间并不一致，故在继续犯的行为持续期间参与犯罪的，成立共同正犯或者帮助犯。根据刑法第89条的规定，对继续犯的追诉期限，从犯罪行为终了之日起计算，这也说明对继续犯只能以一罪论处。此外，在继续犯的持续时间跨越新旧两法时，应适用新法（依然成立一罪）。①

三、法条竞合

（一）法条竞合的概念

法条竞合，是指一个行为同时符合了数个法条规定的犯罪

---

① 适用新法的前提是，行为人在新法适用期间仍然有持续的作为或者不作为。如果只是结果持续发生至新法适用时期，但行为在新法适用之前已经结束的，就只能适用旧法。

构成，但从数个法条之间的逻辑关系来看，只能适用其中一个法条，当然排除适用其他法条的情况。换言之，法条竞合是指法条之间具有竞合（重合）关系，而不是犯罪的竞合。显然，法条竞合关系不同于法条关系。只有当两个法条之间存在包容关系（如特别关系、补充关系）时，才能认定为法条竞合关系。

法条竞合关系，并不限于形式上的此条（第×条）与彼条（第 X 条）之间的关系；同一法条内的不同款项之间，以及同一款项内的不同构成要件之间，也可能存在法条竞合关系。例如，刑法第 263 条只有一款，其中后段规定的 8 项加重抢劫与前段规定的普通抢劫，就是典型的法条竞合（特别关系）。

概括起来，法条竞合具有如下特点：（1）存在一个符合犯罪构成的事实；（2）该犯罪行为仅侵害了一个犯罪的保护法益；（3）该犯罪行为表面上符合刑法分则的数个法条；（4）行为所符合的数个法条之间存在某种逻辑关系；（5）对该行为最终只能适用一个法条，因而排除其他法条的适用；（6）属于单纯的一罪。

从实质上看，法条竞合的基本类型是特别关系。与一个普通法条相对应的，可能不止一个特别法条，而是多个特别法条。如前所述，择一关系并不是法条竞合；补充关系虽然值得独立讨论，但只是特别关系的另一种表述；吸收关系要么属于包括的一罪，要么属于想象竞合；所谓包容关系，也只是特殊关系的外在表现。交叉关系则是想象竞合，而不是法条竞合。

（二）特别关系

1. 特别关系的概念与范围

特别关系的基本特征是，甲法条（刑罚法规）记载了乙法条的全部特征（或要素），但同时至少还包含一个进一步的特别特征（要素）使之与乙法条相区别。① 其中的甲法条是特别法条，乙法条是普通法条。例如，刑法第258条规定了重婚罪，第259条规定："明知是现役军人的配偶而与之……结婚的，处三年以下有期徒刑或者拘役。"符合后一法条的行为必然符合了前一法条，但符合前一法条的并不必然符合后一法条。因为后一法条增加了"现役军人的配偶"这一特别要素，使之与普通法条相区别。特别法条所增加的特征或者要素，既可能是表明不法增加或者减少的要素，也可能是表明责任增加或者减少的要素。② 特别关系表现为以下几种情形：

（1）加重构成要件

加重构成要件有不同类型。其中，有的加重构成要件成立新罪，因而与基本犯罪成立不同的罪名。③ 例如，强奸罪是强制猥亵罪的特别法条。有的加重构成要件并不成立新罪，但仍然属于特别法条。例如，相对于基本犯罪（普通法条）而言，结果加重犯就是特别法条。刑法第263条规定的"抢劫致人重伤、死亡"，相对于普通抢劫而言就是特别法条。在发生抢劫致人重伤、死亡的案件时，虽然仍然认定为抢劫罪，但必须适用结果加重犯的法定刑，而不能适用普通抢劫的法定刑。④

---

① C. Roxin，Strafrecht Allgemeiner Teil，Band Ⅱ，C. H. Beck，2003，S. 848.
② 当然，不排除立法者滥设特别法条的情形。例如，虽然设置特别法条，但法定刑完全相同。从立法论上来说，这样的特别法条是没有实际意义的，只是徒增法条数量而已。
③ 在我国刑法分则中，加重构成要件既可能规定在基本构成要件之后，也可能规定在基本构成要件之前。
④ 当刑法分则将"数额巨大""数额特别巨大""情节严重""情节特别严重"规定为法定刑升格的条件，而没有变更构成要件类型时，属于量刑规则。只要行为符合相应的条件，就必须适用相应的法定刑，在此意义说，它们与基本犯罪之间也存在特别关系。

(2) 减轻构成要件

减轻构成要件在我国刑法分则中比较少见。例如，刑法第280条第1款规定，"伪造、变造、买卖……国家机关的公文、证件、印章……情节严重的，处三年以上十年以下有期徒刑，并处罚金。"同条第3款规定："伪造、变造、买卖居民身份证、护照、社会保障卡、驾驶证等依法可以用于证明身份的证件……情节严重的，处三年以上七年以下有期徒刑，并处罚金。"居民身份证等证明身份的证件属于国家机关证件，伪造、变造、买卖居民身份证的行为原本符合刑法第280条第1款，但同条第3款对伪造、变造、买卖居民身份证等证明身份的证件情节严重的行为，规定了低于第1款的法定刑，因而属于减轻构成要件，成为特别法条。[①]

(3) 结合犯的构成要件

结合犯，是指数个原本独立的犯罪行为，根据刑法的明文规定，结合成为一个犯罪的情况。结合犯相对于被结合的犯罪而言，就是特别法条。结合犯具有以下特征：

第一，结合犯所结合的数罪，原为刑法上数个独立的犯罪。所谓独立的犯罪，是指不依附于其他任何犯罪，符合独立的犯罪构成的行为。数个独立的犯罪，必须是数个不同的犯罪，而不是数个相同的犯罪。

第二，结合犯是将数个原本独立的犯罪，结合成为一个犯罪。典型的结合犯表现为：甲罪＋乙罪＝丙罪，丙罪便是结合犯（丙罪是不是独立罪名，则无关紧要）。例如，刑法第240条规定的"奸淫被拐卖的妇女"就是结合犯。

---

① 当刑法分则规定了基本构成要件之后，将"情节较轻"规定为法定刑降格的条件，而没有变更构成要件类型时（参见刑法第232条），属于量刑规则。只要行为符合情节较轻的条件，就必须适用相应的法定刑，在此意义说，它们与基本犯罪之间也存在特别关系。

第三，数个原本独立的犯罪被结合为一个犯罪后，失去了原有的独立犯罪的意义，成为结合犯的一部分。例如，根据刑法第318条第1款的规定，组织他人偷越国（边）境时，以暴力、威胁方法抗拒检查的，适用加重的法定刑，其中的妨害公务罪成为加重的组织他人偷越国（边）境罪的一部分，因而丧失了作为独立犯罪的意义。

第四，数个原本独立的犯罪结合为一个犯罪，是基于刑法的明文规定。刑法之所以将数个原本独立的犯罪规定成为另一独立新罪，有的是因为原本独立的数罪之间存在密切联系，容易同时发生；有的是因为一罪是为另一罪服务的；有的是因为数罪的实施条件相同。

由于规定结合犯的法条属于特别法条，所以，对于结合犯自然以所结合的犯罪论处，即以一罪论处，而不能以数罪论处。例如，对于绑架后杀害被绑架人的，只能适用刑法第239条关于绑架后杀害被绑架人的规定，而不能适用故意杀人罪（被结合的犯罪）的规定，也不能实行数罪并罚。

(4) 加重责任要素

例如，与传播淫秽物品罪（刑法第364条即普通法条）相比，传播淫秽物品牟利罪（刑法第363条第1款）增加了"以牟利为目的"的责任要素，后者是特别法条。从逻辑上说，也可能存在减轻责任要素。

2. 特别关系的条件

我国刑法理论与司法实践不当扩大了特别关系的范围，没有将特别关系限定在合理的范围内。在本书看来，特别关系必须符合以下三个条件（旨在与想象竞合相区别）。

(1) 逻辑的包容性

不需要借助具体案件事实的联结，而是通过对构成要件的解释就可以发现一个构成要件包容了另一构成要件的全部内容时，才有可能肯定特别关系。例如，通过对滥用职权罪（刑法第397条）与私放在押人员罪（刑法第400条）的构成要件进行解释便可以得知，私放在押人员是一种特殊的滥用职权行为，不管私放在押人员的行为表现为何种样态，都不影响两个法条之间的包容关系。倘若不考虑其他标准，后者是前者的特别法条。

（2）法益的同一性

两个法条之间具有包容关系，并不必然形成特别关系。例如，刑法第275条规定的故意毁坏财物罪的最高刑为7年有期徒刑，刑法第309条规定的扰乱法庭秩序罪包括"毁坏法庭设施……情节严重"的行为。单纯从逻辑关系来看，由于后者的行为地点与行为对象具有特殊性，因而人们会认为后者是特别法条。然而，倘若得出这种结论，适用特别法条优于普通法条的结局是，毁坏普通财物的最高可能判处7年有期徒刑，而毁坏法庭设施的最高只能处3年有期徒刑，这明显不妥。① 所以，特别关系还必须有实质的标准即法益的同一性。

根据法益的同一性这一实质区分标准，一般来说，刑法分则中不同章节所规定的犯罪基本上不可能是法条竞合。例如，生产、销售伪劣产品罪与诈骗罪的保护法益分别为经济秩序（消费者享用合格产品的权利）与财产，使用假币罪与诈骗罪的保护法益分别为货币的公共信用与财产，过失致人死亡罪与交通肇事罪的保护法益分别为人的生命与公共安全，诈骗罪与招摇撞骗罪的保护法益分别为财产与国家机关工作人员的信用，盗窃罪与盗伐林木罪的保护法益分别为财产与森林资源，报复陷害罪与滥用职权罪的保护法益分别为公民的民主权利与国家机关公务的合法、

---

① 当然，肯定会有人说"这是立法问题，只能通过修改法律来解决，而不能通过另设法条竞合与想象竞合的区分标准来解决"。本书则认为，这是解释论的问题，而不是立法论的问题。

公正、有效执行以及公民对此的信赖，它们之间都不可能成为法条竞合的特别关系，而应认定为想象竞合。

法益的同一性还意味着法益主体的同一性。亦即，如果行为侵害了不同法益主体的相同法益，也不可能属于法条竞合。例如，虽然故意杀人罪与故意伤害罪是特别关系，但是，这只是就同一法益主体而言；一个行为同时致 A 死亡和 B 伤害时，不可能属于法条竞合，而要认定为想象竞合。

（3）不法的包容性

法益的同一性，只是解决了对行为的不法性质的评价问题，而没有解决对不法程度的评价问题。对不法性质的充分、全面评价，不等于对不法程度的充分、全面评价。然而，充分、全面评价不法程度具有重要意义。将一个严重侵害 A 法益的行为，评价为轻微侵害 A 法益的行为，明显不当；反之亦然。刑法分则所规定的法定刑之所以存在区别，一个重要原因是不法内容（程度）不同。所以，在符合法益的同一性标准的场合，只有当适用一个法条也能充分、全面评价行为的不法内容，且法条之间具有包容关系时，才应认定为特别关系。否则，只能认定为想象竞合。于是，法条竞合与想象竞合的区分并不是固定不变的，而是取决于适用一个法条能否充分、全面评价行为的不法内容。换言之，当 A、B 两个法条在通常情况下是法条竞合时，不排除在特殊情况下（适用一个法条不能充分、全面评价行为的不法内容）是想象竞合。①

例如，刑法第 151 条第 3 款规定："走私珍稀植物及其制品等国家禁止进出口的其他货物、物品的，处五年以下有期徒刑或者拘役，并处或者单处罚金；情节严重的，处五年以上有期徒刑，并处罚金。"刑法第 153 条第 1 款规定："走私本法第一百五

---

① 以上所称不法内容，是指有责的不法内容。

十一条、第一百五十二条、第三百四十七条规定以外的货物、物品的，根据情节轻重，分别依照下列规定处罚：（一）走私货物、物品偷逃应缴税额较大或者一年内曾因走私被给予二次行政处罚后又走私的，处三年以下有期徒刑或者拘役，并处偷逃应缴税额一倍以上五倍以下罚金。（二）走私货物、物品偷逃应缴税额巨大或者有其他严重情节的，处三年以上十年以下有期徒刑，并处偷逃应缴税额一倍以上五倍以下罚金。（三）走私货物、物品偷逃应缴税额特别巨大或者有其他特别严重情节的，处十年以上有期徒刑或者无期徒刑，并处偷逃应缴税额一倍以上五倍以下罚金或者没收财产。"倘若以第151条为基准，可以认为第153条为补充法条；倘若以第153条为基准，则第151条是特别法条。当走私珍稀植物制品偷逃应缴税额较大或者巨大时，可以肯定第151条第3款是法条竞合的特别法条。但是，这一结论只是就走私珍稀植物制品不需要判处无期徒刑的情形而言。换言之，当走私珍稀植物制品偷逃应缴税额特别巨大时，如果依然认为第151条第3款是特别法条，认定为走私国家禁止进出口的货物、物品罪，就不能充分、全面评价偷逃数额特别巨大关税的不法内容，所以，必须认定为想象竞合，认定行为同时构成走私国家禁止进出口的货物、物品罪与走私普通货物、物品罪，才能既评价走私国家禁止进出口的货物、物品的不法内容，又评价偷逃数额特别巨大关税的不法内容。

3. 特别关系的处理原则

如果合理确定特别关系的范围，那么，对于特别关系可以严格地采取特别法条优于普通法条的原则。例如，对于普通强奸既遂行为，只能认定为强奸罪，既不得认定为强制猥亵罪，也不得认定行为同时构成两个罪。

长期以来，我国刑法理论基本上采用了单一的形式标准区分法条竞合与想象竞合，甚至通过介入案件事实判断两个法条之间是否存在包容关系，结局是将大量的想象竞合纳入法条竞合的特别关系。许多学者虽然严格坚持德国、日本处理法条竞合特别关系的原则（即特别法条优于普通法条），却又没有按照德国、日本的刑法理论确定特别关系，导致特别关系的范围包含了德国、日本的吸收关系与想象竞合。这是值得反思的一种现象。本书反对宽泛地确定特别关系的范围，不顾及处理结论是否合理而坚持特别法条优于普通法条原则的做法。换言之，为了处理结论合理，实现刑法的正义理念，要么有限地适用重法条优于轻法条的原则，要么合理确定特别关系的范围，将需要适用重法条的情形排除在特别关系之外。本书采取了后一路径。

（三）补充关系

一般认为，补充法条的特点在于，为了避免基本法条对法益保护的疏漏，有必要补充规定某些行为成立犯罪。补充法条所规定的构成要件要素，少于或者低于基本法条的要求，或者存在消极要素的规定。换言之，补充法条所规定的构成要件相当于兜底构成要件，从实质上说，补充法条所规定的犯罪的不法程度必然轻于基本法条的犯罪。"因此，如果已经实施了真正的或者更严重的侵害并应受到处罚，则不再适用补充性的法条。"[①] 这便是国外刑法理论所称的基本法条优于补充法条的原则。补充关系分为明示的补充关系（形式的补充关系）与默示的补充关系（实质的补充关系）。

在明示的补充关系的场合，刑法分则条文要么通过对构成要件的描述显示出补充性，要么通过对适用法条的规定显示出补充性。因此，在明示的补充关系的场合，应当直接根据刑法分则的明文规定适用法条。

---

① 〔德〕冈特·施特拉腾韦特、洛塔尔·库伦：《刑法总论Ⅰ——犯罪论》，杨萌译，法律出版社2006年版，第437页。

例如，刑法第151条与第152条规定了各种走私特定物品的犯罪（如武器、弹药、核材料、假币、淫秽物品等），第347条规定了走私毒品罪，第153条规定："走私本法第一百五十一条、第一百五十二条、第三百四十七条规定以外的货物、物品的，根据情节轻重，分别依照下列规定处罚……。"显然，第153条成为对各种走私犯罪的兜底规定。需要注意的是，第153条与前两条并不是互相排斥的关系，而是补充关系。① 当行为符合第151条或者第152条的犯罪构成时，原则上不得适用第153条。但是，其一，当行为客观上符合151条或者第152条的构成要件，但行为人仅有第153条的故意时（如误将贵重金属当作普通金属走私出境），则依然适用第153条。其二，虽然黄金、白银等贵重金属属于刑法第151条规定的货物、物品，但走私贵重金属入境的，应当适用刑法第153条的规定。其三，由于补充法条所规定的犯罪的不法程度必然轻于基本法条的犯罪，所以，当行为人走私第151条第3款、第152条第2款规定的货物、物品偷逃关税的数额特别巨大，应当判处无期徒刑，而按第151条第3款、第152条第2款的规定只能判处有期徒刑时，则应当否认补充关系，而应认定为想象竞合。

默示的补充关系，是指根据法条竞合的基本理论推导出来的补充关系。我国刑法分则大体存在两类默示的补充关系，均应当直接按照刑法分则的明文规定适用法条。

第一类情形是，独立预备罪的不法程度轻于原本的既遂犯时，独立预备罪属于补充法条。例如，刑法第120条之二将"为实施恐怖活动准备凶器、危险物品或者其他工具"的行为规定为独立的犯罪。如果行为人利用其准备的工具进一步实施了爆炸、

---

① 要承认上述法条是补充关系，就必须承认第153条的"本法第一百五十一条、第一百五十二条、第三百四十七条规定以外"这一表述内容属于表面的构成要件要素。

杀人、绑架等行为，且后者的不法程度重于独立预备罪时，不适用独立预备罪的规定。但是，由于只有当 B 法条所规定之罪的不法程度轻于 A 法条所规定之罪时，才可能成立补充关系，所以，如果"为实施恐怖活动准备凶器、危险物品或者其他工具"的行为（准备实施恐怖活动罪）情节严重应当"处五年以上有期徒刑"，而其实施的爆炸行为没有造成严重后果（只能适用"三年以上十年以下有期徒刑"）时，就不属于补充关系，应以准备实施恐怖活动罪论处（参见刑法第 120 条之二第 2 款）。

第二类情形是，危险犯相对于侵害同一法益的实害犯而言，属于补充法条。以刑法第 114 条与第 115 条第 1 款为例。一般认为，两个条文之间具有竞合关系，前者为补充法，后者为基本法。对于造成严重后果的放火、爆炸等行为，不得适用第 114 条。当然，二者的关系并不是单一的基本法与补充法的关系。

从上面的论述可以看出，补充关系与特别关系大多没有实质区别，主要是由于观察角度不同而形成了两种关系。换言之，"补充关系的形成，系指截阻规范与基准规范的关系，亦属规范内部之静态关系，此种关系的观察，应为由下而上的观察方向，从此一观点而言，补充关系的观察方向，正好与特别关系形成反向关系，二者则形成规范彼此间静态观察的双向关系。"① 以前述第 153 条与第 151 条、第 152 条、第 347 条的关系为例，如果以第 151 条、第 152 条、第 347 条为基准条款观察，那么，第 153 条为补充法条；反之，如果以第 153 条为基准条款观察，则第 151 条、第 152 条、第 347 条是特别法条。

---

① 柯耀程：《刑法竞合论》，中国人民大学出版社 2008 年版，第 142 页。

第三节 包括的一罪

一、包括的一罪概述

包括的一罪，一般是指存在数个法益侵害事实，但是，通过适用一个法条就可以对数个事实进行包括的评价的情形。所谓数个法益侵害事实，既可能是一个行为侵害了数个法益，也可能是多个行为多次侵害同一法益。

既然存在数个法益侵害事实，为什么适用一个法条却可以进行包括的评价呢？主要是因为法益侵害的一体性或者行为的一体性。大体表现为以下情形：（1）对主法益侵害事实的评价，可以包括对次法益侵害事实的评价，或者一个行为具有侵害两个法益的必然性或者高度盖然性（如附随犯）；（2）对多次实施的对同一法益的多次侵害行为可以进行包括的评价（如集合犯）；（3）数个法益侵害事实由数个行为引起，但数个行为具有连续性或者一体性（如连续犯等）；（4）一个行为对同一被害人造成了数个法益侵害结果，或者数个行为造成一个法益侵害结果（如狭义的包括一罪）。

包括的一罪，可以分为同质的包括一罪与异质的包括一罪。前者如连续犯、集合犯、发展犯，后者如附随犯。共罚的事后行为（不可罚的事后行为），既可能是同质的包括一罪，也可能是异质的包括一罪。

二、连续犯

（一）连续犯的特征

连续犯，是指基于同一的或者概括的犯罪故意，连续实施性质相同的数个行为，触犯同一罪名的犯罪。其基本特征如下：

1. 连续犯必须是行为人基于同一的或者概括的犯罪故意。同一的犯罪故意，是指行为人具有数次实施同一犯罪的故意；概括的犯罪故意，是指行为人主观上具备只要有条件就实施特定犯罪的故意。这两种心理状态没有本质区别。

2. 必须实施性质相同的数个行为。数个行为是指两个以上的行为。通说认为，连续犯仅限于每次行为能独立构成犯罪的情形。如果连续实施同一种行为，但每次都不能独立构成犯罪，只是这些行为的总和才构成犯罪，则可以称为徐行犯。但从我国刑法的规定来看，连续犯的数次行为，应包括数次行为都独立构成犯罪，数次行为都不独立构成犯罪，数次行为中有的独立构成犯罪有的不独立构成犯罪三种情况。例如，行为人连续诈骗，每次诈骗都数额较大的，每次诈骗都没有达到数额较大但整体上达到数额较大的，数次中有的达到数额较大有的没有达到数额较大的，都宜认定为诈骗罪的连续犯。

3. 数次行为具有连续性。是否具有连续性，应从主客观两个方面进行判断。既要通过分析客观行为的性质、对象、方式、环境、结果等来判断是否具有连续性，又要看行为人有无连续实施某种犯罪行为的故意。

4. 数次行为必须触犯同一罪名。触犯同一罪名，是指数次行为触犯同一具体罪名，而不包括触犯同类罪名的情况。一般来说，刑法分则的不同条文保护不同的法益，既然连续犯只触犯同一具体罪名，那么，必然只侵害同一法益。问题是，同一法益是指"同一个法益"（同一法益说），还是"同一种法益"（同种法益说）？这又与法益性质（专属性法益与非专属性法益）相关联。例如，倘若采取同一法益说，连续伤害三个不同人的，不成立连续犯；而按照同种法益说，仍然成立连续犯。本书认为，对于侵犯个人专属法益的犯罪，尤其是其中法定刑较低的犯罪，宜采取同一法益说，否则难以做到罪刑相适应。例如，对于连续故意造成三个不同人轻伤的行为,宜认定为同种数罪且实行并罚。对于侵犯非专属法益的犯罪如侵犯财产罪,则宜采取同种法益说。如连续诈骗不同被害人的财物的,可认定为连续犯,以一罪论处。值得注意的是,有的条文规定了不同的具体犯罪,因此,触犯同一条文的,不等于触犯同一罪名。例如,行为人先非法剥夺公民宗教信仰自由,后侵犯少数民族风俗习惯的,虽然只触犯了刑法第251条,但成立两个独立的犯罪,因而不是连续犯。

(二)连续犯的处理

将连续犯以一罪论处,具有刑法上的依据。例如,刑法第89条规定,对于连续犯的追诉期限应从犯罪行为终了之日起计算,也表明对连续犯是以一罪论处的。

分则条文规定的"多次"既包括连续犯,也包括了同种数罪。在同种数罪不并罚的情况下,区分连续犯与同种数罪并不具有现实意义。但是,在对同种数罪实行并罚的情况下,区分连续犯与同种数罪具有现实意义。

三、集合犯

集合犯,是指犯罪构成预定了数个同种类的行为的犯罪,包括常习犯、职业犯与营业犯。犯罪构成预定具有常习性的行为人反复多次实施行为的,称为常习犯;犯罪构成预定将一定的犯罪作为职业或业务反复实施的,称为职业犯;犯罪构成预定以营利为目的反复实施一定犯罪的,称为营业犯。[①]

我国刑法没有规定常习犯。刑法第303条所规定的"以赌博为业的"行为,属于营业犯。以赌博为业意味着行为人以营利为目的,反复实施赌博行为。每次赌博行为本身并不构成独立的犯

---

① 参见〔日〕大谷实:《刑法讲义总论》,成文堂2012年新版第4版,第480页。

罪，刑法将反复实施的赌博行为类型化为一个犯罪构成，故只成立一罪。刑法第336条规定的非法行医罪，可谓职业犯，即未取得医生执业资格的人将行医作为一种业务而反复从事行医活动。如果不是将行医作为一种业务，则不成立本罪。一般认为，营业犯与职业犯的关键区别在于，刑法是否要求行为人主观上出于营利目的，要求具有营利目的的，属于营业犯，不要求具有营利目的的，属于职业犯。

四、数额犯、多次犯与情节犯

当分则条文根据数额较大、巨大与特别巨大规定了轻重不同的法定刑时（如刑法第264条），即使行为人数次实施的相同行为均独立构成犯罪，也不需要认定为数罪，而是包括地评价为一罪并且累计数额，适用相应的法定刑。

多次犯虽然可能是连续犯，但不等同于连续犯。当分则条文将"多次"规定为法定刑升格条件时（如刑法第263条规定的"多次抢劫"），或者规定对"多次"犯罪累计数额时（如刑法第153条第3款规定："对多次走私未经处理的，按照累计走私货物、物品的偷逃应缴税额处罚"，与数额犯存在重合），即使行为人多次实施的相同行为均独立构成犯罪，也不需要认定数罪，而是包括地评价为一罪。但是，当刑法将"多次"作为基本构成要件时（如第264条的"多次盗窃"、第267条的"多次抢夺"），则是单纯的一罪，而不是包括的一罪。

当分则条文将情节严重、特别严重规定为法定刑升格条件时（如刑法第310条），即使行为人数次实施的相同行为均独立构成犯罪，也可能包括地评价为一罪，适用升格（情节严重、情节特别严重）的法定刑。

五、吸收一罪

吸收一罪，是指事实上数个不同的行为，其一行为吸收其他行为，仅成立吸收行为一个罪名的犯罪。[①] 吸收一罪主要包括以下情形。

（一）附随犯

附随犯，是指一个行为引起了数个法益侵害，但附随对主法益的侵害而引起的对次法益的侵害部分，不作为处罚对象，仅在侵害主法益的犯罪的法定刑内一并考虑的情形。例如，开枪射击他人致人死亡，同时导致他人价值近万元的西服毁损。由于毁坏财物是伴随杀人产生的结果，故仅评价为故意杀人罪。

（二）发展犯

发展犯，是指针对同一法益的犯罪，根据其阶段性的发展形态，被设计为复数的犯罪类型的情形。例如，从杀人预备到着手杀人再到杀人既遂，就属于发展犯，仅认定为故意杀人既遂。其中，相对于杀人既遂而言，之前的杀人未遂，就属于共罚的事前行为。相对于杀人未遂，之前的杀人预备，也属于共罚的事前行为。[②]

（三）共罚的事后行为

共罚的事后行为，也被称为不可罚的事后行为（即不能独立定罪的事后行为——仅针对实施了前行为的人而言，故仅参与事后行为的人，依然可能成立犯罪），是指在状态犯的场合，利用该犯罪行为的结果的行为，如果孤立地看，符合其他犯罪的犯罪构成，具有可罚性，但由于被综合评价在该状态犯中，故没有必

---

① 这里的吸收一罪，并不同于德国法条竞合中的吸收关系。
② 从法条关系来看，这种情形属于补充关系，即未遂法条补充既遂法条、预备法条补充未遂法条。

要另认定为其他犯罪。

共罚的事后行为,之所以并不另成立其他犯罪,主要是因为事后行为没有侵犯新的法益(缺乏违法性),也可能是因为事后行为缺乏期待可能性(缺乏有责性)。例如,一般认为,甲将盗窃的财物予以毁坏的行为,没有侵犯新的法益,[1] 所以,不另成立故意毁坏财物罪。[2] 但是,如果事后行为侵犯了新的法益,且不缺乏期待可能性,则应认定为数罪。例如,将盗窃的仿真品(价值数额较大)冒充文物出卖给他人骗取财物的,应将盗窃罪与诈骗罪实行并罚。

(四)共犯的竞合

在一个共同犯罪中,行为人既实施教唆行为,又与被教唆者共同实施正犯行为的,或者既实施教唆行为又实施帮助行为的,又或既实施教唆、帮助行为又实施正犯行为的,属于包括的一罪,仅以一罪论处。[3] 需要说明的是,这是从罪数角度得出的结论。在我国,共犯人是主犯还是从犯、胁从犯,需要根据其在共同犯罪中所起的作用认定,而这种作用大小必须综合考察,故不存在吸收问题。换言之,共犯人的所有行为,都是认定其属于主犯、从犯还是胁从犯的事实根据,不存在一部分行为吸收另一部分行为的问题。

六、狭义的包括一罪

本书所称狭义的包括一罪,大体包括以下情形:

第一,一个行为对同一被害人造成数个法益侵害结果。例

---

[1] 也有学者认为侵害了新的法益,因而不属于共罚的事后行为。
[2] 但是,如果乙明知是甲盗窃的他人财物,而与甲共同毁坏该财物的,乙依然成立故意毁坏财物罪。
[3] 参见〔日〕井田良:《讲义刑法学·总论》,有斐阁2008年版,第528页。

如，以伤害故意向被害人发射散弹，导致被害人身体一处重伤、一处轻伤。对此不实行并罚，仅以一个重罪（重伤）论处。

第二，数个行为造成一个法益侵害结果。例如，以杀人故意，在不同时间、场所数次对同一人实施暴力，最终导致被害人死亡。对此，仅认定一个故意杀人罪。再如，以伤害故意，在不同时间、场所数次对同一人实施伤害行为的，仅按一个故意伤害罪论处。

第三，数个行为具有前后发展关系（前行为是后行为的所经阶段，后行为是前行为发展的当然结果），侵害相同法益的，从一重罪论处。例如，盗窃枪支后私藏在家里。两个行为触犯了两个罪名，但侵犯的是相同法益，仅以盗窃枪支罪论处，不另认定为非法持有、私藏枪支罪。再如，伪造货币后将伪造的货币出售给知情的第三者的，仅认定为伪造货币罪，不另认定出售假币罪。

第四，数个行为触犯数个不同罪名，但数个行为之间具有紧密的关联性，且仅侵害一个法益（或者一个法益能够包含另一法益）的，从一重罪论处。例如，起先实施敲诈勒索行为，但由于未能使对方产生恐惧心理，便当场以暴力或者胁迫方法抢劫对方财物的（转化犯的一种情形），仅包括地评价为一个抢劫罪。[①]又如，在对同一被害人由伤害转化为杀人，仅包括地评价为一个故意杀人罪。

第四节　科刑的一罪

一、科刑的一罪概述

科刑的一罪，是指存在数个单纯一罪或者数个包括一罪，应

[①] Vgl. C. Roxin, Strafrecht Allgemeiner Teil, Band II, C. H. Beck, 2003, S. 812f.

评价为数罪，但仅需要按其中较重犯罪的法定刑量刑的情形。科刑的一罪包括一个行为侵犯数个法益的想象竞合犯，以及两个行为之间具有类型性关联的牵连犯。科刑的一罪与包括的一罪存在明显区别。包括的一罪时，虽然也可能存在数个法益侵害，但只需要包括地评价为一罪，也仅适用一个分则条文；但科刑的一罪时，不仅存在数个法益侵害，而且应当评价为数罪，也应适用数个分则条文，只是按其中较重犯罪的法定刑处罚而已。

二、想象竞合犯

（一）想象竞合犯的概念与特征

想象竞合犯，也称想象的数罪、观念的竞合、一行为数法，是指一个行为触犯了数个罪名的情况。例如，开一枪而致一人死亡、一人重伤，一个开枪行为同时触犯了杀人与伤害两个罪名。再如，盗窃整体性珍贵文物的一部分，造成珍贵文物毁损的，同时触犯了盗窃罪与故意损毁文物罪。又如，盗窃电力设备，导致电力设备被破坏，因而危害公共安全的，同时触犯了盗窃罪与破坏电力设备罪。我国刑法总则没有明文规定想象竞合犯，但刑法理论普遍承认这一概念。想象竞合犯具有以下两个基本特征：

1. 行为人只实施了一个行为。所谓一个行为，不是从犯罪构成的评价上看是一个行为，而是基于自然的观察，在社会的一般观念上被认为是一个行为。但是，这里的一个行为与触犯数个罪名相关联，因此，除了进行社会一般观念的理解外，还要进行某种程度的规范评价。即当某个行为还能被分成两个行为时，要根据二者之间有无重合关系来判断是否一个行为。至于达到何种程度的重合关系时，才被认定为一个行为，在理论上存在争议。例如，不法持有枪支的人故意杀人，可以分为两个行为：非法持有枪支与杀人；在判断其是否属于想象竞合犯时，必须考虑两个行为之间具有何种程度的重合关系，才是一个行为。本书采取主要部分重合说。在上例中,如果行为人以前一直非法持有枪支,后来产生杀人故意,则主要部分不是重合的,不是一个行为,不成立想象竞合犯,而是数罪;如果行为人仅仅是为了杀人而不法持有枪支的,则主要部分是重合的,属于一个行为,成立想象竞合犯。① 再如,行为人参加恐怖活动组织后,作为恐怖活动组织成员实施爆炸犯罪的,虽然有一部分重合,但主要部分并不重合,不能认定为想象竞合,而应实行数罪并罚。

2. 一个行为必须触犯数罪名,即在犯罪构成的评价上,该行为符合数个犯罪构成。一个行为触犯数罪名,是因为该行为造成了多种法益侵害结果。至于这里的罪名是否包括同种罪名,理论上存在否定说与肯定说。根据肯定说,既存在异种类的想象竞合犯,也存在同种类的想象竞合犯。本书认为,承认同种类的想象竞合犯,对于解决认识错误等问题具有一定意义。② 此外,数罪名包括过失犯罪。例如,妨害公务行为过失致人死亡的,成立妨害公务罪与过失致人死亡罪的想象竞合。

(二) 想象竞合的明示机能

想象竞合的明示机能,是指由于被告人的行为具有数个有责的不法内容,在判决宣告时,必须将其一一列出,做到充分、全面评价,以便被告人与一般人能从判决中了解其行为触犯了数个犯罪,从而得知什么样的行为构成犯罪,进而有利于实现特殊预

---

① 在一次走私活动中,同时走私毒品与武器的,主要部分并不重合,应认定为数罪,而非想象竞合犯。国家工作人员利用职务上的便利,将单位公款直接用于个人行贿的,主要部分不重合,应认定为数罪(贪污罪与行贿罪)。
② 不过,同种类的想象竞合与前述包括的一罪可能难以区分。比较妥当的观点可能是:对于侵害个人专属法益的犯罪,承认同种类的想象竞合;对于侵害非个人专属法益的犯罪,没有必要承认同种类的想象竞合。

防与一般预防。① 换言之，想象竞合时并不是只适用一个法条，而是同时适用行为所触犯的数个法条，在判决中应当明示被告人的行为触犯数个罪名。

例如，甲在乙心脏病发作时盗窃乙的急救药品（假定数额较大），导致乙死亡。虽然只有一个行为，但同时构成两个罪。因为故意杀人罪的保护法益是生命而不包括财产，盗窃罪的保护法益是财产而不包括生命，甲的行为侵害了两个犯罪的保护法益，属于想象竞合，在判决中必须说明甲的行为构成两个犯罪。那么，为什么要重视想象竞合的明示机能呢？

首先，刑法的机能是保护法益和保障国民自由。对任何一个案件的不法内容，只有既充分、全面评价又不重复评价，才能既保护法益，又保障国民自由。如果一个人的行为同时侵害了公共安全与他人财物，而法官仅评价其行为构成恐怖犯罪，便没有对他人财产予以保护，这不利于实现刑法的保护法益机能。例如，张三为了对李四实行入户抢劫而准备了凶器，但进入李四家后发现家里没有人，便盗窃了价值3万元的财物（转化犯的一种情形）。倘若仅评价为抢劫预备，就没有评价其盗窃既遂的不法内容；倘若仅评价为盗窃既遂，则没有评价其抢劫预备的内容。在这种场合，就必须认定为想象竞合。

再次，刑法虽然具有行为规范的一面，但行为人与一般人并不直接阅读刑法，而是通过各种途径了解判决内容来了解刑法。另一方面，刑法只有运用到现实生活中才具有意义。判决书是对刑法的活生生的解读，解读得越明确，刑法的内容就越容易被一般人理解，刑法就越能发挥行为规范的作用，从而实现特殊预防

---

① Vgl. C. Roxin, Strafrecht Allgemeiner Teil, Band Ⅱ, C. H. Beck, 2003, S. 831; H. Jescheck/T. Weigend, Lehrbuch des Strafrechts, Allgemeiner Teil, 5. Aufl., Duncker & Humblot, 1996, S. 718.

与一般预防。要发挥刑法的行为规范的作用,就必须重视想象竞合的明示机能。在上述盗窃急救药品案件中,倘若判决仅宣告甲的行为构成故意杀人罪,可能使被告人与一般人产生盗窃药品的行为不构成盗窃罪的误解,这便不利于特殊预防与一般预防。

(三)想象竞合与法条竞合的区别

法条竞合与想象竞合的法律后果存在两个区别:其一,在法条竞合的特别关系中,当减轻法条属于特别法条时,根据特别法条优于普通法条的原则,不能从一重罪论处,必须适用减轻法条。与之不同,想象竞合采取从一重罪处罚的原则。其二,即使对于法条竞合的其他关系(如补充关系)适用重法条,但法条竞合时只能适用一个法条,其他法条被排斥适用。与之相反,想象竞合时并不是只适用一个法条,而是同时适用行为所触犯的数个法条,在判决中应当明示被告人的行为触犯数个罪名,只是按其中最重的犯罪量刑而已。正因为如此,法条竞合时仍属单纯的一罪(或本来的一罪),而想象竞合原本为数罪只是作为科刑的一罪处理。

1. 交叉关系与想象竞合

如前所述,两个法条之间可能存在交叉关系。本书的基本观点是,只要承认想象竞合的明示机能,就不能承认交叉关系属于法条竞合,只能认为交叉关系属于想象竞合。

例如,我国有学者指出,当行为人冒充国家机关工作人员招摇撞骗,骗得财物时,就成立外延上的交叉关系。据此,刑法第266条与第279条存在交叉关系,属于法条竞合的交叉关系,适用原则是重法条优于轻法条。[①] 可是,第279条所规定的招摇撞骗罪并没有将财物作为保护法益,因而不以骗取财物为要件,如

---

① 参见陈兴良:《规范刑法学》(上册),中国人民大学出版社2008年第2版,第277—279页。

果仅适用其中一个法条,就没有对不法内容进行全面评价。亦即,如果仅认定为招摇撞骗罪,就没有评价行为对财产的不法侵害内容;如果只认定为诈骗罪,就没有评价行为对国家机关公共信用的不法侵害内容。只有认定为想象竞合,在判决中明示行为触犯上述两个罪名,只是适用一个重法定刑,才能全面评价行为的不法内容。

2. 特别关系与想象竞合

由于罪数论或竞合论都是为了实现合理量刑,所以,特别关系与想象竞合的关系并不是一个形式上的区别。换言之,"特别关系的确定,也并不一定总是一个纯粹的逻辑问题。必须通过对被排除适用一方的构成要件的不法程度进行目的论的考量予以补充的现象并不罕见。"① 换言之,法条竞合的特别关系与想象竞合的区分并不是固定不变的,而是取决于适用一个法条能否充分、全面评价行为的不法内容。换言之,当 A、B 两个法条在通常情况下是法条竞合时,不排除在特殊情况下(适用一个法条不能充分、全面评价行为的不法内容)是想象竞合。

(1) 既遂的 A 重罪与较轻的 B 罪是法条竞合时,未遂的 A 重罪与较轻的 B 罪可能是想象竞合。

例如,一般来说,故意杀人罪是故意伤害罪的特别法条,所以,在通常情况下,对故意杀人行为(不管是既遂还是未遂)都要适用特别法条按故意杀人罪论处。但是,在行为人以特别残忍手段实施杀人行为致人重伤造成严重残疾时,如果再按特别法条认定为故意杀人未遂,就会对行为人从轻或者减轻处罚。然而,这样的处罚不能充分评价行为人"以特别残忍手段致人重伤造成严重残疾"的不法内容,所以,此时应认定为想象竞合,从一重罪处罚。亦即,适用故意伤害罪中"十年以上有期徒刑、无期徒

---

① C. Roxin, Strafrecht Allgemeiner Teil, Band Ⅱ, C. H. Beck, 2003, S. 850.

刑或者死刑"的法定刑，不再适用未遂犯的从宽处罚规定。①

（2）B罪与A罪的基本条款是法条竞合时，B罪与A罪的加重条款（或其中一部分）可能是想象竞合。

例如，刑法第198条规定："有下列情形之一，进行保险诈骗活动，数额较大的，处五年以下有期徒刑或者拘役，并处一万元以上十万元以下罚金；数额巨大或者有其他严重情节的，处五年以上十年以下有期徒刑，并处二万元以上二十万元以下罚金；数额特别巨大或者有其他特别严重情节的，处十年以上有期徒刑，并处二万元以上二十万元以下罚金或者没收财产……"。刑法第266条规定："诈骗公私财物，数额较大的，处三年以下有期徒刑、拘役或者管制，并处或者单处罚金；数额巨大或者有其他严重情节的，处三年以上十年以下有期徒刑，并处罚金；数额特别巨大或者有其他特别严重情节的，处十年以上有期徒刑或者无期徒刑，并处罚金或者没收财产。"倘若学者们坚持认为保险诈骗罪是普通诈骗的特别法条，②那么，在行为人保险诈骗数额较大财物时，也可以认为保险诈骗与普通诈骗是法条竞合的特别关系；适用特别法条认定为保险诈骗罪，大体能够充分、全面评价行为对保险秩序与财产的不法侵害内容。但是，如若行为人保险诈骗数额特别巨大（如2000万元），那么，此时保险诈骗与普通诈骗便是想象竞合。因为在司法实践中，对普通诈骗2000万元的行为，如果没有减轻处罚的情节，都会判处无期徒刑。如果仍然认定为特别关系，适用特别法条认定为保险诈骗罪，此时适

---

① 或许有人认为，将上述行为认定为故意杀人未遂但不从轻、减轻处罚，也能实现罪刑相适应。在法定刑相同，认定为故意伤害罪没有法定的从宽处罚情节，而认定为故意杀人罪有从宽处罚情节的情况下，当然应认定为前者，否则便没有对不法内容进行充分、全面评价。

② 严格地说，二者是想象竞合而不是法条竞合（参见吕英杰："刑法法条竞合理论的比较研究"，载陈兴良主编：《刑事法评论》（第23卷），北京大学出版社2008年版，第483页）。

用的法定刑为"十年以上有期徒刑",只能评价对保险秩序和数额巨大财产的不法侵害内容,而不能充分、全面评价对数额特别巨大财产的不法侵害内容,所以,必须认定为想象竞合,认定行为同时触犯两罪,并按重罪(普通诈骗罪)的法定刑处罚。

那么,如何判断适用一个法条是否充分、全面评价了行为的不法内容呢?答案是,根据法定刑与量刑规范(量刑实践)做出判断。例如,倘若从2016年起,司法实践对盗窃价值100万元以上财物的行为判处无期徒刑,那么,在盗伐林木价值低于100万元时,认定为盗伐林木罪仍然可能充分、全面评价行为的不法内容。一旦盗伐林木价值超过了100万元,则应认为,仅认定为盗伐林木罪就不能充分、全面评价该行为对财产的不法侵害程度,所以,需要认定为想象竞合,从一重罪(盗窃罪)处罚。显然,在此问题上,只要对法定刑与量刑规范(量刑实践)稍作比较,就能得出合理结论,而不会导致定罪量刑的恣意性。

(3)结果加重犯与基本犯是法条竞合,但与加重结果所触犯的罪之间则是想象竞合。

结果加重犯与基本犯是最典型的特别关系。例如,就与基本抢劫的关系而言,抢劫致人死亡是特别法条,因而不能适用基本法条认定为普通抢劫。但是,抢劫致人死亡与故意杀人罪、过失致人死亡罪则是想象竞合。换言之,"如果并不缺乏结果加重犯的基本构成要件,加重结果不仅可以由过失而且可以由故意实现时,就必须承认结果加重犯与该故意构成要件或过失构成要件之间是想象竞合。因为只有采用这样的认定方法,才能说明具体案件中加重结果是由故意引起还是由过失引起。"[①]

以抢劫故意致人死亡为例。将其认定为抢劫致人死亡与故意

---

① H. Jescheck/T. Weigend, Lehrbuch des Strafrechts, Allgemeiner Teil, 5. Aufl., Duncker & Humblot, 1996, S. 723.

杀人的想象竞合，不仅能够发挥想象竞合的明示机能，而且在基本犯未遂时，有利于量刑的合理化。例如，行为人计划杀死他人后取得财物，但杀害他人后因害怕刑罚处罚而自动放弃了取得财物的行为，或者由于意志以外的原因而未能取得财物。在这种情况下，如果仅认定为抢劫（致死）罪，首先存在是否适用中止犯、未遂犯的规定的问题，如果适用则明显导致罪刑不相适应。倘若认定为抢劫（致死）罪与故意杀人罪的想象竞合，则最终可以按故意杀人罪的法定刑处罚，不适用中止犯、未遂犯的规定，从而保证量刑的合理性。

存在疑问的是，将上述情形认定为想象竞合，是否存在重复评价的嫌疑？答案是否定的。一方面，上述评价首先旨在实现想象竞合的明示机能，从而有利于实现一般预防与特殊预防目的，而不是为了使行为人受到双重处罚。另一方面，想象竞合时，虽然认定行为触犯数罪，但只适用一个最重的法定刑，故并不存在对行为人不利的重复评价。

3. 补充关系与想象竞合

由于补充法条所规定之罪的不法程度必然轻于基本法条的犯罪，所以，补充关系与想象竞合的区别也不是固定不变的。如前所述，当行为人走私第151条第3款、第152条第2款规定的货物、物品，偷逃关税数额特别巨大，应当判处无期徒刑，而按第151条第3款、第152条第2款的规定只能判处有期徒刑时，则不应当认为存在补充关系，而应认为是想象竞合。

（四）想象竞合犯的处理原则

对想象竞合犯应当认定为数罪，即在判决书中应当逐一列出行为所触犯的罪名，但仅按其中较重犯罪的法定刑处罚（科处一个刑罚）。在行为所触犯的两个罪名的法定刑相同的情况下，不是按所谓目的行为所触犯之罪的法定刑量刑，而是按照事实情节较重的犯罪的法定刑处罚。例如，行为同时触犯了甲罪与乙罪，其中符合乙罪构成要件的事实情节重于符合甲罪构成要件的事实情节时，应按乙罪的法定刑量刑。

我国刑法总则虽然没有明文规定想象竞合犯及其处理原则，但刑法分则的一些条文明显承认了想象竞合犯，并且规定对想象竞合犯仅适用一个较重法定刑。不过，分则条文的表述一般是"有前款行为，同时构成其他犯罪的，依照处罚较重的规定定罪处罚"（如第260条之一第3款）。本书按照想象竞合的明示机能提出的上述处理原则，与刑法分则的这类表述并不矛盾。一方面，既然行为"同时构成其他犯罪"，判决书当然必须写明行为构成哪些犯罪（实现想象竞合的明示机能），否则就不可能"依照处罚较重的规定定罪处罚"。另一方面，判决书不可能既肯定行为构成数罪，同时又否认较轻犯罪的成立。所谓"依照处罚较重的规定定罪处罚"，也可以理解为在指出行为同时构成数罪的情况下，按照行为所构成的较重犯罪选择法定刑。

至于按较重犯罪的法定刑处罚时，是否需要再从重处罚，也是值得研究的问题。一般来说，想象竞合犯的特点决定了可以在较重犯罪的法定刑内再从重处罚，但不排除少数情况下不需要从重处罚。还需要注意的是，在选择了较重犯罪的法定刑之后，对想象竞合的量刑不得低于较轻犯罪的法定最低刑。

三、牵连犯

一般认为，牵连犯，是指犯罪的手段行为或结果行为，与目的行为或原因行为分别触犯不同罪名的情况。即在犯罪行为可分为手段行为与目的行为时，如手段行为与目的行为分别触犯不同罪名，便成立牵连犯；在犯罪行为可分为原因行为与结果行为时，若原因行为与结果行为分别触犯不同罪名，便成立牵连犯。例如，以伪造国家机关公文的方法（手段行为）骗取公私财物

（目的行为）的，被认为是牵连犯。再如，绑架他人（原因行为）后勒索到财物（结果行为）的，也是牵连犯。

牵连犯有两个特征：(1) 必须是其手段行为或结果行为又触犯了其他罪名；(2) 数行为之间存在手段行为与目的行为、原因行为与结果行为的牵连关系。① 关于牵连关系，在理论上有不同主张：客观说认为，只要客观上两种行为之间具有手段行为与目的行为、原因行为与结果行为之间的关系，就具有牵连关系；主观说认为，只要行为人主观上将某种行为作为目的行为的手段行为或者作为原因行为的结果行为，就存在牵连关系；折中说认为，只有在行为人主观上与客观上都具有牵连关系时，才具有牵连关系；类型说认为，根据刑法规定与司法实践，将牵连犯的手段与目的、原因与结果的关系类型化；② 只有具有类型化的手段与目的、原因与结果的关系时，才存在牵连关系。本书认为，如果承认牵连犯的概念，则应采取类型说。即只有当某种手段通常用于实施某种犯罪，或者某种原因行为通常导致某种结果行为时，才宜认定为牵连犯。例如，非法侵入住宅杀人的，宜认定为牵连犯（如果不承认牵连犯的概念，则可以将这种情况认定为想象竞合犯）；但非法盗窃枪支后杀人的，不宜认定为牵连犯，应实行并罚（虽然枪支经常用于杀人，但盗窃枪支并不是杀人的通常手段行为）。再如，伪造武装部队公文、证件、印章冒充军人招摇撞骗的，可以认定为牵连犯；但盗窃军车后冒充军人招摇撞

---

① 传统观点还提出了另一个条件，即必须出于一个犯罪目的，如果行为人主观上具有多个犯罪目的，则不构成牵连犯。但是，这一条件不具有合理性。如果说其中的犯罪目的是指目的犯中的目的，则意味着只有目的犯才存在牵连犯，但事实上并非如此；如果说其中的犯罪目的是指直接故意的意志因素，也不合适，因为牵连犯的行为人并非仅具有一个故意，而是存在两个以上的故意。如伪造国家机关证件诈骗财物的人，既有伪造国家机关证件罪的故意，也有诈骗罪的故意。
② 参见甘添贵：《罪数理论之研究》，台北元照出版有限公司2006年版，第212页以下。

骗的，不应认定为牵连犯，而应实行并罚。采取类型说的实质理由是，牵连犯事实上存在两个行为，原本成立数罪应当并罚，只是由于手段行为与目的行为、结果行为与原因行为之间具有密切关联性，行为人实施该目的行为时通常会使用该手段行为，实施该原因行为时通常会实施该结果行为，才不实行数罪并罚。如果将不具有类型性关联的行为均认定为牵连犯，必然导致罪刑不相适应。我国司法实践一直不当扩大牵连犯成立范围的做法，需要纠正。

刑法总则没有明文规定牵连犯的处罚原则，刑法理论上一般认为，对牵连犯应从一重处罚，或者从一重从重处罚。刑法分则条文对大多数牵连犯的处罚原则没有作明文规定。我国刑法理论与司法实践并没有按照我国刑法分则的相关规定，而是按照日本的牵连犯定义确定牵连犯的范围。于是认为，我国刑法分则对牵连犯没有实行统一的处理原则。例如，有的条文规定对牵连犯从一重处罚，有的条文规定对牵连犯从一重从重处罚，有的条文对牵连犯规定了独立的较重法定刑，有的条文规定对牵连犯实行数罪并罚。

本书的初步看法是，可以从处理原则出发确定牵连犯的范围。其一，将刑法分则明文规定实行数罪并罚的情形排除在牵连犯之外。这是因为，既然将牵连犯归入科刑的一罪，那么，实行数罪并罚的情形就不能归入牵连犯。其二，刑法分则对牵连犯规定独立的较重法定刑的情形，也应当排除在牵连犯概念之外，完全可以作为结合犯理解和把握（如刑法318条第1款第5项）。其三，剩下的具有类型性关联的牵连犯是按照较重的法定刑处罚，还是按照较重的法定刑从重处罚，则不是重大分歧。但是，按照本书的观点，在牵连犯的场合，判决书也必须明确指出行为触犯数罪（可谓牵连犯的明示机能），从而有利于实现特殊预防与一般预防。

第五节 并罚的数罪

一、并罚的数罪概述

从广义上说，数罪可以分为不并罚的数罪与并罚的数罪。例如，前述想象竞合犯与牵连犯也是数罪，只是属于不并罚的数罪。并罚的数罪，则是指需要对数罪分别定罪量刑，然后根据刑法的规定实行并罚的情形。

数罪分为同种数罪与异种数罪。异种数罪均属于并罚的数罪（当然，前述包括的一罪、科刑的一罪不属于并罚的数罪），至于同种数罪应否并罚，也值得进一步研究。

二、同种数罪

如前所述，行为是构成一罪还是数罪，与对数罪是否并罚，是两个不同的问题。关于同种数罪是否并罚，是值得深入研究的问题。

本书主张，对一人犯同种数罪的，原则上应当并罚。其中的所谓"原则上"应当并罚，是从原理、规则上而言，亦即，实行并罚是需要坚持的原则，但原则总是有例外，不并罚只是例外。这里的原则与例外的关系，并非从数量上而言。换言之，即使从结局上说，不并罚的情形较多，也只是表明例外情形较多，而不意味着不并罚是应当遵循的原则。

（一）"一罪一刑"的罪刑关系原理决定了对同种数罪原则上应当实行并罚

犯罪是刑罚的前提，刑罚是犯罪的后果。因此，行为人实施一个犯罪的,就应当针对该罪科处一个刑罚;① 行为人实施数个犯罪的,就必须针对每一个犯罪判处相应的刑罚,同种数罪也不能例外。一罪数刑,是明显不妥当的;除刑法有特别规定的以外,数罪一刑,在原理上也是不成立的。根据我国刑法第69条的规定,除死刑与无期徒刑外,我国刑法对数罪并罚采取了加重综合刑主义(分别定罪量刑后再决定应当执行的刑罚)。而加重综合刑主义,明显以"一罪一刑"的思想为基础。这足以说明,我国刑法贯彻了"一罪一刑"的原则。既然如此,对于同种数罪,也应当坚持"一罪一刑"的原则,亦即,应当实行数罪并罚。

(二)行为责任论决定了对同种数罪原则上应当实行并罚

作为通说的行为责任论认为,责任非难的对象是各个犯罪行为以及指向各个犯罪行为的意思。行为责任论决定了责任是对特定违法事实的非难可能性,既不存在无违法的责任,也不存在超出违法事实范围的责任。顺理成章的是,行为人实施了一个符合构成要件的违法行为时,就要针对这一违法行为判断行为责任;即使行为人另外实施的违法行为与前一违法行为的性质相同,也需要重新判断行为责任。所以,行为责任论要求对同种数罪实行并罚。

(三)量刑情节的差异性决定了对同种数罪原则上应当实行并罚

量刑公正依赖于量刑的精确,而量刑是否精确,取决于如何处理量刑情节。同种数罪,只是意味着行为人的数次犯罪行为触犯了相同罪名,并不意味着每次犯罪的量刑情节完全相同。但是,每次犯罪的量刑情节,只能对本次犯罪的量刑起作用,而不能对另一次犯罪的量刑起作用。对同种数罪实行并罚,可以促使

---

① 显然,这里的"一个刑罚"是就主刑而言,而不包含附加刑在内(下同)。

量刑的精确化，使刑罚与犯罪相适应。如果不实行并罚，就不利于分别考虑每次犯罪的量刑情节，既不利于实现罪刑相适应原则，也会导致忽略对被告人有利的量刑情节。例如，甲两次行贿，但在被追诉前主动交代了第一次行贿事实，而没有主动交代第二次行贿事实；乙第一次抢劫1000元是为了赌博，时隔三年之后第二次抢劫1000元是为了给母亲治病；丙第一次聚众斗殴时不满18周岁，第二次聚众斗殴时已满18周岁。类似这样的案件，只有实行并罚，才能妥当处理各自的量刑情节，从而实现量刑的精确化与合理性。最为重要的是，对判决宣告以前一人犯同种数罪实行并罚时，有利于自首的认定。

（四）对同种数罪实行并罚有利于刑事诉讼的进行与特殊情况的处理

对同种数罪分别定罪量刑后实行并罚，可以清楚地看出法官对每个罪是如何定罪量刑的。被告人可以据此考量自己能否接受每一个定罪量刑，从而决定是否上诉；检察院可以据此判断每一个量刑是否公正，从而决定是否抗诉；上级法院也能顺利处理上诉、抗诉案件。在发现同种数罪中的某一罪行不成立或超过追诉时效，或者对某一犯罪的定性不准、量刑不当的特殊情形下，如果先前的判决按照"一罪一刑"的原则实行并罚，改判就很容易，而且能维持其中正确判决的权威性。从理论上说，在刑罚执行过程中，也可能发生对某一时间之前的犯罪实行赦免的情况。显然，实行并罚就有利于赦免。

当然，由于刑法分则规定的法定刑升格条件存在不同情形，所以，对于同种数罪也可能例外不并罚。换言之，从具体层面来说，对于同种数罪应当区分必须并罚、不应并罚与需要灵活处理的具体情形。

第十章 刑罚的观念

第一节 刑罚的地位与条件

一、刑罚的地位

刑法是规定犯罪及其法律后果的规范，犯罪的法律后果属于否定性法律后果，表现为对犯罪人的惩罚，即对犯罪人的生命、自由、财产、政治权利的剥夺与限制，以及在生活上、名誉上的不利反应。刑法分则针对各种具体犯罪所规定的法定刑，是具体犯罪的法律后果；此外，刑法总则对刑罚种类、非刑罚制裁措施以及有罪宣告作了一般性、指导性规定。

概括起来说，犯罪有三种不同的法律后果：一是给予刑罚处罚；二是给予非刑罚处罚（包括保安处分，参见刑法第37条、第37条之一；三是单纯宣告有罪，即指对行为作有罪宣告，但免除刑罚处罚。显然，刑罚是犯罪的最主要、最典型的法律后果，在犯罪的法律后果中占据绝对主要地位。

二、客观处罚条件

（一）客观处罚条件的概念

行为成立犯罪，就导致法律后果，承受相应的处罚。但德国、日本等大陆法系国家的刑法理论认为,存在一种例外情形:就某些犯罪而言,除了具备构成要件符合性、违法性、有责性之外,只有具备其他事由时才能处罚,这种事由就是客观处罚条件。

例如,日本刑法第197条第2项规定:"将要成为公务员的人,就其将要担任的职务,接受请托,收受、要求或者约定贿赂,事后成为公务员的,处五年以下惩役。"日本刑法理论认为,行为人在关于其将要担任的职务上收受、要求或约定贿赂就成立犯罪,但仅此还不能给予处罚,给予处罚要求行为人后来确实充当了公务员。后来充当公务员,就是一种处罚条件。再如,德国刑法第227条规定:"参与斗殴或者参与由多人实施的攻击行为,如果该斗殴或者攻击造成人的死亡或者重伤的,对参与行为者处三年以下自由刑或者罚金。"其中的"造成人的死亡或者重伤"就是客观处罚条件。根据以往的通说,处罚条件是基于一定的政策理由而设,与犯罪的成立要件没有关系,换言之,不具备处罚条件时,犯罪仍然成立,只是不能处罚而已。

(二)客观处罚条件的性质

在一些故意犯罪中,将某些客观要素作为客观处罚条件来对待,从而不要求行为人对这种客观处罚条件具有认识与希望、放任态度,就解决了将其作为构成要件而要求行为人具有故意所带来的问题。① 但是,刑法理论对这种解决方法存在激烈争议。最有争议的是客观处罚条件的性质与地位问题。

1. 国外的学说

第一种观点即传统观点认为,客观处罚条件与行为人的故意

---

① 需要指出的是,客观处罚条件概念的提出,虽然事实上解决了这一问题,但起先提出这一概念并非为了解决这一问题,而是因为客观处罚条件与行为无关、与违法性无关。

无关,不是构成要件要素,也不影响行为的违法性与有责性,只是立法者基于刑事政策的考虑而设立的处罚条件;行为人不具备客观处罚条件时,其行为仍然成立犯罪,只是不能适用刑罚而已。于是,客观处罚条件是刑罚论所研究的问题,而非犯罪论的课题。但是,这种观点的根基是人的违法观,而且确实忽视了客观处罚条件对违法性的影响。

第二种观点认为,影响违法性的客观处罚条件应属于违法性要素,因而应是构成要件要素;只有不影响违法性的要素,才是客观处罚条件。也有学者指出,刑法之外,基于利益衡量,立法者所设的限制实体可罚性的要件,才是真正的客观处罚条件。

第三种观点认为,所有的客观处罚条件,都是构成要件要素。因为所有的客观处罚条件,实际上都是使违法性的程度增大的要素,因而是构成要件的要素。这种观点实际上否认了客观处罚条件。

第四种观点认为,客观处罚条件也是犯罪成立的外部条件,于是犯罪成立条件便是构成要件符合性、违法性、有责性与客观处罚条件。这种观点并不要求行为人对客观处罚条件的事实具有认识、希望或放任态度。

2. 本书的立场

我国刑法理论认为,行为是否符合法定的犯罪构成,是能否追究刑事责任的唯一依据。换言之,行为符合法定的犯罪构成,行为便成立犯罪,应承担相应的法律后果;反之,如果行为不符合法定的犯罪构成,行为便不成立犯罪,因而不承担犯罪的法律后果。在此意义上说,承担法律后果的条件,就是犯罪成立条件,就是犯罪构成的内容。

本书依然维持上述观点,没有在犯罪构成之外另将客观处罚条件作为成立犯罪的条件,而是将类似于上述处罚条件的要素纳入了构成要件。因为构成要件是违法类型,故表明违法性及其程度的事实，应纳入构成要件。例如，依法配备公务用枪的人员，丢失枪支后不及时报告的，其违法性还没有达到值得科处刑罚的程度，故刑法第129条增加了"造成严重后果"的客观要素。由于这一客观要素对表明行为的违法性程度具有重大意义，因而应当作为构成要件的要素。

可以认为，我国刑法一般是出于限制处罚范围的目的而增加这类客观要素的。但是，如果进一步要求行为人对这类客观要素具有认识与希望、放任的态度，则不当缩小了处罚范围。所以，本书将这些类似于德国、日本刑法理论上的处罚条件的要素作为"客观的超过要素"处理。概言之，这类条件虽然也是构成要件要素，但不需要行为人对之具有现实的认识与希望、放任的态度，只要具有认识可能性即可。

按照本书的体系，法律后果的实现，以行为符合犯罪构成为前提；换言之，只要行为符合犯罪构成，就可以将法条规定的法律后果变为现实。

三、处罚阻却事由

处罚阻却事由，是指对已经成立的犯罪阻止发动刑罚权的事由。例如，刑法第201条第1款规定了逃税罪的构成要件与法定刑，第4款规定："有第一款行为，经税务机关依法下达追缴通知后，补缴应纳税款，缴纳滞纳金，已受行政处罚的，不予追究刑事责任；但是，五年内因逃避缴纳税款受过刑事处罚或者被税务机关给予二次以上行政处罚的除外。"其中的"经税务机关依法下达追缴通知后，补缴应纳税款，缴纳滞纳金，已受行政处罚"就是逃税罪的处罚阻却事由。根据通说，处罚阻却事由只是阻止刑罚权的发动，在理论上对犯罪本身的成立并无影响。

第二节 刑罚的概念与根据

一、刑罚与刑罚权

刑罚,是国家为了防止犯罪行为对法益的侵犯,由法院根据刑事立法,对犯罪人适用的建立在剥夺性痛苦基础上的最严厉的强制措施。

使犯罪人承受一定的剥夺性痛苦,是刑罚的惩罚性质,是刑罚的本质属性。我国一贯遵行惩罚与教育相结合的方针,不采取残酷、野蛮的刑罚方法来摧残、折磨犯罪人。但是,刑罚作为国家对犯罪行为的否定评价与对犯罪人的谴责的一种最严厉的形式,当然地对犯罪人具有身体的、精神的、财产的剥夺性痛苦,相对于其他强制措施而言,是最强烈的痛苦。这正是刑罚有别于其他强制措施的重要之处。

刑罚权是基于犯罪行为对犯罪人实行刑罚惩罚的国家权能,是国家主权的组成部分,其内容表现为国家对犯罪人实行刑罚惩罚。刑罚权分为一般的刑罚权与个别的刑罚权。只要发生犯罪,国家就可以对犯罪人实行刑罚惩罚的这种一般的、抽象意义上的刑罚权,就是一般的刑罚权;发生具体的犯罪时,国家可以对具体犯罪人实行刑罚惩罚的这种个别的、具体意义上的刑罚权,就是个别的刑罚权。与刑罚权相对应的是犯罪人承受刑罚的义务,国家刑罚权与犯罪人的刑罚承受义务之间的关系,就是刑罚法律关系。[①]

刑罚权的内容包括制刑权、求刑权、量刑权与行刑权。制刑权是国家立法机关在刑事立法中创制刑罚的权力,其内容主要包

[①] 参见〔日〕大塚仁:《刑法概说(总论)》,有斐阁2008年第4版,第515页。

括确定刑种、建立刑罚体系、规定刑罚裁量的原则、刑罚执行方法与制度，以及具体犯罪的法定刑。求刑权是指对犯罪行为提起刑事诉讼的权力。这种权力原则上由检察机关行使，但国家也将部分轻微犯罪的求刑权赋予被害人（自诉）。量刑权是法院对犯罪人决定科处刑罚的权力。这种权力只能由法院在认定有罪的基础上行使，其内容为决定是否判处刑罚、判处何种刑罚，以及是否适用缓刑等。行刑权是特定机关将法院对犯罪人所判处的刑罚付诸现实执行的权力。执行非刑罚措施不是行刑权的内容。

二、刑罚的正当化根据

关于刑罚的正当化根据，存在绝对主义（报应刑论）与相对主义（目的刑论）之争。

绝对主义以绝对的报应刑论为内容，[①] 故绝对主义与报应刑论属意义等同的概念。恶有恶报、善有善报是古老的正义观念，基于报应的原理对恶害的犯罪以痛苦的刑罚进行报应，就体现了正义，这便是刑罚的正当化根据。"因为有犯罪而科处刑罚"，是绝对主义刑罚理念的经典表述。

相对主义以目的刑论为内容，故相对主义与目的刑论是意义等同的概念。目的刑论认为，刑罚本身并没有什么意义，只有在为了实现一定目的即预防犯罪的意义上才具有价值，因此，在预防犯罪所必要而且有效的限度内，刑罚才是正当的。目的刑论与预防论基本等同。预防论分为一般预防论与特殊预防论。一般预防论又分为积极的一般预防论与消极的一般预防论。特殊预防论中的惩罚论或威慑论，主张通过惩罚或威慑犯罪人使其不再犯罪；特殊预防论中的教育刑论或改善刑论，主张通过教育或者改

---

① 以下一般将绝对的报应刑论简称为报应刑论。这一方面是为了表述上的简便，另一方面是因为国内外学者所说的报应刑论通常是指绝对的报应刑论。

善犯罪人使其不再犯罪。根据目的刑论的观点，刑罚的正当化根据在于刑罚目的的正当性与有效性。"为了没有犯罪而科处刑罚"，是相对主义刑罚理念的经典表述。

并合主义是一种综合的观点，以相对报应刑论为内容，故并合主义与相对报应刑论乃意义等同的概念。相对报应刑论认为，刑罚的正当化根据一方面是为了满足恶有恶报、善有善报的正义要求，同时也是防止犯罪所必需且有效的，应当在报应刑的范围内实现一般预防与特殊预防的目的。"因为有犯罪并为了没有犯罪而科处刑罚"，是并合主义理念的经典表述。

不难看出，报应刑论、目的刑论与相对报应刑论并不是关于刑罚目的本身的争论，而是针对刑罚的正当化根据所形成的理论。报应刑论与目的刑论都可以从某一角度说明刑罚的正当化根据，故二者并不完全排斥，而是可以结合成为相对报应刑论。另一方面，报应刑论与目的刑论各自都有利弊，并合主义则可以使二者优势互补、弊害互克。目的刑论有时导致刑罚过重，报应刑论正好给刑罚划定了上限，使得刑罚不得超出报应的范围;[①] 但报应刑论导致从预防角度而言不需要判处刑罚时也必须科处刑罚，目的刑论正好解决了这一问题：如果没有预防犯罪的效果或者从预防犯罪的角度而言不需要判处刑罚，就不应当判处刑罚，这为免除刑罚处罚找到了根据。从刑罚制度来说，缓刑、减刑、假释制度都是目的刑论的产物，而对这些制度适用条件的限定，在很大程度上取决于报应刑观念。可见，目的刑论的缺陷正好需要报应刑论的优点来克服，报应刑论的缺陷恰好需要目的刑论的优点来弥补。于是，并合主义成为理想的刑罚观念。

---

① 理论上主张对经济犯罪废除死刑，就是基于报应刑的原理。

第三节　刑罚的目的

一、刑罚目的的概念

刑罚目的，是指国家制定、适用、执行刑罚的目的，也即国家的刑事立法采用刑罚作为对付犯罪现象的强制措施及其具体适用和执行所预期实现的效果。这种效果不是立法、审判、行刑三个环节之一或之二所能达到的，只有三者协同一致，才能得以实现。因此，将刑罚目的解释为审判机关对犯罪人适用刑罚的目的，是不全面的。刑罚目的论决定或制约着刑罚的其他全部问题，是刑罚论的要害。

刑罚目的制约着刑罚的根据，制约着刑罚承受主体的范围与犯罪成立条件，制约着刑罚的体系与种类，关系到刑罚具体适用原则的制定，关系到刑罚的执行，还制约着刑罚执行制度的取舍。

二、刑罚目的的确定

关于我国刑罚的目的，刑法理论上存在争论。[①] 争论的焦点在于：惩罚、威慑是否是刑罚目的？应否将刑罚目的分为根本目的与直接目的？

首先，惩罚是刑罚的固有属性，而不应作为刑罚目的；教育改造犯罪人、威慑犯罪人或社会上的不稳定分子，是刑罚的功能，而不是刑罚目的。如前所述，报应刑论与目的刑论，是针对刑罚的正当化根据形成的对立学说。事实上，西方学者对于刑罚预防犯罪的目的并无歧义，他们争论的焦点主要集中在预防犯罪

---

① 参见马克昌主编：《刑罚通论》，武汉大学出版社1999年第2版，第59页以下。

的内涵方面,具体分为两点:(1)主要依靠刑罚影响于什么人达到刑罚预防犯罪的目的?是犯罪人本人,还是社会上其他尚未犯罪的一般人,抑或两者兼而有之?在这个问题上存在特别预防论、一般预防论与双面预防论。(2)主要依靠刑罚的什么功能达到刑罚预防犯罪的目的?在这个问题上出现了威吓论、感化论、教育论等。我们不能盲目将报应刑论与目的刑论结合起来作为刑罚目的。易言之,不能将惩罚、教育改造、威慑等刑罚的属性、功能作为刑罚目的。

其次,将刑罚目的分为根本目的与直接目的,在方法论上并无不妥之处。应当认为,刑罚的根本目的是保护各种法益。但是,如前所述,这一目的实际上是整个刑法的目的,刑法所规定的任何制度与措施都是为了实现这一目的,所以,没有必要将刑法目的再作为刑罚目的来讨论。

本书认为,刑罚通过制定、适用与执行,对犯罪人本人及其周围的一般人产生影响,从而达到预防犯罪的结果,乃是一种符合社会心态的普通的历史事实。因此,预防犯罪,理所当然地也应成为我国刑罚的目的。我国刑法第2条关于刑罚的职能在于"同一切犯罪行为作斗争"的规定,直接为这一刑罚目的观提供了法律根据。刑罚是犯罪的一种法律后果,是对付犯罪的手段,这也说明刑罚目的是预防犯罪。

三、刑罚目的的内容

我国刑罚预防犯罪的目的,包括特殊预防与一般预防。

(一)特殊预防

特殊预防,是指预防犯罪人重新犯罪。显然,特殊预防的对象是已经实施了犯罪行为的人。就故意犯罪人而言,他们往往通过犯罪得到了物质上、生理上、精神上的某种满足;如果不对之进行特殊预防，他们就可能为了获得某种满足而再次犯罪。就过失犯罪人而言，他们因为懈怠注意义务而放松对自己行为的慎重要求，如果不对之进行特殊预防，他们也可能再次犯罪。换言之，任何犯罪行为都表明行为人具有敌视、蔑视、漠视或忽视法益的危险意向，预示着犯罪人具有再犯可能性，需要特殊预防。

刑法理论上对特殊预防存在批判意见：（1）特殊预防论不能限定刑罚权的内容。根据这一理论，只要是改善罪犯所必需的，就不管刑期多长。这会导致国家恣意干涉公民自由。（2）根据这一理论，在没有再犯罪危险的情况下，即使是极为严重的犯罪，也可以不处罚。这违反了国民的正义感。（3）这一理论的正当性根据，是多数人可以强制少数人适应多数人认为合适的生活方式（再社会化），可这没有得到充分说明。[1] 但是，本书认为，上述批判难以成立：（1）刑罚的正当化根据不只是目的的合理性，还有报应的正义性，当然不能超出报应的限度追求特殊预防。（2）如果犯罪本身并不严重，行为人也没有再犯罪的危险性，不科处刑罚而给予非刑罚处罚，也会得到国民的赞同；但如果是极为严重的犯罪，则难以认定行为人没有再犯罪的危险性。[2]（3）特殊预防既有犯罪人的再犯罪的危险性的依据，也有预防犯罪人重新犯罪的合理目的的根据。

特殊预防主要通过两个途径实现：一是对罪行极其严重的犯罪人适用死刑，永远剥夺其重新犯罪的能力。这种方式虽然简单、有效，但在当今社会不应成为实现特殊预防的主要途径。二是对犯罪人适用刑罚，使犯罪人不能犯罪、不敢犯罪乃至不愿犯罪。例如，通过剥夺犯罪人的人身自由，使其终身或在一定期间

---

[1] 参见〔日〕城下裕二：《量刑基准的研究》，成文堂1995年版，第134页。
[2] 严格地说，犯罪人尤其是故意犯罪人一般都有再犯罪的危险性，只是危险性的程度不同而已。

内与社会隔离，因而不可能实施犯罪行为；通过限制犯罪人的人身自由，使其在一定期间内难以实施犯罪行为。刑罚的执行同时对犯罪人具有威慑与教育改造作用，促使他们认识到，如果再次犯罪，就必将承受剥夺性痛苦；只有不再犯罪，才能享受本来具有的法益；于是，他们不敢再以身试法、不愿再以身试法，从而实现特殊预防目的。

（二）一般预防

一般预防，是指预防尚未犯罪的人实施犯罪。

传统的一般预防论是消极的一般预防论，也称威慑预防论。费尔巴哈的心理强制说代表了这种预防论，即通过对犯罪规定和适用刑罚而向一般人宣告：谁实施犯罪行为谁就受到刑罚处罚，从而威慑一般人，使其不敢犯罪。威慑预防论受到了以下批判：（1）它必然导致刑罚过于严厉。因为对于任何可能犯罪的人来说，重刑的威慑力总是大于轻刑的威慑力，于是存在着刑罚愈严厉，威慑力愈强、预防效果愈佳的倾向。（2）威慑的效果至少仍然不能得到科学的证明。诚然，一般人在通常情况下，会受到刑罚威慑的影响，但对于职业犯、冲动的机会犯，以及在期待不被发觉的侥幸心理下实施犯罪的人来说，则并非如此。（3）通过威慑进行一般预防，意味着不是因为犯罪受处罚，而是为了他人不犯罪才受处罚，犯罪人成为预防他人犯罪的工具，违反了人的尊严。[①] 正因为如此，后来产生了积极的一般预防论。

积极的一般预防论（规范预防论）的内容是，唤醒和强化国民对法的忠诚、对法秩序的存在力与贯彻力的信赖，从而预防犯罪。换言之，通过对犯罪人的适当处罚，以事实证明刑法规范的妥当性，从而使国民的法意识安定化，增强国民的规范意识，实

[①] 参见〔日〕城下裕二：《量刑基准的研究》，成文堂1995年版，第130页。

现一般预防。但是，这种规范预防论也受到了以下批判：（1）同样会导致重罚的倾向。（2）根据这一理论，刑罚的目的指向与犯罪行为无关的其他人对"法的忠诚"，这与威慑预防论一样，也将犯罪人作为实现其他利益或目的的工具。（3）即使是支持规范预防论的人也认为，这种理论还没有经验科学的基础。①

本书认为，威慑预防论与规范预防论并非截然对立。威慑预防论旨在使一般人不敢犯罪（有的人可能想犯罪但担心受刑罚处罚而不敢犯罪），而规范预防论则旨在使一般人不愿犯罪。从不敢犯罪到不愿犯罪，当然是一种递进的效果，后者比前者理想。但是，刑罚是一种具有消极作用的制裁，而非教育人彬彬有礼、举止端庄的手段，况且社会上确实存在一些意欲犯罪而需要威慑的人。因此，对于意欲犯罪的人以威慑预防为主，对于其他人则以规范预防为主。故本书以下所说的一般预防同时包括了威慑预防与规范预防。

一般预防主要有以下途径：（1）通过对犯罪人适用刑罚，向社会成员宣告：任何人犯罪都将受到刑罚处罚，都将受到剥夺性痛苦，于是对社会成员起到警戒与抑制作用，使社会成员增强规范意识，不敢进而不愿意实施犯罪。（2）通过对犯罪人适用刑罚，体现法律的公正性；唤醒和强化国民对法秩序的信赖与维护，增强国民的规范意识；鼓励、支持广大守法公民维护法秩序、保护法益的行为，从而实现一般预防。

3. 特殊预防与一般预防的关系

上述特殊预防与一般预防密切联系，不可分割。任何犯罪行为都侵犯了法益，都预示着犯罪人有再次犯罪的现实可能性；同时表明我国还存在各种诱发犯罪的原因以及可能实施犯罪行为的人。通过制定、适用和执行刑罚，防止已经犯罪的人再次犯罪，

---

① 参见〔日〕城下裕二：《量刑基准的研究》，成文堂1995年版，第132页。

是保护法益最实际、最紧迫的任务；通过制定、适用和执行刑罚，警告、教育社会上其他人不犯罪和抵制他人犯罪，则是防患未然，保证社会长治久安的战略要求。因此，特殊预防与一般预防并重的必要性，是不言而喻的。从事实上看，制定、适用和执行刑罚，都具有对犯罪人的特殊预防和对社会上其他人的一般预防两方面的目的。特殊预防的实现，有利于一般预防的实现；同样，一般预防的实现，也有助于特殊预防的实现。

当然，特殊预防与一般预防的统一，并不排除在某种情况下对某一方面有所侧重。在我国，特殊预防与一般预防应是同时出现的，两者之间存在相互结合、相辅相成的关系。但这只是从国家追求刑罚结果的总体意义而言，并不排除在立法上与执法上分别对特殊预防与一般预防的某一方面有所侧重。在刑事立法上，侧重一般预防；在量刑与刑罚执行上，侧重特殊预防。刑罚执行时侧重特殊预防是理所当然的，不仅如此，在量刑上也应主要考虑特殊预防。因为如果在量刑时过于重视一般预防的效果，就必然使犯罪人成为实现一般预防目的的工具，必然造成刑罚与罪行不相适应，从而伤害报应的正义性。例如，行为人实施了一种具有蔓延危险（他人可能效仿）的犯罪，但罪行程度以及犯罪人的再犯罪危险性都比较轻微，本应判处较轻的刑罚；如果着眼于一般预防的需要，就会对行为人判处过于严厉的刑罚，使其成为一般预防的牺牲品。正因为如此，新旧刑法对量刑原则的规定，都没有要求法官考虑一般预防的需要。对此，需要说明以下几点：（1）所谓量刑时不应过于重视一般预防的需要，是指量刑时不能出于一般预防的考虑而使刑罚超出罪行的程度，只能在罪刑相适应的范围内考虑一般预防的需要。（2）在量刑时不应过于重视一般预防，不等于量刑没有一般预防的效果。一方面，刑法所指向的是一般人与一般事件，因而刑罚的制定所重视的是一般预防，量刑以法定刑为依据，当然也就具有了一般预防的效果。另一方面,"只要基于正义与衡平的理念以及公正报应的原则,依据行为的程度与行为人的罪责,定出报应刑罚,促成社会大众在法律情感上的共鸣,增强一般民众的法意识。在此情况之下,即能以此公正的报应刑罚实现一般预防的目的构想,如此,则报应刑罚即能与一般预防相调和。"① 准确地说,判处与罪行轻重、再犯罪的危险程度相适应的刑罚,就是正义所要求的正当刑罚,就具有威慑预防与规范预防的效果。(3) 如果一般预防的必要性小,不妨碍法官从宽处罚。

我国的刑事审判,可谓两个预防并重,但法院一般因下列情况不同,适用刑罚的思想侧重点也有所不同:(1) 因人不同。例如,对于惯犯、累犯等再犯罪危险性大的犯罪人,侧重于特殊预防的需要;对初犯、偶犯等再犯罪危险性小的犯罪人,则侧重于一般预防的需要。(2) 因罪不同。例如,对少发、偶发的犯罪,往往侧重于特殊预防的需要;对多发、常发的犯罪,则侧重于一般预防的需要。(3) 因社会形势不同。例如,对一定时期、一定地区危害大的犯罪,适用刑罚侧重考虑一般预防的需要;反之,则侧重考虑特殊预防的需要。应当注意的是,无论侧重哪一方面的需要,适用刑罚的轻重程度都必须以法定刑为标准,都不能违反罪刑相适应的原则。

---

① 林山田:《刑罚学》,台湾商务印书馆1983年第2版,第85页。

第十一章 刑罚的体系

第一节 刑罚的体系概述

一、刑罚体系的概念

刑罚体系,是指国家的刑事立法以有利于发挥刑罚的积极功能、实现刑罚目的为指导原则,选择刑种、实行分类并依其轻重程度排成的序列。

科学的刑罚体系,以其刑种数量和刑质宽严的适度性、各刑种法律分类地位的合理性,以及彼此之间的严谨的衔接性,使审判机关得以按照不同案件和不同犯罪人的具体情况合理适用,从而有效地实现刑罚目的。可见,刑事审判活动的进行和刑罚目的的有效实现,在很大程度上以一定的刑罚体系为依托。

另一方面,刑罚目的作为一种期望实现的目标,它一经确立,又必然对刑罚体系的建立具有指导意义。首先,纵观刑罚的演变历史,在任何国家,某些措施被当作刑罚方法而列于刑罚体系,或者本来是别国的刑罚方法而被移植到本国的刑罚体系之中,或者本国传统的旧刑种而为新的刑罚体系继承沿袭,其根本原因都在于:在这个国家的立法者看来,这些措施或刑罚有利于对犯罪现象的救治。至于刑种数量的多寡与质量轻重，自然也都是立法者根据当时社会条件下的一般价值观念，自以为最有利于发挥其积极功能，从而最便于有效实现预防犯罪的目的，而做出的判断与抉择。其次，对刑罚可以从不同角度进行分类，如以刑质的轻重为标准，可以分为轻刑与重刑；以剥夺犯人的权益性质为标准，可以分为生命刑、自由刑、财产刑、资格刑等。这都是就各该刑种给予犯罪人的痛苦感受和生活上的不利反应的程度而言的，对司法机关具体适用刑罚不具有重要指导意义。在当今世界刑事立法例中，对司法实践具有指导意义的刑罚分类方法，主要是将刑罚体系所属的刑种，分为主刑与附加刑（从刑）。一种刑罚在刑罚体系中被划为主刑或附加刑，是由立法者确认的该刑种服务于刑罚目的的作用大小来决定的。一般地说，主刑总是在刑罚体系中居于主要地位，在分则的法定刑中所占比重较大，并在审判实践中实际适用较多的刑罚；附加刑则是居于次要地位，在分则规范和审判实践中适用较少的刑种。要之，刑罚的分类以及各个刑种在刑罚体系中所处的地位如何，都是在刑罚目的指导和制约下确定的。

二、确立刑罚体系的思想基础

确立刑罚体系的思想基础，是指国家在建立刑罚体系时，为了最大限度地发挥刑罚的积极功能、实现预防犯罪的目的，根据本国的历史、文化传统和现实状况，所应坚持的基本思想。我国建立刑罚体系的基本思想如下：

（一）适应现阶段一般人的价值观念

刑罚的固有属性是使犯罪人承受一定的剥夺性痛苦，任何被法律规定为刑罚的措施，首先都要具有这种固有属性，否则就无从体现国家对犯罪行为的否定评价与对犯罪人的严厉谴责。可是，人们衡量什么是剥夺性痛苦以及痛苦程度如何，又是以一定社会条件下的价值观念为标准的。一个国家不同历史时期的刑罚体系，都不是立法者随心所欲的创作，而是该特定政治、经济、文化背景下的社会价值观念影响的产物，或者说它至少不能背离这种价值观念的基准。易言之，国家总是根据一定社会条件下的平均价值观念，将剥夺犯罪人具有或者可能具有而又最为需要的利益的措施作为刑罚方法，绝不可能将剥夺犯罪人不具有或者可有可无的"利益"的措施作为刑罚方法。

我国刑法理应从自己的国情出发，照顾国民的心理承受能力，顺应现阶段一般人的平均价值观念，来选择刑种和建立刑罚体系。任何不被现阶段的平均价值观念认为具有剥夺性痛苦的措施，固然不应作为刑种而列入刑罚体系；但也不应超越人们平均价值观念所能承受和顺应的程度，过早地采取标新立异的惩罚措施，或者过早地将某些有历史传统意义、至今仍能适应人们平均价值观念的刑种，排除在刑罚体系之外。

（二）贯穿惩罚与教育相结合的方针

通过刑罚处罚，对犯罪人实行惩罚与教育改造，既是刑罚的正当化根据（并合主义）在刑罚体系上的具体表现，也是宽严相济刑事政策派生出来的一项基本方针。事实证明，单纯强调刑罚对犯罪分子实行惩罚的报复情绪和片面讲究教育改造的"教育万能"观点，都不利于实现预防犯罪的目的。因此，刑罚体系必须贯穿惩罚与教育相结合的方针，首先使刑种和刑度的宽严程度符合惩罚与教育相结合的需要，其次使每一刑种的具体内容都包含惩罚与教育改造的机制。而何种刑罚符合惩罚与教育相结合的需要，还取决于行刑的客观条件。

（三）体现人权保障精神

虽能有效地预防犯罪但却侵害人权、侵犯人的尊严的措施，不可以成为刑罚。换言之，刑法要保障人权，要将犯罪人当作人看待，尊重犯罪人的人格，而不得摧残他们的肉体。所以，列入刑罚体系的刑种，固然要适应一定历史阶段的平均价值观念，使犯罪人感受相当的剥夺性痛苦，但又不是使他们感受的痛苦愈烈愈好。一切侮辱人格、损害人的尊严以及毁损人体健康、徒增皮肉与精神之苦的残酷、野蛮的刑罚，都没有也不能见容于我国的刑罚体系。

（四）吸收有益的法律文化成果，反映世界立法趋势

历史上任何统治者，都是按照各自的国情需要，建立自己的刑罚体系的。可是，事实证明，有些刑罚方法确有其固有的优越性，并为执法者所通晓，也为普通公民了解和熟悉，而成为公认的法律文化遗产的一部分。对于这样的刑罚方法，国家在建立自己的刑罚体系时，理应有选择地予以吸收。

我国的刑事立法虽然不能盲目搬套国外的立法，但当今世界各国刑事立法又无可避免地正在发生交互影响的作用。我国是立于世界民族之林的大国，而且加入了许多相关的国际条约，刑事立法绝不能使自己处于孤立、封闭状态，而应适当反映世界立法趋势。各国刑罚体系由原来的以生命刑、身体刑为中心转变为以自由刑、罚金刑为中心；刑种数量由多变少、刑种内容由残酷变为轻缓；刑罚的适用由积极变为消极。"二战"结束以来，许多国家普遍重视所谓"有效的刑罚方法"和"刑罚执行的有效性"，力图适应战后政治、经济、文化以及人们生活方式的变化而导致的价值观念的急剧变化，大力改革了某些传统刑种的内容与执行方式，同时创造了一些新的制裁措施，收到了可观的实效。因此，参考这种改革的思路，有选择地吸收一些国外的改革成果，对于建立我国合理的刑罚体系，是很有价值的。

三、我国的刑罚体系

我国的刑罚由主刑与附加刑构成,主刑与附加刑相互补充,避免了单一刑种的局限性。主刑(本刑、基本刑罚、单独刑)是指只能独立适用的主要刑罚方法。主刑只能独立适用,不能附加适用;一个罪只能适用一个主刑,不能同时适用两个以上主刑。不管是从法定刑来说,还是从宣告刑来看,主刑都是主要的刑罚方法。根据刑法第33条规定,主刑包括管制、拘役、有期徒刑、无期徒刑与死刑。附加刑(从刑)是指补充主刑适用的刑罚方法。附加刑既可以附加主刑适用,也可以独立适用。刑法第34条规定了罚金、剥夺政治权利与没收财产三种附加刑,第35条规定了适用于犯罪的外国人的驱逐出境附加刑。

第二节 主 刑

一、管制

管制是对罪犯不予关押,但限制其一定自由,由公安机关执行和群众监督改造的刑罚方法。

管制可谓我国特有的一种轻刑,它具有以下特点与内容:(1)不予关押即不剥夺犯罪人的人身自由。(2)限制犯罪人的一定自由,使管制有别于免予刑罚处罚。根据刑法第39条规定,限制自由的内容是:被判处管制的人,必须遵守法律、行政法规,服从监督;未经执行机关批准,不得行使言论、出版、集会、结社、游行、示威自由的权利;按照执行机关规定报告自己的活动情况;遵守执行机关关于会客的规定;离开所居住的市、县或者迁居,应当报经执行机关批准。(3)具有一定期限。根据刑法第38条、第40条、第41条、第69条的规定,管制的期限为3个月以上2年以下，数罪并罚时不得超过3年。管制的刑期从判决执行之日起计算；判决执行前先行羁押的，羁押1日折抵刑期2日。如果管制期满，执行机关应立即向本人和其所在单位或者居住地的群众宣布解除管制。(4) 由公安机关执行和群众监督改造。根据刑法第38条第2款的规定，对于被判处管制的犯罪分子，可以根据犯罪情况，同时禁止其在执行期间从事特定活动，进入特定区域、场所，接触特定的人（禁止令）。

被判处管制的犯罪人在管制执行期间实施违反法律、行政法规和有关监督管理规定的行为，尚未构成犯罪的，应当依法予以治安处罚；依法给予治安处罚时，应当在治安拘留执行期满后继续执行管制；构成犯罪的，应当依法定罪量刑。

二、拘役

拘役是短期剥夺犯罪人自由，就近实行劳动改造的刑罚方法。根据刑法第42条、第44条以及第69条的规定，拘役的期限为1个月以上6个月以下，数罪并罚时不得超过1年。拘役的刑期从判决执行之日起计算，判决执行以前先行羁押的，羁押1日折抵刑期1日。拘役由公安机关在就近的拘役所、看守所或者其他监管场所执行；在执行期间，受刑人每月可以回家一至两天；参加劳动的，可以酌量发给报酬。

拘役与前述管制、后述有期徒刑的刑期，都存在判决执行以前先行羁押折抵刑期的问题。先行羁押，除包括因同一犯罪行为被刑事拘留、逮捕而羁押外，还包括因同一行为而被行政拘留、海关扣留等剥夺人身自由的措施。例如，如果被告人被判处刑罚的犯罪行为和被行政拘留的行为系同一行为，其被行政拘留的日期可以折抵刑期；亦即，行政拘留1日折抵有期徒刑或拘役的刑期1日，折抵管制的刑期2日。法院对犯走私罪的被告人做出拘役和有期徒刑的判决后，海关扣留1日折抵刑期1日；对于被判处管制的，扣留1日折抵刑期2日。此外，指定居所监视居住的，监视居住2日折抵拘役、有期徒刑1日。但是，非指定居所的监视居住和取保候审的，因为没有剥夺人身自由，不得折抵刑期。

三、有期徒刑

有期徒刑是剥夺犯罪人一定期限的自由，实行强迫劳动改造的刑罚方法。有期徒刑是我国适用面最广的刑罚方法，可谓名副其实的主刑。其特点与内容如下：

首先，有期徒刑剥夺犯罪人的自由，主要表现在将犯罪人拘押于监狱或其他执行场所。

其次，有期徒刑具有一定期限。根据刑法第45条、第47条与第69条的规定，有期徒刑的期限为6个月以上15年以下；数罪并罚时，有期徒刑总和刑期不满35年的，最高不能超过20年，总和刑期在35年以上的，最高不能超过25年。刑期从判决执行之日起开始计算，判决执行以前先行羁押的，羁押1日折抵刑期1日。由于有期徒刑的幅度很大，如果不在法定刑中进一步对有期徒刑的刑度做出规定，就会导致法官的自由裁量权过大，出现量刑不均衡的现象，因此，刑法分则对有期徒刑的刑度作了规定。

最后，有期徒刑的基本内容是对犯罪人实行劳动改造。刑法第46条规定，被判处徒刑的人，"凡有劳动能力的，都应当参加劳动，接受教育和改造。"正因为如此，我国的有期徒刑不同于西方一些国家刑法中单纯剥夺犯罪人自由的监禁刑。

四、无期徒刑

无期徒刑是剥夺犯罪人终身自由，实行强迫劳动改造的刑罚方法。

无期徒刑是自由刑中最严厉的刑罚方法，主要表现在剥夺犯罪人终身人身自由。正因为如此，刑法对非常严重的犯罪（主要是针对严重犯罪的结果加重犯、情节加重犯等）规定了无期徒刑，规定的方式主要表现为两种情况：一是对于规定了死刑的犯罪，一般同时规定将无期徒刑作为选择刑（个别条文例外）；二是将无期徒刑规定为法定刑中的最高刑，在这种情况下同时规定将较长的有期徒刑作为选择刑。一方面，由于对于未成年人不得判处死刑，所以，未成年人犯罪只有罪行极其严重的，才可以适用无期徒刑。对已满 14 周岁不满 16 周岁的人犯罪一般不判处无期徒刑。① 另一方面，尽管理论上说，无期徒刑是剥夺终身自由，但由于法律同时规定了减刑、假释、赦免等制度，被判处无期徒刑的犯罪人事实上很少有终身服刑的。由于无期徒刑是剥夺终身自由，故判决确定前的羁押时间不可能折抵刑期；由于判决确定以前先行羁押并不是"实际执行"，故羁押时间也不能计算在作为减刑、假释前提条件的实际执行刑期之内。

无期徒刑的基本内容也是对犯罪人实行劳动改造。根据刑法第 46 条的规定，被判处无期徒刑的犯罪分子，在监狱或者其他执行场所执行；凡具有劳动能力的，应当参加劳动，接受教育和改造。刑法规定对被判处无期徒刑的犯罪人可以减刑、假释，也在于促使犯罪人积极改造。因此，无期徒刑不同于某些国家刑法中的终身监禁。近年来，有学者在主张削减死刑的同时，提出设置不得减刑、假释的无期徒刑（终身刑）。但这种观点不一定符合刑罚的正当化根据，也与削减、废除死刑的根据不协调。②

---

① 参见最高人民法院 2006 年 1 月 11 日《关于审理未成年人刑事案件具体应用法律若干问题的解释》。
② 如果说死刑违背了人的尊严，不得减刑、假释的无期徒刑，也违背人的尊严。参见张明楷："死刑的废止不需要终身刑替代"，载《法学研究》2008 年第 2 期，第 79 页以下。

无期徒刑不可能孤立适用，即对于被判处无期徒刑的犯罪分子，应当附加剥夺政治权利终身（刑法第 57 条）。

五、死刑

(一) 死刑的概念及其评价

死刑是剥夺犯罪人生命的刑罚方法，包括立即执行与缓期二年执行两种情况。由于死刑的内容是剥夺犯罪人的生命，故被称为生命刑；由于生命具有最宝贵的、剥夺后不可能恢复的价值，死刑成为刑罚体系中最为严厉的刑罚方法，故被称为极刑。

自从启蒙运动思想家提出废除死刑的主张以来，对于死刑的评价已经争论了二百多年。人们大多是围绕人的生命价值、死刑是否具有威慑力、是否违宪、是否人道、是否符合罪刑相适应原则、是否助长人们的残忍心理、是否符合刑罚目的、是否容易错判、是否容易改正、是否符合历史发展趋势等方面评价死刑的。其中一部分人得出应当保留死刑的结论，一部分人得出应当废除死刑的结论。

可以肯定的是，废除死刑是一种必然的趋势，因为社会的发展决定了刑罚的惩罚性由重到轻是一种历史的必然。在这个意义上说，保留死刑与废除死刑之争，实际上是应当何时废除死刑之争，即是现在立即废除死刑，还是将来废除死刑。死刑虽然可以满足部分人的报复心理，但不一定符合报应的正义性，而且并不具有人们所想象的威慑力，我国应当逐年减少死刑并尽快废除死刑。

(二) 死刑的适用

根据我国刑法的有关规定，在适用死刑时应注意以下几点：

1. 必须严格遵守罪刑法定原则，只有对分则条文明文规定了死刑的犯罪，才可能判处死刑。

2. 应当把握死刑规定的精神。虽然只能对刑法分则条文规定了死刑的犯罪判处死刑，但又决不意味着对分则条文规定了死刑的犯罪都应判处死刑。（1）从分则的规定来看，刑法将可以判处死刑的犯罪及其情节规定得较为具体，并非触犯了死刑条款的行为都必须判处死刑。（2）从总则的规定来看，首先，刑法第48条明文规定"死刑只适用于罪行极其严重的犯罪分子"。因此，适用死刑时，必须综合评价所有情节，判断犯罪人的罪行是否极其严重。其次，总则规定了死刑缓期执行制度，即使在必须判处死刑时，也应优先适用死刑缓期执行。

3. 不得对犯罪的时候不满18周岁的人和审判的时候怀孕的妇女适用死刑（刑法第49条）。

4. 不得违反法定程序适用死刑。根据法律规定，死刑案件只能由中级以上法院进行一审判决；死刑除依法由最高人民法院判决的以外，都应当报请最高人民法院核准。

5. 不得任意采用死刑执行方法。刑事诉讼法第212条第2款规定："死刑采用枪决或者注射等方法执行。""等"字虽有列举后表示省略的含义，但也有列举后表示煞尾的含义。对上述条文中的"等"字宜作后一种含义的理解，即执行死刑只能采用枪决或注射方法。

（三）死刑缓期执行

1. 死缓的概念与适用条件

刑法第48条后段规定："对于应当判处死刑的犯罪分子，如果不是必须立即执行的，可以判处死刑同时宣告缓期二年执行。"这就是死刑缓期执行制度，简称为死缓。死缓不是独立的刑种，而是死刑适用制度。死缓制度是我国刑事立法的独创，它对于贯彻少杀政策，缩小死刑立即执行的适用范围，促使罪犯改过自新具有重要意义。①

根据上述规定，宣告死缓必须具备两个条件：一是"应当判处死刑"，即根据刑法的规定与罪行的严重程度，应当判处死刑。这是宣告死缓的前提条件。二是"不是必须立即执行的"，即根据案件的具体情况，可以不立即执行死刑。刑法对于应当判处死刑的犯罪有明文规定，但对哪些属于"不是必须立即执行的"情况没有明文规定。根据刑事审判经验，应当判处死刑，但具有下列情形之一的，可以视为"不是必须立即执行的"：犯罪后自首、立功或者有其他法定任意从轻情节的；在共同犯罪中罪行不是最严重的，或者其他在同一或同类案件中罪行不是最严重的；被害人的过错导致被告人激愤犯罪或者有其他表明容易改造的情节的；有令人怜悯的情节的；虽然罪行极其严重的证据充分、确凿但具有其他应当留有余地情况的。

2. 死缓的适用结局

死缓不是独立刑种，故判处死缓后会出现不同结局。根据刑法第50条第1款的规定，对于被判处死缓的犯罪人，处理结局有四种情况：第一，在死刑缓期执行期间，如果没有故意犯罪，二年期满以后，减为无期徒刑。第二，在死刑缓期执行期间，如果确有重大立功表现，二年期满以后，减为25年有期徒刑。其中的重大立功表现，应根据刑法第78条予以确定。第三，在死刑缓期执行期间，如果故意犯罪，情节恶劣的，由最高人民法院核准，执行死刑。第四，在死刑缓期执行期间故意犯罪，但情节不恶劣的，死刑缓期执行的期间重新计算，并报最高人民法院备案。

---

① 规定死缓制度的重要意义在于减少死刑的执行，事实上，绝大多数被判处死缓的犯罪人也都被减为无期徒刑甚至有期徒刑。但不能因为判处死缓的结局与判处无期徒刑、长期徒刑的结局大体相同，而对那些本应判处无期徒刑或长期徒刑的犯罪人，也判处死缓。

（1）上述第三、四种情况中的"故意犯罪",需要经过法院审判才能确定。

（2）对上述第三种情形中的"故意犯罪,情节恶劣",应根据死缓制度的精神与目的予以理解和认定。在应当判处死刑的前提下,对犯罪人适用死缓的重要原因之一是犯罪人还具有改善的可能。因此,只有当故意犯罪本身的情节恶劣,并且表明其抗拒改造情节恶劣时,才能执行死刑。

（3）在上述第三种情况下,似乎故意犯罪情节恶劣的,不需要等到二年期满以后就可以执行死刑。但是,规定死缓制度的第48条告诉人们,死缓是判处死刑同时宣告"缓期二年执行",如果没有等到二年期满后就执行,是否违反死缓的本质？然而,如果故意犯罪情节恶劣要等到二年期满以后才执行死刑,是否会因为故意犯罪与执行死刑的时间间隔长,而出现根据法律应当执行死刑,但基于情理不需要执行死刑的情况？权衡利弊,尤其是为了减少死刑执行,应承认故意犯罪二年期满以后再执行死刑的合理性。解释为二年期满以后执行死刑,并不只是让犯人多活几天,而是具有减少执行死刑的可能性。这涉及到先故意犯罪后有重大立功表现的应如何处理的问题。如果认为即使故意犯罪后也要待二年期满以后执行死刑,那么,犯人便有可能通过重大立功免除死刑的执行。这正好实现了减少死刑执行的理念与目的。

（4）上述第二、三种情况同时存在时,应当如何处理？首先,如果在死刑缓期执行期间,先有重大立功表现,后又故意犯罪情节恶劣的,应如何处理？由于确有重大立功表现也必须二年期满后才能减为有期徒刑,故不管故意犯罪后是当即执行死刑还是二年期满后执行死刑,都面临着上述问题。本书认为,既然刑法规定了罪刑法定原则,而该原则旨在限制国家权力,故在上述情况下,应限制死刑执行权的适用,即不得执行死刑。况且,规定死缓制度本身就是为了减少死刑执行,既然出现了可以不执行死刑的机遇,就不应执行死刑。此外,从法条的表述来看,只有在没有重大立功表现且故意犯罪情节恶劣时,才应执行死刑。但由于犯罪人在有重大立功表现的同时又故意犯罪情节恶劣,故减为有期徒刑有不当之处,似应减为无期徒刑。基于上述理由,对先故意犯罪,后有重大立功表现的,也不宜执行死刑。

(5) 上述第二、四种情况同时存在时,应当如何处理? 如果在死刑缓期执行期间,先故意犯罪后有重大立功表现的,显然是先重新计算死刑缓期执行期间,重新计算的二年期满后,再减为25年有期徒刑。问题出在先有重大立功表现,后又故意犯罪的情形。本书的看法是,依然按照上述方法处理,即在重新计算的二年期满后,再减为25年有期徒刑。因为先前的死刑缓期执行期间与新确定的死刑缓期执行期间,性质完全相同,都属于死刑缓期执行期间,所以,犯罪人仍然符合"在死刑缓期执行期间……确有重大立功表现"的条件。

(6) 在死刑缓期执行期间过失犯罪的,应根据刑法第71条的规定,将对过失犯罪所判处的刑罚与原来的死缓进行并罚,并罚的结局也只能是重新计算死刑缓期执行期间。

(7) 死缓犯人在二年期满后故意犯罪的,即使在实施该故意犯罪时没有减为有期徒刑或者无期徒刑,不管情节是否严重,都不得适用第50条第1款执行死刑,只能将前罪的死缓与新实施的故意犯罪实行并罚。如果新实施的故意犯罪被判处死缓或者无期徒刑以下刑罚,并罚的结局依然只是重新计算死刑缓期执行期间。

3. 死缓的期间计算

刑法第51条规定:"死刑缓期执行的期间,从判决确定之日起计算。死刑缓期执行减为有期徒刑的刑期,从死刑缓期执行期满之日起计算。"根据司法解释的规定,死刑缓期执行的期间,从判决或者裁定核准死刑缓期2年执行的法律文书宣告或者送达之日起计算。① 死缓判决确定之前的羁押时间，不计算在缓期二年的期限之内，因为规定二年的考验期就是为了观察犯罪人在这二年内有无悔改表现，如果将先前羁押的时间计算在内，就减少了考验时间，丧失了考验的意义。死缓减为有期徒刑的，不管何时裁定（当然应在二年期满后尽快做出裁定），有期徒刑的期限从死刑缓期执行期满之日起计算，而不是从裁定之日起开始计算。

4. 死缓的减刑限制

刑法第50条第2款规定："对被判处死刑缓期执行的累犯以及因故意杀人、强奸、抢劫、绑架、放火、爆炸、投放危险物质或者有组织的暴力性犯罪被判处死刑缓期执行的犯罪分子，人民法院根据犯罪情节等情况可以同时决定对其限制减刑。"（1）本款所规定的累犯没有犯罪性质的限制；有组织的暴力性犯罪，并不限于本款所列举的7种暴力性犯罪，而是包括其他对人实施的暴力性犯罪，如故意伤害、破坏交通工具、破坏交通设施等。（2）本款所规定的"限制减刑"是根据犯罪人的犯罪性质与再犯罪可能性做出的，而不是根据执行过程中的表现做出的。因此，"限制减刑"并不是真正意义上的刑罚执行制度，而是量刑制度。（3）限制减刑的制度的设立，旨在减少死刑立即执行，而不是为了报应和报复。因此，只有对原本应当立即执行死刑的罪犯，才宜在宣告死缓的同时决定限制减刑。换言之，应当对"限制减刑"进行严格的限制。② 因为即使是第50条第2款所列举的被判处死缓的罪犯，其中的绝大多数经过10多年的关押就不致再危害社会（国内外的实证研究充分说明了这一点），③ 所以，对于

---

① 参见最高人民法院2002年11月5日《关于死刑缓期执行的期间如何确定问题的批复》。
② 从立法论上来看，限制减刑不是一项可取的制度，只应作为特例适用。
③ 参见张明楷："死刑的废止不需要终身刑替代"，载《法学研究》2008年第2期。

第 50 条第 2 款所列举的绝大多数被判处死缓的罪犯,都不应当决定限制减刑。(4)"可以同时决定"限制减刑,是相对于法院是否决定限制减刑而言,而不意味着法院既"可以同时决定"也"可以事后决定"限制减刑。换言之,法院不得在宣告死缓判决后,再决定限制减刑。①

第三节 附 加 刑

一、罚金

(一) 罚金的概念及其评价

罚金是法院判处犯罪分子向国家缴纳一定数额金钱的刑罚方法。

罚金是一种古老的刑罚方法。罚金的优点相当明显:不关押犯罪人,从而避免了狱中的交叉感染;使犯罪人仍然过着正常的社会生活,避免因入狱而与社会隔离导致对社会不适应,也不影响其家庭生活,有利于犯罪人的改造;罚金的执行不仅不需要费用,而且可以增加国库收入;罚金能适应罪行的轻重程度以及犯罪人的收入、性格、家庭状况等情况,具有一定的特殊预防作用;罚金既给基于营利目的的犯罪人以迎头痛击,还剥夺了他们继续实施经济犯罪的资本,从客观上防止了他们重新犯罪;罚金误判后容易纠正;罚金还可以适用于单位犯罪。正因为如此,许多国家刑法将罚金刑规定为主刑,并且大量适用。

另一方面,罚金的缺陷也十分明显:罚金的效果因贫富之差

---

① 当然,对此还有进一步研究的余地。亦即,存在另一种解释的可能性:限制减刑是死缓执行制度,在死刑缓期执行的期间届满时,人民法院在将死缓减为无期徒刑或者 25 年有期徒刑时,再根据犯罪情节等情况宣告限制减刑。但本书不赞成这种解释,现行的司法实践都是在宣告死缓时同时宣告限制减刑。

而完全不同，对于富者罚金是轻微负担，对于穷者罚金是深重痛苦，这就导致明显的不公正性；罚金是针对与受刑人的人格没有关系的财产进行适用的，而且其执行往往是一时的，犯罪人罚金缴纳完毕后就不再有受刑的观念，同生命刑、自由刑相比，其作为刑罚的效果差、作用小；法律上难以规定罚金数额，规定低了不起作用，规定高了难以执行，即使规定了罚金数额，一旦发生通货膨胀，就丧失了刑罚效果；罚金可以由本人以外的人支付，犯罪人的亲友可能代替其缴纳罚金，因而容易违反刑罚的一身专属性的本质；罚金对营利性犯罪没有力量，营利性犯罪人可能把罚金当作税金或其他必要开支，而继续从事该犯罪活动；罚金还面临着难以执行的问题。正是因为罚金刑具有上述缺陷，所以在适用罚金刑时，一定要针对其缺陷采取相应措施。

（二）罚金的适用

现行刑法共有180个左右的条文规定了罚金，适用对象主要是破坏社会主义市场秩序罪、侵犯财产罪、妨害社会管理秩序罪、贪污贿赂罪。

刑法第52条规定："判处罚金，应当根据犯罪情节决定罚金数额。"以犯罪情节为根据决定罚金数额，主要是由罪刑相适应原则决定的。罚金作为犯罪的法律后果，必须与罪行程度以及犯罪人的再犯可能性大小相适应，而罪行程度与再犯可能性大小又是由所有的犯罪情节决定的。但是，由于罚金意味着犯罪人向国家缴纳一定数额的金钱，故在判决罚金时，既要考虑犯罪人现有的支付能力，又要考虑其将来的职业状况与其他情况。决定罚金数额时，除了掌握上述原则外，还要遵循刑法分则的规定。刑法分则对罚金数额的规定分为三种情况：（1）没有规定具体数额，由法官自由裁量。（2）规定了相对确定的数额。如刑法第192条规定，对集资诈骗数额巨大的，并处5万元以上50万元以下罚金。(3) 以违法所得或犯罪涉及的数额为基准,处以一定比例或者倍数的罚金,此即浮动刑。如刑法第 225 条规定,对非法经营罪处违法所得 1 倍以上 5 倍以下的罚金;刑法第 201 条至第 204 条规定,对妨害税收的犯罪分别判处偷税数额、拒缴税款、欠缴税款、骗取税款 1 倍以上 5 倍以下的罚金;刑法第 158 条规定,对虚报注册资本罪处虚报注册资本金额 1% 以上 5% 以下罚金。后两种规定使得罚金的裁量有了较为具体的标准。依法对犯罪分子所犯数罪分别判处罚金的,应当实行并罚,将所判处的罚金数额相加,执行总和数额。

根据刑法第 53 条的规定,罚金在判决指定的期限内一次或者分期缴纳。期满不缴纳的,强制缴纳。对于不能全部缴纳罚金的,法院在任何时候发现被执行人有可以执行的财产,应当随时追缴。如果由于遭遇不能抗拒的灾祸等原因缴纳确实有困难的,经人民法院裁定,可以延期缴纳、酌情减少或者免除。

罚金刑是一种优点与弊端都非常明显的刑罚方法,对罚金刑的适用一定要注意发挥其积极功能、避免消极功能。为了克服罚金刑的弊端,解决罚金刑的执行难等问题,可以采取以下措施:(1) 在决定罚金的数量时,应适当考虑犯罪人的现有经济条件以及潜在的经济能力;对于具有经济能力的人,应判处与犯罪相适应的罚金;对于明显没有缴纳罚金能力的罪犯,不宜判处罚金或者判处少额罚金。这一措施旨在克服罚金刑可能导致的不公正性。(2) 实行说明罚金来源制度,避免由亲属缴纳,防止犯罪人以违法所得缴纳罚金。对于未成年人犯罪,应尽量不判处罚金;即使必须判处罚金,也应免除罚金的执行。这一措施旨在克服罚金刑可能违反刑罚一身专属性的缺陷,同时克服犯罪人因不能缴纳罚金而再次犯罪的现象。(3) 对营利性、利欲性犯罪应加强罚金刑的适用,并提高罚金数额。这一措施旨在防止营利性、利欲性犯罪人将罚金作为必要开支而继续犯罪。(4) 少采取一次缴纳，多实行分期缴纳，而且指定缴纳的期限应相对长一些，不能过短；即使犯罪人具有一次缴纳的能力，也宜令其分期缴纳。这一措施旨在延长罚金刑的效果，克服罚金刑效果差、作用小以及执行难的缺陷。（5）对于收入不定期或限定了收入时间的犯罪人，可实行延期缴纳制度。这一措施也有利于罚金刑克服执行难的缺陷。（6）对一旦构成犯罪便应当判处罚金刑的被告人的财产，应事先采取监控措施（如依法冻结、查封等），防止犯罪人或者其家属转移财产，而导致罚金刑执行难。

二、剥夺政治权利

（一）剥夺政治权利的概念与内容

剥夺政治权利，是指剥夺犯罪人参加管理国家和政治活动的权利的刑罚方法。根据刑法第54条规定，剥夺政治权利是剥夺下列权利：一是选举权与被选举权；二是言论、出版、集会、结社、游行、示威自由的权利；三是担任国家机关职务的权利；四是担任国有公司、企业、事业单位和人民团体领导职务的权利。剥夺政治权利不是只剥夺上述权利的一部分，而是同时剥夺上述四项权利。被剥夺政治权利的犯罪人，在执行期间，应当遵守法律、行政法规和国务院公安部门有关监督管理的规定，服从监督，不得行使上述四项权利。

（二）剥夺政治权利的适用对象

1. 剥夺政治权利附加适用于严重犯罪的，由刑法总则规定。具体分为两种情况：

（1）应当附加剥夺政治权利。在这种情况下，法院必须依法附加剥夺政治权利。根据刑法第56条与第57条规定，对下列两类犯罪人应当附加剥夺政治权利：第一，对于危害国家安全的犯罪分子，应当附加剥夺政治权利。但是，刑法分则对危害国家安全罪中一些情节较轻的犯罪，规定了可以单处剥夺政治权利，如果法院独立适用了剥夺政治权利，就不应再附加剥夺政治权利。第二，对于被判处死刑、无期徒刑的犯罪分子，应当剥夺政治权利终身。

（2）可以附加剥夺政治权利。在这种情况下，是否附加剥夺政治权利，由法院具体裁量，但"可以"表现了立法机关的倾向性意见，即在通常情况下得附加剥夺政治权利。刑法第56条规定："对于故意杀人、强奸、放火、爆炸、投毒、抢劫等严重破坏社会秩序的犯罪分子，可以附加剥夺政治权利。"据此，除了对该条所列举的犯罪人以外，对其他严重破坏社会秩序的犯罪人，也可以附加剥夺政治权利。例如，对故意伤害、盗窃等其他严重破坏社会秩序的犯罪，犯罪分子主观恶性较深、犯罪情节恶劣、罪行严重的，也可以依法附加剥夺政治权利。[①] 此外，对严重经济犯罪分子、严重的贪污、受贿犯罪分子、严重的渎职犯罪分子，也可以附加剥夺政治权利。不过，除刑法规定"应当"附加剥夺政治权利外，对未成年罪犯一般不判处附加剥夺政治权利。

2. 剥夺政治权利独立适用于罪质较轻的犯罪或罪质严重但情节较轻的犯罪的，由刑法分则规定。如果刑法分则没有规定独立适用剥夺政治权利，就不得予以适用。

（三）剥夺政治权利的期限与执行

剥夺政治权利的期限分为以下四种情况：（1）对于判处死刑、无期徒刑的犯罪分子，应当剥夺政治权利终身。（2）在死刑缓期执行减为有期徒刑，或者无期徒刑减为有期徒刑的时候，应当将附加剥夺政治权利的期限改为3年以上10年以下。（3）独

[①] 最高人民法院1997年12月31日《关于对故意伤害、盗窃等严重破坏社会秩序的犯罪分子能否附加剥夺政治权利问题的批复》。

立适用或者判处有期徒刑、拘役附加适用剥夺政治权利的期限，为1年以上5年以下。（4）判处管制附加剥夺政治权利的期限与管制的期限相等。

剥夺政治权利的刑期起算与执行分为以下几种情况：（1）被判处管制附加剥夺政治权利的刑期，与管制的期限同时起算、同时执行。① （2）独立适用剥夺政治权利的，按照执行判决的一般原则，从判决执行之日起计算并执行。（3）判处有期徒刑、拘役附加剥夺政治权利的刑期，以及死缓、无期徒刑减为有期徒刑附加剥夺政治权利的刑期，从徒刑、拘役执行完毕之日起或者从假释之日起开始计算；剥夺政治权利的效力当然施用于主刑执行期间。即对于这类犯罪人，在有期徒刑、拘役执行期间，当然剥夺政治权利。被判处有期徒刑、拘役、管制而没有附加剥夺政治权利的犯罪人，在执行期间仍然享有政治权利。（4）判处死刑、无期徒刑因而剥夺政治权利终身的，从主刑执行之日起开始执行剥夺政治权利。

除剥夺政治权利终身的以外，剥夺政治权利的期限届满时，应宣布恢复政治权利；恢复政治权利后，便享有法律赋予的政治权利。但有的政治权利因为法律的特别规定却不可能再享有。例如，根据《人民法院组织法》《检察官法》的规定，受过刑事处罚的人（当然包括被剥夺过政治权利的人），不能担任法官、检察官。

---

① 由于被判处管制的犯罪人在判决前可能被羁押，羁押日期应当折抵管制刑期，会出现"期限相等"与"同时执行"相矛盾的情况。例如，被判处管制1年的犯罪人，附加剥夺政治权利的期限也应是1年，但犯罪人被先行羁押3个月，应折抵6个月管制刑期。如果要做到"期限相等"，就不可能"同时执行"；如果要"同时执行"，就不可能"期限相等"。本书认为，在"期限相等"与"同时执行"出现矛盾的情况下，应优先坚持同时执行。故对上例的犯罪人，实际只能再执行6个月的管制与6个月的附加剥夺政治权利。

三、没收财产

没收财产是将犯罪人所有财产的一部或者全部强制无偿地收归国有的刑罚方法。没收财产与没收犯罪物品的性质不同。刑法第64条规定:"犯罪分子违法所得的一切财物,应当予以追缴或者责令退赔;对被害人的合法财产,应当及时返还;违禁品和供犯罪所用的本人财物,应当予以没收。没收的财物和罚金,一律上缴国库,不得挪用和自行处理。"据此,追缴犯罪所得的财物,没收违禁品和供犯罪所用的本人财物,都不属于没收财产。可见,没收财产事实上是没收犯罪人合法所有并且没有用于犯罪的财产;不得以追缴犯罪所得、没收违禁品与供犯罪所用的本人财物替代或折抵没收财产。

根据刑法第59条规定,判处没收财产时,既可以判处没收犯罪人所有的全部财产,也可以判处没收犯罪人所有的部分财产。行为人犯数罪依法同时并处罚金和没收财产的,应当合并执行;但并处没收全部财产的,只执行没收财产刑。① 但是,"没收全部财产的,应当对犯罪分子个人及其扶养的家属保留必要的生活费用。""在判处没收财产的时候,不得没收属于犯罪分子家属所有或者应有的财产。"这有利于维护社会秩序安定,贯彻责任主义原则。

根据刑法第60条规定,没收财产以前犯罪人所负的正当债务,需要以没收的财产偿还的,经债权人请求,应当偿还。"没收财产以前犯罪分子所负的正当债务",是指犯罪分子在判决生效前所负他人的合法债务。

---

① 参见最高人民法院2000年12月13日《关于适用财产刑若干问题的规定》。但这种做法尚存疑问,因为罚金刑并不以具有现实财产为前提,在将来可能具有财产的情况下,也可以判处罚金刑。

四、驱逐出境

驱逐出境是强迫犯罪的外国人离开中国国（边）境的刑罚方法。

刑法第 35 条规定："对于犯罪的外国人，可以独立适用或者附加适用驱逐出境。"由于驱逐出境既可以独立适用也可以附加适用，故符合附加刑的基本特征；由于驱逐出境仅适用于犯罪的外国人（包括具有外国国籍与无国籍的人），故是一种特殊的附加刑。由于刑法中的驱逐出境是附加刑，故其与《外国人入境出境管理法》规定的由公安机关决定、适用于违反出入境管理法的外国人、作为行政处罚的驱逐出境具有本质区别。

独立适用驱逐出境的，从判决确定之日起执行；附加适用驱逐出境的，从主刑执行完毕之日起执行。

第十二章 刑罚的裁量

第一节 量刑概述

一、量刑概念

刑罚的裁量即量刑,就是依法对犯罪人裁量刑罚。具体地说,是指审判机关在查明犯罪事实,认定犯罪性质的基础上,依法对犯罪人裁量刑罚的审判活动。量刑对应于定罪,是整个审判工作两个环节之一。量刑具有以下特征:(1)量刑的主体是审判机关(法院)。量刑权是国家刑罚权的重要内容之一,从属于刑事审判权。(2)量刑的前提是查明犯罪事实、认定犯罪性质。即只能先定罪后量刑,决不能先量刑后定罪。(3)量刑的内容,首先是决定是否对犯罪人判处刑罚;其次在决定了判处刑罚的前提下,进一步决定判处何种刑罚(选择刑种)、判处多重的刑罚(确定刑度)和是否立即执行(是否缓期执行);在一人犯数罪的情况下,量刑还包括如何并罚的内容。(4)量刑的性质是一种刑事审判活动。

量刑是将法定的罪刑关系转变为实在的罪刑关系的必要条件,是行刑的先决条件。量刑适当与否,是衡量刑事审判质量的一个重要标准，它直接影响刑罚积极功能的发挥与刑罚目的的有效实现，关系到国民对刑事审判的尊重信赖或贬抑轻蔑。

二、量刑原则

（一）量刑原则概述

量刑的重要意义，决定了必须有正确的量刑原则，来保证量刑适当。刑法第 5 条规定："刑罚的轻重，应当与犯罪分子所犯罪行和承担的刑事责任相适应。"刑法第 61 条规定："对于犯罪分子决定刑罚的时候，应当根据犯罪的事实、犯罪的性质、情节和对于社会的危害程度，依照本法的有关规定判处。"罪刑相适应，是指导量刑的基本原则，而要做到罪刑相适应，就必须做到以犯罪事实为根据，以刑事法律为准绳。

罪刑相适应，是源于因果报应观念，适应人们朴素的公平意识的一种法律思想。罪刑相适应原则的产生与发展历程表明，罪刑相适应原则源于公平正义观念，公平正义观念是罪刑相适应原则的重要思想基础；但公平正义观念的内容又是随着历史的变化而变化的，故罪刑相适应原则的内容也随着历史的变化而变化。

刑法第 5 条要求刑罚的轻重与犯罪分子"所犯罪行和承担的刑事责任"相适应，这便存在如何理解该条文真正含义的问题。换言之，由于"罪行""刑事责任"具有不同含义，故对刑法第 5 条可能出现不同理解。

首先，可以将"罪行"解释为犯罪的客观危害即法益侵害程度，将"刑事责任"解释为非难可能性程度（责任）。据此，刑罚的轻重应当与犯罪分子所造成的客观不法和主观责任相适应。单纯从字面上考虑，这一解释并无不当。但是，这种解释只是反映了报应刑的要求，不能适应目的刑的需要。即没有考虑刑罚对行为人将来社会生活的影响，因而不利于预防犯罪人再次犯罪。所以，本书不采取这种解释。

其次，可以将"罪行"解释为有责的不法，将"刑事责任"理解为犯罪人所应承担的法律后果。本书采取这一解释。如果将刑事责任理解为犯罪的法律后果，那么，一般来说，罪行重则刑事责任重，罪行轻则刑事责任轻。但是，由于罪行本身的轻重是由不法与责任决定的，而许多案件外的表明犯罪人再犯可能性程度的事实或情节，能够说明刑事责任的轻重，却不能说明罪行的轻重。例如，自首与立功可以说明行为人的再犯可能性减轻，但不表明其所犯罪行也减轻，而这是制刑与量刑时必须考虑的因素。因此，可以认为，刑法第5条关于罪刑相适应原则的规定，实际上是要求刑罚的轻重必须与罪行的轻重以及犯罪人的再犯罪可能相适应。与罪行的轻重相适应，是报应刑的要求；与犯罪人的再犯可能性相适应，是目的刑的要求。

（二）罪刑相适应原则的具体内容

就具体内容而言，罪刑相适应原则，可以分解为下列三个方面：(1) 刑罚与罪质相适应。罪质，就是不法与责任统一表现的犯罪性质。不同的罪质，标志着各该犯罪行为侵害、威胁法益的锋芒所向不同。这种不同，正是表明各种犯罪具有不同的罪行程度，从而决定刑罚轻重的根本所在。(2) 刑罚与犯罪情节相适应。案件定性正确，只是解决了正确选定法定刑的问题，不等于量刑的结果必然完全正确。因为在罪质相同的犯罪中，不同案件的犯罪情节不尽相同，其罪行程度也颇不一样。要使刑罚真实反映形形色色的具体案件的罪行程度，量刑就理所当然地还必须注意刑罚与犯罪情节相适应。这里所说的犯罪情节，是指不具有犯罪构成要件的意义，却同犯罪的违法性、有责性具有密切联系，从而影响罪行轻重的各种事实情况。(3) 刑罚与犯罪人的再犯可能性相适应。当今世界刑法思想，很注重刑罚对犯罪人未来再犯趋势的遏制作用。犯罪人罪前一贯品行较好或有劣迹、有无前科，以及罪后自首或畏罪潜逃、积极退赔经济损失或隐藏赃款赃物等，虽然对他所实施的犯罪本身没有直接影响，却可预示其改造的难易程度和再犯罪的可能性大小。把再犯可能性大小作为决定刑罚轻重的根据之一，符合刑罚目的的需要。

（三）罪刑相适应原则实现

要做到罪刑相适应，就必须以犯罪事实为根据，以刑事法律为准绳。

1. 以犯罪事实为根据。以犯罪事实根据要求做到以下几点：（1）认真查清犯罪事实。这里的犯罪事实，是指符合犯罪构成的事实。（2）准确认定犯罪性质。准确认定犯罪性质，实际上就是要准确认定行为构成了什么罪，即确定具体犯罪的罪名，正确区分此罪与彼罪。确定了犯罪性质，也就确定了应当适用的刑法条文，从而基本选定了与该犯罪的性质相对应的法定刑。[①]（3）全面掌握犯罪情节。这里的犯罪情节，是指不具有犯罪构成事实的意义，却与犯罪构成事实的具有密切联系，从而影响犯罪的不法与责任程度的各种事实情况。此外，从刑法规定自首、立功等制度的精神来看，量刑时应考虑一些案外情节，如犯罪人的某些个人情况、犯罪前的表现与犯罪后的态度等。换言之，量刑时还必须考虑犯罪人的再犯可能性大小程度。因为刑罚的目的之一是预防犯罪人重新犯罪，这就决定了必须考虑犯罪人的再犯可能性，而上述因素正是说明犯罪人再犯可能性大小的重要因素。这虽然不是刑法第 61 条的明文规定，但根据刑法有关规定的精神，它们应成为量刑根据的内容之一。（4）综合评价犯罪的社会危害程度。刑法第 61 条中的"对于社会的危害程度"，是指对罪行的综合评价。即在量刑时，应当通过分析、考察犯罪事实、性质与情

---

① 由于有的犯罪有几个法定刑，故确定了犯罪性质还不等于完全选定了法定刑。

节，综合评价罪行的程度。

2. 以刑事法律为准绳。以刑事法律为准绳，要求做到以下几点：(1) 必须依照刑事法律关于各种刑罚方法的适用权限与适用条件的规定裁量刑罚。(2) 必须依照刑法关于刑罚裁量制度的规定裁量刑罚。(3) 必须合理选择刑法分则规定的法定刑，并依照法定刑裁量刑罚。行为触犯哪一个分则条文，就以哪一个条文规定的法定刑为标准；然后在法定刑内选择刑种与刑度；即使是从重、从轻、减轻处罚，也要以选定的法定刑为标准。在分则条文就同一犯罪规定了几个不同法定刑的情况下，应当根据案件事实合理选择法定刑。其中不可忽视的是，对客观的法定刑升格情节的认定，也以行为人对之具备非难可能性为前提。(4) 必须依照刑法关于各种量刑情节的适用原则裁量刑罚。刑法规定了各种从重、从轻、减轻与免除处罚的情节，法院裁量刑罚时，必须遵守刑法关于量刑情节的各种规定，正确把握刑法所规定的从重、从轻处罚、减轻与免除处罚的含义。

从重与从轻处罚，都"应当在法定刑的限度以内判处刑罚"（刑法第62条），因此，从重处罚，是指在法定刑的限定内判处较重的刑罚；从轻处罚，是指在法定刑的限定内判处较轻的刑罚。从重处罚并不意味着在法定刑的"中间线"以上判处刑罚，从轻处罚也不意味着在法定刑的"中间线"以下判处刑罚。因为刑法并没有以法定刑的"中间线"为标准区分从重处罚与从轻处罚；绝大多数法定刑也不存在清晰的"中间线"（只有大体意义的"中间线"）。从重处罚是相对于既没有从重处罚情节又没有从轻处罚情节的一般情况下所应判处的刑罚而言，即比没有上述情节时所应判处的刑罚相对重一些；从轻处罚也是相对于既没有从轻处罚也没有从重处罚情节的一般情况下所应判处的刑罚而言，即比没有上述情节时所应判处的刑罚相对轻一些。因此，从重处罚不是一律判处法定最高刑，从轻处罚也不是指一律判处法定最低刑。正确的做法是，先暂时排除犯罪人所具有的从重、从轻处罚情节，综合考虑犯罪的事实、性质、情节，根据刑法估量应当判处什么刑罚，再考虑从重情节与从轻情节，从而确定应当宣告的刑罚。

根据刑法第63条第1款规定，减轻处罚是"应当在法定刑以下判处刑罚"，但如果认为这里的"以下"包括本数在内，则会使减轻处罚与从轻处罚产生交叉，故应认为这里的"以下"不包括本数在内，即减轻处罚是低于法定最低刑判处刑罚。减轻处罚有两种情况：一是具有法定的减轻处罚情节时予以减轻处罚；二是虽然不具有刑法规定的减轻处罚情节，但是根据案件的特殊情况需要减轻处罚时，经最高人民法院核准，也可以减轻处罚（刑法第63条第2款）。[①] 减轻处罚时仍然应判处一定刑罚，如果不判处刑罚，就意味着免除处罚而不是减轻处罚了。

免除处罚，也称免除刑罚、刑罚的免除、免除刑事处罚、免除刑罚处罚，是指对行为作有罪宣告，但对行为人免除刑罚处罚，即不判处任何刑罚。

需要研究的问题是，刑法第37条所规定的"对于犯罪情节轻微不需要判处刑罚的，可以免予刑事处罚"是否独立的免除刑罚的事由？换言之，在不具有刑法规定的具体的免除刑罚事由（如胁从犯）的情况下，能否直接根据刑法第37条的规定免除刑罚？

刑法理论的通说以及司法解释认为，刑法第37条规定了独立的免除刑罚的事由。[②] 但本书认为，刑法第37条所规定的不是独立的免除刑罚的事由，只是其他具体的免除处罚情节的概括性

[①] 从立法论上来说，对酌定减轻处罚规定如此严格的程序条件，有不妥之处。
[②] 参见最高人民法院2006年1月11日《关于审理未成年人刑事案件具体应用法律若干问题的解释》第17条；最高人民法院1998年4月29日《关于审理挪用公款案件具体应用法律若干问题的解释》第2条。

规定。(1) 刑法所规定的免除刑罚的情节都是具体的，而不是抽象的；而刑法第 37 条并没有规定具体的免除刑罚处罚的情节，其中的"情节轻微"是一个相当抽象的概念，将其作为独立的、具体的免除处罚的根据，明显不合适。刑法第 37 条旨在概括规定，具有免除处罚情节因而免除刑罚处罚时，可以适用非刑罚的法律后果，而不在于规定具体的免除处罚情节。刑法在"刑罚的种类"设立本规定，而不是在"自首和立功"（量刑情节）之后设立本规定，说明其规定的不是独立的免除处罚的情节。(2) 刑法第 63 条第 2 款规定，对不具有刑法规定的减轻处罚情节而又需要减轻处罚的，只有经过最高人民法院核准，才可以减轻处罚；如果可以直接根据刑法第 37 条的规定免除处罚，也不必经最高人民法院核准，便极不协调。所以，不能认为，刑法规定对不具有法定减轻处罚情节的减轻处罚需经最高人民法院核准，而对不具有法定免除处罚情节的免除处罚可以由任何法院、任何法官决定。(3) 如果认为刑法第 37 条规定的是独立的免除处罚的事由，其消极后果（事实上已经出现）便不堪设想：导致对任何犯罪，不问罪质轻重，都可以免除刑罚处罚，因而违反罪刑相适应原则；导致刑法分则规定的法定刑的威慑作用大为减小，因而违背刑罚目的；导致法官的自由裁量权过大，因而与罪刑法定原则相抵触；导致适用刑罚必然出现不平等现象，因而不符合平等适用刑法的原则。(4) 根据通说的观点，在犯罪人因中止犯罪而免除刑罚处罚时，不能适用刑法第 37 条给予非刑罚处罚；只有当犯罪人不具备法定的具体免除处罚的情节，仅因情节轻微而免除刑罚处罚时，才能适用刑法第 37 条给予非刑罚处罚。这显然不合适。(5) 对于犯罪情节轻微，也没有免除处罚的具体情节，但没有再犯罪的危险性的，完全可以适用缓刑，从而解决量刑过重的问题。

三、量刑基准

根据并合主义，刑罚一方面必须与罪行的轻重相适应（即与行为责任相适应），另一方面必须与犯罪人的再犯可能性相适应（即考虑预防犯罪的需要）；问题是，二者究竟是何种关系？刑法理论存在幅的理论（Spielraumtheorie）与点的理论（Punktstrafetheorie）之争。

幅的理论认为，与责任相适应的刑罚具有一定的幅度，法官应当在此幅度的范围内考虑预防犯罪的目的，最终决定刑罚。幅的理论的内容如下：（1）不得超出与责任相适应的刑罚；（2）与责任相适应的刑罚不可能明确地确定，但存在由上限与下限所划定的幅度范围；（3）就具体犯罪而言，在上限与下限所划定的幅度范围内，存在与责任相适应的几种或几个刑罚；（4）只有在与责任相适应的幅度范围内选择具体的刑罚才能发挥预防犯罪机能，即只能在与责任相适应的幅度范围内考虑预防犯罪的目的，可以接近甚至达到幅度的上限与下限，但不能超出上限（一般认为可以超过下限）。

点的理论认为，与责任相适应的刑罚只能是正确确定的某种刑罚（点），而不存在幅度；与责任相适应的刑罚常常是一种唯一的存在，即使人们不能确定地把握这个点，但也不能否认这个点的存在。根据点的理论，在确定了与责任相适应的具体刑罚（点）之后，只能在这个点以下考虑预防犯罪的需要。[1]

在量刑结局上，幅的理论与点的理论并非那么对立。但是，在理论上，幅的理论是在责任刑的幅度内考虑预防犯罪的目的，具有积极的责任主义倾向；点的理论是在责任刑（点）以下考虑预防犯罪的目的，表明了消极的责任主义的观点。在此意义上

---

[1] 参见〔日〕城下裕二：《量刑基准的研究》，成文堂1995年版，第83页以下。

说，点的理论更具有合理性。

第二节 量刑情节

一、量刑情节的概念与分类

量刑情节，是指在某种行为已经构成犯罪的前提下，法院对犯罪人裁量刑罚时应当考虑的，据以决定量刑轻重或者免除刑罚处罚的各种情况。

量刑情节必须是在某种行为已经构成犯罪的前提下，于量刑时应考虑的各种情况。因此，量刑情节是不具有犯罪构成事实的意义、不能说明犯罪基本性质的事实情况。量刑情节是反映罪行轻重以及行为人的再犯可能性大小，从而影响刑罚轻重的各种情况。量刑情节是选择法定刑与决定宣告刑的依据。在一个犯罪具有几个层次的法定刑时，法院应当根据刑法规定的情节选择法定刑。宣告刑以法定刑为基准，法院以法定刑为基准选择具体的刑种与刑度或者免除刑罚处罚时，同样以量刑情节为依据。

量刑情节繁多，可以根据不同标准从不同角度对其进行不同分类。（1）法定情节与酌定情节。前者是刑法明文规定在量刑时应当予以考虑的情节；后者是刑法未作明文规定，根据刑法精神与有关刑事政策，在量刑时需要酌情考虑的情节。法定情节还可以进一步区分为应当型情节与可以型情节。前者是指刑法明文规定的，对量刑应当产生从宽或从严影响的情节，如中止犯与累犯；后者是指刑法规定的，对量刑可能产生从宽影响的情节（刑法没有规定对量刑可能产生从严影响的情节），如未遂犯。（2）从宽情节与从严情节。前者是指对犯罪人的量刑产生从宽或有利影响的情节，包括免除处罚的情节、减轻处罚情节与从轻处罚情节；后者是对犯罪人的量刑产生从严或不利影响的情节，即从重处罚情节。(3) 影响责任刑的情节与影响预防刑的情节。例如，犯罪的结果，是影响责任刑的情节；犯罪后的态度，是影响预防刑的情节。(4) 案中情节与案外情节。前者是犯罪过程中出现的各种情节，如犯罪手段、犯罪动机等；后者是在犯罪行为之前或之后出现的情节，如犯罪人的一贯表现、犯罪后的态度。(5) 单功能情节与多功能情节。前者是只对量刑具有单一功能的量刑情节，它对量刑的影响仅有一种可能性，如累犯只能对量刑产生从重影响，属于单功能情节；后者是对量刑具有两种以上功能的量刑情节，它对量刑的影响具有二种以上可能性，如从犯情节可能产生从轻、减轻与免除处罚的效果。

二、法定量刑情节

法定量刑情节（法定情节），包括刑法总则规定的情节与刑法分则规定的情节。总则规定的情节适用于分则规定的所有犯罪；分则规定的情节仅适用于特定犯罪。分则规定的情节在罪刑各论中研究；总则规定的量刑情节，除累犯、自首与立功外，在前面已有论述，故此处仅论述累犯、自首与立功。

（一）累犯

1. 累犯的概念

累犯，是指被判处一定刑罚的犯罪人，在刑罚执行完毕或者赦免以后，在法定期限内又犯一定之罪的情况。作为量刑情节，累犯是一种特定的再次犯罪的事实（recidivism）；作为量刑对象，累犯是指特定的累犯人（recidivist）。

在当今刑法理论中，累犯与再犯已不是等同概念。凡是第二次犯罪的，均可谓再犯，但累犯的成立条件比再犯更为严格。累犯与常习犯也存在严格区别。常习犯是反复实施某种犯罪而形成了犯罪习癖的情况。累犯仅具有形式的基准，即基于纯粹偶然的原因而再次犯罪的，也可能成立累犯；而常习犯的成立具有实质的标准，即必须是基于习癖而反复实施某种犯罪。累犯是因为无视刑罚的体验再次犯罪而被认为再犯可能性严重；常习犯是因为具有反复实施犯罪的危险性格而被认为再犯可能性严重。但常习犯中可能包含了累犯的情况，累犯也可能发展为常习犯。

对累犯从重处罚，主要是基于特殊预防的考虑。问题在于，对累犯从重处罚是否违反了禁止重复评价的原则？对此应持否定回答。对累犯从重处罚，是对行为人所犯的新罪从重处罚，对新罪从重处罚的根据则是其无视以往刑罚的体验而再次犯罪；而不是动摇对前罪所判的刑罚，更不是针对前罪判处刑罚。

2. 一般累犯的成立条件

刑法第65条第1款规定："被判处有期徒刑以上刑罚的犯罪分子，刑罚执行完毕或者赦免以后，在五年以内再犯应当判处有期徒刑以上刑罚之罪的，是累犯，应当从重处罚，但是过失犯罪除外。"据此，一般累犯的成立条件如下：

（1）前罪与后罪都必须是故意犯罪。这样规定是因为，过失犯罪所反映的有责性，轻于故意犯罪所反映的有责性，过失犯罪人的再犯可能性也比较小，过失犯罪事实上也比故意犯罪少得多，而累犯制度的设立以遏制犯罪人再次犯罪为目的，故没有必要对过失犯罪设立累犯制度。

（2）行为主体实施前罪与后罪时，都必须已满18周岁。犯后罪时不满18周岁的，不得认定为累犯；同样，犯前罪时不满18周岁但犯后罪时已满18周岁的，也不构成累犯。

（3）前罪被判处有期徒刑以上刑罚，后罪应当判处有期徒刑以上刑罚。其中，后罪应当判处有期徒刑以上刑罚，不是指法定刑为有期徒刑以上刑罚，而是指根据后罪的事实以及刑法规定，应当判处有期徒刑以上刑罚。值得注意的是，在行为人已经执行了有期徒刑以上刑罚的情况下，考虑后罪应否判处有期徒刑时，不能将前罪与执行前罪刑罚的事实作为量刑情节；只有当后罪本身的罪行与再犯可能性大小决定了应当判处有期徒刑以上刑罚时，才符合累犯的条件。特别是当后罪的成立以"情节严重"为要件时，不能将犯前罪的事实作为后罪的严重情节予以考虑，否则便严重违反了禁止重复评价的原则。此外，被国外法院判处并执行有期徒刑以上刑罚后再犯罪的，仍然应认定为累犯。

（4）后罪发生的时间，必须在前罪所判处的刑罚执行完毕或者赦免以后的5年之内。刑罚执行完毕是指主刑执行完毕，附加刑是否执行完毕不影响累犯的成立。

3. 特殊累犯的成立条件

刑法第66条规定："危害国家安全的犯罪分子在刑罚执行完毕或者赦免以后，在任何时候再犯危害国家安全罪的，都以累犯论处。"据此，特殊累犯的成立条件如下：

（1）前罪和后罪都必须是危害国家安全的犯罪。如果前罪发生在旧刑法时代，被认定为反革命罪，现行刑法也将该罪规定为危害国家安全罪（如投敌叛变罪、间谍罪等），行为人在现行刑法实施后犯危害国家安全罪的，应认定为特殊累犯。如果前罪发生在旧刑法时代，被认定为反革命罪，但现行刑法未将该罪规定为危害国家安全罪（如组织越狱罪、聚众持械劫狱等），行为人在现行刑法实施后犯危害国家安全罪的，则不能认定为特殊累犯。如果前罪发生在旧刑法时代，未被认定为反革命罪，但现行刑法将该行为规定为危害国家安全罪，行为人在现行刑法实施后犯危害国家安全罪的，也不应认定为特殊累犯。

（2）必须是在刑罚执行完毕或者赦免以后再犯罪。因此，如果前罪是免予刑罚处罚而不属于被赦免的，就不成立特殊累犯。

4. 累犯的法律后果

我国刑法第65条对累犯采取了从重处罚主义。首先，对一般累犯与特殊累犯，都必须从重处罚。其次，在决定从重的幅度时，除了考虑后罪的事实、性质、情节和危害程度外，还要考虑后罪与刑罚执行完毕或赦免时间的间隔、后罪与前罪的关系、犯后罪的原因等。

（二）自首

1. 自首概述

根据刑法第 67 条的规定，自首，是指犯罪以后自动投案，如实供述自己的罪行的行为。被采取强制措施的犯罪嫌疑人、被告人和正在服刑的罪犯，如实供述司法机关还未掌握的本人其他罪行的，以自首论。据此，自首可以分为一般自首与准自首。

刑法总则规定的自首制度适用于一切犯罪（包括故意犯罪与过失犯罪、自然人犯罪与单位犯罪）。将自首规定为任意的（"可以"而非"应当"）从轻、减轻处罚事由，一方面是考虑到犯罪人可能具有悔过自新之意，因而其再犯可能性减小，一方面是基于使案件得以及时侦破与审判的政策理由。在讨论自首的成立条件时，应以自首的立法理由为依据。问题在于，上述两方面的根据或理由是只要具备其中之一即可，还是必须同时具备？本书认为，正确的是前者而非后者。行为人虽自动投案后如实供述自己的罪行，但无悔过自新之意的，也因为其行为使案件的侦查与审判变得更加容易而应认定为自首。①

2. 一般自首的成立条件

一般自首，是指犯罪以后自动投案，如实供述自己的罪行的行为。根据刑法的规定，② 一般自首的成立条件如下：

（1）犯罪以后自动投案。自动投案，一般是指犯罪事实或者

---

① 如果行为人自动投案如实供述自己的罪行，并有悔过自新之意，则必然使案件的侦查与审判变得更为容易，应认定为自首。
② 对于自首的认定，参见最高人民法院 1998 年 4 月 17 日《关于处理自首与立功具体应用法律若干问题的解释》，最高人民法院、最高人民检察院 2009 年 3 月 12 日《关于办理职务犯罪案件认定自首、立功等量刑情节若干问题的意见》。

犯罪嫌疑人未被办案机关发觉，或者虽被发觉，但犯罪嫌疑人尚未受到办案机关的讯问、未被采取强制措施、调查措施、未被群众扭送时，主动将自己置于办案机关的合法控制下，接受办案机关的调查、审查与裁判的行为。

（2）如实供述自己的罪行。即犯罪人自动投案后，如实交代自己的主要犯罪事实。"如实"的实质是既不缩小也不扩大自己的罪行。所供述的"自己的罪行"，是否已被办案机关掌握，原则上不影响自首的成立。本书认为，刑法第67条所规定的如实供述"自己的罪行"，侧重于客观犯罪事实。因此，犯罪嫌疑人自动投案如实供述了犯罪的客观事实，但谎称自己犯罪时不满18周岁，或者如实供述了致人死亡的客观犯罪事实，但声称主观上只有伤害故意的，都应当认定为如实供述自己的罪行。因为这种供述至少使办案活动更为容易。当然，如果行为人隐瞒了表明其真实内心的重要客观事实，则不能认定为如实供述自己的罪行。

3. 准自首的成立条件

准自首，是指被采取强制措施的犯罪嫌疑人、被告人或者正在服刑的罪犯，如实供述司法机关还未掌握的本人其他罪行的行为。其成立条件如下：

（1）主体必须是被采取强制措施的犯罪嫌疑人、被告人或者正在服刑的罪犯。但需要研究的是，被公安机关处以治安拘留的行为人，如实供述司法机关还未掌握的其他罪行的，应如何处理？该主体似乎不符合第67条第2款的规定，其行为也不符合第67条第1款规定的"自动投案"的成立条件。然而，如果不以自首论，则显失公平。因此，本书认为，对于第67条第2款的"被采取强制措施的犯罪嫌疑人"应当作扩大解释，即包括被司法机关或者司法行政机关采取治安拘留、司法拘留等剥夺人身自由措施的行为人；这些人主动如实供述司法机关还未掌握的其他罪行的，应认定为自首。①

（2）必须如实供述司法机关还未掌握的本人其他罪行。首先，行为人必须如实供述本人罪行；其次，所供述的罪行必须尚未被司法机关（在当时，应类推解释为办案机关）掌握。

需要研究的是，如何理解和认定"司法机关还未掌握的本人其他罪行"？即如实供述司法机关还未掌握的本人其他同种罪行的，是否成立自首？本书基于自首制度的根据，提出如下观点：（1）正在服刑的罪犯，如实供述司法机关还未掌握的同种罪行或者非同种罪行的，以自首论。（2）被采取强制措施的犯罪嫌疑人、被告人，如实供述司法机关还未掌握的非同种罪行的，对该非同种罪行，以自首论。（3）被采取强制措施的犯罪嫌疑人、被告人，如实供述司法机关还未掌握的同种罪行中的主要罪行的，应对全案以自首论。例如，司法机关掌握了嫌疑人盗窃价值2000元财物的犯罪事实，并逮捕了嫌疑人；而嫌疑人后来如实供述了司法机关尚未掌握的盗窃价值2万元财物的犯罪事实。如果认定为一个盗窃罪，则宜将该罪认定为自首。（4）被采取强制措施的犯罪嫌疑人、被告人，如实供述司法机关还未掌握的同种罪行，而所供述的同种罪行需要并罚的，对所供述的犯罪应认定为自首。例如，司法机关只掌握了一个故意伤害事实并逮捕了嫌疑人，嫌疑人被捕后如实供述了另一个故意伤害事实；倘若对两个故意伤害罪应实行并罚，那么，对嫌疑人如实供述的故意伤害罪，应以自首论。再如，司法机关发现一个抢劫事实并逮捕了嫌疑人，嫌疑人在被捕后如实供述了10年前所实施的一起抢劫行为；如果对这两个抢劫罪实行并罚，那么，对嫌疑人如实供述的

---

① 即使认为这一解释属于类推解释，也并不违反罪刑法定原则。当今的罪刑法定原则并不禁止有利于行为人的类推解释，因为禁止不利于被告人的类推解释对限制司法权力起着重要作用，而允许有利于被告人的类推解释则起到了实现公平、正义的作用。

抢劫罪，应认定为自首。

4. 自首的法律后果

刑法第 67 条第 1 款后段规定："对于自首的犯罪分子，可以从轻或者减轻处罚；其中，犯罪较轻的，可以免除处罚。"

（三）坦白

坦白，是指犯罪人被动归案后（如被司法人员当场抓获，被群众扭送至司法机关等不具备自动投案情节的情形），如实供述自己罪行的行为。坦白原为酌定量刑情节，《刑法修正案（八）》增设了第 67 条第 3 款，使坦白成为法定量刑情节。根据本款规定，如实供述自己罪行的，可以从轻处罚；因其如实供述自己罪行，避免特别严重后果发生的，可以减轻处罚。显然，这里并不要求行为人以自己的身体动作直接避免特别严重后果发生，只要行为人的如实供述使得司法机关或者被害人等能够采取措施避免特别严重后果发生，或者说，只要行为人的如实供述对避免特别严重后果的发生起到了重要作用，便符合上述条件。例如，归案后的绑架犯如实供述人质的所在地点，使人质被司法机关解救的；归案后的爆炸犯如实供述爆炸物的安放地，使司法机关得以解除爆炸装置，避免了爆炸事故的，均可以减轻处罚。[①] 实施经济犯罪、财产犯罪、贪污受贿后如实供述自己罪行，并且退赔或退赃的，不属于坦白中"避免特别严重后果发生"的情形。因为退赔、退赃不是坦白的成立条件与内容，而是坦白之外的行为。况且，在经济犯罪、财产犯罪、贪污受贿犯罪既遂即结果发生之后退赔或者退赃的，并不是避免了后果发生。

（四）立功

立功是指犯罪人犯罪后揭发他人犯罪行为，查证属实，或者

[①] 归案后的绑架犯不如实供述人质所在地的，归案后的爆炸犯不如实供述爆炸物安放地的，不成立坦白。

提供重要线索，从而得以侦破其他案件，以及其他有利于刑事司法和防止犯罪的行为。

刑法之所以设立立功制度，其实质根据有两点：一是从法律上说，行为人在犯罪后揭发他人犯罪行为，或者提供重要线索，从而得以侦破其他案件，表明行为人对犯罪行为的痛恨，因而其再犯可能性会有所减小。二是从政策上说，揭发他人犯罪行为，或者提供重要线索，有利于司法机关发现、侦破其他犯罪案件，从而实现刑法的确证。因此，立功只需发生在犯罪之后，不必发生在到案后。因为只要在犯罪后立功，就具备上述实质根据。

根据刑法第 68 条第 1 款的规定，立功表现可分为三种情况：一是揭发他人犯罪行为，查证属实的，包括共同犯罪案件中的犯罪分子揭发同案犯共同犯罪以外的其他犯罪，经查证属实；二是提供重要线索，从而得以侦破其他案件的；三是其他立功表现，如阻止他人犯罪活动，协助司法机关抓捕其他犯罪嫌疑人（包括同案犯），阻止其他犯罪人逃跑等。

对属于自首或者坦白范围内的行为，不宜认定为立功；反之，则有可能构成立功。例如，甲向国家工作人员乙行贿后，主动投案，向司法机关交代了自己向乙行贿和乙收受甲提供的贿赂的事实的，不应认定甲检举、揭发了乙的犯罪行为。因为行贿人只有交代了自己向谁行贿的事实，才能认定为如实供述了自己所犯罪行。所以，甲的行为没有超出自首的范围，不能另认定为立功。① 再如，A 持有数量较大的毒品，但没有证据证明 A 具有走私、贩卖、运输、制造毒品的故意与行为，司法机关只能认定 A 的行为构成非法持有毒品罪。如果 A 投案后如实供述自己持有毒品的时间、数量、品种，并说明毒品从他人那里购买的，即使

---

① 当然，在这种情况下，能否进行有利于行为人的选择认定（要么只认定为自首、要么只认定为立功），是值得进一步研究的。

没有说明贩卖者为B，也应认为A如实供述了自己非法持有毒品罪的犯罪事实，成立自首。如果A进一步向司法机关说明自己所持毒品是从B处购买，因而揭发了B贩卖毒品事实的，则超出了"如实供述自己的罪行"（非法持有毒品）的范围，不仅成立自首，而且构成立功。

检举、揭发他人对自己的犯罪行为，或者协助司法机关抓捕对自己实施了犯罪行为的嫌疑人的，也构成立功。例如，甲女因涉嫌盗窃被逮捕。在押期间，如实交代了自己的盗窃犯罪事实。当公安人员讯问其能否检举揭发他人犯罪行为时，甲女揭发了乙、丙曾对其进行强奸的犯罪事实。对甲女应认定为立功。

立功行为虽然是针对犯罪行为的，但不要求立功者检举揭发的是完全符合犯罪构成的犯罪行为。（1）揭发他人的"犯罪行为"，事后查明他人在实施客观危害行为时不具有责任能力的，属于立功。（2）揭发他人的"犯罪行为"，但他人在行为时并没有故意与过失，而是意外事件造成的，也应认定为立功。（3）揭发他人的"犯罪行为"，但他人的行为未达到司法解释所规定的犯罪数额的，不影响立功的成立。此外，揭发他人的"犯罪行为"，事后查明"他人"已经死亡的，构成立功；揭发他人的"犯罪行为"，但是该犯罪行为已超过规定时效的，不影响立功的成立。相反，下列几种情形，不构成立功：（1）"揭发"他人正当防卫、紧急避险等排除犯罪的行为的；（2）揭发的他人犯罪行为，不能适用中国刑法的；（3）揭发他人实施的告诉才处理的犯罪的。

至于所揭发的他人犯罪事实、所提供的他人犯罪的重要线索源于何处，则并不重要。即使原本不是行为人掌握的，而是行为人的亲友等（司法工作人员除外）告知行为人后，由行为人揭发或者提供的，也不影响立功的成立。

根据刑法第68条的规定，犯罪人有立功表现的，可以从轻或者减轻处罚；有重大立功表现的，可以减轻或者免除处罚。

三、酌定量刑情节

酌定量刑情节，简称酌定情节，它虽然不是刑法明文规定的情节，但对量刑仍然起着重要影响作用。其中，有的是影响责任刑的情节，有的是影响预防刑的情节。根据司法实践，常见的酌定情节主要有：犯罪的手段、犯罪的时空及环境条件、犯罪的对象、犯罪造成的结果、犯罪的动机、犯罪后的态度、犯罪人的一贯表现、前科、犯罪人因犯罪对自身造成的损失等。

四、量刑情节的适用

量刑是否适当，在很大程度上取决于对各种量刑情节的适用是否得当。在适用量刑情节时，应当注重以下问题：

(一) 正确认识和处理不同情节之间的关系

1. 正确处理法定的应当型情节、可以型情节与酌定情节之间的关系。三者的地位与作用依次递减；换言之，法定的应当型情节优于可以型情节，可以型情节优于酌定情节。

2. 正确处理案中情节与案外情节的关系。在情节的功能相同的情况下，案中情节应优于案外情节，这是由这两种情节的地位与作用所决定的。

3. 正确对待数个量刑情节。一个犯罪人可能具有数个从严情节，或具有数个从宽情节。在这种情况下，不能任意改变量刑情节所具有的功能，而应考虑不同情节的地位与作用，分别适用各种量刑情节。具体做法是，先撇开量刑情节考虑应当判处的刑种与刑度，再考虑从严情节估量出刑种与刑度，然后考虑从宽情节决定刑种与刑度。

（二）正确适用多功能情节

我国刑法规定的从宽情节，绝大多数属于多功能情节，其核心是从某一量刑情节所包含的多种功能中选择其中一种功能，并将其适用于具体案件的量刑。(1)要考虑罪行的轻重程度，罪行相当轻微的，应选择较大的从宽功能；反之，则选择较小的从宽功能。例如，不满18周岁的人犯相同的罪，甲犯罪的情节严重，应考虑从轻处罚；乙犯罪的情节轻微，应考虑减轻处罚。(2)要考虑是否存在酌定情节，如果存在酌定从轻情节，又存在法定的多功能从宽情节，则宜减轻处罚甚至免除处罚。(3)要考虑量刑情节本身的情况。例如，同样是自首，甲在犯罪后立即自动投案，并如实供述了全部罪行，宜减轻处罚；乙在犯罪后过了较长时间才自动投案，并如实供述了自己的主要罪行，宜从轻处罚。(4)要考虑刑法规定的顺序，如有的规定可以"免除或者减轻处罚"，有的则规定可以"减轻或者免除处罚"。这种顺序的排列反映了刑事立法的倾向性意见，启示法官首先考虑排列在前面的功能。

（三）禁止重复评价

量刑时，对各种情节不能进行重复评价。"情节"有不同的种类：第一类是作为符合犯罪构成要件事实的情节；第二类是作为选择法定刑依据的情节；第三类是在既定法定刑之下影响具体量刑的情节。前两类情节发挥了各自的作用后，就不能再作为第三类的量刑情节予以考虑。

例如，刑法第274条规定："敲诈勒索公私财物，数额较大的，处三年以下有期徒刑、拘役或者管制；数额巨大或者有其他严重情节的，处三年以上十年以下有期徒刑。"假如数额较大的起点为1000元，数额巨大的起点为1万元，当行为人敲诈勒索1万元时，该情节便成为法定刑升格的根据；法院根据这一情节选择了3年以上10年以下有期徒刑的法定刑后,不得再以敲诈勒索1万元作为在该法定刑内从重处罚的根据。同样,倘若行为人的敲诈勒索情节严重,法院根据这一情节选择了3年以上10年以下有期徒刑的法定刑后,不得再将该严重情节作为在该法定刑内从重处罚的根据。否则,就会出现同一情节既是法定刑升格的根据,又是在升格的法定刑内从重处罚的根据的重复评价现象。但是,在行为人具有两个严重情节的情况下,则可以将一个严重情节作为法定刑升格的根据,将另一个严重情节作为在升格的法定刑内从重处罚的根据。例如,行为人敲诈勒索公私财物,数额巨大并且具有其他严重情节,在观念上可以将数额巨大作为选择3年以上10年以下有期徒刑的法定刑的根据,再将其他严重情节作为在该法定刑内从重处罚的根据,反之亦然。这并不违反禁止重复评价的原则。

五、间接处罚的禁止

如前所述,影响量刑的情节很多,但不能认为任何情节都影响量刑。对于罪刑规范并不禁止的事实(行为、结果等),不能作为影响责任刑的情节考虑,否则就会形成间接处罚。下面以结果为例说明。

结果可以分为法定刑基础的结果与非法定刑基础的结果。显然,作为法定刑基础的结果,不能再作为量刑情节考虑,只有非法定刑基础的结果,才能成为影响责任刑的情节。非法定刑基础的结果对责任刑的影响,应根据不同类型予以区分:

一是法定刑基础的结果(广义)的强化或者加重。这种结果的性质与法定刑基础的结果的性质相同而且更为严重;或者说,原本可谓加重结果,虽然刑法没有因为加重结果的发生规定为结果加重犯,但仍然是刑法禁止的结果。这里又分为几种情况:(1)刑法规定的法定刑基础是抽象的危险,但行为发生了具体的危险，刑法没有对具体危险加重法定刑时（即属于非法定刑基础的结果），行为所发生的具体危险是影响责任刑的因素。例如，刑法第144条规定的生产、销售有毒、有害食品罪属于抽象的危险犯。如果行为没有造成严重食物中毒事故与其他严重食源性疾患，但造成了具体的危险，那么，法官在选择了"五年以下有期徒刑或者拘役，并处或者单处销售金额百分之五十以上二倍以下罚金"法定刑的前提下，可以将具体危险作为量刑情节。因为具体危险的出现，使得法律规定的抽象的危险犯的违法性加重。既然如此，这种具体危险当然影响责任刑。（2）刑法规定的法定刑基础是具体的危险，但行为发生了侵害结果，刑法没有将侵害结果规定为法定刑升格的条件时，这种侵害结果影响责任刑。例如，遗弃他人的行为导致他人重伤，[①] 刑法没有将重伤规定为遗弃罪的结果加重犯，但该结果是对生命、身体的危险的加重，所以，属于非法定刑基础的结果。刑法规定遗弃罪是为了防止遗弃行为对生命、身体的危险，当然也阻止生命、身体危险的现实化。显然，这种结果是可归责的结果，因而影响责任刑。当然，因发生加重结果而成立法定的结果加重犯时，加重结果只是法定刑升格的结果，即属于法定刑基础的结果，在合理选择了法定刑之后，不再对责任刑起影响作用。（3）加重的侵害结果，即超出了法定刑基础的侵害结果。例如，可以认为，一人死亡是故意杀人罪法定刑基础的结果，而第二人死亡则是非法定刑基础的结果，这种结果仍然是罪刑规范（第232条）所欲阻止的结果。

二是并非行为触犯的法条所禁止的结果，而是相关法条所禁止结果。即行为触犯的是A法条，但行为所发生的结果并不是A法条所禁止的结果，而是B法条禁止的结果。例如，行为人故

[①] 遗弃罪究竟是抽象的危险犯还是具体的危险犯，是国外刑法理论长期争论的问题。这里暂且作为具体的危险犯来对待。

意以暴力手段强制猥亵他人的行为造成了被害人轻伤（对轻伤持故意）。罪刑规范（第237条）所欲阻止的是侵害他人性的自主权的结果，并不是旨在禁止伤害他人身体的结果。但是，刑法第234条阻止伤害身体的结果。这种结果也影响责任刑。因为行为人造成的伤害结果仍然是罪刑规范所阻止的结果，这表明行为对法益侵害的范围扩大，说明违法性严重，当然成为确定责任刑的重要根据。

三是并非刑法所禁止的结果。这种结果应否影响责任刑，是值得研究的问题，也是这里所要探讨的一个重要问题——禁止"间接处罚"。例如，甲的过失行为导致乙死亡，但乙于死亡之前被送往医院抢救，导致乙的家属花费50万元。可以肯定的是，甲的过失行为造成了乙的家属50万元的财产损失。那么，这一财产损失的结果，能否影响责任刑进而成为从重处罚的根据？再如，A在抢夺B的财物时，导致B身体遭受轻微伤。B的轻微伤能否成为对A从重量刑的根据？本书持否定回答。（1）刑法分则各本条都是为了保护特定的法益，其中有的只保护单一的法益，有的保护多种法益。如果某种结果并不表现为对刑法所保护的法益的侵害，就不能说明违法性的程度，不能作为影响责任刑的情节考虑。①（2）将刑法并不禁止的结果作为对责任刑的从重处罚情节，违反了罪刑法定原则，形成了间接处罚。② 即某种行为及结果原本不是刑罚处罚的对象，但由于该行为及其结果存在于某一犯罪中，导致对该行为及结果实施刑罚处罚。例如，在上例中，如果将乙家属50万元的财产损失作为从重处罚的情节，

---

① 司法实践中，往往将碎尸行为作为故意杀人案件的重要量刑情节。不少案件原本具有从轻情节，仅因为行为人碎尸而从重处罚。这是值得反思的。当时，如果认为碎尸表明行为人的再犯罪可能性大，则是另一回事。可是，一般难于得出这种结论。

② 参见〔德〕布诺伊："量刑中的行为的非构成要件的结果的思考"，载《东洋法学》1996年第2号，第229页以下。

则形成了间接处罚。详言之,过失导致他人50万元财产损失的行为,原本并不成立犯罪,不会受刑罚处罚。如果过失致人死亡的行为同时导致他人财产损失,进而在量刑时从重处罚,便间接地处罚了过失毁坏财产的行为。假定上述甲的过失致人死亡的行为,原本只应判处3年有期徒刑,但法官考虑到其行为造成了他人50万元的财产损害,便判处有期徒刑5年。这意味着过失毁坏财产的行为受到了2年有期徒刑的处罚。然而,这种行为原本在刑法上并不受刑罚处罚。这便形成了应当禁止的间接处罚。

联系上述几种情形考虑,应当得出如下结论:当行为人实施A罪行为时,只有当A罪的非法定刑基础的结果,是有关A罪的罪刑规范所欲阻止的结果的强化或者加重,或者属于有关B或C等罪的罪刑规范所欲阻止的结果时,才能影响A罪的责任刑。如果行为人在实施A罪行为时,造成的结果不是任何犯罪的法定刑基础的结果,或者说不是任何罪刑规范所欲阻止的结果,就不能影响A罪的责任刑。换言之,作为影响责任刑的结果,必须是罪刑规范所阻止的结果。而罪刑规范是否阻止该结果,不能仅从客观上进行抽象的判断,还必须联系行为的有责性进行考虑。

影响预防刑的情节,虽然没有明显限制,但由于点的理论具有合理性,所以,影响预防刑的情节只能在责任刑的点之下发挥作用。亦即,即使预防必要性再大,也不可能超越责任刑裁量刑罚。换言之,如果为了预防犯罪而超越责任刑,则违反责任主义,形成了间接处罚。

第三节 数罪并罚

一、数罪并罚的概念

数罪并罚,是指法院对一人犯数罪分别定罪量刑,并根据法定原则与方法，决定应当执行的刑罚。据此，数罪并罚具有以下特征：

首先，一人犯两个或两个以上的罪是实行数罪并罚的前提。数人共同犯数罪的，实际上对数人应分别量刑，仍然属于一人犯数罪，存在数罪并罚问题。

其次，只有当刑罚执行完毕以前发现犯罪人犯有数罪的，才适用数罪并罚。具体包括以下情况：（1）判决宣告以前一人犯数罪；（2）判决宣告后，刑罚执行完毕以前，发现被判刑的犯罪人在判决宣告以前还有其他罪没有判决的（漏罪）；（3）判决宣告后，刑罚执行完毕以前，被判刑的犯罪人又犯罪的（新罪）；（4）被宣告缓刑或假释的犯罪人在缓刑或假释考验期内又犯罪或发现漏罪的。

最后，对数罪分别定罪量刑后，根据法定原则与方法，决定执行的刑罚。即先对犯罪人所犯数罪分别定罪量刑，然后决定合并执行的刑罚。实行数罪并罚的结局，是对数罪产生一个判决结果，而不是相互独立的几个判决结果。对数罪产生一个判决结果，不是采取"估堆"方法将数罪作为一个整体进行综合判断，而是先分别定罪量刑，后根据一定原则与方法决定合并执行的刑罚。

二、数罪并罚的原则

刑法第 69 条规定："判决宣告以前一人犯数罪的，除判处死刑和无期徒刑的以外，应当在总和刑期以下、数刑中最高刑期以上，酌情决定执行的刑期，但是管制最高不能超过三年，拘役最高不能超过一年，有期徒刑总和刑期不满三十五年的，最高不能超过二十年，总和刑期在三十五年以上的，最高不能超过二十五年。""数罪中有判处有期徒刑和拘役的，执行有期徒刑。数罪中有判处有期徒刑和管制，或者拘役和管制的，有期徒刑、拘役执行完毕后，管制仍须执行。""数罪中有判处附加刑的，附加刑仍须执行，其中附加刑种类相同的，合并执行，种类不同的，分别执行。"据此，刑法对数罪并罚采取的是混合原则。

第一，对判处死刑或者无期徒刑及其他主刑并罚的，以及有期徒刑与拘役并罚的，采取吸收原则。（1）数罪中判处几个死刑或者最重刑为死刑时，只执行一个死刑，不执行其他主刑。（2）数罪中判处几个无期徒刑或者最重刑为无期徒刑时，只执行一个无期徒刑，不执行其他主刑。（3）数罪中有判处有期徒刑和拘役的，只执行有期徒刑。

第二，对于数罪所判处的刑种均为有期徒刑、均为拘役或者均为管制的，采取限制加重原则。"限制"表现为两个方面：一是受总和刑期的限制，二是受数罪并罚法定最高刑期的限制。"加重"表现为在所判数刑中的最高刑期以上，而且可以超过有期徒刑、拘役、管制的一般法定最高刑期限度，决定执行的刑期。有期徒刑在数罪并罚时视总和刑期可以超过15年达到20年乃至25年，拘役可以超过6个月达到1年，管制可以超过2年达到3年。

第三，数罪中有判处有期徒刑和管制，或者拘役和管制的，实行并科原则，即有期徒刑、拘役执行完毕后，管制仍须执行。[①]

第四，数罪中有判处附加刑的，附加刑仍须执行（主刑与附加刑的并罚）。即对判处附加刑的，采取附加刑与主刑并科的原则。如一人犯数罪，其中一个罪被判处剥夺政治权利，那么，在执行主刑的同时，剥夺政治权利附加刑仍须执行。因为附加刑与

---

① 从立法论上来说，刑法第69条第2款的规定明显不当，产生了诸多难以解决的问题。参见张明楷："数罪并罚的新问题"，载《法学评论》2016年第2期。

主刑的性质不同，不得换算与吸收，却可以并科执行。

第五，数罪中判处数个附加刑，附加刑种类相同的，合并执行；种类不同的，分别执行（附加刑之间的并罚）。所谓"合并执行"，不是指重合执行，而是相加执行（并科原则）。

三、适用数罪并罚的不同情形

根据刑法第69条、第70条与第71条的规定，适用数罪并罚有三种情形：

（一）判决宣告以前一人犯数罪的并罚

判决宣告以前一人犯数罪，并且数罪均已被发现时，根据刑法第69条规定的上述数罪并罚原则予以并罚。

对判决宣告以前一人犯不同种数罪的应实行并罚，没有任何异议。问题在于，判决宣告以前一人犯同种数罪的，是以一罪论处，还是实行数罪并罚？本书认为，对判决宣告以前一人犯同种数罪的，原则上应以一罪论处；但在以一罪论处不符合罪刑相适应原则，或者前后犯罪相隔时间很长，不宜作为一罪的从重情节或法定刑升格的情节处理时，应实行并罚。

（二）刑罚执行完毕以前发现漏罪的并罚

刑法第70条规定："判决宣告以后，刑罚执行完毕以前，发现被判刑的犯罪分子在判决宣告以前还有其他罪没有判决的，应当对新发现的罪作出判决，把前后两个判决所判处的刑罚，依照本法第六十九条的规定，决定执行的刑罚。已经执行的刑期，应当计算在新判决决定的刑期以内。"这种数罪并罚的特点是：(1) 一人所犯数罪均发生在原判决宣告以前；(2) 原判决只对其中的部分犯罪做出判决，对另一部分犯罪没有判决；(3) 不管漏罪即新发现的罪与原判决的罪是否性质相同的犯罪，均应并罚；

换言之，即使是相同性质的犯罪（即同种数罪）也必须实行并罚；①（4）将新发现的漏罪定罪量刑，依照刑法第69条规定的原则与原判决的刑罚实行并罚；（5）已执行的刑期计算在新判决决定的刑期以内。这种方法称为"先并后减"。

实践中还存在刑满释放后再犯罪并发现漏罪的情况。在处理被告人刑满释放后又犯罪的案件时，发现他在前罪判决宣告以前，或者在前罪判处的刑罚执行期间，还犯有其他罪行，未经过处理，并且没有超过追诉时效的，如果漏罪与新罪属于不同种数罪，就应对漏罪与刑满后又犯的新罪分别定罪量刑，并依照刑法第69条的规定，实行数罪并罚。如果漏罪与新罪属于同种数罪，则原则上以一罪论处，不实行并罚。

此外，在第一审法院的判决宣告以后，被告人提出上诉或者检察院提出抗诉，在判决尚未发生法律效力时，第二审法院在审理期间，发现原审被告人在第一审判决宣告以前还有漏罪没有判决的，应裁定撤销原判，发回原审法院重新审判。第一审法院重新审判时，不适用先并后减的并罚方法，只能适用刑法第69条的规定。

（三）刑罚执行完毕以前又犯新罪的并罚

刑法第71条规定："判决宣告以后，刑罚执行完毕以前，被判刑的犯罪分子又犯罪的，应当对新犯的罪作出判决，把前罪没有执行的刑罚和后罪所判处的刑罚，依照本法第六十九条的规定，决定执行的刑罚。"这种数罪并罚的特点是：（1）犯罪人在原判决宣告以后，刑罚执行完毕之前又犯新罪；（2）不管新罪是

---

① 对同种数罪与连续犯应当加以区分。对于连续犯应以一罪论处，所以，当人民法院已经根据刑法的规定以连续犯论处后，在刑罚执行过程中，发现判决遗漏了连续犯中的部分犯罪行为的，不宜将遗漏的部分作为独立的犯罪定罪量刑（参见张明楷：《刑法格言的展开》，法律出版社2003年第2版，第303页）。

否与原判决的罪性质相同；(3) 将新罪定罪量刑；(4) 将前罪没有执行的刑罚与新罪所判处的刑罚，依照刑法第69条的原则进行并罚；(5) 已经执行的刑期不得计算在新判决所决定的刑期以内。这种方法称为"先减后并"。

如果犯罪人在刑罚执行期间又犯新罪，并且发现其在原判决宣告以前的漏罪的，则先将漏罪与原判决的罪，根据刑法第70条规定的先并后减的方法进行并罚；再将新罪的刑罚与前一并罚后的刑罚还没有执行的刑期，根据刑法第71条规定的先减后并的方法进行并罚。

对判处有期徒刑并处剥夺政治权利的罪犯，主刑已执行完毕，在执行附加刑剥夺政治权利期间又犯新罪，如果所犯新罪无须附加剥夺政治权利的，依照刑法第71条的规定数罪并罚。前罪尚未执行完毕的附加刑剥夺政治权利的刑期从新罪的主刑有期徒刑执行之日起停止计算，并依照刑法第58条规定从新罪的主刑有期徒刑执行完毕之日或者假释之日起继续计算；附加刑剥夺政治权利的效力施用于新罪的主刑执行期间。对判处有期徒刑的罪犯，主刑已执行完毕，在执行附加刑剥夺政治权利期间又犯新罪，如果所犯新罪也剥夺政治权利的，依照刑法第55条、第57条、第71条的规定并罚。[1]

第四节 缓　　刑

一、缓刑的概念

在我国，对于被判处拘役、3年以下有期徒刑的犯罪人，根

---

[1] 最高人民法院2009年3月30日《关于在执行附加刑剥夺政治权利期间犯新罪应如何处理的批复》。

据其犯罪情节和悔罪表现，如果暂缓执行刑罚确实不致再危害社会，就可以规定一定的考验期，暂缓刑罚的执行；如果犯罪人在考验期内遵守一定条件，原判刑罚就不再执行。这便是缓刑。简言之，缓刑是有条件地不执行所判决的刑罚。其特点是，既判处一定刑罚，又暂不执行，但在一定期间保留执行的可能性。缓刑不是独立的刑种。从裁量是否执行所判刑罚的意义上说，缓刑是量刑制度；从刑罚执行的意义上说，缓刑也可谓刑罚执行制度。

缓刑与对军人的"战时缓刑"具有区别。刑法第449条规定："在战时，对被判处三年以下有期徒刑没有现实危险宣告缓刑的犯罪军人，允许其戴罪立功，确有立功表现时，可以撤销原判刑罚，不以犯罪论处。"不难看出，战时缓刑虽然可谓一种特殊缓刑，但其与缓刑在适用的时间、对象、条件与考验的内容、法律后果等方面存在相当明显的区别。

缓刑制度体现了刑罚目的：对暂不执行所判刑罚不致再危害社会的犯罪人宣告缓刑，正说明适用缓刑可以达到特殊预防的目的，没有执行刑罚的必要；缓刑也可以避免短期自由刑的弊害，不会导致犯罪人在狱中感染恶习，对预防其再犯罪能起到有效作用。缓刑制度体现了罪刑相适应原则：缓刑只适用于罪行轻微的人，而不适用于罪行严重的人。缓刑体现了宽严相济的刑事政策：犯罪情节轻微并有悔改表现的，才可能适用缓刑；在考验期内遵守法定条件的，原判刑罚就不再执行；但对没有悔改表现的不适用缓刑；在考验期内没有遵守法定条件的，就执行原判刑罚乃至数罪并罚。缓刑制度体现了专门机关与民众相结合的司法路线：缓刑由法院宣告，由公安机关负责考察，但要服从民众的监督，所在单位或基层组织要配合考察。

二、缓刑的适用条件

根据刑法第 72 条、第 74 条的规定，适用缓刑必须符合以下条件：

首先，缓刑只适用于被判处拘役或者 3 年以下有期徒刑的犯罪人。（1）所谓被判处拘役或者 3 年以下有期徒刑，是就宣告刑而言，而不是指法定刑。（2）对被判处管制或者单处附加刑的，不能适用缓刑。（3）如果一人判决前犯数罪，实行数罪并罚后，决定执行的刑罚为 3 年以下有期徒刑或者拘役的，也可以适用缓刑。

其次，根据犯罪人的犯罪情节和悔罪表现，适用缓刑确实不致再危害社会。这里的犯罪情节，既包括客观方面的情节，也包括主观方面的情节；既包括案中情节，也包括案外情节。总的来说，情节较轻的，才能适用缓刑。悔罪表现，是指犯罪后悔恨自己罪行的表现，如犯罪后积极退赃，在羁押期间遵守监管法规、坦白交代罪行，等等。

最后，必须不是累犯。因为累犯在执行一定刑罚之后无视受刑的体验而再次犯罪，说明其再犯可能性严重；如果不执行所判处的刑罚，他们再次犯罪的可能性更大，故对累犯不能适用缓刑。

具备上述条件的，就可以宣告缓刑。同许多国家相比，我国缓刑的适用率还比较低，原因是多方面的。由于缓刑确实具有许多优点，如不致在监狱中交叉感染，不影响犯罪人的家庭生活与工作劳动，不需要执行费用，故对于符合缓刑条件的，特别是对一些符合缓刑条件的过失犯罪人，应尽量宣告缓刑。① 对未成年

---

① 不过，由于我国刑法规定的犯罪处罚范围比较窄，又没有专门的缓刑考察机构，所以，不能期望缓刑适用率与外国大体相同。换言之，应根据我国的司法实践与国情，认识缓刑适用率。

罪犯符合上述条件的，可以宣告缓刑。如果同时具有下列情形之一，对其适用缓刑确实不致再危害社会的，应当宣告缓刑：(1) 初次犯罪；(2) 积极退赃或赔偿被害人经济损失；(3) 具备监护、帮教条件。①

三、缓刑的考验期限与考察

缓刑的考验期限，是指对被宣告缓刑的犯罪人进行考察的一定期间。缓刑是对所判处的刑罚有条件的不执行，为了考验犯罪人是否遵守这种条件，在决定缓刑的同时，必须确定对犯罪人进行考验的一定期限，这便是缓刑的考验期限。

根据刑法第73条的规定，拘役的缓刑考验期限为原判刑期以上1年以下，但是不能少于2个月；有期徒刑的缓刑考验期限为原判刑期以上5年以下，但是不能少于1年。一般来说，考验期限应适当长于原判刑罚。在不具备特殊理由的情形下，对于被判处1年有期徒刑的犯罪人宣告缓刑考验期限为5年，对于被判处3年有期徒刑的犯罪人宣告缓刑考验期限为3年，就不具有合理性。缓刑的考验期限，从判决确定之日起计算。判决确定以前先行羁押的，不能折抵考验期限。因为缓刑考验期限不是刑罚执行期限，不应折抵；规定考验期限是为了考察犯罪人在此期限内是否遵守一定条件，如果将羁押日期折抵考验期限，就导致考验期限过短，丧失了规定考验期限的意义；先前的羁押期限实际上也是法院考察犯罪人有无悔罪表现的期限，不能折抵考验期限。

根据刑法第75条、第76条的规定，被宣告缓刑的犯罪人，在缓刑考验期内，由公安机关考察，所在单位或者基层组织予以配合。被宣告缓刑的犯罪人，应当遵守下列规定：(1) 遵守法

---

① 最高人民法院2006年1月11日《关于审理未成年人刑事案件具体应用法律若干问题的解释》第16条。

律、行政法规,服从监督;(2)按照考察机关的规定报告自己的活动情况;(3)遵守考察机关关于会客的规定;(4)离开所居住的市、县或者迁居,应当报经考察机关批准。

根据刑法第72条第2款的规定,宣告缓刑的,可以根据犯罪情况,同时禁止犯罪分子在缓刑考验期限内从事特定活动,进入特定区域、场所,接触特定的人。在此情形下,犯罪人必须同时服从禁止令。根据刑法第76条的规定,对宣告缓刑的犯罪分子,在缓刑考验期限内,依法实行社区矫正。此外,根据刑法第72条第2款的规定,被宣告缓刑的犯罪人,如果被判处附加刑的,附加刑仍须执行。这说明,缓刑的效力不及于附加刑。

四、缓刑考验期满与缓刑的撤销

缓刑考验期满,是指犯罪人在缓刑考验期内,没有再犯新罪,没有发现判决宣告以前还有其他罪没有判决,没有情节严重的违反有关缓刑的监督管理规定的行为,并且经过了考验期限。根据刑法第76条的规定,被宣告缓刑的犯罪人,如果没有上述三种情形,缓刑考验期满,原判的刑罚就不再执行,并公开予以宣告。"原判的刑罚就不再执行",是指原判决的有罪宣告仍然有效,原判的刑罚也没有错误,但由于犯罪人在考验期内符合法定条件,原判决所宣告的刑罚不再执行。在这种情况下,不可认为原判的刑罚已经执行完毕。

缓刑的撤销,是指由于犯罪人在缓刑考验期内,没有遵守法定条件,或者发现了漏罪,而将原判决宣告的缓刑予以撤销,使犯罪人执行原判刑罚甚至实行数罪并罚。缓刑的撤销包括三种情况:

一是被宣告缓刑的犯罪人,在缓刑考验期内犯新罪的,应当撤销缓刑,对新犯的罪做出判决,将前罪和后罪所判处的刑罚,依照刑法第69条的规定,决定执行的刑罚(即使决定执行的刑罚符合适用缓刑的条件,也不得再宣告缓刑)。如果原判决宣告以前先行羁押的,羁押日期应当折抵刑期。在这种情况下,即使在经过了缓刑考验期后才发现行为人在缓刑考验期内所犯新罪的,也应当撤销缓刑。而且,即使其中的新罪超过了追诉时效,也应撤销缓刑,执行原判刑罚(只是不追诉新罪)。

二是被宣告缓刑的犯罪人,在缓刑考验期内发现判决宣告以前还有其他罪没有判决的,应当撤销缓刑,对新发现的罪做出判决,把前罪和后罪所判处的刑罚,依照刑法第 69 条的规定,决定执行的刑罚(符合缓刑条件的,仍可再次宣告缓刑)。如果原判决宣告以前先行羁押的,羁押日期应当折抵刑期。

三是被宣告缓刑的犯罪人,在缓刑考验期内,违反法律、行政法规或者国务院公安部门有关缓刑的监督管理规定,情节严重的,应当撤销缓刑,执行原判刑罚。其中的"违反法律",不包括违反刑法。如果违反刑法,则属于上述第一类缓刑撤销,应当实行并罚,而不只是执行原判刑罚。[①] 在这种情况下撤销缓刑,不存在数罪并罚的问题。原判决宣告以前先行羁押的,应当折抵刑期。

---

① 已满 14 周岁的人因抢劫罪被判处缓刑后,在未满 16 周岁的考验期内实施刑法第 17 条第 2 款规定之外的犯罪行为的,属于第三种情形,应当撤销缓刑,执行原判刑罚。

第十三章 刑罚的执行

第一节 刑罚执行概述

一、刑罚执行的概念

刑罚执行，是指法律规定的刑罚执行机关，依法将发生法律效力的刑事裁判所确定的刑罚内容付诸实施，并解决由此产生的法律问题所进行的各种活动。除了刑罚执行的概念外，还有行刑的概念。但行刑概念具有广义与狭义之分，广义的行刑，包括一切刑罚的执行；狭义的行刑，仅指监狱对自由刑的执行。行刑概念一般在狭义上使用。

刑罚执行的主体是法律规定的刑罚执行机关。在我国，法院、公安机关、司法行政机关（监狱）都是特定刑罚的执行机关。例如，法院是死刑立即执行、没收财产、罚金的执行机关；公安机关是管制、拘役、剥夺政治权利的执行机关；监狱是死刑缓期二年执行、无期徒刑、有期徒刑的执行机关。此外的机关、团体都不是刑罚执行机关。检察机关虽然是刑罚执行的监督机关，但本身不是刑罚执行机关。

刑罚执行的对象是受刑人。受刑人，即因实施犯罪行为受刑罚处罚的人。受刑人与犯罪人具有同一性，不可能对没有犯罪的人执行刑罚。

刑罚执行的依据是发生法律效力的刑事裁判。根据刑事诉讼法的规定，判决和裁定发生法律效力后执行。下列判决与裁定是发生法律效力的判决与裁定：已过法定期限没有上诉、抗诉的判决和裁定；终审的判决和裁定；最高人民法院核准的死刑判决和高级人民法院核准的死刑缓期二年执行的判决。

执行刑罚意味着将有效的刑事裁判所决定的刑罚内容予以实施、实现。例如，对于死刑立即执行的判决，刑罚执行意味着剥夺犯罪人的生命；对于没收全部财产的判决，刑罚执行意味着强制无偿地将犯罪人的全部财产收归国有；如此等等。

刑罚执行并不只是单纯地实施刑事裁判所处刑罚的内容，事实上还要解决由此产生的一些法律问题，最典型的是通过减刑、假释等方式，与法院一道对原判决作一定限度的修正和调整，减刑、假释也就成为重要的刑罚执行制度。

二、刑罚执行的原则

刑罚执行的原则，是刑罚执行机关在执行刑罚的过程中必须遵循的、保证刑罚目的得以实现的准则。

根据刑法规定的刑种内容，以及监狱法规定的刑罚执行原则，刑罚执行必须遵循以下原则：(1) 合法性原则。执行机关必须是合法的刑罚执行机关；刑罚执行的依据必须是法院具有法律效力的刑事判决与裁定；刑罚执行的内容与方法必须严格依据刑法的规定；刑罚执行的程序必须符合刑事诉讼法的规定。(2) 惩罚和改造相结合、教育和劳动相结合的原则。刑罚执行既不能只讲惩罚与劳动，也不能只讲改造与教育；惩罚是改造的前提，改造是惩罚的目的；劳动是教育的手段，教育是劳动的目的。因此，应当将惩罚和改造相结合、教育和劳动相结合。(3) 人道主义原则。即在刑罚执行过程中，必须尊重犯罪人的人格，关心犯罪人的实际困难，实行文明监管，禁止使用残酷的、不人道的刑罚执行手段。(4) 个别化原则。刑罚执行的个别化，是指根据犯罪人本人的具体情况，给予不同的处遇、采取不同的教育改造方法。(5) 效益性原则。即刑罚执行应以较少的实际执行获得较大的执行效果。刑法规定的减刑、假释制度，是效益性原则的重要体现。

关于具体刑罚的执行，在相关章节已有说明。下面仅探讨减刑与假释。

第二节 减　　刑

一、减刑的概念

减刑，是指对于被判处管制、拘役、有期徒刑、无期徒刑的犯罪人，在刑罚执行期间，如果认真遵守监规，接受教育改造，确有悔改表现，或者有立功表现的，适当减轻原判刑罚的制度。如被判处无期徒刑的犯罪人，在执行期间具有立功表现，便将无期徒刑减为 15 年有期徒刑；被判处 8 年有期徒刑的犯罪人，在执行期间具有悔改表现，便将 8 年有期徒刑减为 7 年有期徒刑。

根据刑法第 78 条的规定，减刑分为两种情况：一是可以减刑，即具备一定条件时，法院可以裁定减刑。二是应当减刑，即有重大立功表现时，法院应当减刑。从减刑的方法与效果来看，减刑也分为两种情况：一是将无期徒刑减为有期徒刑，这是刑种的变更；二是将管制、拘役、有期徒刑的刑期减少，不能变更刑种。

减刑制度是罪刑相适应原则在刑罚执行中的体现。刑罚执行过程，是一个进行性的持续体现罪刑相适应原则的过程，罪刑相适应原则在刑罚执行过程中的表现特点是重在犯罪人的再犯可能性的消长变化，兼及罪质与犯罪情节。如果犯罪人在刑罚执行过程中积极悔改，再犯可能性的减失比预想的快，那么，就应当对原判的刑罚进行调整，即适当减轻原判刑罚。这突出地体现了刑罚与犯罪人的再犯可能性相适应。减刑制度是宽严相济刑事政策在刑罚执行中的具体运用。只有认真遵守监规、接受教育改造，确有悔改表现，或者有立功表现的犯罪人，才可能被减刑；反之，则必须不折不扣地执行原判刑罚，不能得到宽大处理。减刑制度是刑罚目的在刑罚执行中的体现。刑罚的执行侧重于特殊预防。犯罪人在刑罚执行期间遵纪守法，积极改造，悔改立功，说明其积极悔罪自新，改恶从善，无需将原判刑罚执行完毕，就可以预防其再次犯罪；另一方面，减刑制度的设立，也鼓励犯罪人积极改造，弃恶从善。由此可见，减刑制度可谓目的刑论的产物。

二、减刑的条件

根据刑法第78条的规定，减刑必须具备两个基本条件：

（一）前提条件

只能对被判处管制、拘役、有期徒刑、无期徒刑的犯罪人减刑。这是可以减刑与应当减刑的共同前提条件。根据最高人民法院2012年1月17日《关于办理减刑、假释案件具体应用法律若干问题的规定》，对判处拘役或者3年以下有期徒刑并宣告缓刑的犯罪分子，一般不适用减刑。如果罪犯在缓刑考验期限内有重大立功表现的，可以参照刑法第78条的规定，予以减刑，同时应依法缩减其缓刑考验期限。拘役的缓刑考验期限不能少于2个月，有期徒刑的缓刑考验期限不能少于1年。缓刑考验期限的缩减，不是刑法第78条规定的减刑，但其前提是对原判刑罚予以减刑。

(二) 实质条件

1. 可以减刑的实质条件是，犯罪人在刑罚执行期间，认真遵守监规，接受教育改造，确有悔改表现，或者有立功表现。具体地说，在下列两种情形下，可以减刑：一是犯罪人在执行期间，认真遵守监管法规，接受教育改造，确有悔改表现的。二是具有立功表现的。问题是，并未认真遵守监规、接受教育改造，但有立功表现的，可否减刑？本书持肯定回答。有立功表现的人通常以认真遵守监规、接受教育改造为前提，但也不排除没有这种前提的立功表现。正因为如此，刑法规定"可以"减刑。另一方面，如果立功以具有悔改表现为前提，那么，对立功条件的规定就实属多余了。

2. 应当减刑的实质条件是，犯罪人在刑罚执行期间，有重大立功表现。根据刑法第78条的规定，有下列重大立功表现之一的，应当减刑：(1) 阻止他人重大犯罪活动的；(2) 检举监狱内外重大犯罪活动，经查证属实的；(3) 有发明创造或者重大技术革新的；(4) 在日常生产、生活中舍己救人的；(5) 在抗御自然灾害或者排除重大事故中，有突出表现的；(6) 对国家和社会有其他重大贡献的。这类重大立功表现，不以其他悔改表现为前提。

对于未成年罪犯的减刑，在掌握标准上可以比照成年罪犯依法适度放宽。

三、减刑的限度与幅度

具备上述两个条件的，便可以或者应当减刑。但是，减刑得有一定限度。如果减得过多，则违背罪刑相适应原则，有损法院判决的严肃性；如果减得过少，就难以对犯罪人的改造起鼓励作用，也丧失了减刑制度的意义。刑法第78条第2款规定："减刑以后实际执行的刑期不能少于下列期限：（一）判处管制、拘役、有期徒刑的，不能少于原判刑期的二分之一；（二）判处无期徒刑的，不能少于十三年；（三）人民法院依照刑法第五十条第二款规定限制减刑的死刑缓期执行的犯罪分子，缓期执行期满后依法减为无期徒刑的，不能少于二十五年，缓期执行期满后依法减为二十五年有期徒刑的，不能少于二十年。"其中的第（二）项，包括从由死缓减为无期徒刑（但没有被限制减刑）的情形。显然，如果管制、拘役、有期徒刑减刑后的刑期只有原判刑期的二分之一，无期徒刑减刑后只有13年有期徒刑，死缓被限制减刑后分别只有25年与20年有期徒刑的，就不得再减刑。从这个意义上说，减刑的限度也是减刑的条件。

　　减刑不仅有法定的限度，而且应有一定的幅度，包括从何时起可以减刑、一次可以减刑多少、间隔多长时间可以再次减刑的问题。本书认为，总的原则应是，既有利于鼓励犯罪人积极改造，又要维护法律与判决的严肃性。就可以减刑而言，一般来说，服刑后开始减刑的时间，应与原判决的刑期成正比。在决定减刑的幅度时，除了考虑原判决的刑罚外，还必须考虑犯罪人的悔改、立功表现的具体情况，考虑犯罪人本身的具体情况。例如，对于既有悔改又有立功乃至重大立功表现的，或者有多次立功表现的，在减刑时应适当放宽幅度；对未成年的犯罪人，其减刑的幅度可以适当放宽，间隔的时间可以相应缩短。

四、减刑的程序与减刑后的刑期计算

　　为了保证减刑的合法性与正当性，避免减刑制度的错用与滥用，维护刑法与判决的权威性与严肃性，刑法第79条特别规定："对于犯罪分子的减刑，由执行机关向中级以上人民法院提出减刑建议书。人民法院应当组成合议庭进行审理，对确有悔改或者立功事实的，裁定予以减刑。非经法定程序不得减刑。"

减刑后的刑期计算方法，因原判刑罚的种类不同而有所区别：对于原判刑罚为管制、拘役、有期徒刑的，减刑后的刑期应从原判决执行之日起计算；原判刑期已经执行的部分时间，应计算到减刑后的刑期以内。对于无期徒刑减为有期徒刑的，有期徒刑的刑期从裁定减刑之日起计算；已经执行的刑期以及判决宣告以前先行羁押的日期，不得计算在裁定减刑后的有期徒刑的刑期以内。对于无期徒刑减为有期徒刑以后再次减刑的，其刑期的计算，则应按照有期徒刑减刑的方法计算。对于曾被依法适用减刑，后因原判决有误，经再审后改判的，原来的减刑仍然有效，所减刑期，应从改判后的刑期中扣除。

被判处死缓的犯罪分子，减为无期徒刑后再减刑的，其实际执行的刑期，从死刑缓期执行期满之日起计算。被判处死缓并同时被决定限制减刑的犯罪分子，减为无期徒刑后再减为有期徒刑的，或者直接减为有期徒刑的，其应当实际执行的刑期，也从死刑缓期执行期满之日起计算（亦即，缓期执行期满后依法减为无期徒刑的，判决确定后的实际关押时间不少于 27 年，缓期执行期满后依法减为 25 年有期徒刑的，判决确定后的实际关押时间不少于 22 年）。[①]

第三节 假　　释

一、假释的概念

假释，是指对于被判处有期徒刑、无期徒刑的部分犯罪人，在执行一定刑罚之后，确有悔改表现，不致再危害社会，附条件

[①] 刑法第 51 条后段规定："死刑缓期执行减为有期徒刑的刑期，从死刑缓期执行期满之日起计算。"对此宜作扩大解释，即其中的"死刑缓期执行减为有期徒刑"包括死刑缓期执行减为无期徒刑后再减为有期徒刑的情形。

地予以提前释放的制度。附条件，是指被假释的犯罪人，如果遵守一定条件，就认为原判刑罚已经执行完毕；倘若没有遵守一定条件，就收监执行原判刑罚乃至数罪并罚。

假释是附条件地提前释放，但不同于释放；假释是追求积极的刑罚效果而采取的处遇手段，但不同于暂予监外执行；假释是对自新向善而有悔改表现的受刑人的一种奖赏，但不同于减刑；假释也可谓余刑的暂缓执行，但不同于缓刑。

从假释的特点可以看出，假释制度是目的刑论的产物。假释制度从三个方面体现了预防犯罪的目的：（1）假释制度鼓励受刑人，积极悔改，自新向善；（2）假释制度能避免不必要的刑罚执行，并使受刑人得以在狱外继续悔过自新；（3）假释制度为受刑人重返社会搭起了桥梁。①

从世界范围内而言，以前的假释具有恩典性质，即对于在刑罚执行期间具有良好表现的受刑人给予假释的恩惠，但现在，假释几乎成为受刑人的权利。于是，以前的假释只是对少数受刑人的例外优待，而当今，假释成为对多数受刑人适用的制度。由于国情不同，刑法规定的处罚范围不同，假释考验的方式不同，目前我们虽然不能期待大幅度地实行假释，但根据法定条件适当提高假释率，也是理所当然的。

二、假释的适用条件

适用假释得当，才有利于发挥假释制度的积极功能；而适用假释得当与否，取决于是否遵守了刑法规定的假释条件。根据刑法第 81 条的规定，适用假释必须具备以下几个条件：

---

① 事实上，假释制度还可以救济长期徒刑的量刑不当。量刑时必然考虑受刑人需要改善的时间，但这在量刑时往往难以确定，故法官的量刑可能有所不当。但在定期刑制度下，判决一经确定基本不能改变。如果受刑人已经改善，而使其继续拘禁于监狱，则殊有不当。假释制度则可以救济这一弊端。

(一) 前提条件

假释只适用被判处有期徒刑、无期徒刑的犯罪人。因此，对被判处其他刑罚的犯罪人，不得假释。判处管制的，因为没有剥夺犯罪人的人身自由，不存在假释问题；被判处拘役的，由于刑期很短，适用假释没有实际意义；被判处死刑立即执行的，不可能被假释。本书认为，被判处死刑缓期二年执行的，不能适用假释，即使将死缓减为无期徒刑或者有期徒刑后，也因为不属于"被判处"有期徒刑、无期徒刑的人，而不能假释。

(二) 执行刑期条件

假释只适用于已经执行一部分刑罚的犯罪人。这一方面是因为只有经过一定的服刑期，才能判断犯罪人是否具有悔改表现；另一方面是为了防止滥用假释，避免引起刑罚执行的混乱，避免损害刑罚的严肃性与法院判决的稳定性。根据刑法第81条规定，被判处有期徒刑的犯罪人，执行原判刑期二分之一以上，被判处无期徒刑的犯罪人，实际执行10年以上，才可以假释。刑法条文针对有期徒刑使用的是"执行"一词，针对无期徒刑使用了"实际执行"一语。前者因为是有期徒刑，包括判决前先行羁押而折抵的日期在内；后者因为是无期徒刑，不存在折抵问题，所以是"实际执行"。换言之，对判处有期徒刑的罪犯假释，执行原判刑期二分之一以上的起始时间，应当从判决执行之日起计算，判决执行以前先行羁押的，羁押1日折抵刑期1日。如果是无期徒刑，实际执行10年的起始时间，从判决执行之日起计算，判决前先行羁押的日期不能折抵已经执行的刑期。但是，为了保障犯罪人的合法权益，对于超期羁押的期间，应计算在实际执行的刑期之内。

犯罪人被减刑后，符合条件的仍然可以假释；但执行刑期的条件，应以原判决的有期徒刑的刑期或无期徒刑为基准进行计算，而不是以减刑后的刑期为基准计算。

根据刑法第 81 条规定，如果有特殊情况，经最高人民法院核准，可以不受上述执行刑期的限制。

（三）实质条件

假释只适用于在刑罚执行期间，认真遵守监规，接受教育改造，确有悔改表现，提前释放后不致再危害社会的犯罪人。这是适用假释的一个最重要条件。"确有悔改表现"，是指同时具备以下四个方面情形：认罪服法；认真遵守监规，接受教育改造；积极参加政治、文化、技术学习；积极参加劳动，完成生产任务。"不致再危害社会"，是指罪犯在刑罚执行期间一贯表现好，确有悔改表现，不致重新犯罪的，或者是老年、身体有残疾（不含自伤致残），并丧失作案能力的情形。对犯罪时未成年的罪犯的假释，在掌握标准上可以比照成年罪犯依法适度放宽。

（四）消极条件

对累犯以及因杀人、爆炸、抢劫、强奸、绑架等暴力性犯罪被判处 10 年以上有期徒刑、无期徒刑的犯罪人，不得假释。首先，不管对累犯所判处的是什么刑种与刑期，都不得假释。这是因为累犯是已经执行过刑罚又犯罪的，从其再犯可能性来看，适用假释难以预防其再次犯罪。其次，对实施了杀人、爆炸、抢劫、强奸、绑架等暴力性犯罪，并且被判处 10 年以上有期徒刑、无期徒刑的犯罪人，不得假释。[①] 最后，对于被判处 10 年以上有期徒刑、无期徒刑的暴力性犯罪人，即使减刑后其刑期低于

[①] 对数罪并罚的情形应分别考虑：(1) 甲因犯抢劫罪被判处有期徒刑 8 年，因犯盗窃罪被判处有期徒刑 5 年，合并执行 12 年的，可以假释；(2) 乙因犯抢劫罪被判处有期徒刑 8 年，因犯爆炸罪被判处有期徒刑 5 年，合并执行 12 年的，不能假释；(3) 丙因犯抢劫罪被判处有期徒刑 12 年，因犯盗窃罪被判处有期徒刑 5 年，合并执行 14 年的，不能假释。

10年有期徒刑,也不得假释。因为刑法第81条第2款明文规定,只要是因犯暴力性犯罪"被判处"10年以上有期徒刑、无期徒刑的,就不得假释。减刑以后,这些犯罪人仍然属于"被判处"10年以上有期徒刑、无期徒刑的犯罪人,故不得假释。

三、假释的考验期限与假释的撤销

(一)假释的考验期限与考察

假释是附条件的提前释放,所附条件是犯罪人在一定期限内应当遵守和符合法定条件。这里的一定期限就是假释的考验期限。考验期限如果过短,就不能发挥假释的作用;如果过长,也不利于犯罪人的改造。所以,刑法规定了与原判刑罚轻重相适应的考验期,即有期徒刑的假释考验期限,为没有执行完毕的刑期;无期徒刑的假释考验期限为10年。被假释的罪犯,除有特殊情形,一般不得减刑,其假释考验期也不能缩短。假释考验期限,从假释之日起计算。

在假释考验期内,由公安机关监督被假释的犯罪人。被假释的犯罪人,应当遵守下列规定:(1)遵守法律、行政法规,服从监督;(2)按照监督机关的规定报告自己的活动情况;(3)遵守监督机关关于会客的规定;(4)离开所居住的市、县或者迁居,应当报经监督机关批准。被假释的犯罪人,如果在假释考验期限内,遵守一定条件,没有再犯新罪,没有发现判决宣告以前的漏罪,没有违反法律、行政法规或者国务院公安部门有关假释的监督管理规定,假释考验期满,就认为原判刑罚已经执行完毕,并公开予以宣告。

(二)假释的撤销

由于假释是附条件地提前释放,因此,如果被假释的犯罪人在考验期限内没有遵守法定条件,或者出现了不符合条件的事实，就应当撤销假释。根据刑法第 86 条的规定，假释的撤销包括以下三种情形：

1. 被假释的犯罪人，在假释考验期限内犯新罪的，应当撤销假释，按照刑法第 71 条规定的先减后并的方法实行并罚。

2. 在假释考验期限内，发现被假释的犯罪人在判决宣告以前还有其他罪没有判决的，应当撤销假释，按照刑法第 70 条规定的先并后减的方法实行并罚。

3. 被假释的犯罪人，在假释考验期限内，有违反法律、行政法规或者国务院公安部门有关假释的监督管理规定的行为，尚未构成新的犯罪的，应当依照法定程序撤销假释，收监执行尚未执行完毕的刑罚。在这种情况下，由于违反监督管理规定的行为，没有构成新的犯罪，故不存在数罪并罚问题。

第十四章 刑罚的消灭

第一节 刑罚消灭概述

一、刑罚消灭的概念

刑罚消灭,是指由于法定的或事实的原因,使基于具体犯罪而产生的刑罚适用权消灭。刑罚消灭,意味着司法机关不能对犯罪人适用刑罚。刑罚消灭以应当适用刑罚为前提,而应当适用刑罚以行为构成犯罪为前提,所以,刑罚消灭事实上以行为构成犯罪为前提。

刑罚消灭必须基于一定的事由。其中,有些主要是由于法律的规定而导致刑罚消灭,如超过追诉时效。在这种情况下,虽然司法机关事实上可能适用刑罚,但法律规定不得适用刑罚。有些主要是由于特定事实的出现而导致刑罚消灭,如犯罪嫌疑人、被告人死亡。在这种情况下,虽然也有法律规定(参见刑事诉讼法第15条),但即使没有法律的规定,司法机关事实上也不可能适用刑罚。

还需要说明的是,出现刑罚消灭事由时,不仅不能行使刑罚权,而且也不能施加非刑罚的处罚,如超过追诉时效时,不能适用刑法第 37 条，也不能做出有罪宣告的判决。

二、消灭的事由

刑罚消灭事由，分为在判决确定前使观念的刑罚适用权消灭的事由与在判决确定后使现实的刑罚适用权消灭的事由，其中有些事由兼有双重性质。刑罚消灭事由大体有：（1）超过追诉时效；（2）经特赦令免除刑罚；（3）告诉才处理的犯罪，没有告诉或者撤回告诉；（4）犯罪嫌疑人、被告人死亡；（5）其他法定事由。下面仅探讨时效与赦免两种事由。

第二节 时 效

一、时效概述

时效分为追诉时效与行刑时效。

追诉时效，是刑法规定的，对犯罪人进行刑事追诉的有效期限；在此期限内，司法机关有权追诉；超过了此期限，司法机关就不能再行追诉。因此，超过追诉时效，意味着不能行使求刑权、量刑权与行刑权，也不能适用非刑罚的处罚。

行刑时效，是指刑法规定的，对被判处刑罚的人执行刑罚的有效期限；在此期限内，执行机关有权执行法院判处的刑罚；超过了此期限，执行机关就不能执行法院判处的刑罚。因此，超过行刑时效，意味着在做出了罪刑宣告后也不能行使行刑权。

关于规定时效的根据，在德国的普通法时代，采取的是改善推测说。其基本观点是，既然犯罪后长时间没有再犯罪，可预想犯罪人已经得到改善，没有处刑与行刑的必要。19 世纪的法国采取证据湮灭说与准受刑说。证据湮灭说认为，犯罪证据因时间流逝而失散，难以达到正确处理案件的目的。准受刑说认为，犯罪人犯罪后虽然没有受到刑事追究，但长时期的逃避与恐惧所造成的痛苦，与执行刑罚没有多大差异，可以认为已经执行了刑罚。在日本，有的学者采取规范感情缓和说，即随着时间的经过，对犯罪的规范感情得以缓和，不一定要求给予现实的处罚；[1] 有的学者采取尊重事实状态说，即没有追诉犯罪或者没有执行刑罚的状态持续了很长时间后，事实上形成了一定的社会秩序；如果通过进行追诉或者执行刑罚来变更这种事实状态，反而有损刑法维护社会秩序的目的；因此，为了尊重现实已经形成的秩序状态，而设立时效制度。[2]

上述学说各具道理，也不一定相互矛盾，但都只是从一个方面论述了时效制度的根据。本书以为，一方面可以将上述学说概括起来认识时效制度的根据，另一方面要着重联系刑罚的正当化根据展开讨论。一方面，从报应刑的角度来说，行为人长时期的逃避与恐惧所形成的痛苦，与执行刑罚没有明显差异（准受刑说），而且国民一般不再要求报应（规范感情缓和说），故缺乏报应的必要。另一方面，从预防刑的角度来说，犯罪人经过长时间后没有再犯新罪，说明其没有再犯危险性，缺乏特殊预防的必要，故没有追诉与行刑的必要（改善推测说与尊重事实状态说）。此外，从刑事政策的角度来说，时过境迁之后，证人难找、证据难寻，追诉活动不仅困难重重，而且会因此妨碍对现行犯罪的惩罚。

我国刑法规定了追诉时效制度。规定追诉时效制度显然不是故意放纵犯罪，而是为了有效地实现刑法的目的。规定追诉时效制度体现了刑罚目的，体现了宽严相济的刑事政策，体现了"历史从宽、现行从严"的政策，有利于司法机关集中精力追诉现行

---

[1] 参见〔日〕大塚仁：《刑法概说（总论）》，有斐阁2008年第4版，第591页。
[2] 参见〔日〕大谷实：《刑法总论》，成文堂2000年第2版，第290页。

犯罪，有利于社会秩序的安定，有利于调动一切积极因素、团结一切可以团结的力量。

我国刑法没有规定行刑时效。一般认为，判处刑罚而没有执行的原因主要有：战争或者重大自然灾害，司法机关的疏漏，罪犯的脱逃。但前两种情况没有出现过，后一种情况不能成为刑罚消灭的正当理由。

二、追诉时效的期限

根据刑法第 87 条的规定，犯罪经过下列期限不再追诉：（1）法定最高刑为不满 5 年有期徒刑的，经过 5 年；（2）法定最高刑为 5 年以上不满 10 年有期徒刑的，经过 10 年；（3）法定最高刑为 10 年以上有期徒刑的，经过 15 年；（4）法定最高刑为无期徒刑、死刑的，经过 20 年。如果 20 年以后认为必须追诉的，须报请最高人民检察院核准。

刑法规定的追诉时效期限有两个方面的根据：一方面，追诉时效的期限长短，与罪行的轻重、刑罚的轻重相适应。可以认为，这是罪刑相适应原则在追诉期限上的体现。另一方面，刑法充分估计到行为人犯罪后隐匿、逃避的时间，使得犯罪人利用时效制度逃避法律制裁的可能性相当小。

追诉时效期限以法定最高刑为标准。如果所犯罪行的刑罚，分别规定有几条或几款时，即按其罪行应当适用的条或款的法定最高刑计算；如果同一条或同一款中有几个量刑幅度时，就按其罪行应当适用的量刑幅度的法定最高刑计算；如果条文只规定了单一的量刑幅度，则按此条的法定最高刑计算。①

如果法定最高刑为无期徒刑、死刑，20 年以后认为必须追

---

① 在共同犯罪的情况下，如果一部分人超过了追诉时效，另一部分人没有超过追诉时效，就只能对后者进行追诉。

诉的，须报请最高人民检察院核准。"认为必须追诉的"犯罪，应限于那些罪行特别严重，行为人的再犯可能性特别大，所造成的社会影响极大、经过20年以后仍没有被社会遗忘的一些重大犯罪。

三、追诉期限的计算

根据刑法第88条、第89条的规定，追诉期限的计算有四种情况：

（一）一般犯罪追诉期限的计算

这里的一般犯罪，是指没有连续与继续状态的犯罪。这种犯罪的"追诉期限从犯罪之日起计算"（第89条第1款前段）。"犯罪之日"，是指犯罪成立之日，即行为符合犯罪构成之日。由于刑法对各种犯罪规定的构成要件不同，因而认定犯罪成立的标准也就不同。例如，对不以侵害结果为要件的犯罪（如刑法第114条第1款规定的放火、爆炸等罪）而言，实施行为之日即是犯罪之日；对以侵害结果为要件的犯罪（如玩忽职守罪）而言，实害结果发生之日，才是犯罪之日。在共同犯罪的场合，应以共犯人中的最终的行为终了之日起算对所有共犯人的追诉期限。

以上只是说明了起始时间。需要研究的是，从犯罪之日起计算到何时为止？或者说，刑法第87条所说的不再"追诉"是什么含义？例如，计算到侦查时没有超过追诉期限，而起诉时超过了追诉期限的，如何处理？计算到起诉时没有超过追诉期限，但审判时超过了追诉期限的，怎样解决？这就涉及到对"追诉"含义的理解。本书认为，追诉不只是起诉的含义，而是包括了侦查、起诉、审判的全过程。因此，追诉期限应从犯罪之日计算到审判之日为止。换言之，只有在审判之日还没有超过追诉期限的，才能追诉。

(二)连续或继续犯罪追诉期限的计算

"犯罪行为有连续或者继续状态的,从犯罪行为终了之日起计算"(刑法第 89 条第 1 款后段)。犯罪行为有连续状态的,属于连续犯;犯罪行为有继续状态的,属于继续犯或持续犯。对于集合犯的追诉期限的计算,刑法没有明文规定,但从刑法规定的精神以及集合犯与连续犯的关系来看,对于集合犯的追诉期限,也应从最后一次犯罪之日起计算。

(三)追诉时效的延长

追诉时效的延长,是指在追诉时效的进行期间,因为发生法律规定的事由,而使追诉时效暂时停止执行。我国刑法规定了两种追诉时效延长的情况:

1. 刑法第 88 条第 1 款规定:"在人民检察院、公安机关、国家安全机关立案侦查或者人民法院受理案件以后,逃避侦查或者审判的,不受追诉期限的限制。"据此,这种时效延长必须具备两个条件:(1)检察院、公安机关、国家安全机关已立案侦查或者法院受理了案件;(2)行为人逃避侦查或者审判。具备这两个条件的,不论经过多长时间,任何时候都可以追诉。在司法机关立案侦查或者受理案件以后,行为人并没逃避侦查与审判的,仍然受追诉期限的限制。这里的"逃避侦查与审判",应限于积极的、明显的、致使侦查、审判工作无法进行的逃避行为,主要是指在司法机关已经告知其不得逃跑、藏匿甚至采取强制措施后而逃跑或者藏匿;对于行为人实施毁灭证据、串供等行为的,不宜认定为"逃避侦查与审判"。如果对"逃避侦查与审判"作过于宽泛的理解,追诉时效制度会丧失应有的意义。

2. 刑法第 88 条第 2 款规定:"被害人在追诉期限内提出控告,人民法院、人民检察院、公安机关应当立案而不予立案的,不受追诉期限的限制。"因此,被害人在追诉期限内提出控告,符合立案条件而应当立案的,不管司法机关出于何种原因没有立案,不论行为人是否逃避侦查或者审判,不论经过多长时间,任何时候都可以追诉。即使被害人在追诉期限内的控告不符合管辖规定,也不妨碍追诉时效的延长。

上述两种情况虽然不受追诉期限的限制,但其后的犯罪行为仍然受追诉期限的限制。例如,行为人的甲罪被司法机关立案侦查,但行为人逃避侦查与审判,其后又犯了乙罪。先前的甲罪虽然不受追诉期限的限制,但后来的乙罪仍然受追诉期限的限制。

(四)追诉时效的中断

追诉时效的中断,也称追诉时效的更新,是指在时效进行期间,因发生法律规定的事由,而使以前所经过的时效期间归于无效,法律规定的事由终了之时,时效重新开始计算。

刑法第89条第2款规定:"在追诉期限以内又犯罪的,前罪追诉的期限从犯后罪之日起计算。"即在追诉期限以内又犯罪的,前罪的追诉时效便中断,其追诉时效从后罪成立之日起重新计算。例如,行为人于1990年1月1日犯一般情节的抢劫罪,法定最高刑为10年有期徒刑,但行为人在1998年1月1日又犯了一般情节的强奸罪。这时,抢劫罪的时效就中断,即先前的抢劫罪的追诉期限从1998年1月1日起重新开始计算,再经过15年,才不追诉。在本案中,先前的抢劫罪,实际上要经过23年才不追诉。

对于追诉时效的中断,可以从追诉时效的根据中寻找立法理由。既然行为人实施了某种犯罪之后又重新犯罪,就说明其并没有悔改,或者说前罪所反映的再犯可能性并没有消失,故需要从犯后罪之日起重新计算。

在前罪的追诉期限从犯后罪之日起计算时,如果后罪的法定最高刑轻于前罪,后罪的追诉期限届满,而前罪的追诉期限未满，则只追诉前罪。例如，行为人于1994年12月1日犯一般情节的抢劫罪，追诉期限为15年；他于2001年12月1日又犯了故意伤害罪（轻伤），其追诉期限为5年；抢劫罪的追诉期限从2001年12月1日起重新计算；到2006年12月2日，后罪（故意伤害罪）已超过追诉期限，但前罪（抢劫罪）没有超过追诉期限。在这种情况下，只能追诉抢劫罪，不能再追诉故意伤害罪。

追诉时效的中断与追诉时效的延长相竞合（或结合）时，应适用追诉时效延长的规定。例如，行为人于1998年1月1日犯抢劫罪，在公安机关立案侦查后逃避侦查，并于2000年1月1日犯故意伤害罪。在这种情况下，对抢劫罪不能适用追诉时效中断的规定，而应适用追诉时效延长的规定。

第三节 赦　　免

一、赦免的概念

赦免包括大赦与特赦。

大赦，通常是指国家对某一时期内犯有一定罪行的不特定犯罪人免予追诉和免除刑罚执行的制度。大赦的对象既可能是国家某一时期的各种犯罪人，也可能是某一地区的全体犯罪人，还可能是某一类或者某一事件的全体犯罪人；大赦的效果涉及罪与刑两个方面，既赦其罪，也赦其刑，即罪与刑同时免除。

特赦，一般是指国家对较为特定的犯罪人免除执行全部或者部分刑罚的制度。特赦的对象是较为特定的犯罪人；特赦的效果只是免除刑罚执行，而不免除有罪宣告。

我国1954年宪法规定了大赦与特赦制度，但后来的宪法包括现行宪法仅规定了特赦制度，这表明我国已经取消了大赦制度；刑法第65条、第66条所指的赦免便仅限于特赦。根据刑事诉讼法第 15 条的规定,"经特赦令免除刑罚的",属于刑罚消灭事由。现行宪法规定的特赦,由全国人大常委会决定,由国家主席发布特赦令。

二、我国特赦制度的特点

建国后,我国共实行过八次特赦。对前七次特赦的特点可概括如下:第一,特赦的对象基本上只限于战争罪犯。除第一次特赦包括部分反革命罪犯与普通刑事犯外,其他几次特赦的对象都是战争罪犯。第二,特赦的范围是一类或几类犯罪人,而不是个别犯罪人。第三,特赦的前提是犯罪人在服刑过程中确实有改恶从善的表现。一方面,对尚未宣告刑罚或者没有开始执行刑罚的,不实行特赦;另一方面,也并非对执行过一定刑期的战争罪犯均予以特赦,只是对其中确有改恶从善表现的犯罪人,才予以特赦。第四,对需要特赦的犯罪人,根据其罪行轻重与悔改表现实行区别对待:罪行轻因而所判刑罚轻的,予以释放;罪行重因而所判刑罚重的,只是减轻刑罚。第五,特赦的效力只及于刑而不及于罪。即特赦的效力只是免除执行剩余刑罚或者减轻原判刑罚,不是免除执行全部刑罚,更不是使宣告刑与有罪宣告无效。

第十二届全国人大常委会第十六次会议于 2015 年 8 月 29 日通过了《关于特赦部分服刑罪犯的决定》,国家主席同日签署特赦令。根据特赦令,对依据 2015 年 1 月 1 日前人民法院做出的生效判决正在服刑,释放后不具有现实社会危险性的四类罪犯实行特赦(经人民法院依法做出裁定后,予以释放):一是参加过中国人民抗日战争、中国人民解放战争的(共特赦 50 人);二是中华人民共和国成立以后,参加过保卫国家主权、安全和领土完整对外作战的,但犯贪污受贿犯罪,故意杀人、强奸、抢劫、绑架、放火、爆炸、投放危险物质或者有组织的暴力性犯罪,黑社会性质的组织犯罪,危害国家安全犯罪,恐怖活动犯罪的,有组织犯罪的主犯以及累犯除外（共特赦 1428 人）；三是年满 75 周岁、身体严重残疾且生活不能自理的（共特赦 122 人）；四是犯罪的时候不满 18 周岁，被判处 3 年以下有期徒刑或者剩余刑期在 1 年以下的，但犯故意杀人、强奸等严重暴力性犯罪，恐怖活动犯罪，贩卖毒品犯罪的除外（共特赦 29927 人）。